UTB 1063

Eine Arbeitsgemeinschaft der Verlage

Beltz Verlag Weinheim · Basel
Böhlau Verlag Köln · Weimar · Wien
Wilhelm Fink Verlag München
A. Francke Verlag Tübingen und Basel
Haupt Verlag Bern · Stuttgart · Wien
Lucius & Lucius Verlagsgesellschaft Stuttgart
Mohr Siebeck Tübingen
C. F. Müller Verlag Heidelberg
Ernst Reinhardt Verlag München und Basel
Ferdinand Schöningh Verlag Paderborn · München · Wien · Zürich
Eugen Ulmer Verlag Stuttgart
UVK Verlagsgesellschaft Konstanz
Vandenhoeck & Ruprecht Göttingen
Verlag Recht und Wirtschaft Frankfurt am Main
VS Verlag für Sozialwissenschaften Wiesbaden
WUV Facultas Wien

Udo Rauchfleisch

Testpsychologie

Eine Einführung in die Psychodiagnostik

4., überarbeitete Auflage

Mit 2 Abbildungen und 2 Tabellen

Vandenhoeck & Ruprecht

Bibliografische Information Der Deutschen Bibliothek

Die Deutsche Bibliothek verzeichnet diese Publikation in der
Deutschen Nationalbibliografie; detaillierte bibliografische Daten
sind im Internet über <http://dnb.ddb.de> abrufbar.

ISBN 3-8252-1063-4 (UTB)
ISBN 3-525-03502-0 (Vandenhoeck & Ruprecht)

Umschlaggestaltung: Atelier Reichart, Stuttgart
Satz: Satzspiegel, Nörten-Hardenberg
Druck und Bindung: Hubert & Co., Göttingen

ISBN 3-8252-1063-4 (**UTB-Bestellnummer**)

Inhalt

Geleitwort

Dem Interessierten, der sich in die experimentell-psychologische Methodik sowie die damit verbundene Denk- und Arbeitsweise gründlich einarbeiten möchte, bietet das Werk von Udo Rauchfleisch eine umfassende Orientierung über die Testpsychologie. Systematisch und anregend vermittelt der Autor einen Überblick über die psychologischen und statistischen Grundlagen der psychodiagnostischen Verfahren. Besonders wertvoll sind die eingehenden und doch kurz gefaßten Besprechungen der im deutschen Sprachbereich gebräuchlichsten psychodiagnostischen Tests sowie der dazugehörigen Instruktionen. Aus seiner reichen klinischen Erfahrung heraus gibt der Autor ferner einerseits Hinweise über den Umgang mit tiefenpsychologischen Befunden und andererseits für die Abfassung eines entsprechenden Berichtes oder Gutachtens. Menschlich besonders ansprechend ist sein Hinweis, daß zu einem sachgemäßen Umgang mit experimentell-psychologischen Befunden auch das Gespräch des Untersuchers mit dem Probanden über die Resultate gehört. Ob es ein Kind oder ein Erwachsener ist, immer hat die getestete Person ein Anrecht darauf die Resultate in adäquater Weise zu erfahren und darüber mit dem Testpsychologen eingehend zu diskutieren, damit sie sie zu bewerten und emotional zu verarbeiten vermag. Ich bin überzeugt, daß dieses Buch eine bisher empfundene Lücke auffüllen und jenen helfen wird, die sich möglichst kurz und umfassend in den Bereich der Testpsychologie einarbeiten möchten.

Prof. Dr. R. Battegay

Vorwort zur 1. Auflage

Der mit der diagnostischen Literatur einigermaßen vertraute Leser mag dieses Buch mit einem gewissen Zweifel zur Hand nehmen. Er wird sich vielleicht – in Anbetracht des von Lienert (1969) aufgestellten Nebengütekriteriums der »Nützlichkeit« (s. unter 5.2.5) – fragen, ob es wirklich eines weiteren Werkes über testpsychologische Probleme bedarf. Einerseits hören wir in der Kontroverse über die »Krise der Diagnostik« (Lang 1975; Pulver et al. 1978) gewichtige Argumente gegen den Einsatz von Tests überhaupt. Andererseits könnte man einwenden, daß dem interessierten Leser doch bereits genügend Handbücher und Kompendien zur Verfügung stünden, in denen er sich über die verschiedenen Verfahren informieren könne.

Das vorliegende Buch will bewußt nicht ein weiteres Werk dieser Art sein. Tatsächlich geben die schon bestehenden Kompendien einen guten Überblick über das Gebiet der Psychodiagnostik als Ganzes, und die Handanweisungen zu den einzelnen Tests informieren hinreichend über spezielle Probleme ihrer Auswertung und Interpretation. Das vorliegende Buch hat ein anderes Ziel. Es ist entstanden aus der Ausbildungstätigkeit des Autors im Rahmen der Universität und in der Post-graduate-Ausbildung. Dabei zeigt sich immer wieder, daß zwar eine Fülle von – zum Teil hochspezialisierten – Lehrbüchern und Kompendien vorliegt, es aber an einer allgemeinen Einführung in die Psychodiagnostik fehlt. Bei der Empfehlung von Literatur sieht sich der Ausbilder im Bereich der Testpsychologie deshalb zumeist gezwungen, eine Vielzahl einzelner Kapitel aus den verschiedensten Handbüchern und einige – häufig sehr spezielle Themen behandelnde – Werke über Testtheorie und Testkonstruktion anzugeben, die vom Leser zum Teil bereits recht umfassende allgemeinpsychologische und statistische Kenntnisse verlangen.

Das vorliegende Buch möchte dem an testpsychologischen Problemen interessierten Leser eine erste Orientierung geben. Um die Einarbeitung in die Materie zu erleichtern, werden jeweils am Ende eines oder mehrerer, inhaltlich eng zusammengehörender Unterkapitel unter dem Stichwort »pro memoria« die wichtigsten Begriffe noch einmal rekapituliert und definiert. Im ersten Teil des Buches sollen zunächst einige allgemeine Probleme (wie das der Sprache in der Psychodiagnostik, die verschiedenen Fehlerquellen im diagnostischen Prozeß und die Voraussetzungsfreiheit testpsychologischer Verfahren) ausführlicher besprochen werden, da sie mir von großer Bedeutung zu sein scheinen, sonst häufig aber – wenn überhaupt – nur am Rande diskutiert werden. Dieser Teil des Buches umfaßt ferner Ausführungen über den Aufgabenbereich der Psychodiagnostik, über die Phasen des diagnostischen Prozesses, über die Gütekriterien und über die Konstruktion eines Tests. Schließlich soll ein Exkurs über den Projektionsbegriff einige Probleme aufzeigen, die sich bei den sogenannten projektiven Verfahren ergeben.

In einem zweiten Teil soll ein Überblick über die im deutschen Sprachbereich gebräuchlichsten Tests gegeben werden. Diese Ausführungen können keinen Anspruch auf Vollständigkeit erheben. Es wird lediglich darum gehen können, dem Leser einen ungefähren Überblick über die große Zahl testpsychologischer Verfahren zu geben und anhand einiger Beispiele die diagnostischen Möglichkeiten dieser Tests zu demonstrieren. Der an speziellen Problemen interessierte Leser muß auf die einschlägigen Handbücher (Heiss 1964; Brickenkamp 1975; Schmidtchen 1975; Hiltmann 1977) sowie auf die verschiedenen Fachzeitschriften (vor allem auf die Zeitschrift »Diagnostica«) verwiesen werden. Im zweiten Teil werden, neben den gebräuchlichsten Tests im engeren Sinne, auch das graphologische Verfahren sowie verschiedene Methoden zur Erfassung sozialer Prozesse erwähnt. Ferner werden wir die Erhebung der Anamnese schildern sowie die Abfassung des Untersuchungsberichts und den Umgang mit psychologischen Befunden diskutieren. Im dritten Teil des Buches sollen schließlich einige Probleme der Ausbildung in testpsychologischer Diagnostik behandelt werden.

Das vorliegende Buch wäre sicher nicht zustande gekommen ohne die vielfältigen Anregungen und das wohlwollende Interesse, das Herr Prof. Dr. Raymond Battegay an meiner Arbeit genommen hat. Er hat freundlicherweise auch das Manuskript kritisch durchgesehen und mir wertvolle Anregungen gegeben. Ihm, dem ich mich freundschaftlich verbunden fühle, sei deshalb an dieser Stelle ganz besonders gedankt. Dank gebührt ferner meinen Kolleginnen und Kollegen sowie den Studenten, bei deren Aus- und Weiterbildung ich wesentliche Erfahrungen sammeln konnte. Viele der in diesem Buch behandelten Probleme haben sich für mich erst in der Diskussion mit ihnen deutlicher artikuliert und haben mich gezwungen, mich bewußter mit den betreffenden Fragen auseinanderzusetzen.

Für die Übernahme der Sekretariatsarbeiten danke ich Frau E. Sinniger und Fräulein I. Franz. Sie haben durch die speditive und sorgfältige Erledigung wesentlich zum Entstehen dieses Buches beigetragen.

Schließlich gilt mein Dank auch meiner Frau, mit der ich die verschiedensten diagnostischen Probleme diskutiert habe. Sie hat mir durch ihre große psychodiagnostische Erfahrung immer wieder Denkanstöße sowie für meine Arbeit fruchtbare Hinweise gegeben und hat das Manuskript dieses Buches kritisch durchgesehen.

Vorwort zur 3. Auflage

Auch wenn wir in der Psychodiagnostik auf eine relativ große Zahl von bewährten, seit vielen Jahren gebräuchlichen Verfahren zurückgreifen können, befinden wir uns jedoch auch in diesem Wissenschaftszweig in einem steten Veränderungsprozeß. Die Entwicklung im Bereich der Testpsychologie führte in den vergangenen Jahren vor allem dazu, daß einige alte Verfahren überarbeitet worden sind und sich nun in »neuem Gewand« präsentieren, während andere Tests erstmals auf dem Markt erscheinen.

Schon bei der 2. Auflage des vorliegenden Testkompendiums stand ich vor der Frage, ob nicht eine umfassende Überarbeitung notwendig wäre. Auf Wunsch des Verlages habe ich mich indes zu einer unveränderten Neuauflage entschlossen und habe neben der Korrektur von Fehlern und Mißverständnissen, die in der 1. Auflage zu verzeichnen waren, lediglich im Nachwort auf einige – wenige – Änderungen hinweisen können. Als sich nun die Notwendigkeit einer 3. Auflage ergab, schien es mir nicht länger vertretbar zu sein, die »Testpsychologie« unverändert herauszugeben. Ich habe das Manuskript deshalb gründlich überarbeitet und den Text aktualisiert, wobei die Hauptänderungen die Kapitel über die Intelligenzverfahren (Kap. 8.1) und über die Entwicklungstests (Kap. 8.2) betreffen. Aber auch bei den Persönlichkeitsfragebögen (Kap. 9.1) und bei den psychodiagnostischen Methoden bei sozialpsychologischen Untersuchungen (Kap. 10) waren etliche Änderungen notwendig.

Ich hoffe, daß auch die 3. Auflage dieses Kompendiums Studierenden und anderen, die sich in die Testpsychologie einarbeiten und sich über die wichtigsten Methoden informieren wollen, eine Hilfe ist.

Vorwort zur 4. Auflage

Mehr noch als bei der letzten Auflage im Jahr 1994 war beim Auslaufen der 3. Auflage klar, dass eine weitere Auflage nicht möglich wäre ohne eine weitgehende Überarbeitung und Ergänzung des bisherigen Textes. Sieht man einmal von der zunehmenden Verwendung computergestützter Verfahren ab, so hat die Psychodiagnostik in den vergangenen zehn Jahren zwar nicht grundsätzlich neue Wege beschritten. Viele der bewährten Tests sind aber überarbeitet und aktualisiert worden, und es sind andere, neue Verfahren hinzu gekommen. Wiederum andere Tests spielen gar keine Rolle mehr in der aktuellen Psychodiagnostik.

Angesichts dieser Situation habe ich mich entschlossen, den Text des bisherigen Kompendiums gründlich zu überarbeiten. Dabei habe ich mich bemüht, den Umfang der »Testpsychologie« nicht wesentlich zu erweitern, und habe auch die Grundstruktur des Buchs (Diskussion der Grundlagen der Psychodiagnostik und Darstellung der wichtigsten Testverfahren mit einem »pro memoria« pro Kapitel) nicht verändert. Ich hoffe, dass nun auch die hier vorgelegte 4. Auflage den Studierenden wie den Kolleginnen und Kollegen, die sich in die Psychodiagnostik einarbeiten und einen Überblick gewinnen wollen, eine Hilfe ist.

Udo Rauchfleisch

Teil I: Die Grundlagen der psychodiagnostischen Verfahren

1. Einleitung

Das Bestreben, die Vielfalt der individuellen Erscheinungen des Menschen in eine systematische Ordnung zu bringen, ist sehr alt. Bereits aus der Antike sind uns Typologien, etwa die von Theophrast (372–287 v. Chr.), bekannt, das heißt Versuche, Klassifikationsschemata zu entwerfen, nach denen sich das menschliche Verhalten ordnen lässt. In unserem Jahrhundert waren es vor allem die Untersuchungen des Psychiaters E. Kretschmer (1921), der auf die Affinität zwischen dem Körperbau und Eigenheiten des Charakters hinwies. Im gleichen Jahr, in dem Kretschmers Werk erschien, veröffentlichte auch C. G. Jung (1950) seine Typologie. Andere Typologien wurden in den fünfziger Jahren mithilfe statistischer (insbesondere faktorenanalytischer) Verfahren im anglo-amerikanischen Bereich (s. R. B. Cattell 1950) entworfen. Allen diesen Versuchen liegt der Wunsch zugrunde, die Vielfalt menschlichen Verhaltens, Denkens und Fühlens unter bestimmte Leitbegriffe zu bringen. Das Ziel ist, die tiefer – »dahinter« – liegenden Verhaltensradikale zu bestimmen.

Kritisch ist gegen die Typologien eingewendet worden (Strunz 1960), dass ein solcher Typus immer nur als Brennpunkt, als Korrelationskonzentrat, verstanden werden könne, das vollendet relativ selten verifizierbar sei. Der einzelne Mensch sei immer weniger, als in einem solchen Typenbild inhaltlich gegeben sei. Diese »Idealtypen« würden immer nur annäherungsweise verwirklicht. Das Individuum sei aber zugleich immer auch mehr, weil beim Entwurf eines solchen Typenbildes von allen typenindifferenten Merkmalen abstrahiert werde. Schließlich müsse kritisch eingewendet werden, dass jeder Mensch einen plastischen Kern der Persönlichkeit besitze, der allen typologischen Überlegungen, soweit sie das Verhalten in der Zukunft betreffen, eine Grenze setze.

Diese kritischen Bemerkungen zu den verschiedenen Typenlehren gelten in gewisser Weise auch für die testpsychologische Diagnostik. Auch hier ist es das Ziel des Untersuchers, die Verhaltensradikale zu bestimmen, die ihm einerseits das bisherige Verhalten eines Individuums verständlich machen und ihm andererseits gestatten sollen, Vorhersagen für die Zukunft abzugeben. Wir werden uns noch ausführlicher mit den Problemen der Vorhersagbarkeit und der diagnostischen Klassifizierung zu beschäftigen haben (s. Kap. 5.1.3).

Test-ähnliche Prüfungen finden wir bereits in vorwissenschaftlicher Zeit, etwa die folgende von Hofstätter (1957a) erwähnte, im 7. Buch der Richter im Alten Testament berichtete Auswahl der Kämpfer für die Schlacht gegen die Midianiter:

»Und er führte das Volk hinab ans Wasser. Und der Herr sprach zu Gideon: Wer mit seiner Zunge Wasser leckt, wie ein Hund leckt, den stelle besonders; desgleichen, wer auf seine Knie fällt, zu trinken. . . . Und der Herr sprach zu Gideon: Durch die dreihundert Mann, die geleckt haben, will ich euch erlösen und die Midianiter in deine Hände geben; aber das andere Volk laß alles gehen an seinen Ort« (Richter 7, 5 und 7).

Im wissenschaftlichen Bereich taucht der Begriff des psychologischen Tests erstmals 1890 bei James McKeen Cattell in seinem Werk »Mental Tests and Measurements« auf. Neben ihm ist vor allem der englische Wissenschaftler Sir Francis Galton (1822–1911) als Mitbegründer der psychologischen Diagnostik zu nennen. Galton gründete 1882 in London ein Institut, in dem er sich vor allem mit experimentellen Untersuchungen über die Sinnesschärfe und die Reaktionszeit beschäftigte. Am Beginn der europäischen Testpsychologie stand dann vor allem der Franzose Alfred Binet, der im Jahr 1905 zusammen mit seinem Landsmann Jules Simon sorgfältig ausgearbeitete Testreihen zur Erfassung der Intelligenz bei Schulkindern entwickelte. 1912 definierte W. Stern den Intelligenzquotienten als Verhältnis von Intelligenz zu Lebensalter. Während des Ersten Weltkrieges wurden in den USA umfangreiche Rekrutenuntersuchungen mit den so genannten »Group Examination Alpha and Beta« an circa zwei Millionen Probanden durchgeführt. Auch in Europa entwickelte sich ein zunehmendes Interesse an der Testdiagnostik. Es wurde eine große Zahl verschiedener Verfahren konzipiert, ohne dass damals allerdings die theoretischen Grundlagen gesichert gewesen wären. Immerhin erbrachten diese Untersuchungen eine Fülle empirischer Resultate und wirkten sich dadurch befruchtend auf die weitere Entwicklung der Psychodiagnostik aus. In den zwanziger und dreißiger Jahren erfreuten sich vor allem die metrischen Verfahren zur Erfassung spezifischer Fähigkeiten einer großen Beliebtheit. Man sprach damals von »Psychometrie« und sogar von einer »Psychotechnik«. Ziel dieser Diagnostiker war, die Vielfalt von *Teilfunktionen* im menschlichen Seelenleben möglichst exakt zu erfassen.

Schon früh aber erhob sich auch Kritik an einer solchen Zerlegung der Persönlichkeit in Teilfunktionen. Vor allem von der Gestaltpsychologischen Schule (Ehrenstein 1942; Köhler 1947; Wertheimer 1960; Koffka 1962 und andere) wurde kritisch eingewendet, dass das Ganze *mehr* als die Summe seiner Teile sei, das heißt, dass bei auch noch so exakter Beschreibung der einzelnen Funktionen das Gesamt der Persönlichkeit letztlich nicht erfasst werden könne. Neben den verschiedenen allgemeinen und speziellen Intelligenz- und Leistungstests wurden zunehmend so genannte »Persönlichkeitsverfahren« entwickelt, in denen sich die Persönlichkeit als Ganze darstellen sollte, das heißt der intellektuelle und der affektive Bereich, das Sozialverhalten, spezifische Konflikte und so weiter. Bei diesen Verfahren standen vor allem qualitative Aspekte im Vordergrund. Der Untersucher war nicht so sehr, wie bei den psychometrischen Verfahren, an einer quantitativen Erfassung interessiert. Die Persönlichkeit kann sich innerhalb eines Gesamtrahmens, der durch die vorgegebenen Testreize abgesteckt ist, nach verschiedenen Richtungen entfalten (Heiss, 1950, spricht bei solchen Verfahren deshalb von »Entfaltungstests«). Das Ziel dieser Persönlichkeitsverfahren ist, nicht mehr lediglich Teilfunktionen, sondern das *Funktionsgefüge* der Persönlichkeit zu erfassen.

Mit dieser Gegenüberstellung von Verfahren zur Prüfung allgemeiner und spezieller Fähigkeiten einerseits und von Tests zur Beschreibung der Persönlichkeit als ganze mit ihrer spezifischen Dynamik und ihrer Affektivität andererseits sind die beiden großen Gruppen von psychologischen Tests umrissen. Obwohl in der diagnostischen Literatur im Einzelnen keine Einigkeit über die Klassifikation dieser Verfahren besteht, stimmen doch die meisten Autoren in dieser groben Unterteilung in Intelligenz- und Leistungstests einerseits und Persönlichkeitsverfahren andererseits überein.

pro memoria 1

1882 Sir Francis Galton: Gründung eines psychologischen Instituts in London.
1890 James McKeen Cattell: erstmals Begriff »psychologischer Test« (»Mental Tests and Measurements«).
1905 Alfred Binet und Jules Simon, Testreihen zur Erfassung der Intelligenz.

2. Allgemeine Probleme der testpsychologischen Diagnostik

In diesem Kapitel sollen vor allem vier Problembereiche besprochen werden, die bei der testpsychologischen Diagnostik von großer Bedeutung sind. Zunächst soll das Problem der Sprache in der Psychodiagnostik diskutiert werden. Wir werden uns einmal damit auseinander setzen müssen, dass die Kommunikation in der testpsychologischen Literatur zum Teil deshalb erheblich erschwert ist, weil die Testautorinnen und -autoren ihre je eigene Terminologie verwenden und dadurch den Benutzern ihrer Verfahren zum Teil große Verständnisschwierigkeiten bereiten. Ferner soll die Rolle der Sprache für die Formulierung testpsychologischer Befunde diskutiert werden. Auch hier kommt es nicht selten zu großen Verständnisschwierigkeiten, wenn etwa in Befunden, die an psychologische Laien gerichtet sind (beispielsweise an Gerichte, Lehrer), eine dem Adressaten unbekannte fach- (wenn nicht sogar test-) spezifische Terminologie verwendet wird. In einem zweiten Teil dieses Kapitels sollen dann einige wichtige »Fehlerquellen« der testpsychologischen Erfassung und Interpretation des menschlichen Verhaltens diskutiert werden. Im dritten Teil geht es um die Frage, ob überhaupt eine »voraussetzungsfreie« Psychologie möglich ist. Ich werde dieses Problem am Beispiel verschiedener, zum Teil erheblich voneinander abweichender Intelligenzkonzepte exemplifizieren. Das vierte Unterkapitel schließlich gilt den typischen Merkmalen der diagnostischen Situation und den daraus sich ergebenden Konsequenzen.

2.1 Das Problem der Sprache in der Testpsychologie

Jeder Wissenschaftszweig benötigt zur Beschreibung der von ihm untersuchten Gegenstände und Zusammenhänge eine ihm eigene Terminologie. Es sind meist Fachausdrücke, die nur in dem jeweiligen Wissenschaftszweig angewendet werden. Auch im Bereich der Testpsychologie kennen wir eine solche fachspezifische Terminologie, und wir werden uns später noch eingehender mit diesem Problem auseinander setzen müssen. Umgekehrt aber können wir in der Psychologie das (einzigartige) Phänomen beobachten, dass eine Fülle von umgangssprachlichen Ausdrücken mit ihrem »Hof« von Bedeutungsgehalten in die Fachsprache aufgenommen worden ist.

Diese Übernahme von umgangssprachlichen Ausdrücken in die Fachsprache erleichtert nun aber keineswegs die Kommunikation, wie man vielleicht annehmen könnte. Die Sprache der wissenschaftlichen Psychologie verliert zum Teil sogar gerade dadurch ihre kommunikative Funktion. Es werden beispielsweise Begriffe aus der Umgangssprache entlehnt, die im Fachbereich eine völlig andere Bedeutung erhalten. Zum Teil wirkt sich aber auch, das Verständnis erschwerend, die Tatsache aus, dass verschiedene Autorinnen und Autoren (beispielsweise ausgehend von unterschiedlichen Persönlichkeitskonzepten) unter einem und demselben Begriff nicht dasselbe verstehen. So wird trotz der Verwendung der gleichen Diagnosensysteme in verschiedenen Kliniken, an verschiedenen Orten sehr unterschiedlich diagnostiziert. Ferner ist auch zu denken an den Bedeutungsgehalt umgangssprachlicher Ausdrücke, was zum Beispiel bei der Übersetzung von Persönlichkeitsfragebögen eine wesentliche Rolle spielen kann. Zu erinnern ist in diesem Zusammenhang an die Untersuchungen von Hofstätter (1957b), etwa zum Bedeutungsgehalt der Worte »Einsamkeit« und »Lonesomeness«: In den USA zeigte der Begriff »Lonesomeness« eine starke Affinität zur Angst, während die deutsche Übersetzung »Einsamkeit« eher eine Konnotation mit »Stolz« und »Größe« aufwies.

Man könnte aus solchen Überlegungen den Schluss ziehen, dass es am sinnvollsten wäre, für jeden Test eine spezifische, nur ihm eigene Terminologie zu verwenden. Dieser Weg ist auch von einer großen Zahl von Testautoren beschritten worden. Er hat allerdings keineswegs die Kommunikation zwischen dem Testautor und den Testbenutzern verbessert. Im Gegenteil! Die für einen bestimmten Test spezifische Terminologie ist nicht nur zum Teil schwerfällig und den Leserinnen und Lesern ungewohnt. Vielmehr erinnert sie teilweise fast an Neologismen und wirkt auf die Testbenutzer eher verwirrend.

So spricht zum Beispiel Rosenzweig in seinem *Picture-Frustration-Test* von den Aggressionsrichtungen »Extrapunitivität«, »Intropunitivität« und »Impunitivität« sowie von den Reaktionstypen »Obstacle-Dominance«, »Ego-Defense« und »Need-Persistence«. Im *Rorschach'schen Formdeuteverfahren* wird zwischen »koartierten«, »koartativen«, »ambiäqualen«, »introversiven« und »extratensiven« Erlebnistypen unterschieden. Im *Farbpyramidentest* von Heiss schließlich erfahren wir, dass sich im Farbton orange eine spezifische Form der Erregbarkeit niederschlage, die um die individuellen und »leibnahen« Bedürfnisse des Individuums zentriert sei. In der weiteren Verrechnung der Farbtöne wird in diesem Test von einem »Stimulationssyndrom«, einem »Normsyndrom«, einem »Unbuntsyndrom«, von »Dämpfungswerten« und »Gegenwerten« gesprochen. Hinzu kommen zu errechnende »Konstanzziffern«, eine »Wechselziffer« und eine »Meideziffer«. Ich habe hier nur willkürlich einige Beispiele für eine zumindest sehr eigenwillige Terminologie zitiert, ohne dass damit die betreffenden Verfahren prinzipiell kritisiert werden sollen.

Eine Konsequenz aus der Situation, dass jeder Testautor eine nur für sein Verfahren spezifische Terminologie verwendet, wäre, fachpsychologische Wörterbücher zu erstellen, die als Nachschlagwerke dienen könnten. In jedem Fall aber sieht sich der Diagnostiker, der sich in ein bestimmtes Testverfahren einarbeiten möchte, großen Schwierigkeiten gegenüber. Einerseits sind bei solchen Wortneuschöpfungen die verwendeten Begriffe schon von der Umgangssprache her mit einem unkontrollierbaren Hof von zum Teil schillernden Bedeutungen umgeben. Andererseits aber bleibt eine solche streng testspezifische Terminologie sehr abstrakt, schwerfällig und verhindert oft geradezu die Kommunikation selbst unter Fachleuten. Will man sich über die Grenzen eines bestimmten Testverfahrens hinaus verständigen, so bedarf es in diesem Fall zuvor einer Übersetzung der testspezifischen Ausdrücke in eine allgemeinpsychologische Terminologie.

Es sei in diesem Zusammenhang noch auf ein anderes Phänomen hingewiesen: Eine nicht geringe Zahl von psychologischen Termini haben Eingang in die Umgangssprache gefunden, dort aber zum Teil einen ausgesprochen negativen Charakter erhalten. Wir denken hier etwa an Ausdrücke wie »hysterisch« oder »narzisstisch«. Diese ursprünglich aus der Tiefenpsychologie in die Umgangssprache übernommenen Begriffe werden im Alltagsleben zumeist in abwertendem Sinne verwendet. In der Tiefenpsychologie hingegen ist mit diesen Begriffen keinerlei Wertung verbunden. Im Fall der Hysterie wird signalisiert, dass ein ödipaler Konflikt mit den dafür typischen Triebkonflikten und Verarbeitungsmechanismen vorliegt. Der Begriff des Narzissmus hat selbst im Bereich der Tiefenpsychologie zum Teil erheblich voneinander abweichende Interpretationen erfahren, je nach dem Konzept des jeweiligen Autors (Freud 1914; Jacobson 1964; Kohut 1973; Kernberg 1979; Battegay 1991). Auch hier bieten sich also unter Umständen erhebliche Verständnisschwierigkeiten, zum Beispiel für die Studierenden, die im Rahmen ihrer diagnostischen Ausbildung bei den verschiedenen Testverfahren auf solche in der Umgangssprache mit einem anderen Sinn behafteten Begriffe stoßen.

Ferner ist Folgendes zu bedenken: Ein Test wird ja, abgesehen von Lehrzwecken, stets mit dem Ziel durchgeführt, anschließend die Resultate einer Person (beispielsweise der behandelnden Ärztin, dem Lehrer, dem Probanden selbst) oder einer staatlichen Instanz (zum Beispiel bei strafrechtlichen oder zivilrechtlichen Gutachten, bei Begutachtungen für Versicherungen) mitzuteilen, oder der diagnostisch tätige Psychologe möchte die Testbefunde anschließend im Rahmen einer Beratung mit dem Probanden selbst besprechen. In jedem Fall aber steht der Diagnostiker vor der Aufgabe, seine Befunde in irgendeiner Form mitzuteilen und unter Umständen schriftlich zu fixieren. Auch hier erhebt sich nun häufig die Schwierigkeit, die aus der Testuntersuchung gewonnenen Resultate in eine Sprache zu übersetzen, die dem Adressaten verständlich ist, ohne dass aber in einer solchen Darstellung Begriffe verwendet werden, die für den Empfänger eines solchen Berichts mit einem Sinn behaftet sind, der nicht den Intentionen des Untersuchers entspricht.

Das Problem der sprachlichen Darstellung einer testpsychologischen Befunderhebung ist in der Praxis oft schwer zu lösen und wird häufig kaum beachtet. Viele Diagnostiker formulieren ihre Befunde aus den verschiedenen Testverfahren in der jeweils vom Testautor verwendeten Terminologie. Dadurch erhalten die Interpretationen häufig einen sehr uneinheitlichen, den nicht mit den einzelnen Testverfahren vertrauten Leser geradezu verwirrenden Eindruck. Solche Darstellungen sollten unbedingt vermieden werden. Die diagnostisch tätigen Psychologinnen und Psychologen müssten sich auch schon im Rahmen ihrer Ausbildung möglichst früh bemühen, sich von der testspezifischen Terminologie zu lösen und – auch für den eigenen Gebrauch – zumindest eine allgemeinpsychologische Sprache zu verwenden. Bei der Weiterleitung von Befunden an andere Personen sollte dann auf jeden Fall dem Verständnis der Adressaten Rechnung getragen werden. Falls Fachausdrücke unumgänglich sind, sollten diese genau definiert werden. Dabei sollte gerade bei den Begriffen, die in die Umgangssprache Eingang gefunden haben, darauf geachtet werden, dass sie, wie am Beispiel der Hysterie und des Narzissmus ausgeführt, nicht einen verzerrten, von der Fachsprache abweichenden Sinn erhalten. Am besten vermeide man überhaupt Fachterminologie, wenn Berichte an psychologische Laien weitergegeben werden.

Es soll noch auf ein Problem eingegangen werden, mit dem wir uns als Diagnostiker immer wieder konfrontiert sehen: Es betrifft die psychodiagnostische Abklärung von *Menschen, die aus anderen Kulturen stammen*. Bei ihnen stellen die Schwierigkeiten in der sprachlichen Verständigung nur die offensichtlichsten, wenn auch keineswegs leicht zu lösenden Probleme dar. Hinzu kommen die kulturellen Unterschiede, die wir oft kaum richtig zu erfassen vermögen, und die damit zusammenhängenden von unseren sozialen Bedingungen abweichenden Formen und Inhalte der schulischen und beruflichen Ausbildung, bis hin zu fundamentalen Unterschieden in den Welt- und Menschenbildern.

Der Einsatz von Dolmetscherinnen bietet in solchen Situationen oft die einzige Möglichkeit, sich sprachlich zu verständigen. Doch ist damit noch keineswegs gewährleistet, dass wir wirklich in einen Dialog mit unseren Klientinnen und Klienten treten können. Wieweit dies gelingt, hängt von verschiedenen Faktoren ab: von der Erfahrung der Dolmetscher mit der Übersetzung psychologisch-psychiatrischer Explorationen und mit ihrer Fähigkeit, nicht nur die gesprochenen Worte genau zu übersetzen, sondern den Gesprächspartnern auch den Sinn des Gesagten zu vermitteln, insbesondere uns, die oft kaum Kenntnis vom religiösen, kulturellen und sozialen Hintergrund der aus außereuropäischen Ländern stammenden Probanden besitzen, deren Mitteilungen zu interpretieren und uns auf Besonderheiten in den Formulierungen, aber auch im Hinblick auf das mimische und gestische Verhalten hinzuweisen. Wieweit ein solches mithilfe von Dolmetschern geführtes Gespräch gelingt, hängt außerdem auch von unserer Erfahrung mit derartigen Situationen zusammen, mit unserer Kenntnis der Kultur, aus welcher der betreffende Klient stammt, sowie mit unserer Fähigkeit und Bereitschaft, uns in Patient und Dolmetscher einzufühlen und von ihnen zu lernen.

Die Situation wird nochmals komplizierter, wenn es nicht nur um eine Exploration, sondern um die Durchführung psychodiagnostischer Tests geht. Die Hauptprobleme liegen hier vor allem darin, dass wir im Allgemeinen über keine Tests verfügen, die an den Kulturbereich, aus dem unser Klient stammt, adaptiert sind. Das heißt, wir konfrontieren die Klienten mit einem Testmaterial, das ihnen überhaupt nichts »sagt«, weil es in ihrer Kultur irrelevant ist oder eine völlig andere Bedeutung besitzt. Hinzu kommt, dass wir vielen ausländischen Probandinnen und Probanden mit unseren Tests auch insofern nicht gerecht zu werden vermögen, als wir keine für sie zutreffenden Normen besitzen. Führt man trotz dieser gravierenden Probleme Tests mit solchen Klienten durch, so muss man sich darüber klar sein (und dies im Bericht oder in der mündlichen Beratung auch explizit zum Ausdruck bringen), dass die Verständigungsschwierigkeiten sprachlicher Art und die kulturellen Unterschiede sich verzerrend auf die Resultate ausgewirkt haben und dass wir aus diesem Grunde nur Aussagen hypothetischen Charakters machen können.

pro memoria 2.1

Erschwerung der fachlichen Kommunikation durch:
1. Aufnahme umgangssprachlicher Begriffe in die Fachsprache,
2. Übernahme psychologischer Termini in die Umgangssprache,
3. transkulturelle Unterschiede bei Verwendung der gleichen Begriffe, besondere Schwierigkeiten bei der Untersuchung von Klienten aus anderen Kulturen.

2.2 Fehlerquellen in der testpsychologischen Diagnostik

Es soll im Folgenden von einer Reihe von Fehlerquellen die Rede sein, deren sich die Diagnostiker möglicherweise zunächst kaum bewusst sind. Ich werde in diesem Kapitel nicht die messtechnischen Fehler der verschiedenen Verfahren behandeln. Diese werden im Kapitel über die Reliabilität und die Konstruktion eines Tests diskutiert. Während die messtechnischen Fehler bis zu einem gewissen Grad kontrolliert werden können, sind die Fehlerquellen, die hier behandelt werden sollen, wesentlich subtiler und entziehen sich häufig unserer Kontrolle.

Aus einer Fülle von Untersuchungen aus dem Bereich der allgemeinen Psychologie und der Sozialpsychologie wissen wir heute, dass die Wahrnehmung, das heißt also auch die Registrierung eines Testverhaltens durch einen Untersucher, kein passiver Vorgang, nicht lediglich die Abbildung von Außenreizen ist. Die Vertreter der »Social Perception«-Schule haben überzeugend gezeigt, dass die Wahrnehmung vielmehr ein sehr aktiver Vorgang ist, in den die subjektive Befindlichkeit des Wahrnehmenden und eine Fülle sozialer Aspekte eingehen (Bruner et al. 1948; Graumann 1956; hinsichtlich der Resultate neuerer kognitionspsychologischer Forschungsansätze s. a. Neisser 1974 und Klix 1976). Die Social-Perception-Theorie (dieser Begriff ist unübersetzt geblieben) wies vor allem auf die *soziale Mitbedingtheit* des Wahrnehmens« hin (Graumann 1956). Nach Bruner und Postman, den bekanntesten Vertretern dieser Forschungsrichtung, wird die Wahrnehmung als dreiphasiger Vorgang verstanden: Der Organismus geht zunächst mit einer Hypothese an die Situation heran, verschafft sich dann durch Hereinnahme von Information Aufschluss über die Umwelt und prüft in einem dritten Schritt den Aufschluss nach. »Wahrnehmung wird also als eine Art Kompromiß gesehen zwischen dem, was der Mensch wahrzunehmen erwartet, und dem, was ihm zum Wahrnehmen dargeboten wird« (Bruner et al. 1948).

Die den Wahrnehmungsvorgang mit bedingenden Faktoren sind nach Graumann: die *Selektion* von Umweltreizen aufgrund der mehr oder weniger stark ausgeprägten Hypothesen des Wahrnehmenden, die *Organisation* und sinnvolle Gestaltung dieses selegierten Materials, die *Akzentuierung* der relevant erscheinenden Anhaltspunkte für die Hypothesen und schließlich die *Fixierung* im Sinne einer Tendenz zur habituellen Bekräftigung von Erwartungen.

Eine andere Richtung der Social-Perception-Schule befasst sich vor allem mit der Wahrnehmungsabwehr und der unterschwelligen Wahrnehmung sowie im Bereich der so genannten »Person Perception« mit der Wahrnehmung von Interaktionen, mit sozialen Stereotypen, Sympathien und Antipathien, Rolleneffekten, sozialen Erwartungen und ihrem Einfluss auf die Wahrnehmung (Secord et al. 1964; Seliger 1970). Im Zusammenhang mit der uns hier interessierenden Frage, wie die Prozesse beschaffen sind, die sich verzerrend auf die diagnostische Wahrnehmung auswirken können, sei speziell auf Untersuchungen der Person-Perception-Schule über die Wahrnehmungsabwehr hingewiesen. Nach Secord et al. (1964) umfasst die Wahrnehmungsabwehr drei Prozesse: 1. Emotional beunruhigende oder das Individuum bedrohende Reize haben eine höhere Erkennungsschwelle als neutrale, 2. die beunruhigenden Reize rufen Ersatzwahrnehmungen hervor, und 3. solche kritischen Reize können trotzdem emotionale Reaktionen hervorrufen. Eine andere Form der Wahrnehmungsabwehr stellt die Vermeidungsreaktion dar, indem durch einen Lernprozess dem Wahrnehmenden »gefährlich« erscheinende Reize der Umwelt von vornherein vermieden werden.

Wenn wir uns fragen, inwieweit die geschilderten Prozesse sich auch verzerrend auf die Wahrnehmung des diagnostisch tätigen Psychologen auswirken können, so ist zu bedenken, dass die geschilderten Wahrnehmungsverzerrungen keine pathologischen, sondern *normalpsychologische Prozesse* sind. Die Umweltreize bilden sich nicht nur passiv im Wahrnehmenden ab, sondern auch der Diagnostiker strukturiert seine Umwelt aufgrund von Vorinformationen, Erwartungen, emotionalen Faktoren et cetera und nimmt sie unter diesem Gesichtswinkel wahr.

Neben diesen von der Social- und der Person-Perception-Schule untersuchten Beeinflussungen der Wahrnehmung ist eine Reihe weiterer »Fehlerquellen« beschrieben worden, die auch im Bereich der Psychodiagnostik wirksam werden können. Es ist zunächst der bekannte, von Thorndike

(1920) beschriebene *Halo-Effekt* (Hof-Effekt). Damit wird die Tendenz des Beobachters bezeichnet, aufgrund einzelner hervorstechender Merkmale oder im Voraus bekannter Tatsachen ein Gesamturteil abzugeben. Überlässt man sich dieser Tendenz in unkritischer Weise, so kann es zu den sprichwörtlichen »Schwarz-Weiß-Zeichnungen«, zu einem generalisierenden Urteil kommen.

Des Weiteren ist ein »*Error of central tendency*« (»Irrtum des Mittelwertes«) von Hofstätter (1957a) beschrieben worden. Gemeint ist damit die Tendenz des Beobachters zur Annäherung des Bildes an einen uncharakteristischen Mittelwert. Der Beurteiler vermeidet extreme Urteile, und es kommt zu »Grau-in-Grau-Zeichnungen«.

Eine weitere Fehlerquelle, die der *Projektion*, wurde bereits von Freud (1911) in seiner Studie über die Paranoia beschrieben. Der in dieser Arbeit von Freud entwickelte so genannte »klassische Projektionsbegriff« beinhaltet, dass eine Eigenschaft, die das Ich bedroht, nicht in der eigenen Person gesehen wird, sondern einem Objekt der Außenwelt zugeschrieben wird. Bei Freud selbst finden wir aber in der erwähnten Arbeit und später in »Totem und Tabu« (1913) bereits eine zweite, weitere Fassung des Projektionsbegriffs. Hier lässt Freud ausdrücklich den Abwehraspekt fallen und formuliert: »Wenn wir die Ursachen gewisser Sinnesempfindungen wie die anderer nicht in uns selbst suchen, sondern sie nach außen verlegen, so verdient auch dieser normale Vorgang den Namen einer Projektion« (1911). Es kann also auch zu einer Projektion ohne einen intrapsychischen Konflikt kommen. Anna Freud (1964) sieht in der Projektion einen Abwehrmechanismus des Ich, der aber nicht nur bei schweren psychopathologischen Zuständen zu finden ist, sondern auch von psychisch gesunden Menschen eingesetzt wird. Es soll an dieser Stelle nicht ausführlicher auf den Projektionsbegriff eingegangen werden. Die mit diesem Konstrukt und den projektiven Verfahren verbundenen Probleme werden separat noch ausführlicher behandelt (s. Kap. 7).

Cronbach (1960) führte den so genannten »*Generosity Error*« (Generositätsirrtum) ein, mit dem er die Tendenz des Beurteilers bezeichnet, in den meisten Fällen eine zu gute Beurteilung abzugeben. Zu dieser Fehlerquelle werden vor allem Persönlichkeiten neigen, die im aggressiven Bereich gehemmt sind und deshalb nicht wagen, etwas (vermeintlich) »Schlechtes« über eine andere Person zu sagen.

Unter dem »*Logical Error*« (logischer Irrtum) versteht man nach Hasemann (1964) die Tendenz des Beurteilers, Merkmalen, die er für logisch zusammengehörig ansieht, auch ähnliche Wertungen zuteil werden zu lassen. Der Diagnostiker, der sich unkritisch dieser Tendenz überlässt, wird zwar in ihrem Ablauf sehr logisch aufgebaute Befunde vorlegen. Die aber ebenso (unter Umständen sogar besonders) interessanten Widersprüche und Unklarheiten wird er aus seiner Darstellung eliminieren.

Schließlich sind so genannte »*Einstellungsfehler*« beschrieben worden. Dazu gehört der von Murray (1938) erwähnte »*Contrast Error*« (Kontrast-Irrtum). Dieser Begriff besagt, dass der Beurteiler der zu untersuchenden Person seiner eigenen Wesensart gegenteilige Eigenschaften oder gegenteilige Ausprägungen von Merkmalen beilegt. Ferner gehört zu den Einstellungsfehlern die *identifikatorische Annahme* des Beurteilers, die von ihm beurteilten Personen seien genauso geartet wie er selbst (Guilford 1954).

Die Leserinnen und Leser mögen erstaunt sein angesichts der Fülle von Fehlerquellen, die ihre diagnostische Arbeit beeinträchtigen können. Es erhebt sich die Frage, ob und gegebenenfalls auf welche Weise wir die beschriebenen Fehlerquellen eliminieren können, oder ob wir resignierend eingestehen müssen, dass die testpsychologisch gewonnenen Resultate mehr über den Untersucher als über den Untersuchten aussagen. Diese Frage lässt sich nicht eindeutig und prinzipiell beantworten. Immer wird die »persönliche Gleichung« des Testleiters eine wichtige Rolle im Prozess der Diagnostik spielen. Immerhin steht uns aber in der wissenschaftlich fundierten Psychodiagnostik eine Reihe von Methoden zur Verfügung, mit deren Hilfe wir das Ausmaß der Verzerrungen reduzieren und mögliche gravierende Fehler auch bis zu einem gewissen Grade kontrollieren können.

Bei diesem Bemühen stehen uns prinzipiell zwei Methoden zur Verfügung: Wir werden einerseits bemüht sein, möglichst standardisierte, auf ihre Objektivität, Reliabilität und Validität geprüfte Testverfahren einzusetzen. Andererseits werden wir ein großes Gewicht legen müssen auf eine fundierte, vor allem praxisorientierte diagnostische Ausbildung, in der auch die Selbsterfahrung einen zentralen Platz einnimmt. Die mit der Ausbildung in testpsychologischer Diagnostik zusammenhängenden Fragen werden in Teil III noch ausführlich diskutiert.

Im jetzigen Zusammenhang sei vor allem auf die große Bedeutung der *Selbsterfahrung* hingewiesen. Aus der Beschreibung der möglichen Fehlerquellen geht hervor, dass sich viele Gefahren besser meistern lassen, wenn der Testleiter eigene Mangelerfahrungen und Konflikte sowie daraus erwachsene, bisher unbewusste Tendenzen im Rahmen einer Selbsterfahrung bei sich kennen gelernt und durchgearbeitet hat. Er ist dann eher in der Lage, die für ihn spezifischen Gefahren zu vermeiden, er ist sensibler geworden, die zwischen dem Testleiter und dem Untersuchten ablaufenden interaktionellen, zum Teil unbewusst determinierten Prozesse kritisch zu reflektieren und sich seines eigenen »Schattens« bewusst zu werden (Rauchfleisch 1992a). Er kann dadurch Fehler bei der Aufnahme und Interpretation von Tests leichter vermeiden und (im Sinne der aus der Psychoanalyse bekannten Analyse der Gegenübertragung) seine eigenen Gefühle und Reaktionen auf den Untersuchten sogar als diagnostisches Hilfsmittel einsetzen. Gerade im Verlauf der Durchführung projektiver Verfahren – zum Teil durch das Untersuchungsmaterial angeregt, zum Teil aber auch infolge der länger dauernden Nähe zwischen Untersuchtem und Untersucher – entfalten sich nach Beobachtungen verschiedener Autoren (siehe z. B. Schafer 1956; Jappe et al. 1965; Vogel 1970, 1992) *Übertragungs- und Gegenübertragungsprozesse,* die ihren Niederschlag einerseits in den Testantworten und in den an den Versuchsleiter gerichteten Bemerkungen, andererseits aber auch in den Gefühlen finden, die der entsprechende Proband im Untersucher auslöst.

Dieser *psychodynamische* Aspekt der Diagnostik erscheint mir gerade im Hinblick auf die immer wieder geführte Diskussion über die »Krise der Diagnostik« wichtig (s. Lang 1975; Pulver 1975; Rieben et al. 1975; Pulver et al. 1978; sowie die Diskussionsbemerkungen in der Schweizer Zeitschrift für Psychologie Band 34, 1975, und Band 35, 1976). Die Kritiker, die wie Lang (1975; oder auch früher schon Westmeyer 1972) die Diagnostik in einem unlösbaren zweifachen Dilemma, dem »Machtdilemma« und dem »Validitätsdilemma« (Lang 1975), sehen, möchten die Person des Untersuchers als Unsicherheitsfaktor eher ausschalten. Der Versuch, die Fülle dessen, was in der Testsituation zwischen Proband und Untersucher vor sich geht, psychodynamisch zu verstehen, wird von diesen Autoren überhaupt nicht unternommen. Ihre Kritik richtet sich gegen die vermeintliche »Subjektivität« und übersieht dabei – aufgrund ihres offenbar eher statischen Persönlichkeitsmodells –, dass gerade die dynamischen Prozesse für die Diagnostik von eminenter Bedeutung sind (s. a. Schmid 1975). Mit Recht richtet deshalb Spörli (1976) die Forderung an die psychologische Ausbildung: »Auch eine noch so verfeinerte Psychometrie ist keine Alternative für kommunikative Sensibilisierung!« So wird die Diskussion um die »Krise der Diagnostik« unversehens zur – allerdings sehr berechtigten – Frage nach der Überprüfung des Psychodiagnostikers auf seine »Validität« hin (Landolf 1976).

pro memoria 2.2

1. Fehlerquellen:
   1.1 »Soziale Mitbedingtheit des Wahrnehmens« (Social Perception), Determinierung durch Selektion, Organisation, Akzentuierung, Fixierung.
   1.2 Wahrnehmungsabwehr und unterschwellige Wahrnehmung (Person Perception).
   1.3 Halo-Effekt: »Schwarz-Weiß-Zeichnung«.
   1.4 Error of Central Tendency: »Grau-in-grau-Zeichnung«.
   1.5 Projektion: a) eine das Ich bedrohende Eigenschaft wird einem Objekt der Außenwelt zugeschrieben, b) Hinausverlegen auch ohne intrapsychischen Konflikt.
   1.6 Generosity Error: zu gute Beurteilung.
   1.7 Logical Error: Erwähnung von Merkmalen nur, soweit sie sich logisch einordnen lassen.
   1.8 Einstellungsfehler: a) Contrast Error, b) identifikatorische Annahme von Ähnlichkeiten zwischen Untersucher und Proband.
2. Reduzierung von Fehlinterpretationen durch:
   2.1 Verbesserung von Objektivität, Reliabilität und Validität des Tests,
   2.2 praxisorientierte diagnostische Ausbildung, inkl. Selbsterfahrung,
   2.3 Sensibilisierung für Dynamik von Übertragung und Gegenübertragung.

2.3 Zum Problem der Voraussetzungsfreiheit testpsychologischer Verfahren

Das Ideal einer jeden empirischen Wissenschaft ist es, voraussetzungsfrei an die Beobachtung ihres Forschungsgegenstandes herantreten zu können. Es fragt sich nun, ob – abgesehen von den im Kapitel 2.2 beschriebenen Fehlerquellen – im Rahmen der testpsychologischen Diagnostik überhaupt eine solche Voraussetzungsfreiheit gegeben ist. Immer wieder haben Testautoren den Versuch unternommen, so genannte »kulturfreie« Tests zu konstruieren. Stets haben aber später Nachuntersuchungen gezeigt, dass die Kulturunabhängigkeit eines solchen Verfahrens nur eine relative ist. Gewiss gehen beispielsweise in den *Progressiven Matrizentest* von Raven weniger kultur- und schichtspezifische Faktoren ein als etwa in den *Ham-*

burg-Wechsler-Intelligenztest für Erwachsene (HAWIE) oder in die verschiedenen auf Binet zurückgehenden Testreihen. Aber auch beim Progressiven Matrizentest kann man nur von einer relativen Kulturunabhängigkeit sprechen. Ein Ausweg aus diesem Dilemma bietet sich dergestalt an, dass man für die verschiedenen Tests Normen erstellt, die den kulturellen ebenso wie den sozioökonomischen Aspekten (beispielsweise Alter, Geschlecht, Schichtzugehörigkeit) Rechnung tragen.

Bei der Frage nach der Voraussetzungsfreiheit der testpsychologischen Diagnostik erhebt sich aber noch ein weiteres Problem. Wir haben es in der Psychologie, namentlich im Bereich der testpsychologischen Diagnostik, in der Regel mit Konstrukten zu tun, mit mehr oder weniger hypothetischen Annahmen über psychische Prozesse (siehe zu diesem Problem auch die Ausführungen von Brandstätter 1970). Solche Konstrukte sind beispielsweise »Angst«, »Frustrationstoleranz«, »Affektlabilität« und »Verarbeitungsfähigkeit«, aber auch etwa »Intelligenz« und »Abstraktionsfähigkeit«. Bei allen diesen Konstrukten können wir nicht davon ausgehen, dass wir absolut eindeutig definierbare Phänomene vor uns haben, die Allgemeinverbindlichkeit beanspruchen könnten. Je nach der theoretischen Position finden sich zum Teil große Divergenzen zwischen verschiedenen Autorinnen und Autoren, die ein und dasselbe Phänomen untersuchen.

Für den Bereich der Testdiagnostik bedeutet diese Tatsache eine weitere Erschwerung. Der sich in einen Test A einarbeitende Leser kann nicht davon ausgehen, dass beispielsweise mit dem in diesem Test laut Manual erfassten Konstrukt »Angst« dieselbe Art von Angst gemeint ist, die sich in einem Test B niederschlägt. Konkret bedeutet dies: Die mit dem *Rorschach'schen Formdeuteverfahren* erfasste Angst ist nicht unbedingt identisch mit der Art von Angst, wie sie mit den Cattell'schen *Anxiety-Tests* geprüft werden soll oder wie sie sich etwa im *Thematischen Apperzeptionstest* (TAT) von Murray (1943) präsentiert.

Das geschilderte Problem betreffend die Voraussetzungsfreiheit einer psychologischen Diagnostik soll am Beispiel der *Intelligenztests*, diesen bisher wohl am besten standardisierten und auf ihre Gütekriterien hin geprüften Verfahren exemplifiziert werden. Man könnte bei einer oberflächlichen Betrachtung des Problems geneigt sein anzunehmen, dass es keinerlei Schwierigkeiten bei der Erfassung der Intelligenz geben sollte. Umso mehr mag es die Leserinnen und Leser, die sich in die verschiedenen Intelligenzverfahren einarbeiten, überraschen, wenn sie auf zum Teil weit voneinander abweichende Intelligenzdefinitionen stoßen, das heißt also auch auf völlig verschiedenartig konzipierte Intelligenztests. Um die damit verbundenen Probleme zu deutlichen, sollen einige Intelligenzdefinitionen zitiert werden, welche die Grundlage für verschiedene Intelligenztests bilden. Von den diesen Verfahren zugrunde liegenden Konzepten hängt es dann jeweils ab, ob unter dem Konstrukt »Intelligenz« eher abstrakt-logisches Denken, Allgemeinbildung, Gedächtnisfunktionen, Merkfähigkeit, soziale Anpassungsfähigkeit oder andere Aspekte verstanden werden. Es ist deshalb unbedingt notwendig, dass die Testautorinnen und -autoren bei einem Intelligenzverfahren, das sie vorlegen, eine genaue Definition dessen geben, was sie in diesem Test unter Intelligenz verstehen.

Betrachten wir zunächst einen der am weitesten verbreiteten Intelligenztests, den *Hamburg-Wechsler-Intelligenztest für Erwachsene* (HAWIE), ein Verfahren, das auf die Wechsler-Bellevue-Intelligenzskalen zurückgeht. Wechsler (1964) definiert Intelligenz als die *»zusammengesetzte oder globale Fähigkeit des Individuums, zweckvoll zu handeln, vernünftig zu denken und sich mit seiner Umwelt wirkungsvoll auseinander zu setzen«.* Im Zentrum dieser Definition steht der *Globalbegriff der Intelligenz.* Wechsler ist der Ansicht, dass die Intelligenz Teil eines größeren Ganzen ist, Teil der Gesamtpersönlichkeit, und nur in Wechselwirkung mit den verschiedensten anderen, auch nichtintellektuellen Faktoren gesehen werden kann. Von dieser Annahme, dass es, neben allgemeinen und spezifischen intellektuellen Fähigkeiten, auch nichtintellektuelle Faktoren der Intelligenz gebe, geht die Konzeption des Wechsler'schen Intelligenzverfahrens aus: Der *HAWIE* besteht aus einem Verbal- und einem Handlungsteil und prüft in den elf Untertests verschiedene Fähigkeiten und Funktionen, wobei neben der Allgemeinbildung, der Konzentrations- und Merkfähigkeit, dem abstrakt-logischen Denken und der intellektuellen Beweglichkeit auch Aspekte der sozialen Anpassungsfähigkeit und das Umgehen mit verschiedenen Materialien erfasst werden.

Die Wechsler-Intelligenzskalen beruhen auf der so genannten Zwei-Faktoren-Theorie von Spearman (1904). Spearman postulierte einen Generalfaktor der Intelligenz (»general factor«), eine allgemeine Fähigkeit, die allen Intelligenzleistungen zugrunde liegt. Ferner nahm er an, dass es daneben spezifische Fähigkeiten gibt, die zwar auf der allgemeinen intellektuellen Kapazität beruhen, sich jedoch in spezifischen Fähigkeiten niederschlagen. Der nach diesem Konzept konstruierte *HAWIE* zeigt denn auch mittelhohe Korrelationen der Resultate aus den einzelnen Untertests mit dem Gesamtergebnis, das heißt, jeder Untertest soll bis zu einem gewissen Grad die Allgemeinbefähigung, den »general factor«, erfassen. Außerdem hat Wechsler bei der Konstruktion seines Intelligenzverfahrens darauf geachtet, dass die

Korrelationen zwischen den einzelnen Untertests nur mittlere Höhe erreichen. Das heißt, es werden mit jeder dieser Aufgabengruppen auch spezifische Fähigkeiten geprüft, die ihrerseits wieder von der allgemeinen intellektuellen Kapazität getragen werden.

Ein anderes Konzept – und damit eine völlig andere Auffassung von der
Intelligenz – liegt dem *Intelligenz-Struktur-Test* (IST) von Amthauer (1955,
1999) zugrunde. Amthauer definiert in seinem Verfahren das Konstrukt
»Intelligenz« als »*eine strukturierte Ganzheit von seelisch-geistigen Fähigkeiten, die in Leistungen wirksam werden und den Menschen befähigen, als Handelnder in seiner Welt bestehen zu können*« (1955). Der Autor betrachtet die
Intelligenz als eine Sonderstruktur mit einer hierarchischen Ordnung.
Während im *HAWIE* die dynamischen Aspekte der Intelligenz besonders
berücksichtigt werden, steht im *IST* der Strukturgesichtspunkt im Vordergrund. Das Amthauer'sche Verfahren wurde nicht auf einer explizit genannten Faktorentheorie der Intelligenz aufgebaut, steht aber formal der Grup-
penfaktorentheorie von Thurstone (1938) nahe. Dieser Autor postulierte
relativ unabhängig voneinander bestehende Intelligenzfaktoren, so genannte »primary mental abilities«. Bei der Auswahl der Aufgabengruppen im *IST*
ging Amthauer von zwei Kriterien aus:
1. Es sollten möglichst hohe Korrelationen der einzelnen Aufgabengruppen
   mit dem Gesamtergebnis bestehen, und
2. die verschiedenen Untertests sollten möglichst wenig miteinander korre-
   lieren, um weitgehend voneinander unabhängige »primäre Fähigkeiten«
   im Sinne Thurstones zu erfassen.

Bei einer anderen Gruppe von Intelligenzverfahren – als Beispiel seien die
in den USA recht gebräuchlichen *Differential Aptitude Tests* (DAT) genannt
– geht es überhaupt nicht mehr (wie z. B. beim *HAWIE* und auch beim *IST*)
um die Bestimmung eines Gesamtwerts für die intellektuelle Begabung,
sondern es werden voneinander unabhängige, isolierte Leistungsbereiche
geprüft. Das Ziel der entsprechenden Testautoren ist, die verschiedenen, als
voneinander unabhängig gedachten Fähigkeitsbereiche in faktorenanaly-
tisch möglichst »reiner« Form zu erfassen. Bei der Konstruktion solcher
Verfahren wird insbesondere darauf geachtet, dass eine nur möglichst geringe Korrelation zwischen den verschiedenen Untertests besteht. Die Autoren bezeichnen ihre Testbatterien als »differentielle Begabungstests«. Bennett et al. (1952) definieren in ihrem Verfahren Begabung als »*die Fähigkeit
einer Person zum Erlernen bestimmter Fertigkeiten oder noch allgemeiner als
die Fähigkeit zum Lernen*«. Entsprechend dieser Definition werden, im Ge-

gensatz zum *HAWIE* und zum *IST*, in den acht Aufgabengruppen dieses Verfahrens sehr spezielle Fertigkeiten geprüft (beispielsweise rechnerische Fertigkeiten, verbales Denken, Raumbezeichnungen, Schreibgeschwindigkeit).

Wieder andere Autoren geben zum Teil ähnliche, zum Teil aber auch erheblich von den zitierten Definitionen abweichende Umschreibungen von dem, was sie unter dem Konstrukt »Intelligenz« verstehen. So umschrieb W. Stern bereits 1912 die Intelligenz als »*die allgemeine Fähigkeit, das Denken bewusst auf neue Forderungen einzustellen, die allgemeine geistige Anpassungsfähigkeit an neue Aufgaben und Bedingungen des Lebens«.* Nach Aloys Wenzl (1934) besteht das Wesen der Intelligenz in der *Fähigkeit zur Erfassung und Herstellung von Bedeutungen, Beziehungen und Sinnzusammenhängen.* Rohracher (1960) schließlich distanziert sich ausdrücklich von einem Verständnis der Intelligenz als einem Konglomerat verschiedener Fähigkeiten und definiert: »*Intelligenz ist der Leistungsgrad der psychischen Funktionen bei ihrem Zusammenwirken in der Bewältigung neuer Situationen.«*

Wie aus dem Gesagten ersichtlich, bestehen selbst zwischen Autoren, die von einem faktorenanalytischen Ansatz ausgehen, keine Übereinstimmungen in ihren Intelligenzkonzepten. Während Spearman (1904) neben einem Generalfaktor verschiedene spezifische Faktoren annimmt, postuliert Thurstone (1941) sieben »primary mental abilities«: Sprachliches Verständnis (verbal comprehension), Wortflüssigkeit (word fluency), Umgang mit Zahlen (number), Raumvorstellung (space), Gedächtnis (memory), Auffassungsgeschwindigkeit (perceptual speed) und schlussfolgerndes Denken (reasoning). Auf dieser faktorenanalytischen Konzeption Thurstones entwickelte dann Horn (1962) sein Leistungsprüfsystem (s. Kap. 8.1.2.5). Nach Meili (1961) beruhen die intellektuellen Leistungen auf vier Faktoren, die er mit »Komplexität«, »Flüssigkeit«, »Ganzheit« und »Plastizität« bezeichnet. Der von ihm entwickelte *Analytische Intelligenztest* (AIT) trägt diesem Konzept Rechnung. Der in seiner Theorie Spearman nahe stehende englische Faktorenanalytiker Vernon (1950) eliminiert den g-Faktor und teilt die Tests dann in zwei Kategorien ein, welche die folgenden beiden Gruppenfaktoren definieren: 1) v:ed, das heißt Tests verbaler Art, deren Leistungen schulisch bedingt sind, 2) k:m, das heißt Aufgaben von praktisch-mechanisch-räumlich-physikalischer Natur. Cattell (1971) vertritt das Konzept einer hierarchisch angeordneten Faktorenstruktur der Intelligenz. Guilford (1967) führt in seinem »Structure-of-Intellect-Model« eine Liste von 120 verschiedenen Intelligenzfaktoren an.

Eine weitere Schwierigkeit ergibt sich dadurch, dass die Intelligenz im Verlaufe der Entwicklung des Individuums und auf den verschiedenen Intelligenzniveaus voneinander abweichende Organisationsformen zeigt. Die von Lienert (1960, 1961) im Anschluss an Garrett (1938, 1946) formulierte *»Differenzierungshypothese«* besagt, dass die Intelligenz nicht über alle Altersstufen hinweg eine invariante Größe bleibt. Vielmehr kommt es im Verlauf des Lebens zu einer Zunahme mehr oder weniger unabhängiger Teilfunktionen, das heißt (im Modell der Spearman'schen Zwei-Faktoren-Theorie) zu einer Verschiebung von der Allgemeinintelligenz (g-Faktor) zu den spezifischen Fähigkeiten (s-Faktoren). Als Ursache solcher Veränderungen müssen wir die Reifung des Organismus sowie Lernprozesse und lebensgeschichtlich bedingte Erfahrungen annehmen.

Wewetzer (1958) wies ferner nach, dass sich auch bei gleichem Alter, aber unterschiedlichem Intelligenzniveau voneinander abweichende Organisationsformen der Intelligenz finden *(»Divergenzhypothese«):* Probanden mit niedrigerem Intelligenzniveau zeigten einen höheren Anteil an der allgemeinen Intelligenz (komplexerer g-Faktor), während besser Begabte in ihren Leistungen mehr spezifische Fähigkeiten erkennen ließen.

Dass diese Resultate nicht nur für die Intelligenz, sondern auch beispielsweise für die musikalische Begabung Gültigkeit haben, konnte ich in einer eigenen Untersuchung nachweisen: Bei einem Vergleich von Volks- und lernbehinderten Sonderschülern hinsichtlich verschiedener musikalischer Fähigkeiten ergab sich bei den besser Begabten eine differenziertere Faktorenstruktur (Rauchfleisch 1969). Interessanterweise scheinen derartige Strukturunterschiede auch zwischen psychisch Gesunden und Kranken zu bestehen. In einer Untersuchung an psychisch Gesunden, Alkohol- und Medikamentenabhängigen und Neurotikern mit verschiedenen Intelligenz- und Persönlichkeitsverfahren zeigten sich bei den psychisch unauffälligen Probanden größere Funktionskomplexe (stärker ausgeprägter g-Faktor), während sich bei den psychisch Kranken eine Aufspaltung in eine größere Zahl von Einzelfaktoren fand (Rauchfleisch 1971, 1972). Man könnte diesen Befund im Sinne der von Freud (1923) postulierten »Triebentmischung« des Neurotikers als empirischen Hinweis auf eine stärker ausgeprägte Dissoziation beim psychisch Kranken interpretieren. Während der Gesunde eine flexiblere Struktur aufweist, in der einzelne Funktionen durch andere vertreten werden können, zeichnet sich nach den zitierten Befunden die Persönlichkeit des psychisch Kranken durch größere Rigidität und eine Dissoziationsneigung aus.

Schon der kurze Überblick über die verschiedenen faktorenanalytischen

Konzepte und die darauf beruhenden Tests zeigt, dass wir uns im Bereich der Intelligenzdiagnostik (diesem scheinbar so gesicherten Forschungsgegenstand) im Grunde auf recht unsicherem Boden bewegen. Wenn aber schon bei der Definition der Intelligenz keine Einigkeit besteht – um wie viel schwieriger ist es dann, ein einigermaßen verlässliches Konzept anderer psychischer Prozesse, etwa der Angst, der Frustrationstoleranz, der Affektlabilität zu erarbeiten.

Aufgrund der beschriebenen Divergenzen zwischen den verschiedenen theoretischen Positionen muss beim gegenwärtigen Stand der psychologischen Forschung von jedem Testautor gefordert werden, dass er eine möglichst präzise Beschreibung dessen gibt, was er mit seinem Test erfassen möchte. Es reicht, wie ich am Beispiel der Intelligenzverfahren gezeigt habe, nicht aus, dass bei einem bestimmten Verfahren lediglich gesagt wird, mit diesem Test solle »*die* Intelligenz« oder »*die* Angst« erfasst werden. Vielmehr sollte der Autor genau definieren, welchen Aspekt der Intelligenz, der Angst et cetera er mit seinem Test prüfen möchte, und nachweisen, dass sein Test zur Bestimmung dieses Merkmals geeignet ist.

pro memoria 2.3

1. Abhängigkeit der Testresultate von kulturellen und sozioökonomischen Faktoren.
2. Schwierigkeit der Erfassung psychologischer Konstrukte (hypothetische Annahmen, abhängig von der theoretischen Ausgangsposition).
3. Intelligenzkonzepte und -Hypothesen:
   3.1 Zwei-Faktoren-Theorie der Intelligenz (Spearman): Allgemeinfaktor und spezifische Faktoren (z. B. *HAWIE*).
   3.2 Multiple Faktorentheorie: Primärfaktoren der Intelligenz (Thurstone) (z. B. *IST, DAT*).
   3.3 Differenzierungshypothese (Garret, Lienert): Altersabhängigkeit der Intelligenzstruktur.
   3.4 Divergenzhypothese (Wewetzer): Abhängigkeit der Intelligenzstruktur vom Intelligenzniveau.

2.4 Merkmale der diagnostischen Situation

Lange Zeit wurde den spezifischen Merkmalen der diagnostischen Situation mit ihren interaktionellen Aspekten wenig Aufmerksamkeit geschenkt. Die wichtigste Zielvorstellung war – in Analogie zum naturwissenschaftlichen Experiment –, möglichst objektive und reliable Tests zu konstruieren und standardisierte Untersuchungsbedingungen zu schaffen. Alle Faktoren, die sich nicht in diesem Sinne kontrollieren ließen, wurden als Störvariablen betrachtet, die es möglichst auszuschalten galt. Man war sich allenfalls der Probleme von Simulation, Dissimulation und sozialer Erwünschtheit bewusst, versuchte aber auch den Einfluss dieser und anderer situativer und motivationaler Determinanten möglichst klein und kontrollierbar zu halten.

Eine genauere Untersuchung der wichtigsten Merkmale der diagnostischen Situation zeigte jedoch, dass die hier wirksamen Faktoren sich oft nicht eliminieren oder kontrollieren lassen und keineswegs nur Störungen darstellen. Wichtig hingegen ist es, sich des Einflusses dieser Faktoren bewusst zu sein und sie unter Umständen auch diagnostisch zu nutzen. Nach Spitznagel (1982) zeichnen sich die diagnostischen Situationen über alle Unterschiede spezieller Art hinweg durch die folgenden vier Merkmale aus: die Asymmetrie in Bezug auf die Selbstenthüllung, die Vertraulichkeit, das Wissen, beobachtet zu werden, und die Tatsache, dass die diagnostische Situation eingebettet ist in ein weiteres soziales Feld.

2.4.1 Asymmetrie in Bezug auf die Selbstenthüllung

Ziel jeder diagnostischen Situation ist es, dass ein Experte mithilfe seines Wissens einen Beitrag zur Lösung der Probleme seines Klienten leistet. Dabei besteht per definitionem eine Asymmetrie in Bezug auf den Informationsaustausch, indem dem Untersucher zugestanden wird, Fragen auch zu intimen Details aus dem Leben des Klienten zu stellen, und vom Probanden erwartet wird, dass er offen darüber Auskunft gibt. Diese Art der Interaktion steht im Gegensatz zu den sonst üblichen sozialen Regeln, wonach man sich vor allem nahen Bekannten anvertraut und persönliche Informationen gegenseitig austauscht, das heißt im Rahmen einer symmetrischen Beziehung. Je nach Grundpersönlichkeit und Art der psychischen Erkrankung, aber auch bedingt durch die voneinander abweichenden Regeln in den verschiedenen sozialen Schichten, stellt die in der diagnostischen Situation geforderte Asymmetrie für einen Teil von Klienten kein wesentliches Problem dar. Für andere hingegen liegt gerade hier eine große Kommunikationsbarriere, die es zu beachten und etwa bei der Interpretation von Testresultaten zu berücksichtigen gilt.

2.4.2 Vertraulichkeit

Gewiss dürfen unsere Klientinnen und Klienten davon ausgehen, dass wir die Mitteilungen, die sie uns machen, vertraulich behandeln. Dazu sind wir nicht zuletzt auch durch die von den Psychologenvereinigungen der verschiedenen Länder entworfenen ethischen Richtlinien verpflichtet (vgl. Rauchfleisch 1982). Im Unterschied zu anderen (vor allem privaten) Kommunikationsformen zeichnet sich die diagnostische Situation jedoch dadurch aus, dass die Klienten in der Regel nicht die Freiheit haben, sich einer Person gegenüber zu eröffnen, die ihr volles Vertrauen besitzt. Sie sehen sich in den privaten psychologischen Praxen oder in den Institutionen vielmehr mit Fachleuten konfrontiert, die ihnen bisher völlig fremd waren, und sie besitzen im Allgemeinen auch nicht die Möglichkeit, unter verschiedenen Psychologinnen und Psychologen eine Vertrauensperson auszuwählen und sich dieser zu eröffnen. Wiederum reagieren verschiedene Klientinnen und Klienten ganz unterschiedlich auf diese Situation. Doch ist es wichtig, dass wir uns als Diagnostiker der hier wirksam werdenden Prozesse (etwa in Gestalt von Übertragung und Gegenübertragung) bewusst sind und die auftretenden Kommunikationsmuster unter Umständen diagnostisch verwerten.

2.4.3 Das Wissen, beobachtet zu werden

Es mag trivial erscheinen, das Wissen des Klienten, vom Testleiter beobachtet zu werden, als ein besonderes Merkmal der diagnostischen Situation zu bezeichnen. Doch ist dies keineswegs eine Banalität, sondern ein Umstand, der etliche – auf den ersten Blick vielleicht nicht zu vermutende – Konsequenzen besitzt. In das Wissen der Klienten, vom Untersucher beobachtet zu werden, gehen unter anderem Vorinformationen ein, welche die Probanden aus anderen Quellen (im stationären Bereich: von Mitpatienten; im ambulanten Setting: von Familienmitgliedern oder Bekannten, aber auch aus den Massenmedien) über Testuntersuchungen erhalten haben. Außerdem registrieren ja nicht nur wir Untersucherinnen und Untersucher das

Verhalten der Klienten, sondern diese beobachten auch uns und ziehen ihre Schlüsse aus unserem Verhalten. So übt beispielsweise die Tatsache, dass wir bei einer Reihe von projektiven Verfahren neben den sprachlichen auch alle averbalen Äußerungen der Klienten (auch solche, die ihnen selbst unwichtig erscheinen) notieren, einen nicht zu unterschätzenden Einfluss auf das Testverhalten aus. Auch andere Signale, die wir – vielleicht nur vermeintlich – geben, werden von den Klienten oft als Hinweise empfunden, wir zögen aus unseren Beobachtungen bestimmte Schlüsse, und diese (uns zumeist gar nicht bekannten) Vermutungen determinieren wiederum in irgendeiner Weise das Testverhalten der Klientinnen und Klienten.

2.4.4 Die diagnostische Situation als Teil eines weiteren sozialen Felds

Schließlich müssen wir unseren Kontakt zum Klienten auch in einem weiteren sozialen Kontext sehen. Diese Dimension beinhaltet so verschiedene Dinge wie das Wissen des Probanden und seine emotionale Einstellung bezüglich der Tätigkeit von Psychologen im Allgemeinen oder die divergierenden Vorstellungen, welche Klienten sich von den Institutionen bilden, in denen wir arbeiten (so bestehen im Hinblick auf ihre Vorannahmen und Erwartungen beispielsweise große Unterschiede je nachdem, ob wir in einer Strafanstalt, in der privaten Praxis, in einer psychiatrischen Institution oder in einer Berufsberatungsstelle arbeiten). Nicht zuletzt gehört zum weiteren Feld, in das die diagnostische Situation eingebettet ist, auch das Selbstverständnis der Psychologinnen und Psychologen, bis hin zum anthropologischen Hintergrund, der ihr berufliches Handeln und ihre Beziehungen zu Vertretern anderer Fächer bestimmt. Gerade weil diese Faktoren ihre Wirkung oft indirekt entfalten und schwer kontrollierbar sind, kommt es in besonderem Maß darauf an, sie selbstkritisch zu reflektieren und sich über ihren Einfluss auf unsere Beziehung zu den Klienten klar zu werden.

pro memoria 2.4

1. Asymmetrie in Bezug auf die Selbstenthüllung,
2. Vertraulichkeit,
3. Wissen, beobachtet zu werden,
4. diagnostische Situation als Teil eines weiteren sozialen Felds.

3. Aufgabenbereiche und Ziele der Psychodiagnostik

Die testpsychologische Diagnostik hat in den letzten Jahrzehnten eine starke Ausdehnung ihres Anwendungsbereichs gefunden. Testuntersuchungen werden bei den verschiedensten Fragestellungen angewendet, und es scheint manchmal, dass im Grunde kein Lebensbereich mehr übrig geblieben ist, in den Tests nicht Eingang gefunden hätten. Die Testdiagnostik ist heute nicht mehr beschränkt auf Untersuchungen in den psychiatrischen Kliniken und Ambulatorien, auf die Erziehungs-, Lebens- und Berufsberatung. Sie findet Einsatz in der Personalauslese, bei der Untersuchung von betagten Menschen und von Kleinkindern, bei verschiedenen somatischen Erkrankungen, Invaliditätsbeurteilungen, im militärischen Bereich, bei Prüfungen der Fahrtauglichkeit, bei straf- und zivilrechtlichen Begutachtungen und bei einer Fülle weiterer Fragestellungen.

Mitunter entsteht dabei allerdings der Eindruck, dass sich die Testdiagnostik heute deshalb einer so großen Beliebtheit und Verbreitung erfreut, weil man hofft, sich durch den Einsatz von Tests einer persönlichen Entscheidung entziehen zu können. Mit einem Test soll dann quasi »objektiv« nachgewiesen werden, dass zum Beispiel dieser oder jener Ausbildungsgang einem bestimmten Exploranden nicht angemessen sei, oder die Unsicherheit bei manchen anderen Entscheidungen soll – vermeintlich – aufgehoben werden.

So wichtig einerseits die testpsychologische Diagnostik ist, so sehr muss andererseits davor gewarnt werden, unkritisch psychologische Tests einzusetzen und von den Resultaten dieser Verfahren »Wunder« zu erwarten. Bei noch so gut geeichten und nach den verschiedensten Richtungen geprüften Verfahren bestehen auch heute noch so viele Unsicherheiten, dass es einer sehr sorgfältigen Handhabung bei ihrer Durchführung und Interpretation bedarf. Dieser Hinweis sollte allerdings nicht in dem Sinne missverstanden werden, als ob wir völlig auf die testpsychologische Diagnostik verzichten sollten. Der gezielte Einsatz und die kritische, auf einem fundierten Fachwissen basierende Handhabung dieser Verfahren vermag vielmehr den Diagnostikerinnen und Diagnostikern wichtige Informationen zu liefern. Sicher aber sollte beim Einsatz von Tests garantiert sein, dass die Autonomie der Untersuchten nicht verletzt wird und dass die nicht unbeträchtlichen ethischen Probleme bei der Durchführung von Tests und beim Umgang mit den Befunden beachtet werden (Rauchfleisch 1982, 1992c; vgl. Kap. 12).

Die vielfältigen Aufgaben, denen sich die diagnostisch tätigen Psychologinnen und Psychologe heute gegenübersehen, lassen sich in die folgenden fünf Problembereiche gliedern: 1) Einsatz psychologischer Tests zur Erstellung eines allgemeinen Persönlichkeitsbilds, 2) Verwendung psychologischer Tests bei differenzialdiagnostischen Fragen, 3) Abklärung des Ausmaßes psychischer (speziell intellektueller) Beeinträchtigungen bei hirnorganisch geschädigten Patienten, 4) Bestimmung der (allgemeinen und speziellen) Leistungsfähigkeit und der beruflichen Eignung, 5) Einsatz psychologischer Tests und Beobachtungsmethoden im sozialen Bereich. Diese Gliederung ist willkürlich. Überschneidungen und Kombinationen zwischen den verschiedenen Bereichen zeigen sich an vielen Stellen. Sinn einer solchen Unterteilung ist aber, gewisse Akzente zu setzen und damit einige wesentliche Funktionen der psychologischen Diagnostik darzustellen.

3.1 Einsatz psychologischer Testverfahren zur Erstellung eines allgemeinen Persönlichkeitsbildes

In den verschiedensten Bereichen ihrer Tätigkeit werden Psychologinnen und Psychologen immer wieder mit Probanden konfrontiert, die straf-, zivil- oder versicherungsrechtlich begutachtet werden müssen. Bei derartigen Begutachtungen bietet sich in der Regel der Einsatz psychologischer Tests an, mit dem Ziel, ein allgemeines Persönlichkeitsbild der Probanden zu entwerfen. Es gilt, Aussagen über die Intelligenz, die Affektivität und den sozialen Kontakt zu gewinnen und die innerseelische Dynamik mithilfe von Testverfahren zu objektivieren. Auf diese Weise soll ein möglichst umfassendes Bild der Persönlichkeit entworfen werden. Wenn auch immer eine Reihe von Gefühlen, Einstellungen und Motiven nicht eruierbar sein wird, gelingt es in der Regel mithilfe einer »Testbatterie«, das heißt einer Anzahl verschiedener Tests, die in einer oder mehreren Sitzungen durchgeführt und deren Ergebnisse dann zusammengefasst interpretiert werden, die Struktur einer Persönlichkeit darzustellen und Fragen zur intellektuellen Begabung zu beantworten. Derartige relativ umfassende Persönlichkeitsbeschreibungen sind von besonderer Bedeutung bei strafrechtlichen Gutachten, wenn zum Beispiel nach der Zurechnungsfähigkeit gefragt wird, das heißt nach der Fähigkeit des Betreffenden, »das Unrecht seiner Tat einzusehen oder gemäß seiner Einsicht in das Unrecht der Tat zu handeln« (Art. 10, Schweizer Strafgesetzbuch). Auch bei der Frage der Anordnung von richterlichen Maßnahmen, beispielsweise im Sinne der Auferlegung einer regelmäßigen ambulanten psychiatrischen Behandlung, ist eine eingehende testpsychologische Untersuchung (woraus sich auch Hinweise auf affektive und intellektuelle Motivationen und Entwicklungsmöglichkeiten des zu Begutachtenden ergeben) von großer Bedeutung. Schließlich werden solche umfassenden Persönlichkeitsbilder oftmals auch bei Abklärungen in Erziehungs- und Berufsberatungsstellen erhoben.

3.2 Verwendung psychologischer Tests bei differenzialdiagnostischen Fragen

Von psychodiagnostischer Seite kann auch ein Beitrag zur Beantwortung differenzialdiagnostischer Fragen geleistet werden. Zum Beispiel sollen Tests helfen, zwischen psychogenen Beschwerden und psychoorganischen Störungen nach Schädel-Hirntraumen zu differenzieren. Es ist in diesen Fällen wichtig, die durch Anamnese und Exploration gewonnenen Eindrücke durch eine gezielte testpsychologische Untersuchung zu objektivieren, das Ausmaß der Störung abzuschätzen und Kompensationsmöglichkeiten aufzuzeigen.

Auch bei der Abgrenzung zwischen einer neurotischen Fehlentwicklung und einem (prä-)psychotischen Zustand vermögen insbesondere die projektiven Testverfahren oftmals nützliche Hinweise zu liefern. Doch sollte man aus einem einzigen Verfahren und einem Testbefund allein nie eine Psychose diagnostizieren! Es sind zwar beispielsweise in der Literatur zum *Rorschach'schen Formdeuteversuch* immer wieder Syndrome beschrieben worden, die – mit mehr oder weniger Wahrscheinlichkeit – als gewichtige Hinweise auf das Vorliegen einer Schizophrenie gewertet wurden (Kuhn 1940; Katz 1941; Binswanger 1944; Bohm 1967, 1975). Es muss jedoch ausdrücklich davor gewarnt werden, die Diagnose einer Psychose – selbst beim Vorliegen solcher Syndrome – allein aus einem Test heraus zu stellen. Immerhin kann aber ein derartiger Testbefund unser Augenmerk vielleicht erstmals auf Seiten der Persönlichkeit lenken, die vorher unbeachtet geblieben sind, und wir können aufgrund dieser Hinweise nun unter Umständen gezielter abklären, ob eine psychotische Störung oder eine neurotische Entwicklung vorliegt.

Von testpsychologischer Seite können wir bei neurotischen und psychotischen Patienten vor allem wichtige Informationen über die Ich-Stärke beziehungsweise die Tragfähigkeit der Ich-Struktur sowie über unbewusste

Konflikte, frühe emotionale Mangelerfahrungen und Dynamismen der betreffenden Persönlichkeit erhalten. Es sind dies Hinweise, die uns beispielsweise prognostische Aussagen erleichtern, bei Fragen nach der Indikation einer Psychotherapie wichtig sein und genaueren Aufschluss über die Konfliktthematik eines Patienten geben können (Cohen 1960). Auf die Bedeutung von Übertragungs- und Gegenübertragungsprozessen für die testpsychologische Abklärung habe ich bereits (s. Kap. 2.2) hingewiesen.

3.3 Abklärung des Ausmaßes psychischer (speziell intellektueller) Beeinträchtigungen bei hirnorganischen Schädigungen

Häufig untersucht man Patientinnen und Patienten mit einem psychoorganischen Syndrom mit psychologischen Tests, um abzuklären, in welchem Ausmaß bestimmte psychische (insbesondere intellektuelle) Funktionen geschädigt sind. Dabei habe ich die Erfahrung gemacht, dass es vorteilhaft ist, diese Patienten möglichst nach Verlauf eines halben oder eines ganzen Jahres noch einmal testpsychologisch zu untersuchen. Es wird dann sichtbar, inwieweit Ausfälle fortbestehen oder sich ausgeweitet haben, und welche Bereiche wieder voll funktionstüchtig sind.

Bei der Untersuchung von Patienten mit psychoorganischem Syndrom verschiedener Ätiologie geht es zumeist um eine der folgenden Fragen:

a) Der psychische Status soll zu einer bestimmten Zeit fixiert werden. Nach Ablauf einer gewissen Zeit (beispielsweise nach einer Shunt-Operation, nach Rehabilitationsmaßnahmen) können durch einen Vergleich mit dem ersten Befund Besserungen oder Verschlechterungen objektiviert werden.

b) Die geschädigten und die nicht geschädigten Funktionen sollen zwecks Einleitung geeigneter Rehabilitationsmaßnahmen ermittelt werden.

c) Der Einfluss der Schädigung auf die Arbeitsfähigkeit und die Eignung für andere Tätigkeiten (zum Beispiel das Führen eines Motorfahrzeugs und Ähnliches) sollen objektiviert werden.

Bei allen diesen Untersuchungen geht es immer um eine doppelte Blickrichtung: Einerseits gilt es, das Ausmaß und die Art der Schädigung zu eruieren, andererseits sollen Kompensationsmöglichkeiten und Ressourcen des betreffenden Menschen aufgezeigt werden.

3.4 Bestimmung der (allgemeinen und speziellen) Leistungsfähigkeit und der beruflichen Eignung

Weite Verbreitung haben psychologische Tests in schulpsychologischen Diensten, bei der Ausbildungs- und Berufsberatung sowie in der Personal-auslese gefunden. In diesen Bereichen steht vor allem die Frage nach der (allgemeinen und/oder speziellen) Leistungsfähigkeit, nach der jetzt realisierten Begabung und nach der Intelligenzkapazität, soweit erfassbar, sowie nach der Prüfung spezifischer, für die verschiedenen Tätigkeiten notwendiger Fähigkeiten im Vordergrund. Gerade auf diesen Gebieten ist in den letzten Jahrzehnten sehr viel Forschungsarbeit geleistet worden, und die Vertreter dieser Richtungen haben sich bemüht, ihre Vorhersagen auf einen möglichst soliden, empirisch überprüften Boden zu stellen. Auf die damit zusammenhängenden Probleme werde ich noch ausführlicher im Kapitel über die verschiedenen allgemeinen und speziellen Leistungstests eingehen.

3.5 Der Einsatz psychologischer Tests bei wissenschaftlichen Untersuchungen

Große Bedeutung kommt den testpsychologischen Verfahren als standardisierten Messinstrumenten auch bei vielen wissenschaftlichen Untersuchungen im Humanbereich zu. Ich denke hier in erster Linie an Untersuchungen aus dem Bereich der Pharmakopsychologie (s. Dittrich 1974) sowie an Studien, in denen beispielsweise Gruppenprozesse quantifiziert, der Erfolg psychotherapeutischer Bemühungen kontrolliert und die Auswirkungen verschiedener psychischer und körperlicher Erkrankungen auf den betroffenen Menschen untersucht werden sollen. Bei allen diesen Fragestellungen können mit Erfolg psychologische Testverfahren eingesetzt werden.

Probleme ergeben sich bei diesen Untersuchungen manchmal dadurch, dass für solche speziellen Fragestellungen zum Teil keine geeichten Testverfahren vorliegen und sich der Untersucher gezwungen sieht, selbst einen entsprechenden Test zu konstruieren. Leider verzichten die Autoren in diesen Fällen häufig darauf, die von ihnen verwendeten Instrumente einer sorgfältigen Prüfung (zumindest hinsichtlich Objektivität, Reliabilität und Validität) zu unterziehen. Ferner fehlen dann zumeist auch verlässliche Normen. Immerhin geben die verschiedenen diagnostischen Handbücher und Testkompendien (Heiss 1964; Brickenkamp 1975, 1983, 1986; Schmidtchen 1975;

Hiltmann 1977; Groffmann et al. 1982, 1983; Rauchfleisch 2001) doch einen recht guten Überblick über die bereits vorliegenden Verfahren und deren Güte. Häufig wäre es vermeidbar, einen neuen, wenig gesicherten Test zu konstruieren, wenn sich die Untersucher rechtzeitig und sorgfältig nach bereits bestehenden Testverfahren umsähen. Es wäre deshalb angezeigt, möglichst ausführliche Register der verschiedenen Tests mit Angaben über ihren Anwendungsbereich zu publizieren. Sehr instruktiv könnte beispielsweise eine jährlich erscheinende Übersicht über die in deutscher Sprache erhältlichen Tests und die jeweils dazu in der Berichtsperiode publizierte Sekundärliteratur sein (vielleicht analog den jährlich in den USA erscheinenden »Mental Measurements Yearbooks«, z. B. Buros 1953).

3.6 Einsatz von Interviewtechniken und Beobachtungsmethoden im sozialen Bereich

Zu den psychodiagnostischen Verfahren im weiteren Sinne müssen wir auch die verschiedenen standardisierten Interviewtechniken und Beobachtungsmethoden zählen, die vor allem im sozialen Bereich Anwendung finden. Es soll später noch ausführlicher auf diese Verfahren eingegangen werden. Sie können dem Untersucher helfen, die inter- und intragruppalen Prozesse, die Einstellungen, Stereotype und Meinungen zu den verschiedensten sozialpsychologisch relevanten Themen zu objektivieren. Auch bei transkulturellen Untersuchungen sind Tests angewendet worden. Unter anderem haben uns gerade diese Untersuchungen gelehrt, dass ein psychologischer Test im Grunde niemals kulturunabhängig sein kann. Darüber hinaus haben wir aus diesen Arbeiten aber auch eine Fülle von Informationen über die Ausbildung kulturspezifischer Verhaltensformen unter den verschiedenen kulturellen und sozioökonomischen Bedingungen erhalten.

pro memoria 3.1–3.6

Einsatz von einzelnen Tests und Testbatterien:
1. zur Erstellung eines allgemeinen Persönlichkeitsbildes (Erfassung intellektueller und affektiver Seiten der Persönlichkeit),
2. bei differenzialdiagnostischen Fragen,

3. zur Objektivierung hirnorganischer Störungen (geschädigter und nichtge-
   schädigter Funktionen),
4. zur Abklärung der Leistungsfähigkeit und der beruflichen Eignung,
5. bei wissenschaftlichen Untersuchungen,
6. im Rahmen sozialpsychologischer Untersuchungen (Interviewtechniken,
   Verhaltensbeobachtung).

4. Grundlagen des psychologischen Tests

4.1 Das Wesen des psychologischen Tests

Wenn wir mit Anastasi (1969) einen Test als ein »*im wesentlichen objektives
und standardisiertes Maß einer Stichprobe von Verhaltensweisen*« definieren,
das eine Messung des diagnostisch relevanten Verhaltens ermöglichen soll,
so genügt ein solches Verfahren im Grunde in allen wesentlichen Aspekten
den Kriterien des psychologischen Experiments.

Wilhelm Wundt formulierte 1886 das psychologische Experiment fol-
gendermaßen: »Das Experiment besteht in einer Beobachtung, die sich mit
der willkürlichen Einwirkung des Beobachters auf die Entstehung und den
Verlauf der zu beobachtenden Erscheinungen verbindet«. Diesem Kriterium der *Willkürlichkeit* fügte Wundt 1908 noch die Aspekte der *Wiederholbarkeit* und der *Variierbarkeit* der zu untersuchenden Vorgänge hinzu. Ein
psychologisches Experiment zeichnet sich demnach dadurch aus, dass
1) der Untersucher die Möglichkeit haben muss, willkürlich auf bestimmte,
von ihm ausgewählte Phänomene einzuwirken, 2) die Untersuchung unter
gleichen Bedingungen wiederholbar ist, das heißt, es darf nicht ein nur einmal hervorrufbares Ereignis sein, das nicht auch noch ein zweites Mal pro-
vozierbar wäre, 3) die Versuchsbedingungen vom Untersucher systematisch
variiert werden können.

Diese drei von Wundt für das psychologische Experiment aufgestellten
Kriterien sollten auch bei den modernen Testverfahren erfüllt werden. Bei
der Besprechung der verschiedenen Tests werde ich auf diese Fragen noch
im Einzelnen eingehen.

In der diagnostischen Literatur konnte bisher keine Einigkeit in der Frage
nach der Klassifikation der psychologischen Tests erzielt werden. Häufig
wird zwischen psychometrischen Tests einerseits und projektiven Verfahren
andererseits differenziert. Mit Michel (1964, 1982) können wir als Kennzei-

chen der psychometrischen Tests sagen, dass sie eine *Messung* des diagnostisch relevanten Verhaltens ermöglichen sollen, das heißt die *quantitative* Bestimmung der relativen Position, die ein Individuum hinsichtlich eines oder mehrerer psychischer Merkmale innerhalb der Population, der es angehört, einnimmt. Die so genannten projektiven Verfahren weichen zwar unter Umständen formal nicht wesentlich von den psychometrischen Tests ab. Inhaltlich aber besteht der Hauptunterschied darin, dass es Verfahren sind, bei denen der tiefenpsychologische Mechanismus der Projektion eine zentrale Rolle spielt. Die theoretischen Grundlagen der projektiven Verfahren werden im Kapitel 7 ausführlicher diskutiert.

Eine Reihe von Autoren klassifiziert die Testverfahren nach dem *Testmedium.* Es wird unterschieden zwischen Papier- und Bleistift-Tests, Manipulations- oder Materialbearbeitungsverfahren, Bildtests, apparativen Tests und so fort. Ein anderes Schema geht von der Verwendung der *Sprache* aus und differenziert zwischen verbalen und nichtverbalen Verfahren. Die Art der Testbeantwortung erlaubt die Einteilung in Verfahren mit *freier Testbeantwortung* (Tests, bei denen der Proband selbst eine Antwort finden muss) und solche mit *gebundener Testbeantwortung* (beispielsweise Tests mit Richtig-Falsch-Antworten, Multiple-Choice-Methode). Ferner kann man die Verfahren in Individual- und Gruppentests unterteilen. Nach der Anzahl der durch den Test erfassten Dimensionen können *ein- und mehrdimensionale Tests* beziehungsweise *Einzeltests* und *Testbatterien* unterschieden werden.

Irle (1956) differenziert zwischen allgemeinen Intelligenztests, Fähigkeits-/Begabungstests, Kenntnis-/Leistungstests und Persönlichkeitstests. Eine ähnliche Einteilung haben Anastasi (1969) und Cronbach (1960) gewählt. In dem von Heiss herausgegebenen Handbuch der »Psychologischen Diagnostik« (1964) wird zwischen den beiden großen Bereichen »Fähigkeitstests« und »Persönlichkeitstests« unterschieden, ebenso in der Enzyklopädie der Psychologie (Groffmann et al. 1982, 1983), während Brickenkamp (1975) in seinem »Handbuch psychologischer und pädagogischer Tests« eine Dreiteilung in Leistungstests, psychometrische Persönlichkeitstests und Persönlichkeits-Entfaltungsverfahren vornimmt. Im Rahmen der vorliegenden Darstellung werde ich mich an der von Heiss (1964) vorgeschlagenen Einteilung in *Fähigkeitstests* und *Persönlichkeitsverfahren* orientieren.

pro memoria 4.1

1. Test: »Ein im wesentlichen objektives und standardisiertes Maß einer Stichprobe von Verhaltensweisen« (Anastasi).
2. Drei Kriterien des psychologischen Experiments (W. Wundt):
   2.1 Willkürlichkeit,
   2.2 Wiederholbarkeit,
   2.3 Variierbarkeit.
3. Psychometrische Verfahren: Tests mit quantitativer Bestimmung der relativen Position, die ein Individuum hinsichtlich eines oder mehrerer psychischer Merkmale innerhalb der Population, der es angehört, einnimmt.
4. Projektive Verfahren: Tests, beruhend auf dem Konzept der Projektion (s. 7).
5. Klassifikation der Tests nach Testmedium, Art der Testbeantwortung, Individual-/Gruppentest, Dimensionalität etc. Unterscheidung von »Fähigkeits-« und »Persönlichkeitstests«.

4.2 Phasen des diagnostischen Prozesses

Bei jeder Testdurchführung lassen sich acht Phasen des diagnostischen Prozesses unterscheiden: 1. Das vorbereitende Gespräch, 2. die Planung der psychodiagnostischen Untersuchung, 3. die Erhebung der Anamnese, 4. die Provokation des Verhaltens, 5. die Registrierung des Testverhaltens, 6. die Auswertung, 7. die Interpretation der Befunde und die Urteilsbildung und 8. die Beratung.

4.2.1 Das vorbereitende Gespräch

Am Beginn jeder psychodiagnostischen Abklärung steht ein ausführliches Gespräch mit dem Probanden. Es verfolgt verschiedene Ziele, die wichtigsten sind: gegenseitiges Kennenlernen, Klärung der Auftragssituation, Entscheidung, ob und gegebenenfalls auf welche Weise der Auftrag vom Psychologen erfüllt werden kann, gemeinsames Festlegen des Vorgehens sowie Formulierung von Hypothesen, aufgrund derer der Diagnostiker eine Auswahl von bestimmten Testverfahren trifft.

Es mag wie eine Banalität erscheinen, ausdrücklich darauf hinzuweisen, wie wichtig es ist, dass Klient und Diagnostiker sich vor Beginn der eigentlichen Testuntersuchung gegenseitig etwas besser kennen lernen. Wir Professionelle sind daran gewöhnt, in unserer Tätigkeit mit den verschiedensten Menschen konfrontiert zu werden und uns auch innerhalb kurzer Zeit auf neue Gesprächspartner einzustellen. Ganz anders hingegen ist es im Allgemeinen für die Klienten: Sie stehen aufgrund von Lebensproblemen, angesichts von Begutachtungen oder bei Abklärungen anderer Art häufig unter einem großen inneren, zum Teil auch unter äußerem Druck und sehen sich, wenn sie schließlich den Weg zu uns gefunden haben, einem ihnen völlig fremden Menschen gegenüber, dem sie wie selbstverständlich sehr persönliche Dinge mitteilen sollen (vgl. Kap. 2.4.1 und 2.4.2). In dieser Situation ist es wichtig, durch das gegenseitige Kennenlernen wenigstens die größten Barrieren abzubauen und ein möglichst angstfreies Untersuchungsklima zu schaffen.

Das Vorgespräch dient aber noch einem weiteren Zweck: Wenn uns Klienten von sich aus mit einer bestimmten Fragestellung aufsuchen, aber auch wenn sie uns von Vertretern anderer Institutionen und Berufe zur psychodiagnostischen Abklärung zugewiesen werden, hat es zwar oft den Anschein, als ob sie eine einigermaßen realistische Vorstellung vom Ablauf der bevorstehenden Untersuchung besäßen und sich darüber klar wären, was sie von uns erwarten können und was nicht. Bespricht man diese Fragen jedoch sorgfältiger mit ihnen, so stößt man vielfach auf Fehlerwartungen, Hoffnungen und Ängste, die ihre Ursache teils in falschen Vorinformationen haben, teils aber auch durch spezifische Persönlichkeitsfaktoren der Klienten bedingt sind. Das der Testuntersuchung vorgeschaltete Gespräch bietet hier die Möglichkeit, die durch das Untersuchungsangebot ausgelösten Gefühle zu erhellen und mit den Klienten zusammen ein klares Auftragsverhältnis zu definieren. Gewiss lassen sich in einer solchen ersten Begegnung tief sitzende Ängste und illusionäre Erwartungen nicht völlig beseitigen. Es ist dem Untersucher aber durchaus möglich, sich ein genaueres Bild von den hintergründig wirksamen Gefühlen zu machen, sie durch Konfrontation mit der Realität ein Stück weit abzubauen und die Mitarbeitsbereitschaft der Klienten auf diese Weise zu stärken. Die Erfahrung zeigt, dass die spätere Testuntersuchung umso störungsfreier verläuft, je umfassender und realistischer die Klienten über Sinn, Zweck, Möglichkeiten und Grenzen der Abklärung informiert worden sind.

In diesem Zusammenhang ist es wichtig, den Klienten den Untersuchungsablauf so transparent wie möglich zu machen und gemeinsam das Ziel der diagnostischen Abklärung zu definieren. Auch der Hinweis auf das spätere Beratungsgespräch, das (sofern die Klienten es wünschen) zu jeder

Testuntersuchung gehört, sollte gleich zu Beginn gegeben werden (vgl. Kap. 12.2). Zum einen signalisieren wir den Klienten damit, dass wir sie als Partner ernst nehmen und ihnen die sie ja ganz persönlich betreffenden Informationen nicht vorenthalten werden (dies selbstverständlich auch im Rahmen von Begutachtungen oder Aufträgen anderer zuweisender Stellen). Zum anderen vermeidet man es durch Verweis auf die spätere Beratung, dass die Klienten während der Untersuchung selber immer wieder danach fragen, welche Schlüsse wir aus diesem oder jenem Testverfahren zögen und wie wir sie jetzt beurteilten.

Ein weiterer Zweck des Vorgesprächs ist schließlich, dass der Diagnostiker aufgrund anamnestischer Angaben (vgl. Kap. 11) und des gemeinsam definierten Auftragsverhältnisses Hypothesen entwickeln kann (und diese unter Umständen dem Probanden auch mitteilt), die mithilfe der Testuntersuchung verifiziert, verworfen oder modifiziert werden sollen.

4.2.2 Die Planung der psychodiagnostischen Untersuchung

Nach dem vorbereitenden Gespräch gilt es für den Psychologen zu überlegen, auf welche Weise sich die an ihn gestellten Fragen beantworten lassen. Dies bedeutet, wenn wir uns für den Einsatz von Tests entscheiden, dass wir uns Gedanken darüber machen müssen, mithilfe welcher Verfahren wir die relevanten Informationen gewinnen können.

Dabei lassen sich zwei verschiedene Wege beschreiten: Wir können im Sinne von *Makrostrategien* aus den uns zur Verfügung stehenden Tests, deren Durchführung und Interpretation uns geläufig ist, diejenigen Verfahren auswählen, die sich nach unserer Erfahrung am besten zur Beantwortung der gestellten Fragen eignen. So kann man sich beispielsweise eine Testbatterie für die Untersuchung von psychoorganischen Erkrankungen oder eine Batterie für die Diagnostik emotioneller Störungen zusammenstellen. Diese Art des Vorgehens bei der Planung von Untersuchungen wird in der diagnostischen Praxis am häufigsten verwendet.

Es ist aber auch möglich, *Mikrostrategien* einzusetzen. Hier führen wir nicht ganze Tests im herkömmlichen Sinne (etwa den *Hamburg-Wechsler-Intelligenztest* oder das *Freiburger Persönlichkeitsinventar*) durch, sondern konfrontieren den Klienten nur mit einzelnen Items oder einer kleineren Itemmenge und entscheiden dann aufgrund der dadurch provozierten Reaktionen, welche weiteren Items vorgelegt werden sollen. Solche Mikrostrategien basieren in der Regel auf Computerprogrammen, mit deren Hilfe dem Klienten, entsprechend seinen Reaktionen, ganz bestimmte Items präsentiert werden. Bei solchen pyramidalen Itemanordnungen entscheidet das Programm vor jedem weiteren Schritt, ob die bisher ermittelte Information schon zur Beantwortung der Eingangsfrage ausreicht, oder welches Item als nächstes noch vorgelegt werden soll. Diese Art von computergestützter Diagnostik wird bisher eher selten bei psychologischen Abklärungen verwendet. Der Vorteil eines solchen Vorgehens liegt zweifellos darin, dass jeder Schritt im diagnostischen Prozess weitgehend individuell auf den Probanden zugeschnitten ist und die Untersuchung nur so lange fortgesetzt wird, bis die zur Entscheidung notwendigen Informationen vorliegen. Diese unbestreitbaren Vorteile dürfen jedoch – vor allem wenn es um die Anwendung im klinischen Bereich geht – nicht über die »Schattenseiten« einer solchen Art von Untersuchung hinwegtäuschen: Es besteht leicht die Gefahr, eine im wahrsten Sinne des Wortes »technische«, seelenlose Psychologie zu betreiben, die sich allein am Kriterium der exakten Messbarkeit orientiert, alle Beziehungsaspekte aber bewusst auszuklammern sucht.

4.2.3 Die Erhebung der Anamnese

Es ist eine merkwürdige Situation, dass eigentlich von allen Psychologinnen und Psychologen im Rahmen eines Praktikums oder auch bei regulären Anstellungen wie selbstverständlich erwartet wird, dass sie in der Lage sind, eine Anamnese aufzunehmen und in einem Bericht die Biografie der Klientinnen und Klienten darzustellen, dass in der Ausbildung im Allgemeinen aber nur rudimentär auf diese Fragen eingegangen wird. Viele Testresultate sind nicht interpretierbar, wenn nicht die wichtigsten biografischen Daten bekannt sind. So kann beispielsweise ein Intelligenzquotient von 75 bei einem Mann im Alter von 55 Jahren völlig unterschiedlich interpretiert werden: Dieser Intelligenzquotient kann Ausdruck einer primären intellektuellen Minderbegabung, einer Oligophrenie, sein. Er kann aber auch die Folge einer Demenz, eines intellektuellen Abbaus, aufgrund krankhafter Gehirnprozesse oder infolge von Schädel-Hirn-Traumata sein (vgl. Kap. 8.1.1). Die Interpretation ist in diesem Fall weitgehend davon bestimmt, dass wir aus der Biografie des Patienten wissen, ob er zeit seines Lebens eine Unterintelligenz aufgewiesen hat, oder ob die Leistungsminderung beispielsweise Folge eines Unfalls ist.

Bei einigen Persönlichkeitstests, so beim *Thematischen Apperzeptionstest* (TAT, s. Kap. 9.5), gehört die Erhebung der Anamnese direkt zum Testverfahren, weil eine Interpretation der Befunde vor dem Hintergrund der Biografie erfolgen muss.

Schon diese wenigen Hinweise lassen erkennen, dass zu jeder Testuntersuchung die Erhebung einer Anamnese gehört. Auf die mit der Aufnahme der Anamnese zusammenhängenden Fragen und die Art der schriftlichen Gestaltung werde ich ausführlich in Kapitel 11 eingehen.

4.2.4 Provokation des Testverhaltens

Durch eine bestimmte Reizkonfiguration, die einem Probanden vorgelegt wird (eine bestimmte Testaufgabe, eine Auswahl an Farben, eine Rorschach-Tafel und so weiter) soll beim Probanden ein diagnostisch relevantes Verhalten provoziert werden. Entsprechend den drei oben erwähnten, von Wundt aufgestellten, klassischen Kriterien eines psychologischen Experiments (Willkürlichkeit, Wiederholbarkeit, Variierbarkeit) ist es in dieser Phase der Provokation des Verhaltens wichtig, dass die Versuchsbedingungen möglichst streng standardisiert sind. Diese Standardisierung bezieht sich einerseits auf das Testmaterial (beispielsweise stets die gleichen Testaufgaben, die gleichen Bildtafeln) und auf die Instruktion (das heißt, alle Probanden sollten möglichst auf die gleiche Weise instruiert werden, was sie zu tun haben), andererseits aber auch auf die Art und Weise der Darbietung (zum Beispiel sollen die Testaufgaben stets in gleicher Reihenfolge gegeben werden, wie etwa bei den Untertests des Hamburg-Wechsler-Intelligenztests für Erwachsene oder beim *Rorschach-Test*). Auch wenn man noch so bemüht ist, die Testbedingungen möglichst konstant zu halten, gibt es doch eine recht große Zahl von Faktoren, die schwer oder unter Umständen gar nicht kontrollierbar sind. Umso wichtiger ist es, solche Störfaktoren im Auge zu behalten, und sich jeweils zu überlegen, inwieweit sie sich auf das Testresultat eines Probanden ausgewirkt haben könnten.

Im Folgenden sollen einige solche (zum Teil schwer kontrollierbare) Faktoren diskutiert werden.

Ich habe oben die Forderung aufgestellt, dass die *Instruktion* in streng *standardisierter* Form dem Probanden zu geben sei (bei vielen Verfahren aus dem Bereich der Berufsberatung und der Intelligenzdiagnostik wird eine wörtliche Darbietung der Instruktion verlangt). Dabei müssen wir uns allerdings – gerade in Anbetracht der sprachlichen Probleme in der Psychodiagnostik (s. Kap. 2.1) – fragen, ob wirklich im strengen Sinne standardisierte Bedingungen vorliegen, wenn wir eine Instruktion jedem Probanden mit den gleichen Worten geben. Eine Standardisierung wäre in diesem Fall nur gewährleistet, wenn jeder Proband die Instruktion auch tatsächlich in gleicher Weise verstünde. Da wir aber aus der Sozial- und Entwicklungspsychologie wissen, dass das Sprachverständnis sehr weitgehend determiniert wird durch alters- und geschlechtsspezifische sowie durch kulturelle und sozioökonomische Faktoren, kann eine Standardisierung selbst durch wörtliche Festlegung der Instruktion nur bedingt erreicht werden.

Auch wenn wir uns bemühen, *äußere Störfaktoren* während der Testuntersuchung möglichst auszuschalten, so kann es doch niemals gelingen, gleichsam eine »keimfreie« Testsituation herbeizuführen. Abgesehen davon, dass eine solche sterile Atmosphäre wohl nur bei wissenschaftlichen Untersuchungen, etwa in einem Laboratorium, mit freiwillig sich zur Verfügung stellenden Probanden vertretbar wäre, kann es niemals gelingen, die vielfältigen äußeren Störfaktoren, wie Lichtintensität, Lärm und klimatische Einflüsse, völlig zu eliminieren. Zu diesen äußeren Störfaktoren müssen wir auch die unvermeidlichen kleinen »Pannen« zählen, die während einer Testuntersuchung auftreten können (beispielsweise den Umstand, dass ein Bleistift bricht, dass eine andere Person überraschend das Untersuchungszimmer betritt oder dass dem Probanden ein Teil des Testmaterials aus der Hand rutscht).

In der Phase der gezielten Provokation eines bestimmten Testverhaltens können ferner die vielfältigen *innerpsychischen und somatischen Bedingungen* einer strengen Standardisierung entgegenwirken. Wenn man aus dem beobachteten Testverhalten Rückschlüsse auf die Persönlichkeit eines Probanden ziehen will, setzt man voraus, dass der Explorand sich in einer für ihn »normalen« psychischen und körperlichen Verfassung befindet. Man lässt nicht selten außer acht, dass augenblickliche Sorgen, die physische Befindlichkeit, Tagesschwankungen et cetera sich auf das Testergebnis – je nach dem verwendeten Verfahren mehr oder weniger stark – auswirken können. Es ist deshalb wichtig, dass man sich, bevor man eine testpsychologische Untersuchung durchführt, durch ein kurzes Gespräch zumindest ein ungefähres Bild von der augenblicklichen Befindlichkeit des Probanden macht. In der Regel möchten wir ja mit den Testverfahren überdauernde Verhaltensbereitschaften und Konflikte eruieren und, abgesehen von speziellen Skalen zur Erfassung der augenblicklichen Befindlichkeit, nicht temporäre Stimmungen oder kurz dauernde Leistungsschwankungen erfassen. Es ist deshalb wichtig, im vorgeschalteten Gespräch auch zu erfragen, ob der Proband zurzeit unter dem Einfluss von (verordneten oder nichtverordneten) Medikamenten steht, oder Alkohol oder Drogen zu sich genommen hat.

In engem Zusammenhang mit den zuletzt erwähnten innerpsychischen Bedingungen eines Probanden steht die Bedeutung der *vorangegangenen Tätigkeit* für das zu erhebende Testverhalten. Es geht hier nicht nur um relativ grobe Auswirkungen (beispielsweise einer zuvor ausgeübten, ermüdenden Arbeit), sondern etwa auch um die Reihenfolge, in der die verschiedenen Tests durchgeführt werden. So dürfte beispielsweise die Durchführung des *Rorschach'schen Formdeuteverfahrens* unmittelbar nach Aufnahme des *Farbpyramidentests* (Heiss et al. 1975) ungünstig sein, da durch den *Farbpyramidentest* die Aufmerksamkeit des Exploranden speziell auf die Farbkomponente gerichtet worden ist. Es ist zu erwarten, dass in einem solchen Falle im *Rorschach-Test* vermehrt Farbantworten auftreten. Bekannt sind auch gegenseitige Beeinflussungen zum Beispiel zwischen dem *Thematischen Apperzeptionstest* (TAT) und dem *Rorschach'schen Formdeuteverfahren*: Werden zunächst die *TAT*-Tafeln gegeben, auf denen zumeist Menschen dargestellt sind, so kommt es im später durchgeführten *Rorschach-Test* zu einer Erhöhung der Anzahl von Menschendeutungen. Schließlich ist daran zu denken, dass es ungünstig ist, zunächst einen Leistungstest durchzuführen und anschließend ein projektives Verfahren (beispielsweise den *Rorschach-Test* oder den *TAT*), bei dem Leistungsaspekte keine Rolle spielen, sondern sich der Proband frei seiner Fantasie überlassen soll. Eine gewisse Lösung in diesem Dilemma kann darin liegen, dass man bestimmte Testbatterien (mit einer vorgegebenen Reihenfolge der verschiedenen Verfahren) als ganze standardisiert und eicht. Man könnte dann nicht nur die Validität eines einzelnen Tests, sondern dieses Tests an der für ihn bestimmten Stelle innerhalb der Batterie prüfen.

Einen großen Einfluss auf die Testuntersuchung hat die *Motivation* des Probanden. In zahlreichen experimentellen Untersuchungen konnte nachgewiesen werden, dass zum Beispiel bei einer Intelligenzuntersuchung ein echtes eigenes Interesse einen sehr großen Einfluss auf das Testergebnis auszuüben vermag. Umgekehrt wirken sich emotional belastende, speziell entmutigende Bedingungen nachteilig auf Testleistungen aus. Bei einer Reihe von Testuntersuchungen kann man zwar mit einer guten Motivation rechnen, zum Beispiel wenn dem Probanden sehr daran gelegen ist, eine von ihm gewünschte Arbeitsstelle zu erhalten, oder wenn er ein großes eigenes Interesse daran hat, seine Fähigkeiten möglichst objektiv abklären zu lassen (zum Beispiel wenn ein Patient mit einem posttraumatischen psychoorganischen Syndrom nach Rehabilitationsmaßnahmen gern erfahren möchte, ob sich seine Leistungsfähigkeit wieder verbessert hat). Völlig andere motivationale Bedingungen hingegen können im Fall einer straf-, zivil- oder versicherungsrechtlichen Begutachtung vorliegen. In diesen Fällen kann es passieren, dass der Proband überhaupt nicht oder in nur sehr geringem Maß motiviert ist, sich leistungsmäßig voll einzusetzen und offen über seine Persönlichkeit Auskunft zu geben. Eine solche Haltung muss sich nicht unbedingt in der Tendenz niederschlagen, die Testergebnisse absichtlich zu verfälschen. Vielmehr kann sich eine mangelnde Motivation an und für sich – dem Probanden selbst unbewusst – beeinträchtigend auf die Testresultate auswirken. Da wir im Allgemeinen keine speziellen Verfahren zur Erfassung der augenblicklichen Motivation einsetzen können, bleibt uns nur die Möglichkeit, in einem der Testuntersuchung vorgeschalteten Gespräch mit dem Probanden den Sinn einer solchen Untersuchung zu besprechen und ihn möglichst gut für die bevorstehende Testung zu motivieren.

Eng mit dem Aspekt der Motivation hängt die Frage zusammen, ob ein Proband möglicherweise *absichtlich die Testreaktion zu verfälschen* versucht. Meiner Erfahrung nach geschieht das nur außerordentlich selten. Wichtig ist, vorher mit dem Probanden den Sinn der Testuntersuchung zu besprechen und zu versuchen, ihn darauf vorzubereiten. Die Motivierung des Probanden gelingt in der Regel auch bei strafrechtlichen Begutachtungen, bei denen man unter Umständen nicht von vornherein damit rechnen kann, dass der Betreffende zur Mitarbeit bereit ist. Wenn ein guter affektiver Rapport mit dem zu Begutachtenden hergestellt wird, kann man ihn zumeist auch motivieren, ehrlich über sich Auskunft zu geben.

Eine andere Gruppe von Patientinnen und Patienten kann gelegentlich Schwierigkeiten bereiten. Es sind Menschen, die zu einer versicherungsrechtlichen Begutachtung geschickt werden, unter Umständen sogar mit dem Vermerk, es lägen »Begehrungstendenzen« oder eine »Rentenneurose« vor. Abgesehen von der Problematik des Begriffs »Rentenneurose« (eine neurotische Entwicklung mit einem hohen sekundären Krankheitsgewinn, den der Betroffene in Form einer dauernden finanziellen Unterstützung beizubehalten sucht), sollte man sich bei diesen Patienten hüten, allzu leichtfertig anzunehmen, sie simulierten gewisse Störungen beim Durchführen eines Tests. Häufig liegen diskrete Störungen vor, die sich zum Beispiel neurologisch nicht sicher objektivieren lassen. Der Patient begegnet dann, besonders bei mehrfachem Arztwechsel, zunehmendem Misstrauen und gerät seinerseits in die Situation eines Menschen, der glaubt, mit allen Mitteln zeigen zu müssen, dass er leide. Er meint dann vielleicht, ein Leiden demonstrieren zu müssen, das zwar tatsächlich besteht, sich aber unter Umständen nicht eindeutig objektivieren lässt. Bei der psychologischen Untersuchung mag ein solcher Patient dann annehmen, er müsse auch hier nun sehr deutlich seine Schwierigkeiten demonstrieren. So kann es zu einer *Aggravation* seiner Störungen kommen, die allzu leicht als »Simulation« abgetan wird. Gerade bei diesen Patienten ist es wichtig, sie in einem vorbereitenden Gespräch möglichst optimal für die testpsychologische Untersuchung zu motivieren.

Bei der Konstruktion von Tests hat man sich immer wieder bemüht, solchen absichtlichen *Verzerrungstendenzen entgegenzuwirken*. Es sind einerseits spezielle »Offenheits-« oder »Lügenskalen« entwickelt worden (beispielsweise im *MMQ, MMPI* und *Freiburger Persönlichkeitsinventar*). Andererseits hat man versucht, solchen Tendenzen durch den Einsatz so genannter »objektiver« Persönlichkeitstests (im Sinne Fahrenbergs 1964) entgegenzuwirken. Bei diesen objektiven Tests werden perzeptive, psychomotorische und kognitive Leistungen sowie vegetativ-nervöse Reaktionsweisen zum Zweck einer Persönlichkeitsdiagnostik verwendet, wobei den Untersuchten der Zusammenhang dieser Testaufgaben mit dem daraus zu interpretierenden Verhalten nicht einsichtig ist. Schließlich kann man, wenn man die Vermutung hat, dass ein Proband ein bestimmtes Testverhalten simuliert, auch auf Verfahren zurückgreifen (vor allem auf projektive Tests), deren Befundsyndrome der Proband nicht kennt (bei einer fraglichen organischen Schädigung könnte z. B. der *Rorschach-Test* eingesetzt werden, und man würde prüfen, ob sich hier die dem Probanden in der Regel nicht bekannten organischen Zeichen finden).

Die Tatsache, dass Testverfahren in immer weiteren Bereichen eingesetzt werden, hat allerdings auch zu einer Gegenreaktion geführt. So ist vor etlichen Jahren ein so genannter »Testknacker« (Paczensky 1976) erschienen, ein Buch, das einen potenziellen Probanden darüber aufklären möchte, wie er in den verschiedenen Tests reagieren müsse, damit er ein gutes Resultat erreiche und als affektiv und sozial unauffällig erscheine. Dieses Buch richtet sich wohl mit Recht gegen die Neigung, allzu »testgläubig« und unter ethischem Aspekt mitunter problematisch solche Verfahren bei vielen Entscheidungen gerade im Bereich der Personalauslese einzusetzen. Abgesehen davon, dass in dem erwähnten »Testknacker« eine Fülle falscher Informationen gegeben wird, erscheint aber dieses verständliche Bemühen, einen potenziellen Stellenbewerber zu warnen, insofern sehr problematisch, als Probanden, die sich einer psychologischen Abklärung im Rahmen einer Klinik und einer für ihre Gesundheit wichtigen Untersuchung unterziehen, durch eine solche »Aufklärung« unter Umständen ein schlechter Dienst geleistet ist. Auch aus diesem Grund ist es wichtig, dass der Untersucher vor der Durchführung eines Tests mit dem Probanden ein vorbereitendes Gespräch führt.

Es muss schließlich noch das Problem der *Testangst* erwähnt werden. Für viele Probanden hat die Testsituation mehr oder weniger »Examenscharakter«, und sie reagieren dementsprechend mit der Angst zu versagen. Diese Aussage gilt nicht nur für Intelligenzprüfungen und Untersuchungen im Rahmen der Personalauslese. Mit der Testangst muss man vielmehr bei allen Probanden rechnen, sei es, dass sie befürchten, gewisse Leistungsdefizite würden nun sichtbar, sei es, dass sie sich scheuen, über gewisse Konflikte Auskunft zu geben, oder sei es eine eher diffuse Angst, einem anderen Menschen Einblick in die eigene Persönlichkeit zu gewähren. Es ist selbstverständlich, dass eine ausgeprägte Testangst sich sowohl beeinträchtigend auf die intellektuellen Leistungen eines Probanden auswirken kann als auch die Eruierung der affektiven Situation des Untersuchten erschwert. Wie bereits bei der Frage der Motivation erwähnt, kann man der Testangst wohl nur durch eine gute Vorbereitung des Probanden auf die Untersuchung entgegenwirken. Wenn die Angst dann immer noch sehr stark ist und den betreffenden Probanden daran hindert, seine Fähigkeiten optimal zu entfalten, so ist dieser Umstand allerdings nicht nur ein Störfaktor, sondern ein diagnostisch wichtiger Hinweis auf die Persönlichkeit des Exploranden. Aus solchen Testresultaten kann man selbstverständlich nicht auf das Intelligenzpotenzial des betreffenden Probanden schließen. Das Resultat gibt aber Auskunft darüber, in welchem Maß er seine Fähigkeiten einzusetzen vermag.

Ferner stellt sich die Frage, in welchem Maß die Testergebnisse durch ein *allgemeines Testtraining* beeinflusst werden können. Diese Probleme wurden in den fünfziger Jahren vor allem in England diskutiert (James 1953; Wiseman et al. 1953; Yates 1953), nachdem im großen Umfang Tests zur Auslese von Schülern für weiterführende Schulen eingeführt worden waren. Es zeigte sich, dass im Sinne der Lernpsychologie tatsächlich ein generalisierendes Lernen erfolgte, das heißt eine Übertragung der in einem Test gesammelten Erfahrungen auf einen anderen Test. Es kam zu gewissen Steigerungen der Testleistungen, allerdings in Abhängigkeit von einer Reihe anderer Faktoren, wie Art und Umfang der Vorbereitung, Art des Tests, Lernfähigkeit des Schülers et cetera.

Schließlich muss noch auf die Bedeutung der *sozialen Situation*, auf die *Art der Beziehung zwischen Untersucher und Proband*, für das Zustandekommen eines Testverhaltens hingewiesen werden. In diesen Problembereich gehören die gegenseitigen bewussten und unbewussten Erwartungen, die Frage nach Sympathie und Antipathie, die Untersucher und Untersuchter einander entgegenbringen, und die Frage nach der gefühlsmäßigen Atmosphäre, in der eine Testuntersuchung durchgeführt wird. Ich bin bereits oben (s. Kap. 2.2) auf Übertragungs- und Gegenübertragungsprozesse ein-

gegangen, die während einer Testuntersuchung ablaufen. Es sei hier nochmals darauf hingewiesen, dass die Gegenübertragungsprozesse – solange sie
vom Untersucher selbstkritisch gehandhabt werden können – nicht Störfaktoren darstellen, sondern ein diagnostisches Hilfsmittel sein können.

Es mag erschrecken, von einer solchen Fülle von Faktoren zu hören, die
sich störend auf die Testuntersuchung auswirken können. Wie ausgeführt,
bestehen bei einigen dieser Bedingungen zwar Möglichkeiten, ihnen bis zu
einem gewissen Grad entgegenzuwirken. Andere Faktoren hingegen sind
wenig kontrollierbar und können häufig selbst nach einem guten vorbereitenden Gespräch nicht eliminiert werden. Das will nicht heißen, dass wir
deshalb völlig auf Testuntersuchungen verzichten müssten, wie Kritiker der
Psychodiagnostik bisweilen fordern. Wir sollten uns allerdings der besprochenen Probleme bewusst sein und bei der Untersuchung eines Probanden
versuchen, den Stellenwert der verschiedenen Störmöglichkeiten in eben
dieser Persönlichkeit abzuschätzen und bei der Interpretation der Befunde
zu berücksichtigen.

4.2.5 Registrierung des Testverhaltens

In der fünften Phase des diagnostischen Prozesses geht es um die Registrierung des Testverhaltens. Sicher kann niemals (vielleicht abgesehen von Vi-
deoaufnahmen) das gesamte Verhalten eines Probanden registriert werden.
Der Diagnostiker ist in der Regel auch nicht interessiert daran, eine Fülle
von Verhaltensdaten zu erfassen. Es kommt ihm eher darauf an, die für eine
bestimmte Fragestellung und ein bestimmtes Testverfahren *relevanten* Verhaltensweisen zu registrieren.

Je nach Test fixiert der Proband selbst die Daten, die bei ihm erhoben
werden sollen (beispielsweise Ankreuzen von Antwortmöglichkeiten in einem Fragebogen oder Schreiben von Geschichten zu *TAT*-Tafeln), oder der
Versuchsleiter protokolliert das Testverhalten (zum Beispiel schriftliche Fixierung der Antworten zu den Rorschach-Tafeln, Eintragung der Lösungen
in das *HAWIE*-Testformular). Schließlich können zur Registrierung der Reaktionen auch Kamera, Tonband- und die verschiedenen anderen Regist-
riergeräte eingesetzt werden (beispielsweise Video-Aufnahmen, Fotos von
Szenen, die mit dem *Sceno-Test* gebaut worden sind, Einsatz von Reaktions-
geräten mit automatischen Zählvorrichtungen). Wichtig für alle diese Registriermethoden ist, dass ihre *Objektivität* gewährleistet ist. Wir verstehen
mit Lienert (1969) unter Objektivität »den Grad, in dem die Ergebnisse

eines Tests unabhängig vom Untersucher sind«. Das heißt, wenn das Testverhalten nicht durch ein Gerät registriert wird, müssen genaue Regeln der Registrierung vorgegeben sein, damit jeder Testleiter ein und dasselbe Testverhalten, und zwar in identischer Weise, fixiert. Die entsprechenden Angaben müssen im Testmanual aufgeführt sein.

Ferner muss auch die *Reliabilität*, das heißt die Zuverlässigkeit des Tests als Messinstrument garantiert sein. Mit Lienert (1969) verstehen wir unter Reliabilität »den Grad der Genauigkeit, mit dem ein Test ein bestimmtes Persönlichkeits- oder Verhaltensmerkmal mißt, gleichgültig, ob er dieses Merkmal auch zu messen beansprucht«. Ich werde später (s. Kap. 5.1.1 und 5.1.2) noch ausführlicher auf die Objektivität und Reliabilität eingehen. An dieser Stelle sei nur darauf hingewiesen, dass das Testverhalten so registriert werden muss, dass man bei wiederholter Durchführung des Tests an einem Probanden zu gleichen Ergebnissen kommt.

4.2.6 Phase der Auswertung

In dieser Phase werden die registrierten Verhaltensdaten in einer Art aufgearbeitet, die später eine Interpretation der Befunde ermöglicht. Die Auswertung kann bei den verschiedenen Testverfahren erheblich voneinander abweichende Komplexitätsgrade aufweisen. Einerseits haben wir Tests, bei denen einfache Häufigkeitsbestimmungen vorgenommen werden (beispielsweise Anzahl der richtig nachgesprochenen Zahlen im Untertest »Zahlennachsprechen« aus dem *HAWIE* oder Bestimmung der Anzahl von »Ja«- und »Nein«-Antworten im *Freiburger Persönlichkeitsinventar*). Andererseits erfordern manche projektive Verfahren komplexe Signierungen, wobei zum Teil eine einzige Antwort nach verschiedenen Gesichtspunkten verschlüsselt wird (zum Beispiel im *Rosenzweig-Picture-Frustration-Test*, im *Rorschach'schen Formdeuteverfahren* oder bei der, allerdings nicht sehr gebräuchlichen, Signierung von *TAT*-Geschichten).

Je nach dem Komplexitätsgrad eines solchen Auswertungssystems erfordern die Tests eine mehr oder weniger lange Einarbeitungszeit, bevor ein Untersucher diese Verfahren lege artis auswerten kann.

Erstes Ziel der Auswertung ist, einen »Extrakt« aus den registrierten Verhaltensdaten zu ziehen. Bei Tests, die sich quantitativ auswerten lassen, erhalten wir in der Regel zunächst einen oder mehrere numerische Kennwerte, zum Beispiel Rohwerte in den *HAWIE*-Untertests, Häufigkeiten bei den verschiedenen Signierungszeichen des *Rosenzweig-Picture-Frustration*-Tests oder die Anzahl von zutreffenden Antworten auf den verschiedenen Skalen eines Persönlichkeitsfragebogens. In einem zweiten Schritt werden bei solchen, psychometrischen Kriterien genügenden Tests die Rohwerte dann mit den Resultaten verglichen, die an einer repräsentativen Population gewonnen worden sind und dem Testbenutzer in Form von *Normen* zur Verfügung stehen. Die Testrohwerte werden dementsprechend in Standardwerte transformiert, anhand derer sich die Position des Individuums im Verhältnis zum Vergleichskollektiv ablesen lässt. Ich werde später (s. Kap. 6.4) noch ausführlicher auf die Testeichung und Normierung eingehen. Häufig werden die Standardwerte auf verschiedene Altersgruppen, auf die beiden Geschlechter, unter Umständen auch auf sozioökonomische Parameter bezogen. Auf die spezifischen Probleme, die sich bei der Auswahl repräsentativer Vergleichsgruppen ergeben, soll noch ausführlicher eingegangen werden (s. Kap. 6.4). In der Phase der Auswertung spielt, wie schon bei der Registrierung des Testverhaltens, die Objektivität, das heißt hier die Unabhängigkeit der Auswertung von der Person des Auswerters, eine zentrale Rolle. Bei gut konstruierten Tests sollten in der Handanweisung Angaben zur Auswertungsobjektivität zu finden sein.

4.2.7 Die Interpretation der Befunde und die Urteilsbildung

Aus dem aufbereiteten Datenmaterial sollen in dieser Phase des diagnostischen Prozesses nun die Schlussfolgerungen gezogen werden. Auch bei diesem Schritt sollte die Objektivität (das heißt, verschiedene Interpreten sollten zum gleichen Ergebnis kommen) gewährleistet sein. Das zentrale Problem bei der Interpretation eines Tests liegt aber in der Frage, welches Merkmal das Verfahren erfasst, ob aufgrund eines bestimmten Testsyndroms mit hinreichender Sicherheit etwas über einen bestimmten psychischen Sachverhalt ausgesagt werden kann. Hiermit ist die Frage nach der *Validität* eines Tests angeschnitten, die im Grunde die zentrale Frage der Psychodiagnostik ist. Ich werde in Kapitel 5.1.3 ausführlicher die damit zusammenhängenden Probleme behandeln.

Diese Phase des diagnostischen Prozesses stellt an den Diagnostiker die höchsten Anforderungen. Hat er sich in den Phasen der Provokation und der Registrierung des Testverhaltens lediglich strikt an die in der Testhandanweisung gegebenen Richtlinien zu halten, und bietet auch die Auswertungsphase bei einer gewissen Vertrautheit mit dem verwendeten Test keine allzu großen Schwierigkeiten, so stellt die Interpretation der Befunde den

Diagnostiker häufig vor große Probleme. Er muss die Fülle von Einzelinformationen verarbeiten, miteinander in Beziehung setzen, gewichten und zu den Fragen, die an ihn gestellt sind, Stellung nehmen. Es ist diese Interpretationsphase, in der sich die beschriebenen »Fehlerquellen« (s. Kap. 2.2) besonders störend bemerkbar machen können, wenn sich der Diagnostiker ihrer nicht bewusst ist.

Die letzte Phase der Urteilsbildung, in welcher der Diagnostiker anhand seiner Untersuchungsergebnisse dem Ratsuchenden Entscheidungshilfen geben oder selbst Entscheidungen treffen soll, stellt einen komplexen Prozess dar, zu dessen Verständnis verschiedene Modelle entwickelt worden sind (beispielsweise statistische, deskriptive, normative). Die damit zusammenhängenden Probleme sind von Jäger (1982), Leichner (1978), Mattenklott (1992) und Westmeyer (1972) diskutiert worden. Mattenklott (1992) hat insbesondere darauf hingewiesen, dass die wissenschaftlich betriebene Urteilsbildung eng gebunden ist an die Konzeption von Theorien, welche es dem Diagnostiker erlauben, die beobachtbaren Indikatoren mit den latenten Determinanten des Erlebens und Verhaltens zu verknüpfen.

4.2.8 Die Beratung

Im Anschluss an jede testpsychologische Untersuchung sollte unbedingt eine Beratung der Klientinnen und Klienten erfolgen. Sie haben einen *Anspruch darauf,* möglichst umfassend über die Resultate *informiert zu werden.* Dies gilt für Erwachsene wie für Kinder und Jugendliche. Selbstverständlich müssen sich die Fachleute im Beratungsgespräch an das intellektuelle Niveau, den Entwicklungsstand und die Fähigkeit der Klienten, die mitgeteilten Sachverhalte integrieren zu können, anpassen. Dies heißt jedoch keineswegs, dass zum Beispiel bei Kindern bei schulpsychologischen Abklärungen und bei Untersuchungen im klinischen Rahmen oder in der Erziehungsberatung auf eine Information verzichtet werden kann. Gerade wenn es um die Einleitung therapeutischer Interventionen oder um Fördermaßnahmen geht, kann durch das Beratungsgespräch die Motivation entwickelt respektive gefördert werden.

Soweit sich überhaupt allgemein gültige Aussagen zum Beratungsgespräch machen lassen, gilt der *Grundsatz »Weniger ist mehr«.* Das heißt, es macht keinen Sinn, die Klientinnen und Klienten mit einer Fülle von Detailinformationen zu überschütten. Es kommt vielmehr darauf an, ihnen die wichtigsten Befunde möglichst konkret (beispielsweise anhand von Alltagsverhalten) zu schildern und dann jeweils zu fragen, ob diese Informationen den Klienten völlig neu sind und eventuell gar in Widerspruch zu ihrem bisherigen Selbstbild stehen, oder ob die genannten Befunde bei ihnen zu einem »Aha-Erlebnis« führen. Es hat sich bewährt, die mitgeteilten Sachverhalte von den Klientinnen dann noch weiter »*auffüllen*« zu lassen, indem sie darstellen, wie sich ein bestimmtes Persönlichkeitsmerkmal, das sich aus den Testbefunden ergibt, in ihrem Leben zeigt. Auf diese Weise kommt es zu einem Dialog, in den die Untersuchungsresultate eingebaut werden können, wodurch sie den Klienten wesentlich leichter integrierbar sind.

Ideal ist es, wenn für die Beratung *zwei Gesprächstermine* zur Verfügung stehen. In diesem Fall ist es beim ersten Gespräch möglich, die wichtigsten Befunde mitzuteilen, und im zweiten Gespräch kann geklärt werden, wie die Mitteilungen von den Klienten aufgenommen und verarbeitet worden sind. Nicht selten zeigt sich dann, dass sie bestimmte Sachverhalte völlig anders interpretiert haben, als die Untersucher sie dargestellt haben. Daraus entstandene Missverständnisse lassen sich im zweiten Gespräch korrigieren, und es kann, bei einem psychodynamischen Ansatz, auch geklärt werden, warum es zu diesen Missverständnissen gekommen ist. So kann beispielsweise die Meinung, die Resultate der Leistungstests seien unzureichend gewesen (obwohl die Befunde eine gute Leistungsfähigkeit nachgewiesen haben) aufgrund eines geringen Selbstwertgefühls oder überhöhter Leistungsansprüche entstanden sein. Oder ein bestimmtes Persönlichkeitsmerkmal aus dem affektiven Bereich kann von den Probandinnen und Probanden, in Abweichung von der Darstellung der Untersucher, unverhältnismäßig in den Mittelpunkt gerückt worden sein, weil es als sehr negativ erlebt worden ist und seine Erwähnung kränkend war.

Wenn keine zwei Gesprächstermine für die Beratung zur Verfügung stehen, sollten die Untersucher auf jeden Fall am Ende des Gesprächs noch einmal nachfragen, wie die Mitteilung der Befunde auf die Klientinnen und Klienten gewirkt hat, welche Gefühle dadurch in ihnen ausgelöst worden sind und welches die für sie wichtigsten Mitteilungen gewesen sind. Auf diese Weise lässt sich erspüren, wie die Informationen über die Testresultate von den Klienten verarbeitet worden sind und ob respektive in welcher Hinsicht Wahrnehmungsverzerrungen aufgetreten sind.

Zum Beratungsgespräch gehört nicht nur die Information über die Testresultate, sondern auch die *Beantwortung der Fragen*, zu deren Klärung die Untersuchung durchgeführt worden ist. So kann es beispielsweise darum gehen, die Frage nach der Indikation psychotherapeutischer Interventionen zu beantworten und Aussagen darüber zu machen, welche psychotherapeutischen Methoden bei den spezifischen Problemen eines Ratsuchenden zu empfehlen sind. Im Fall von Begutachtungen für Versicherungen oder auch für das Strafgericht sind im Beratungsgespräch die Hauptargumentationslinien, die im Bericht an die Auftraggeber formuliert werden, zu skizzieren. Dabei ist es aber wichtig, ausdrücklich darauf hinzuweisen, dass dies keine Entscheidung über die gestellten Fragen ist, sondern eine gutachterliche Stellungnahme, die von den Auftraggebern übernommen, aber auch verworfen werden kann. Immerhin sollten unsere Klientinnen und Klienten, wenn sie die Testuntersuchung beendet haben, wissen, wie unsere Stellungnahme aussieht, und wir müssen ihnen erklären, warum wir zu bestimmten Schlussfolgerungen kommen, die unter Umständen nicht den Wünschen und dem Bild entsprechen, das die Probanden von sich selbst haben.

Schließlich ist im Beratungsgespräch auch zu klären, ob die Befunde der Testuntersuchung an Dritte (beispielsweise an Therapeutinnen und Therapeuten, an die die Klienten sich in der Folge wenden werden) weitergeleitet werden sollen. Ist dies der ausdrückliche Wunsch der Klienten, so muss sich der Untersucher *schriftlich von der Schweigepflicht entbinden lassen*. Es ist unzulässig, Befunde weiterzugeben, ohne dass die Probandinnen und Probanden uns dies ausdrücklich erlaubt hätten. Bei der schriftlichen Entbindung von der Schweigepflicht geht es indes nicht nur um eine rechtliche Absicherung, sondern die Diskussion um die Entbindung von der Schweigepflicht kann auch eine psychotherapeutische Dimension betreffen. So können wir Fachleute beispielsweise in einem solchen Gespräch die Ratsuchenden dazu anregen, sich Gedanken darüber zu machen, welche – unter Umständen negative – Konsequenzen sich daraus ergeben könnten, dass wir die Untersuchungsresultate an bestimmte Stellen oder Personen weiterleiten. Nicht selten erfüllen sich nämlich die Erwartungen der Klienten, beispielsweise ein Bericht von uns an den Arbeitgeber würde eine positive Wirkung haben, in keiner Weise. Der Arbeitgeber kann im Gegenteil durch die Kenntnis, dass der Proband »Patient« bei uns ist, ihm gegenüber voreingenommen werden, was sich zum Nachteil des Klienten auswirkt.

Eine besonders günstige Beratungssituation besteht dann, wenn wir die *Information über die Testresultate in eine Psychotherapie einbauen* können. In diesem Fall sind wir nicht, wie bei einem einmaligen Beratungsgespräch, gezwungen, den Klienten in einer einzigen Sitzung alle wichtigen Befunde mitzuteilen, sondern können die verschiedenen Themenbereiche organisch in unsere Gespräche aufnehmen und können auch in den verschiedenen Kontexten immer wieder auf besonders relevante Resultate zurückkommen. Auf diese Weise ist eher gewährleistet, dass unsere Mitteilungen von den Klienten wirklich integriert werden, und es besteht viel eher als bei einem einmaligen Beratungsgespräch die Möglichkeit, Wahrnehmungs- und Interpretationsverzerrungen zu klären und zu besprechen, warum es zu diesen Verzerrungen gekommen ist.

pro memoria 4.2.1–4.2.8

1. Vorbereitendes Gespräch: Klärung des Auftrags, gegenseitiges Kennenlernen, Abbau unrealistischer Erwartungen und Ängste.
2. Planung der Testuntersuchung: Makro- und Mikrostrategien.
3. Erhebung der Anamnese.
4. Provokation des Testverhaltens:
    4.1 Standardisierung des Testmaterials, der Instruktion und der Darbietung.
    4.2 Mögliche Störfaktoren: semantische Probleme, äußere Störfaktoren, innerpsychische und somatische Bedingungen, vorangegangene Tätigkeiten, Motivation, absichtliche Verfälschung der Testreaktionen, Testangst, Testtraining, (soziale) Beziehung zwischen Untersucher und Proband.
5. Registrierung des Testverhaltens: Probleme der Fixierung des relevanten Verhaltens.
6. Auswertung: Bestimmung von Kennwerten, Signierung, Vergleich der individuellen Testreaktionen mit Normwerten.
7. Interpretation und Urteilsbildung: diagnostische Schlussfolgerungen aus dem aufbereiteten Datenmaterial.
8. Beratung: Mitteilung der wichtigsten Ergebnisse und Beantwortung der gestellten Fragen.

5. Die Gütekriterien eines psychologischen Tests

Die zunehmende Erfahrung mit psychologischen Tests hat gezeigt, dass nicht willkürlich irgendeine, dem Untersucher relevant erscheinende Testaufgabe gegeben und aus deren Beantwortung ohne weiteres eine diagnostische Schlussfolgerung gezogen werden kann. Da ein wissenschaftlich fundierter psychologischer Test als Messinstrument betrachtet wird, muss er einer Reihe von Ansprüchen genügen. Sie werden als »Gütekriterien« bezeichnet. Mit Lienert (1969) differenzieren wir zwischen den drei Hauptgütekriterien »Objektivität«, »Reliabilität« und »Validität« und den Nebengütekriterien »Normierung«, »Zulänglichkeit«, »Vergleichbarkeit«, »Ökonomie« und »Nützlichkeit«. Zu diesen Aspekten sollten sich im Manual eines Tests stets erläuternde Angaben finden, da erst diese Informationen dem Testbenutzer ermöglichen, die Güte des Verfahrens abzuschätzen. Nicht nur für einzelne Tests, sondern auch für Testbatterien bzw. Testprofile können diese Gütekriterien erstellt werden (Cronbach et al. 1965; Lienert 1969).

5.1 Die Hauptgütekriterien

5.1.1 Die Objektivität

Die Objektivität gilt im Rahmen der klassischen Testtheorie als ein wichtiges Kriterium für die Güte eines Tests. Allerdings herrscht keine Einigkeit in der Definition dieses Begriffs. Während beispielsweise Eysenck (1958), Cattell (1957) und Fahrenberg (1964) Tests als objektiv bezeichnen, wenn sie für den Probanden undurchschaubar, das heißt nicht willkürlich verfälschbar, sind, bezeichnet Rasch (1966) die Unabhängigkeit der Aussagen über getestete Personen von den Testaufgaben (Items) und die Unabhängigkeit der Relationen zwischen den Items von der Analysenstichprobe als »spezifische Objektivität« (ich werde in Kapitel 5.4 kurz auf das Rasch'sche Modell eingehen).

Wilde (1951) vertritt die Auffassung, dass jedes Verfahren in der psychologischen Diagnostik als objektiv gelten könne, das von einer Reihe von Beurteilern in identischer Weise gedeutet und beurteilt werde. Eine ähnliche Definition finden wir bei Lienert (1969), der unter Objektivität den Grad versteht, »in dem die Ergebnisse eines Tests unabhängig vom Untersucher sind«. Im Sinne dieser Definition, der auch wir uns anschließen möchten, muss man zwischen einer Objektivität der Testdurchführung, der Auswertung, der Interpretation und wohl auch der Empfehlungen unterscheiden, welche die verschiedenen Testleiter aufgrund ihrer Resultate geben.

Die *Durchführungsobjektivität* lässt sich vor allem dadurch erhöhen, dass die Instruktion für den Testbenutzer möglichst genau festgelegt und die Untersuchungssituation selbst so weit wie möglich standardisiert ist. Hinweise darauf, wie die geforderte Standardisierung auszusehen hat, sollten unbedingt im Testmanual gegeben werden. Dass eine wörtlich festgelegte Instruktion allerdings nicht vollständige Durchführungsobjektivität garantieren kann, wurde bereits bei den Ausführungen über die Bedeutung der Sprache in der Diagnostik erwähnt (s. Kap. 2.1).

Die *Auswertungsobjektivität* ist bei Leistungstests und bei Fragebögen, in denen die Richtung der Aufgabenbeantwortung festgelegt ist, praktisch vollkommen verwirklicht. Dasselbe gilt für Tests, deren Aufgaben nach dem Multiple-Choice-System zu beantworten sind. Wesentlich schwieriger hingegen ist die Auswertungsobjektivität bei Tests mit freier Aufgaben- oder Fragenbeantwortung und bei den projektiven Verfahren zu garantieren, die (wie beispielsweise der *Rorschach-Test* oder der *Rosenzweig-Picture-Frustration-Test*) eine zum Teil komplizierte Signierung erfordern.

Die *Interpretationsobjektivität* schließlich betrifft den Grad der Unabhängigkeit der Interpretation des Testergebnisses von der Person des interpretierenden Untersuchers. Auch bei diesem Aspekt ist es wichtig, dass im Testmanual möglichst genaue Hinweise darüber gegeben werden, wie ein bestimmtes Testverhalten zu interpretieren ist (beispielsweise welcher Symptomwert den Untertests im *HAWIE* zukommt, oder welche diagnostischen Schlüsse aus den verschiedenen Testsyndromen des *Rorschach'schen Formdeuteverfahrens* gezogen werden können). Selbst wenn man auf der Ebene der Durchführung und der Auswertung vollkommene Objektivität erreicht hat, ist es, zumindest bei den komplexeren Testverfahren, in der Regel schwierig, auch eine möglichst hohe Interpretationsobjektivität zu erreichen.

Im Allgemeinen wird als Kennwert der Objektivität der Korrelationskoeffizient benutzt, der den Grad des Zusammenhangs zwischen zwei oder mehreren Auswertern beschreibt. Manche Autoren geben auch den Prozentsatz übereinstimmender Signierungen beziehungsweise Interpretationen bei einem Vergleich zwischen zwei oder mehreren Versuchsleitern an. Häufig wird auch der Kappa-Wert verwendet (Bortz 1984).

5.1.2 Die Reliabilität

Neben der Objektivität stellt die Reliabilität eines der wichtigsten Gütekriterien dar. Nach der Definition von Ekman (1955) können wir die Reliabilität als Genauigkeit beschreiben, »mit der ein Test mißt, was er faktisch mißt, ohne Rücksicht darauf, was dieses ist«. Eine ähnlich weit gefasste Definition, der auch wir uns anschließen möchten, gibt Lienert (1969), der unter der Reliabilität (Zuverlässigkeit) eines Tests den »Grad der Genauigkeit versteht, mit dem er ein bestimmtes Persönlichkeits- oder Verhaltensmerkmal mißt, gleichgültig, ob er dieses Merkmal auch zu messen beansprucht«. Es geht demnach bei der Reliabilität nicht um inhaltliche Aspekte, sondern um die formale Exaktheit der Merkmalserfassung.

Der Terminus »Reliabilität« hat, ähnlich wie derjenige der Objektivität, in der psychologischen Literatur verschiedene Definitionen gefunden. Einige Autoren sprechen anstelle von Reliabilität von »Zuverlässigkeit« (z. B. Wilde 1951), andere von »Verläßlichkeit« (Hofstätter 1953a) oder von »Stabilität« (Meili 1961). Wieder andere verstehen, worauf insbesondere Horst (1971) hinweist, Reliabilität als »Homogenität«. Als weitere Komplizierung kommt hinzu, dass die nach den verschiedenen Reliabilitätskonzepten bestimmten Koeffizienten unterschiedlichen Aussagegehalt besitzen. Den Versuch einer grundlegenden Klärung in dieser verwirrenden Vielfalt haben Cronbach (1947, 1960) und Thorndike (1951) unternommen.

Man kann im Rahmen der klassischen Testtheorie drei Reliabilitätskonzepte (mit ihren je spezifischen Erfassungsmethoden) unterscheiden:
1. das Stabilitätskonzept,
2. das so genannte »item-sampling-concept«,
3. das Homogenitätskonzept.

Beim *Stabilitätskonzept* wird die so genannte »*Retest-Reliabilität*« bestimmt, das heißt, die gleichen Probanden werden mehrmals (in der Regel zweimal) mit dem gleichen Test untersucht. Man bestimmt dann den Grad der Übereinstimmung zwischen den beiden Messwertreihen mithilfe eines Korrelationskoeffizienten. Die praktische Anwendbarkeit dieser Methode erfährt bei psychologischen Fragestellungen allerdings eine gewisse Begrenzung dadurch, dass möglicherweise die erste Testdurchführung den vom Test erfassten Persönlichkeitsbereich verändert (beispielsweise indem der Proband bei der zweiten Testaufnahme Antworten gibt, die seinen Erinnerungen an die erste Untersuchung entsprechen). Horst (1971) meint jedoch, dass dieses Argument oft zu Unrecht verwendet werde, zumal, wie auch Dieterich (1973) anführt, die Wirksamkeit eines Gedächtnisfaktors im Allgemeinen lediglich zu einer Über-, nicht aber zu einer Unterschätzung der Stabilität des Tests führen könne. Trotz dieser Bedenken darf man die Retest-Reliabilität als eine der wichtigsten Reliabilitätsschätzungen bezeichnen.

Bei den Untersuchungen an klinischen Stichproben ist zu berücksichtigen, dass bei psychisch gestörten Probanden häufig höhere Merkmalsfluktuationen und zum Teil erhebliche Schwankungen von einem Tag zum anderen auftreten, wodurch die Reliabilität eingeschränkt werden kann (Sarris et al. 1974). Ferner ist die Höhe des Korrelationskoeffizienten von der Dauer des zeitlichen Intervalls zwischen den Testaufnahmen abhängig, das heißt von der Stabilität des Verhaltensmerkmals, das mit dem Test erfasst werden soll. Im Extremfall wäre es bei einem instabilen Merkmal, das sich im Verlauf der Zeit deutlich verändert, möglich, dass man bei jeder Testaufnahme den »wahren« Wert erfasste, aber die durch den Korrelationskoeffizienten ausgedrückte Reliabilität zahlenmäßig sehr gering bliebe. In der Regel kann angenommen werden, dass sich bei kurzen Zeitintervallen die erfassten Merkmale weniger ändern als bei größeren Zeitabständen zwischen den beiden Untersuchungen. Im letzteren Fall wären demnach niedrigere Reliabilitätskoeffizienten zu erwarten.

Die Bestimmung der Retest-Reliabilität ist bei einer Reihe von Verfahren, insbesondere bei den projektiven Tests, häufig die einzige anwendbare Methode zur Bestimmung der Stabilität des betreffenden Verfahrens, bietet sie doch die Möglichkeit, auch bei solchen Tests, für die keine Parallelformen vorliegen oder die sich nicht in zwei äquivalente Hälften unterteilen lassen, einigermaßen verlässliche Reliabilitätsschätzungen vorzunehmen.

Das so genannte »item-sampling-concept« beruht auf der Überlegung, dass man auch zu mehreren Messungen ein und desselben Merkmals kommen kann, indem man verschiedene Tests einsetzt, die eben dieses gleiche Merkmal erfassen. Die hier verwendete Methode ist das so genannte »Paralleltest-Verfahren«. Voraussetzung zu seiner Anwendung ist, dass eine äquivalente Parallelform des zu prüfenden Tests vorliegt – eine Bedingung, die nur in seltenen Fällen erfüllt wird. Große Bedeutung kommt hier der Frage zu, wann eine »Parallelität« als gewährleistet betrachtet werden darf. Die Autoren stellen unterschiedliche Anforderungen, wie ein Vergleich der Ausführungen von Wilks (1946), Horst (1971), Lienert (1969) und anderen erkennen lässt (s. a. die Kritik an der klassischen Testtheorie in Kap. 5.4). Kritisch kann bei Verwendung des Paralleltest-Verfahrens, wie beim Retest, ein möglicher Wiederholungseffekt angeführt werden, da die Durchführung von weitgehend identischen Tests im Grunde einer Testwiederholung gleichkommt.

Beim dritten der genannten Reliabilitätskonzepte, dem *Homogenitätskonzept*, kommen verschiedene Halbierungsverfahren zur Anwendung. Der Vorteil eines solchen Vorgehens liegt darin, dass nur eine einmalige Testdurchführung notwendig ist. Voraussetzung jedoch ist, dass der Test in faktoriell gleichwertige Hälften geteilt werden kann.

Dabei ist die Art der vorgenommenen Halbierung von Bedeutung. Prüft man zum Beispiel die *erste gegen die zweite Hälfte* eines Tests, so ist ein solches Vorgehen nur dort sinnvoll, wo garantiert ist, dass die Items der ersten Testhälfte faktoriell gleichwertig im Verhältnis zu denen der zweiten Hälfte sind. Diese Bedingung ist im Grunde nur bei solchen Verfahren erfüllt, die aus gleich schweren Aufgaben bestehen (Schnelligkeits-, »speed«-Tests). Bei Leistungstests mit Aufgaben von zunehmender Schwierigkeit (Niveau- oder »power«-Tests) und bei den projektiven Verfahren hingegen ist die Anwendung dieser Halbierungstechnik nicht möglich, da die erste und die zweite Hälfte nicht faktoriell gleichwertige Teile darstellen. Bei einigen Verfahren (beispielsweise beim *Rorschach'schen Formdeuteverfahren* oder beim *Rosenzweig-Picture-Frustration-Test*) erwartet man gerade Änderungen im Verlauf der Testdurchführung und verwertet diese Informationen diagnostisch.

Häufig wird eine andere Halbierungsmethode, nämlich die Teilung nach Testitems mit geradzahliger und ungeradzahliger Ordnungsnummer *(»even-odd«)*, verwendet. Auch hier wird vorausgesetzt, dass die durch diese Aufsplitterung in zwei »Untertests« erhaltenen Messwertreihen faktoriell gleichwertige »Paralleltests« sind. Immerhin ist diese Methode auch bei Niveautests (mit ansteigender Aufgabenschwierigkeit) anwendbar, da bei einer solchen Halbierung eine bessere Durchmischung von schweren und leichten Aufgaben in jedem Teil garantiert ist.

Unter das Homogenitätskonzept kann noch eine zweite ähnliche Methode, nämlich die Analyse der *Interitem-Konsistenz*, subsumiert werden. Dieser von Kuder et al. (1937) und Richardson et al. (1939) entwickelte Ansatz stellt eine Verallgemeinerung des Halbierungsverfahrens dar. Für die Reliabilitätsschätzung werden hier alle zur Verfügung stehenden Informationen über die Konsistenz des Testverhaltens von Item zu Item verwertet. Der Gesamttest wird als in so viele Teile aufgegliedert gedacht, wie Items vorhanden sind. Daraus ergibt sich, dass dieses Verfahren nur dann sinnvoll anwendbar ist, wenn ein Test faktoriell homogen ist, das heißt, wenn alle Items (zumindest annähernd) dieselbe faktorielle Struktur aufweisen. Die von Kuder und von Richardson vorgelegten Formeln 20 und 21 zur Bestimmung der Interitem-Konsistenz sind von anderen Autoren modifiziert und weiterentwickelt worden (Guilford 1954; Lord 1955; Saupe 1961, und andere).

Wie bereits erwähnt, lassen sich im Allgemeinen nicht alle diese Methoden bei ein und demselben Test anwenden. Je nach dem Testkonzept ist unter Umständen nur eine bestimmte Art der Reliabilitätsschätzung möglich. Ich habe bereits darauf hingewiesen, dass zum Beispiel bei den projektiven Verfahren in der Regel Halbierungstechniken kaum Anwendung finden können (abgesehen vielleicht von Verfahren wie dem *Rosenzweig-Picture-Frustration-Test*, bei dem auch eine Halbierung nach even-odd-Prinzipien durchgeführt werden kann). Bei diesen Tests kann eine Reliabilitätsbestimmung in der Regel am besten nach der Retest-Methode vorgenommen werden. Auf jeden Fall sollte der Testautor im Manual mitteilen, nach welcher Methode er die Reliabilität seines Tests geprüft hat.

Reliabilitätsschätzungen sind bei vielen Verfahren auf zwei Ebenen möglich: 1) auf der *Item-Ebene* (beispielsweise beim *Rosenzweig-Picture-Frustration-Test* Bestimmung des Grades der Übereinstimmung zwischen einer ersten und einer zweiten Testaufnahme bei jeder der 24 Bildsituationen) und 2) auf einer *syndromalen Ebene* (zum Beispiel Bestimmung des Grades der Übereinstimmung für den Gesamtwert eines Intelligenzverfahrens, einer bestimmten Auswertungskategorie für den gesamten Test). Da die Reaktionen auf die einzelnen Testitems stets gewissen Schwankungen unterworfen sind, müssen wir in der Regel bei Reliabilitätsprüfungen auf der Item-Ebene niedrigere Koeffizienten erwarten als bei Schätzungen der Reliabilität auf syndromaler Ebene.

5.1.3 Die Validität

Das wohl wichtigste, zugleich aber empirisch am schwierigsten überprüfbare Gütekriterium stellt die Validität dar. Unter Validität verstehen wir den »Grad der Genauigkeit, mit dem dieser Test dasjenige Persönlichkeitsmerkmal oder diejenige Verhaltensweise, das (die) er messen soll oder zu messen vorgibt, tatsächlich mißt« (Lienert 1969). Manche Autoren verwenden statt des international gebräuchlichen Terminus Validität auch den Begriff »Gültigkeit«. Mangelnde Validität kann durch mangelnde Reliabilität oder mangelnder Zulänglichkeit des Tests, aber auch durch mangelnde Reliabilität des Validitätskriteriums bedingt sein. Die Reliabilität ist somit eine notwendige, nicht jedoch hinreichende Bedingung für die Validität. Weist ein Test eine niedrige Reliabilität auf, so können aus den Testresultaten nur unsichere diagnostische Schlussfolgerungen gezogen werden. Eine hohe Reliabilität sagt indes noch nichts darüber aus, ob beziehungsweise mit welcher Genauigkeit ein Test inhaltlich das Persönlichkeitsmerkmal misst, das er zu erfassen beabsichtigt.

Eine Überprüfung der Validität eines Tests setzt – und darin liegt das Hauptproblem – voraus, dass sich empirisch fassbare Kriterien finden lassen, zu denen die Testreaktionen in Beziehung gesetzt werden können. Dass bei diesem Ausgangspunkt eine Validierung der so genannten projektiven Verfahren besonders große Probleme aufwirft, liegt auf der Hand, wenn man bedenkt, dass viele (tiefen-)psychologische Konstrukte, auf die man sich bei ihrer Validierung stützt, selbst oft vieldeutig und zum Teil so komplex sind, dass sie sich kaum empirisch erfassen lassen.

Man hat sich im Rahmen der internationalen Diskussion über die Möglichkeiten von Validitätsbestimmungen auf vier Validitätsarten geeinigt, und zwar die *logische Validität* (content validity), die *Übereinstimmungsvalidität* (concurrent validity), die *Vorhersagevalidität* (predictive validity) und die *Konstruktvalidität* (construct validity). Einige Autoren unterscheiden noch eine *interne* (internal) von einer *externen* (external), eine *faktorielle* (factorial) und eine »*curriculare Validität*« (curricular validity). Dieterich (1973) möchte den zuletzt genannten Begriff lieber durch den der »*repräsentativen Validität*« ersetzen. Er versteht darunter den Nachweis, dass der von einem Test erfasste Gegenstand ein Teilbereich des tatsächlich zu Erfassenden ist, das heißt, dass das Testmaterial eine *repräsentative Stichprobe* des angezielten Merkmalsbereichs darstellt. Lienert (1969) differenziert zwischen einer *inhaltlichen*, einer *kriterienbezogenen* und einer *Konstruktvalidität*. Klauer (1984) diskutiert Probleme der *Kontentvalidität*, die dadurch bestimmt ist, dass die Items eines Tests repräsentativ für eine zuvor definierte Grundgesamtheit von Items sind.

Im Rahmen meiner Ausführungen kann ich nicht auf eine weitere terminologische Diskussion der verschiedenen Validitätskonzepte eingehen. Man kann die vielen vorgeschlagenen Arten von Validitätsbestimmungen in die folgenden beiden großen Gruppen unterteilen:

1. Die *Korrelation mit einem Kriterium*. Dazu gehören Prüfungen der Übereinstimmungs- und der Vorhersagevalidität. Mit Lienert (1969) können wir zwischen einer inneren und einer äußeren Validität unterscheiden. Lienert spricht von einer *inneren Validierung*, wenn der zu prüfende Test mit anderen, als valide anerkannten Tests, die dasselbe Persönlichkeitsmerkmal erfassen, korreliert wird. Eine *äußere Validierung* liegt hingegen vor, wenn eine »äußere«, als objektiv bewertete Kriteriumsleistung oder ein Schätzurteil (beispielsweise eine Diagnose, der Berufserfolg, das Realverhalten eines Probanden) mit dem Testresultat korreliert wird. Bei dem Validitätskonzept der »Korrelation mit einem Kriterium« wird nach der Enge des Zusammenhangs zwischen dem Testverhalten und dem (jetzigen oder zukünftigen) Verhalten gefragt, über das Aussagen gemacht werden sollen. Wie bereits erwähnt, liegt das Hauptproblem bei diesem Ansatz darin, dass es häufig außerordentlich schwer fällt, für den zu prüfenden Test geeignete, einwandfreie (das heißt selbst reliable und valide) Kriterien zu finden. Die damit zusammenhängenden sehr komplizierten Probleme

werden ausführlich in den Arbeiten von Kelly und Fiske (1951), Wherry (1957), Ryans (1957) diskutiert (s. a. die Ausführungen von Dieterich 1973).

2. Eine zweite Methode ist die der so genannten *Konstruktvalidierung*. Dieser Begriff erscheint erstmals in den »Technical Recommendations« der Amerikanischen Psychologenvereinigung APA (1954). Cronbach und Meehl (1955) haben dann eine ausführliche Darstellung gegeben. Die daraufhin in den USA lebhaft geführte Diskussion hat Hörmann (1961) im deutschen Sprachgebiet aufgenommen. Das Wesen der Konstruktvalidierung liegt darin, dass psychologische »Konstrukte«, das heißt komplexe Fähigkeiten oder Eigenschaften (siehe auch die Diskussion bei Schneewind 1969) im Rahmen eines theoretischen Bezugssystems (»nomological network«) auf ihre Zusammenhänge mit dem zu prüfenden Test untersucht werden. Die Konstrukte werden »nicht auf Beobachtbares reduziert (wie es z. B. bei einer operationalen Definition geschieht), sondern so in ein ›nomological network‹ hineingebaut, dass Voraussagen – und zwar exakt prüfbare Voraussagen – über Beobachtbares möglich werden« (Hörmann 1961). Aufgrund der Resultate aus empirischen Prüfungen kann es notwendig werden, den theoretischen Ansatz zu modifizieren und neue Hypothesen aufzustellen, die dann wiederum geprüft werden müssen. In einem solchen »Prozeß der sukzessiven Approximation« (Hörmann 1961) kann es dann gelingen, den zu prüfenden Test immer fester in das theoretische Bezugssystem einzuordnen. Je dichter das »nomological network« geknüpft ist, desto größer ist die Evidenz, dass ein Test tatsächlich den Merkmalsbereich erfasst, den er erfassen soll.

Die Verfahren, die von den verschiedenen Autoren (z. B. Cronbach et al. 1955; Loevinger 1957; Campbell 1957; Anastasi 1961; Michel 1964; Dieterich 1973) zur Konstruktvalidierung genannt werden, sind äußerst mannigfaltig. Für das Gebiet der Eignungsdiagnostik hat Triebe (1973, 1975) eine sequenzielle Strategie (in Form einer Einbeziehung von Training, Aus- und Fortbildungsmaßnahmen in den Prozess der Eignungsfeststellung) vorgeschlagen. Ein solcher dynamischer Ansatz könnte wohl auch für Validierungen von Tests im klinischen Bereich fruchtbar gemacht werden.

Im Folgenden soll paradigmatisch ein Katalog von theoretischen und empirischen Maßnahmen angeführt werden, den Dieterich (1973) zusammengestellt hat.

Zu den theoretischen Maßnahmen zählt er die Rubriken 1 bis 4:

1. Die sprachliche Vereinbarung über den Bedeutungsumfang des Konstrukts.
2. Die Einordnung des Konzepts in eine bestimmte theoretische Schule.
3. Die inhaltliche, logische oder phänomenologische Analyse der Testelemente.
4. Überprüfungen der Inhaltsvalidität und der inneren Konsistenz des Tests.

Bei Punkt 4 überschneiden sich die theoretischen und die empirischen Maßnahmen. Das ist auch bei den folgenden Punkten der Fall:

5. Die Analyse interindividueller Unterschiede in den Testresultaten.
6. Die Analyse individueller Veränderungen bei wiederholter Durchführung mit und ohne Variation der Durchführungsbedingungen.
7. Die Feststellung von Gruppenunterschieden (beispielsweise Extremgruppenvergleiche, Alters- und Geschlechtsdifferenzen, Unterschiede im Zusammenhang mit soziokulturellen Veränderungen).
8. Überlegungen und Feststellungen, inwieweit response-sets das Testergebnis verfälschen können.

Wichtige empirische Maßnahmen sind:

9. Die Ermittlung von Korrelationen mit Außenkriterien.
10. Die Ermittlung von Korrelationen mit Tests von ähnlichem Geltungsbereich.
11. Die Ermittlung von Korrelationen mit Beurteilungsskalen (ratings).
12. Die Ermittlung von Korrelationen mit solchen Kriterien oder Tests, zu denen laut Vereinbarungen keine Korrelationen bestehen dürften (dies entspricht der Forderung nach »discriminant validity«).
13. Überprüfung von Altersdifferenzen.
14. Es wurde auch die Forderung erhoben, dass jeder Konstrukt-Test mit einem Intelligenztest korreliert werden solle. Ebenso sinnvoll wäre eine Korrelierung mit Angsttests (speziell mit Tests zur Erfassung von Prüfungsangst).
15. Die Faktorenanalyse des Tests gemeinsam mit Kriteriumsvariablen.

Dieser Katalog von Validierungsmethoden kann keinen Anspruch auf Vollständigkeit erheben. Er steckt aber immerhin das weite Spektrum dessen ab, was bei Validierungsuntersuchungen berücksichtigt werden muss. Wie aus den Ausführungen hervorgeht, gestaltet sich die Prüfung der Validität häufig als außerordentlich schwierig. Soweit man Außenkriterien oder andere Tests einbezieht, muss deren Reliabilität und Validität gesichert sein. Das fällt, wie erwähnt, insbesondere schwer bei den projektiven Verfahren, die sich zumeist auf tiefenpsychologische Konzepte stützen, deren Validität häufig nur schwer zu prüfen ist.

5.2 Die Nebengütekriterien

5.2.1 Die Normierung eines Tests

Unter Testnormierung versteht man, dass über einen Test Angaben vorliegen sollen, welche die Einordnung des individuellen Prüfergebnisses in ein Bezugssystem ermöglichen. Bei der Erfassung einer Eichstichprobe, auf deren Resultaten solche Normen basieren, können sich erhebliche Schwierigkeiten ergeben. Ich werde bei den Ausführungen über die Konstruktion eines psychologischen Tests (s. Kap. 6.4) ausführlicher auf diese Probleme eingehen. Ein Test, der für die Routinediagnostik und nicht nur für wissenschaftliche Untersuchungen (bei denen es in der Regel nur um den Vergleich von Gruppen geht) eingesetzt werden soll, bedarf in jedem Fall einer Normierung. Die Art der Normen wird sich jeweils nach der Art des zu erfassenden Testverhaltens und dem Grad seiner Quantifizierbarkeit richten müssen, wodurch das Skalenniveau determiniert wird. Auf verschiedene Normen und ihre Bedeutung soll ebenfalls später (s. Kap. 6.4) ausführlich eingegangen werden.

5.2.2 Die Zulänglichkeit

Manche Autoren (z. B. Lienert 1969) erwähnen als ein Nebengütekriterium die Zulänglichkeit. Hofstätter (1953b) verwendet für diesen Aspekt der Validität den Begriff »diagnostische Valenz«. Es ist der Grad der Angemessenheit des Tests für die Erfassung eines bestimmten Persönlichkeitsmerkmals. Gemeint ist damit, dass der Inhalt des Tests repräsentativ für das zu erfassende Phänomen sein soll. Eine quantitative Bestimmung dieses Gütekriteriums ist nicht üblich.

5.2.3 Die Vergleichbarkeit

Ein Test ist nach Lienert (1969) dann vergleichbar, wenn:

1. eine oder mehrere Paralleltestformen vorhanden sind oder
2. validitätsähnliche Tests verfügbar sind.

Das Nebengütekriterium der Vergleichbarkeit umfasst also einerseits eine intraindividuelle *Reliabilitätskontrolle*, indem man einen bestimmten Probanden mit den beiden Paralleltestformen untersucht und die Ergebnisse vergleicht. Andererseits ist bei einem Vergleich mit validitätsgleichen oder ähnlichen Tests eine intraindividuelle *Validitätskontrolle* möglich, indem man den gleichen Probanden mit diesen beiden Tests untersucht und die Ergebnisse miteinander in Beziehung setzt.

5.2.4 Die Ökonomie

Die von Lienert (1969) aufgestellten Kriterien der Ökonomie sind: 1. kurze Durchführungszeit, 2. wenig Materialverbrauch, 3. einfache Handhabung, 4. Durchführung als Gruppentest und 5. schnelle und bequeme Auswertbarkeit. Gerade hinsichtlich der Ökonomie bestehen zwischen den gebräuchlichen Tests zum Teil große Unterschiede. Es liegen einerseits Verfahren vor, die für die Durchführung und auch für die Auswertung den Diagnostiker zeitlich nur wenig in Anspruch nehmen (beispielsweise der *Aufmerksamkeits-Belastungs-Test* d2). Andererseits erfordern die projektiven Persönlichkeitsverfahren mit ihren zum Teil schwierigen Signierungssystemen in der Regel, abgesehen von einer längeren Durchführungszeit (zum Beispiel beim *TAT*), eine zeitaufwändigere Auswertung (beispielsweise der *Rorschach-Test*) und sind häufig nicht als Gruppentest durchführbar.

5.2.5 Die Nützlichkeit

Ein Test ist nach Lienert (1969) dann nützlich, »wenn er ein Persönlichkeitsmerkmal mißt, für dessen Untersuchung ein praktisches Bedürfnis besteht«. Dieses Nebengütekriterium mag trivial erscheinen, da in jedem Falle nur ein solcher Test konzipiert und in den Handel gebracht werden sollte, der ein relevantes Persönlichkeitsmerkmal erfasst. Betrachtet man aber die Fülle von Verfahren, die in den Testlisten der Verlage angeboten werden und über die in der Literatur berichtet wird, so scheint mir das Kriterium der Nützlichkeit allerdings keineswegs immer erfüllt. Es fragt sich in diesem Zusammenhang auch, ob es sinnvoll ist, stets wieder neue Verfahren zu konstruieren und auf den Markt zu bringen, oder ob es nicht besser wäre, ein bereits bestehendes Verfahren, mit dem unter Umständen schon viel empirisches Material gewonnen werden konnte, zu überarbeiten und unter Einbeziehung der bisher bekannten Resultate zu modifizieren. Man könnte dadurch im Sinne des Kriteriums »Nützlichkeit« vermeiden, dass Verfahren zur Erfassung eines Persönlichkeitsmerkmals entwickelt würden, das mit einer Reihe anderer, bereits bestehender Tests ebenso gut – wenn nicht sogar besser – untersucht werden könnte.

5.3 Die Beziehung zwischen den Gütekriterien

Aus dem folgenden Schema (Abb. 1) ist ersichtlich, dass die Objektivität eine Grundvoraussetzung für die Reliabilität oder die Validität eines Verfahrens darstellt.

Ein Test, der hinsichtlich seiner Durchführung, seiner Auswertung oder seiner Interpretation dem Testleiter allzu großen Spielraum lässt und bei dem die »interpersonelle Übereinstimmung« zwischen verschiedenen Versuchsleitern nur gering ist, kann keine ausreichende Reliabilität aufweisen.

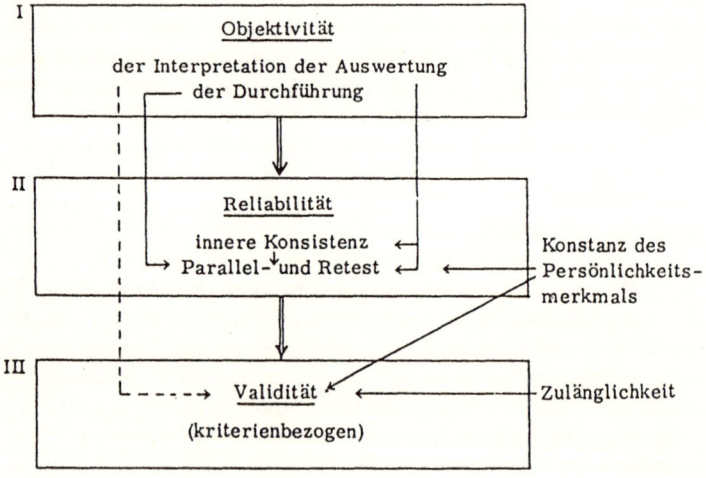

Abbildung 1: Wechselseitige Abhängigkeit der drei Hauptgütekriterien Objektivität, Reliabilität und Validität (Lienert 1969)

Die Reliabilität ihrerseits ist zwar eine wichtige Voraussetzung, nicht aber eine Garantie für ausreichende Validität. Ein Test kann zwar ein exaktes Messinstrument sein (hohe Reliabilität), ohne aber das Merkmal, das er erfassen möchte, tatsächlich zu erfassen (geringe Validität). Besitzt ein Test umgekehrt eine hohe Validität, so muss er notwendigerweise auch hohe Objektivität, innere Konsistenz und Zulänglichkeit besitzen.

Lienert (1969) weist noch darauf hin, dass ein Test mit einer ausreichenden Validität und einer geringen inneren Konsistenz eine hohe Zulänglichkeit besitzen muss. Ein solcher Test habe ausgezeichnete Verbesserungschancen, da man die Konsistenz testtechnisch im Allgemeinen leicht erhöhen könne, während man gegenüber einem Mangel an Zulänglichkeit im Grunde machtlos sei. Die Reliabilität lässt sich bei einem solchen Verfahren beispielsweise durch eine Testverlängerung oder durch eine Erhöhung der Objektivität (z. B., indem man genauere Auswertungsinstruktionen gibt) oder durch eine Veränderung der Aufgabenschwierigkeit (s. Kap. 6.3) verbessern. Ein Test mit geringer Reliabilität eignet sich bestenfalls zum Vergleich von Gruppen hinsichtlich des zu untersuchenden Merkmals, nicht hingegen für eine individuelle Differenzierung.

Ein Test, der zwar hinsichtlich seiner Durchführung, seiner Auswertung und seiner Interpretation Objektivität beanspruchen kann, aber nur geringe Reliabilität und geringe Validität aufweist, ist praktisch wertlos. Man muss in einem solchen Fall ein völlig neues Instrument konzipieren und das angezielte Persönlichkeitsmerkmal sowie seine Erfassbarkeit noch einmal kritisch reflektieren.

pro memoria 5.1.1–5.3

1. Hauptgütekriterien:
   1.1 Objektivität: Grad, in dem die Ergebnisse eines Tests unabhängig vom Untersucher sind (Durchführungs-, Auswertungs-, Interpretationsobjektivität).
   1.2 Reliabilität: Grad der formalen Exaktheit, mit dem ein Test ein bestimmtes Merkmal misst (Retest-Reliabilität, Paralleltest-Verfahren, Halbierungsmethoden, Bestimmung der Interitem-Konsistenz).
   1.3 Validität: Grad der inhaltlichen Genauigkeit, mit dem ein Test ein Merkmal, das er erfassen will, tatsächlich misst (Korrelation mit einem Kriterium, innere und äußere Validierung; Konstruktvalidierung).

2. Nebengütekriterien: Normierung, Zulänglichkeit, Vergleichbarkeit, Ökonomie, Nützlichkeit.
3. Beziehung zwischen den Gütekriterien: Objektivität Voraussetzung für Reliabilität und Validität. Reliabilität ist eine wichtige Voraussetzung, aber nicht Garantie für ausreichende Validität.

5.4 Kritik an der klassischen Testtheorie

Es wurden bisher die wichtigsten Methoden der so genannten klassischen Testtheorie dargestellt. Sie basiert auf einer spezifischen Messtheorie, und ihre axiomatischen Voraussetzungen können mit Dieterich (1987) in den beiden folgenden Konzepten zusammengefasst werden:

Das erste Konzept beinhaltet die Annahme, dass sich ein beobachteter Messwert aus einem »wahren Wert« und einem »Fehlerwert« zusammensetzt. Diesem Axiom entspricht eine Definition von Reliabilität als Quotient aus der Varianz der wahren Werte und der Varianz der beobachteten Werte (s. Gulliksen 1950; Lienert 1969). Die zweite Grundannahme der klassischen Testtheorie können wir mit Raatz (1968) als »Konzept einer äquivalenten Messung« bezeichnen. Aus diesem Konzept ergibt sich eine Definition der Reliabilität als Korrelation zweier Paralleltests (s. a. Kap. 5.1.2).

Gegen diese Grundannahmen der klassischen Testtheorie haben sich seit Ende der sechziger Jahre aber wiederholt kritische Stimmen erhoben. Dabei wird eine Reihe von Argumenten ins Feld geführt, die hier nur kurz zitiert werden können, ohne dass ich ausführlicher auf sie eingehe. Ich stütze mich bei meiner Darstellung vor allem auf die Ausführungen von Fischer (1968), Dieterich (1987) und Schuchmann (2000). Den Leserinnen und Lesern, die sich in die nichtklassische Testtheorie einarbeiten möchten, sei die Lektüre der »Psychologischen Testtheorie« von Fischer (1968) und Schuchmann (2000) empfohlen.

Ein erstes, kritisch gegen die klassische Testtheorie vorgebrachtes Argument weist auf Folgendes hin: Sowohl das Konzept des wahren Wertes und des Fehlerwertes als auch das Konzept der äquivalenten Messung setzten voraus, dass ein und dasselbe Merkmal wiederholt gemessen werden müsse, ohne dass Wiederholungseinflüsse die prinzipielle Vergleichbarkeit mehrerer Messungen des gleichen Objekts infrage stellten. Diese Voraussetzung sei allerdings in ihrer absoluten Form nicht realisierbar. Ferner sei auch eine andere Voraussetzung dieser Axiome nicht unbedingt gewährleistet, nämlich die Zufälligkeit der Fehlervarianz und die Unabhängigkeit der Fehlerwerte von den wahren Werten. Auch sei im Grunde nicht geklärt, was man unter »Äquivalenz« oder »Parallelität« verstehen könne. Es herrsche zumindest Unklarheit darüber, wie streng man hinsichtlich der geforderten Kriterien sein solle. Erste Lösungsversuche dieser Probleme unternahmen Cronbach et al. (1963). Auf diese Konzepte, die auf varianzanalytischen Verfahren aufbauen, kann allerdings hier nicht weiter eingegangen werden.

Eine weitere Schwierigkeit der klassischen Testtheorie liegt darin, dass häufig Unklarheiten über das in einem Test verwendete Skalenniveau besteht. Dieterich (1987) weist vor allem darauf hin, dass die klassische Testtheorie einerseits durch einen – nicht unbedingt gerechtfertigten – Induktionsschluss das Skalenniveau festlege. Andererseits sei aber die Umkehrung der Schlussfolgerung, nämlich die Annahme, Messergebnisse, die normal verteilt seien, müssten auch auf Intervallskalenniveau interpretierbar sein, noch weniger legitim. Zudem sei die Verteilungsform stets abhängig von der Schwierigkeit der Items und ihrer Aneinanderreihung.

Die erwähnte Tatsache, dass die Ergebnisse, die Probanden in einem Test erzielen können, nicht unabhängig von den Itemparametern sind (die Testscores sind niedriger, wenn die Itemschwierigkeiten hoch sind, und höher, wenn die Schwierigkeiten gering sind), hat zu einer ernst zu nehmenden Kritik an der klassischen Testtheorie geführt. Da man nicht von der Verteilungsform der Testergebnisse auf die Verteilungsform der Merkmale schließen könne, sei somit auch der Schluss nicht berechtigt, dass die Normalverteilung von Testergebnissen das Intervallskalenniveau des Tests garantiere. Aus diesem Grunde haben die Kritiker der klassischen Testtheorie sich bemüht, in ihren neuen theoretischen Ansätzen die Unabhängigkeit von Item- und Personparametern zu gewährleisten, wie es beispielsweise im Modell von Rasch geschehen ist (s. Fischer 1968). Ferner ist wiederholt auf den Nachteil hingewiesen worden, der daraus erwächst, dass alle Kennwerte des Tests von der jeweiligen Population abhängig sind. Mittelwert und Streuung hängen somit von der Auswahl der Eichstichprobe ab. Schließlich haben sich schwerwiegende Probleme für die klassische Testtheorie aus der Beobachtung ergeben, dass man häufig nicht die Validität eines Verfahrens insgesamt bestimmen kann, sondern dass erhebliche Unterschiede hinsichtlich der Validität zwischen verschiedenen Teilpopulationen bestehen (beispielsweise Unterschiede zwischen der Validität bei den verschiedenen sozioökonomischen Schichten, bei den beiden Geschlechtern, bei verschiedenen Altersgruppen, bei besser oder weniger Begabten).

Aus den hier nur kurz skizzierten kritischen Überlegungen an der klassischen Testtheorie heraus haben verschiedene Autoren versucht, neue Modelle zu entwerfen. Abgesehen von den »latent-trait-Modellen« von Lazarsfeld (1950, 1959) und dem »conjoint measurement« von Luce et al. (1964) und Tverski (1965), hat das in den sechziger Jahren entwickelte Modell von Rasch Beachtung gefunden. Es versucht vor allem den beiden Hauptschwierigkeiten der klassischen Testtheorie eine Alternative entgegenzustellen, indem es zum einen die Item- und Personparameter trennt und zum anderen die Unabhängigkeit der Testergebnisse von einer Vergleichspopulation zu garantieren sucht. Ich kann hier nicht ausführlicher auf die recht komplizierte Rasch'sche Methode eingehen und verweise auf die Originalarbeiten von Rasch (1960, 1966, 1967) sowie auf die ausführliche Diskussion seiner Theorie bei Fischer (1968, 1978).

Mit der Einführung des Rasch-Modells können allerdings keineswegs alle Probleme der Testtheorie als gelöst betrachtet werden. Dieterich (1973) weist beispielsweise auf die begriffliche Unklarheit im Zusammenhang mit der Frage hin, ob eine Variable im Rasch'schen Sinne noch eine Variable ist, die gemessen werden soll, und ob diese Variable eine Vorhersageleistung für konkrete, in der Zukunft stattfindende Ereignisse bringen kann (was ja ein zentrales Bestreben der testpsychologischen Praxis ist). Auch das Validitätsproblem bleibt insofern offen, als nichts über die Dimensionalität eines nach dem Rasch-Modell konstruierten Tests bekannt sei. Wir wüssten lediglich, dass Homogenität im Sinne der lokalen stochastischen Unabhängigkeit vorliege, könnten aber keine Aussagen über die Dimensionalität eines solchen Tests machen.

pro memoria 5.4

1. Kritik an der klassischen Testtheorie:
   1.1 an der Definition der Reliabilität als Quotient aus der Varianz der wahren Werte und der Varianz der beobachteten Werte,
   1.2 am Konzept einer äquivalenten Messung.
2. Postulat der Unabhängigkeit von Item- und Personenparametern und Versuch, die Unabhängigkeit der Testergebnisse von einer Vergleichspopulation zu gewährleisten.

6. Die Konstruktion eines psychologischen Tests

Die Prüfung eines Tests hinsichtlich der Haupt- und Nebengütekriterien stellt innerhalb der Entwicklung eines psychologischen Tests erst den letzten Schritt dar. Ich möchte im Folgenden die davor liegenden Schritte der Konstruktion eines Testverfahrens diskutieren. Es werden Fragen behandelt werden, die sich mit der Art der verwendeten Testaufgaben beschäftigen. Wir werden uns ferner mit der Testanweisung und dem Aufgabenbewertungsplan sowie mit Regeln für den sprachlichen Aufbau von Aufgaben zu beschäftigen haben und einige grundsätzliche Probleme der so genannten Aufgabenanalyse erörtern. Schließlich werde ich auch noch kurz auf die mit der Testeichung, insbesondere mit Fragen der Auswahl einer Eichstichprobe, zusammenhängenden Probleme eingehen. Im Rahmen meiner Ausführungen kann es dabei nur um einen Überblick gehen. Die an speziellen Problemen interessierten Leserinnen und Leser seien auf die einschlägige Literatur zu diesem Thema (Lienert 1969; Bühner 2004; Rost 2004) verwiesen.

Der Konstruktionsphase kommt insofern eine besondere Bedeutung zu, als sich in diesem Stadium bereits entscheidet, wie verlässlich die Resultate sind, die man mit dem betreffenden Verfahren später erhebt. Es bedarf sorgfältiger Überlegungen, wie die einzelnen Testelemente (die einzelnen Fragen, die Testaufgaben et cetera) formuliert werden, und diese einzelnen Testelemente müssen sodann einer genauen Analyse unterzogen werden. Zum Teil sind dazu recht komplizierte Verfahren und statistisch aufwändige Methoden entwickelt worden, die heute dank der modernen Computertechnik jedoch in der Regel ohne größere Schwierigkeiten zu meistern sind. Die Testbenutzer sollten sich aber in jedem Fall anhand entsprechender Angaben im Testmanual über diese Daten informieren, da erst dadurch abgeschätzt werden kann, wie verlässlich (formal und inhaltlich) das verwendete Verfahren ist.

6.1 Verschiedene Arten der Testbeantwortung

Man kann die psychodiagnostischen Verfahren nach der Art der Aufgabenbeantwortung in Tests mit freier und in solche mit gebundener Aufgabenbeantwortung differenzieren. Häufig werden in den allgemeinen und speziellen Leistungstests, bei denen »richtige« und »falsche« Lösungen möglich sind, gebundene Aufgabenbeantwortungen bevorzugt. Auch bei den Persönlichkeitsfragebögen sind vorgegebene Antwortmöglichkeiten üblich.

Anders hingegen ist es bei den projektiven Verfahren, bei denen überwiegend eine freie Aufgabenbeantwortung verwendet wird. Dem Probanden wird ein bestimmtes Reizmaterial vorgelegt, und er ist gehalten, in ihm aufsteigende Assoziationen verbal mitzuteilen oder zeichnerisch darzustellen (beispielsweise Geschichten zu den *TAT*-Bildern zu assoziieren, Deutungen zu Rorschach-Klecksen zu geben oder die im Wartegg-Zeichentest vorgegebenen Anfangszeichen in einer Zeichnung fortzuführen). Im Folgenden sollen die verschiedenen Arten der Aufgabenbeantwortung diskutiert werden.

Von einer *gebundenen Aufgabenbeantwortung* sprechen wir nach Lienert (1969) dann, wenn dem Probanden mehrere Möglichkeiten, die ihrerseits festgelegt sind, für die Beantwortung vorgeschlagen werden. Er ist an diese »gebunden«. Im Gegensatz dazu hat er bei einer freien Aufgabenbeantwortung die Möglichkeit, Form und Inhalt der Antwort nach Ermessen zu wählen.

Die gebundene Aufgabenbeantwortung wird in vielen Persönlichkeitsfragebögen und klinischen Skalen, aber auch bei allgemeinen und speziellen Leistungstests, mit Aufgaben vom Typ der *Richtig-Falsch-Antwort* verwendet. Der Proband hat zu entscheiden, ob er eine vorgegebene Feststellung als richtig oder falsch empfindet. Die Aufgabe selbst kann in Form einer *Frage* oder einer *Feststellung* gegeben werden.

Eine vielfach verwendete Art der gebundenen Aufgabenbeantwortung ist ferner die so genannte *Multiple-Choice-Aufgabe* (Mehrfach-Wahl-Aufgabe). Der Proband kann hier unter zur Wahl gestellten Antwortmöglichkeiten diejenigen aussuchen, die er für richtig, für zutreffend oder annehmbar hält. Auch hier können die Aufgaben in Frage- oder Feststellungsform gegeben werden. Sie enthalten meist nur eine einzige »richtige« Antwort. Sind mehrere Antworten möglich, so spricht man von *Mehrfach-Antwort-Aufgaben*.

Bei manchen Persönlichkeitsfragebögen wird nicht nur gefragt, ob ein bestimmtes Persönlichkeitsmerkmal vorliegt oder nicht, sondern es interessiert auch die Ausprägung dieses Merkmals. Die entsprechenden Feststellungen werden in Form so genannter *Stufen-Antwort-Aufgaben* gestellt. Als Beispiel diene ein Item aus dem *Gießen-Test*:

Ich habe den Eindruck,
ich bin eher ungeduldig 3 2 1 0 1 2 3 eher geduldig

Eine speziell bei Prüfungen des Wissensstandes gebräuchliche Aufgabenform ist die so genannte *Zuordnungs-Aufgabe*. Hier müssen die beiden Ele-

---

Tabelle 1: Beispiel aus einem Test über Kenntnisse aus der Literaturgeschichte, zitiert bei Lienert (1969)

Wer hat was geschrieben?		Antwortbogen
1. Die Räuber	a) Goethe	1. a b c d e
2. Der grüne Heinrich	b) Schiller	2. a b c d e
3. Schulmeisterlein Wuz	c) Freytag	3. a b c d e
4. Werthers Leiden	d) Keller	4. a b c d e
5. Soll und Haben	e) Jean Paul	5. a b c d e

---

mente einer Aufgabe – das Problem und die Lösung, die Frage und die Antwort – zusammengefügt, einander »zugeordnet« werden (Tab. 1).

In begrenztem Umfang finden schließlich auch so genannte *Umordnungs-Aufgaben* bei psychodiagnostischen Verfahren Verwendung. Bei solchen Aufgaben wird der Proband aufgefordert, Buchstaben, Worte oder Figuren entsprechend einer ursprünglichen Ordnung umzustellen. Ein bekanntes Beispiel einer solchen Umordnungs-Aufgabe ist der *HAWIE*-Untertest »Bilderordnen«, bei dem dem Probanden eine Bildfolge in falscher Reihenfolge vorgelegt wird und er diese Bilder zu einer sinnvollen Folge umordnen soll.

Die gebundene Aufgabenbeantwortung bietet gegenüber der freien Aufgabenbeantwortung zweifellos den Vorteil einer wesentlich größeren Objektivität bei der Auswertung solcher Tests. Es ist bei einem Verfahren, das nach dieser Art konstruiert worden ist, eindeutig, was als »richtige« oder »falsche« Antwort gewertet wird, oder was der Proband für seine Persönlichkeit als zutreffend oder nichtzutreffend empfindet. Die Übereinstimmung zwischen verschiedenen Auswertern wird vollkommen sein. Der Diagnostiker muss dabei allerdings in Kauf nehmen, dass individuelle Stellungnahmen oder selten auftretende Merkmale mit einem nach diesen Kriterien konzipierten Verfahren nicht erfasst werden können. Häufig aber sind gerade die statistisch selten auftretenden Merkmale oder ungewöhnliche Antworten diagnostisch von großer Bedeutung.

Es ist dies ein Argument, das zum Beispiel gegen die Verwendung einer Multiple-Choice-Variante des *Rosenzweig-Picture-Frustration-Tests* angeführt wurde. In einer solchen Multiple-Choice-Form könnten nur die üblichsten Antworten vorgegeben werden, während die diagnostisch zumindest ebenso wichtigen ungewöhnlichen Antworten nicht berücksichtigt wären. Auch beim *Rorschach'schen Formdeuteversuch* sind solche Multiple-

Choice-Varianten diskutiert worden, ohne dass sich aber eine solche Form – aus verständlichen Gründen – hätte durchsetzen können. Die Verwendung einer gebundenen Aufgabenbeantwortung ist, wie die wenigen zitierten Beispiele zeigen mögen, vor allem indiziert im Bereich der Intelligenz- und Leistungstests sowie bei einer Reihe von Persönlichkeits- und Interessenfragebögen. Bei den meisten der projektiven Verfahren hingegen sind wir auf eine freie Aufgabenbeantwortung angewiesen.

Die *freie Aufgabenbeantwortung* ist dadurch gekennzeichnet, dass der Proband nach freiem Ermessen die gestellte Aufgabe verbal oder nichtverbal beantworten soll. Innerhalb dieser Beantwortungsart können zwei Typen unterschieden werden: Die Ergänzungs-Aufgabe, auch Schlüsselwortergänzungs-Aufgabe genannt, und der Kurzaufsatz.

Aufgaben vom Typ der *Ergänzungs-Aufgabe* finden sich in vielen Intelligenz-Verfahren, etwa zur Erfassung des Wissensumfangs (beispielsweise im Untertest »Allgemeines Wissen« im *HAWIE*). Aber auch die Aufgabe, das an einer Zeichnung Fehlende zu nennen (wie im Untertest »Bilderergänzen« aus dem *HAWIE*), oder die Einfügung des zu einer Zahl gehörigen Symbols (beim Zahlensymbol-Test aus dem *HAWIE*) gehört zum Typ der Ergänzungs-Aufgabe. Sie stellt die einzige Form der freien Aufgabenbeantwortung dar, die in streng standardisierten Tests möglich ist, ohne dass die Objektivität oder Reliabilität eines solchen Verfahrens dadurch beeinträchtigt würde.

Wesentlich schwieriger hingegen ist die Kontrolle der Objektivität und Reliabilität bei der zweiten Art der freien Aufgabenbeantwortung, dem so genannten *Kurzaufsatz*: Aufgaben dieses Typs werden in den gebräuchlichen Intelligenz- und Leistungsverfahren in der Regel kaum verwendet. Bei den projektiven Tests, insbesondere bei den *thematischen Apperzeptions-*, den *Formdeute-* und den *verbalen Ergänzungsverfahren*, hingegen ist die freie Beantwortung weit verbreitet. Das Problem bei dieser Art von Beantwortung liegt darin, die Objektivität der Auswertung bei den erhobenen Befunden zu garantieren. Diesen Schwierigkeiten versuchte man durch Signierungssysteme zu begegnen, mit deren Hilfe die Äußerungen des Probanden verschlüsselt werden (beispielsweise *Rorschach-Verfahren, Rosenzweig-Picture-Frustration-Test, TAT*).

Bei der Verwendung eines solchen Signierungssystems nimmt man allerdings einen Informationsverlust in Kauf, der die Erhöhung der Objektivität letztlich nicht aufwiegt. Aus diesem Grund haben sich die verschiedenen zum *TAT* konzipierten Signierungssysteme in der Praxis nicht durchsetzen können.

pro memoria 6.1

1. Gebundene Testbeantwortung (Vorteil: größere Objektivität):
    1.1 Multiple-Choice-Aufgabe,
    1.2 Stufen-Antwort-Aufgabe,
    1.3 Zuordnungs-Aufgabe,
    1.4 Umordnungs-Aufgabe.
2. Freie Testbeantwortung:
    2.1 Ergänzungs-Aufgabe,
    2.2 Kurzaufsatz.

6.2 Die Testinstruktion und Probleme der sprachlichen Formulierung der Testaufgaben

Bei der Konstruktion eines psychologischen Tests kommt der Ausarbeitung der Testinstruktion eine große Bedeutung zu. Von der Verständlichkeit dieser Anweisungen wird es später abhängen, ob die Testaufgaben tatsächlich im Sinne des Untersuchers verstanden und bearbeitet werden. Mit Lienert (1969) können wir drei Arten von Testanweisungen unterscheiden: Die generelle, die spezielle und die separate Testanweisung.

In der *generellen Testanweisung* werden dem Probanden vor Beginn der Testdurchführung Informationen über den Test beziehungsweise über die Beantwortung der Aufgaben gegeben. Möglichst sollten in dieser Anweisung auch Übungsbeispiele enthalten sein, durch deren Lösung der Proband zeigen kann, dass er die Instruktion verstanden hat und sie zu befolgen vermag.

Von dieser generellen ist die *spezielle Testanweisung* zu unterscheiden. Sie wird dann gegeben, wenn sich ein Test aus mehreren Gruppen (Untertests) mit in sich homogenen Aufgaben zusammensetzt. Es bestehen zwei Möglichkeiten der Anweisungsvorgabe:

1) Die Anweisung für die verschiedenen Testteile kann ausschließlich schriftlich erfolgen. Entweder wird das Lesen der Instruktion in die Gesamttestzeit einbezogen, wobei hier die Auffassungsschnelligkeit hinsichtlich der Anweisung in den Gesamtpunktwert mit eingeht, oder der Proband erhält eine Extrazeit zum Lesen der Instruktion und geht erst auf ein besonderes Zeichen hin zur Bearbeitung des nächsten Untertests weiter.

2) Eine andere Möglichkeit von Spezialanweisung (die z. B. im *Intelligenz-*

Struktur-Test von Amthauer verwendet wird) besteht darin, die Instruktion schriftlich zu geben und durch nachfolgende Beispiele zu erläutern. Die Zeit, die zum Verständnis der Instruktion und zur Bearbeitung der Beispiele benötigt wird, ist frei und geht nicht mit in die Gesamtbewertung ein.

Relativ selten wird die *separate Testanweisung* verwendet. Das Wesen dieser Instruktion ist, dass zu jeder einzelnen Aufgabe eine separate Anweisung gegeben werden muss, wie es zum Beispiel bei den Kleinkinder- und Entwicklungstests geschieht. Es sind in der Regel Verfahren, die sich durch eine große Heterogenität der Aufgabeninhalte auszeichnen. Auch die Formulierung dieser separaten Testanweisung muss möglichst streng standardisiert werden.

Halten wir uns das, was oben (s. Kap. 2.1) über die Bedeutung der Sprache in der Psychodiagnostik ausgeführt wurde, vor Augen, so ist einleuchtend, dass die Wahl und insbesondere die Formulierung der Instruktion und der Übungsbeispiele sehr bedeutungsvoll ist. Hinsichtlich der Übungsbeispiele ist es wichtig, dass zum Beispiel bei einem Intelligenz-Verfahren auch die schwächsten Probanden nicht entmutigt werden. Die Aufgaben müssen ferner eindeutig sein und dürfen keine Zweifel am Lösungsweg bestehen lassen.

Wie aus einer Fülle von Untersuchungen, insbesondere aus sozialpsychologischen Interviews, bekannt ist, kommt der sprachlichen Formulierung der Testaufgaben eine große Bedeutung zu. Es ist wiederholt darauf hingewiesen worden, dass Begriffe, die mehrere Bedeutungen haben oder nur einem kleinen Teil der Probanden bekannt sein dürften, vermieden werden sollen. Ferner sollten Aufgaben nicht inhaltlich überladen werden, und es sollte ihnen nur *ein* sachlicher Gedanke zugrunde liegen. Ferner sollten möglichst nur positive Anweisungen, Aussagen und Fragen verwendet werden, insbesondere keine doppelten Negationen (wie sie sich zum Teil noch bei Tests finden, die aus dem Amerikanischen übersetzt worden sind). Schwierig kann es manchmal auch sein, die richtige Länge einer Instruktion abzuschätzen. Wir kennen einerseits Verfahren, die außerordentlich lange Instruktionen haben (beispielsweise der *Aufmerksamkeits-Belastungs-Test* d2). Andererseits sollten die Instruktionen aber auch nicht derart kurz sein, dass sie vieldeutig sind und zu Missverständnissen Anlass geben. Immer sollte man bei der Ausarbeitung einer Instruktion auch darauf bedacht sein, die Testzeit nicht unnötig zu verlängern.

Bei der Konstruktion eines psychologischen Tests hat es sich als fruchtbar erwiesen, die konzipierten Aufgaben zunächst im Rahmen einer Pilotstudie

Probanden vorzulegen und sie bei der Bearbeitung zu beobachten, eventuell auch direkt zu befragen, wie sie die Aufgaben verstanden und die gesamte Untersuchung empfunden haben. Häufig erhält man durch solche Voruntersuchungen und Befragungen sehr viel Informationen für eine sinnvolle Überarbeitung der Testaufgaben. Ich werde im Kapitel über die Interviewtechniken (10.4) noch einmal auf Fragen der Formulierung von Testaufgaben eingehen.

pro memoria 6.2

1. Testinstruktion:
   1.1 generelle,
   1.2 spezielle,
   1.3 separate.
2. Bedeutung der sprachlichen Formulierung der Testaufgaben und der Instruktionen.

6.3 Die Aufgabenanalyse

Hat man eine Reihe von Items zusammengestellt, von denen man glaubt, dass sie zur Erfassung eines bestimmten Persönlichkeitsmerkmals geeignet sind, so bedarf es anschließend einer sorgfältigen Analyse dieser Aufgaben *(Item-Analyse)*. Die Item-Analyse besteht aus der Berechnung verschiedener statistischer Kennwerte, die Auskunft über den Grad der Eignung geben und zeigen sollen, welche Testelemente als nicht geeignet ausgeschieden oder verbessert werden müssen. Es geht in diesem Stadium der Testkonstruktion also um die *Item-Selektion*. Die dabei verwendeten Methoden sind mannigfaltig. Am häufigsten werden (abgesehen von der Objektivität und Validität) der Schwierigkeitsindex, der Trennschärfenkoeffizient sowie die Item-Interkorrelation bestimmt. Ich kann im Folgenden nicht ausführlich diese, zum Teil rechnerisch recht komplizierten Methoden besprechen. Es sollen nur kurz die wichtigsten Begriffe der Aufgabenanalyse behandelt werden. Detailliertere Abhandlungen finden sich vor allem bei Lienert (1969) und Dieterich (1973).

Einer der am häufigsten verwendeten Kennwerte ist der so genannte *Schwierigkeitsindex*. Unter der Schwierigkeit einer Aufgabe versteht man den relativen Anteil der Probanden der Analysenstichprobe, die das Item im Sinne des zu messenden Merkmals beantworten. Bei Leistungstests heißt das: Wie viel Prozent der Probanden geben eine richtige Lösung der Aufgabe? Bei Persönlichkeitsfragebögen und klinischen Skalen, bei denen eigentlich weder richtige noch falsche Antworten vorkommen, wohl aber zustimmende oder ablehnende, zählt als »richtige« Antwort diejenige, die den angezielten Merkmalsbereich anspricht. Schwierige Aufgaben, die einen niedrigen Schwierigkeitsindex erreichen, sind also solche, die nur relativ wenige Probanden lösen können beziehungsweise (bei Persönlichkeitsfragebögen) nicht in der Richtung auf den angezielten Merkmalsbereich hin beantworten. Leichte Aufgaben hingegen, die von vielen Probanden »gelöst« werden, erhalten einen zahlenmäßig hohen Index.

Es ist in der Literatur wiederholt diskutiert worden, wie hoch der Schwierigkeitsindex einer Aufgabe optimal sein sollte. Die Antwort darauf hängt jeweils von der Art des zu prüfenden Tests ab. Reine Schnelligkeitstests (wie der *Pauli-Test* oder der *Aufmerksamkeits-Belastungs-Test*) bestehen in der Regel aus sehr leichten Aufgaben, die untereinander etwa gleiche Schwierigkeit aufweisen sollten. Bei reinen Niveau-Tests ohne Zeitbeschränkung (beispielsweise beim *Progressiven Matrizentest* von Raven) sollten die Schwierigkeitsindizes über einen möglichst weiten Bereich streuen. Die Aufgaben sollten nach zunehmender Schwierigkeit angeordnet sein (Raven spricht deshalb von einem »progressiven«, das heißt zunehmend schwieriger werdenden *Matrizentest*). Die meisten Testverfahren sind jedoch weder reine Niveau- noch reine Schnelligkeitstests. Bei solchen kombinierten Verfahren hat es sich als sinnvoll erwiesen, wenn die Schwierigkeitsindizes etwa alle gleich (mittelhoch) sind, am besten um einen Wert von etwa 0,5 schwanken.

Als *Trennschärfe* können wir die Korrelation eines Items mit dem Gesamttestwert definieren. Ein hoher Trennschärfenindex besagt demnach, dass die entsprechende Aufgabe deutlich zwischen Probanden differenziert, die ein bestimmtes Item in der einen oder in der anderen Richtung beantworten. Ein Trennschärfenindex um 0 hingegen bringt zum Ausdruck, dass dieses Item zur diagnostischen Differenzierung nichts beiträgt. Während wir beim Schwierigkeitsindex nur formal fragen, wie viel Prozent der Probanden eine Aufgabe lösen, geht es beim Trennschärfenindex um den *inhaltlichen* Aspekt der Differenzierung. Aus dem Gesagten ergibt sich, dass die Trennschärfenindizes bei den Items, die man zu einem Test zusammenfasst, möglichst hoch sein sollen. Lienert (1969) informiert ausführlich über die verschiedenen Selektionstechniken, bei denen zum Teil

Schwierigkeit und Trennschärfe simultan als Auswahlkriterium verwendet werden.

Eine dritte häufig verwendete Methode der Aufgabenanalyse ist die *Item-Interkorrelation*. Durch eine solche Interkorrelation der Items eines Untertests oder einer Persönlichkeitsfragebogenskala erhält der Untersucher Informationen über den Grad der *Homo- oder Heterogenität*. Mithilfe einer faktorenanalytischen oder clusteranalytischen Verrechnung der Daten kann in einem weiteren Schritt, falls gewünscht, versucht werden, verschiedene, voneinander unabhängige Dimensionen herauszuarbeiten. Auf diese Weise kann dann zum Beispiel aus einem großen Itempool ein Persönlichkeitsfragebogen konstruiert werden, mit dem verschiedene, voneinander mehr oder weniger unabhängige Persönlichkeitsdimensionen erfasst werden (wie es beispielsweise beim *Freiburger Persönlichkeitsinventar* geschehen ist).

pro memoria 6.3

1. Schwierigkeitsindex: relativer Anteil der Probanden, die das Item im Sinne des zu messenden Merkmals beantworten (formaler Aspekt).
2. Trennschärfenindex: Korrelation eines Items mit dem Gesamttestwert (inhaltlicher Aspekt).
3. Item-Interkorrelation: zur Überprüfung der Homogenität des Tests.

6.4 Die Testeichung

Nachdem die einzelnen Testaufgaben hinsichtlich Schwierigkeit, Trennschärfe, Item-Interkorrelation und anderen Parametern geprüft worden sind und man aufgrund von Voruntersuchungen auch Informationen über die Objektivität, Reliabilität und Validität sowie über die in Kapitel 5.2 besprochenen Nebengütekriterien erhalten hat, steht man vor der schwierigen Aufgabe der Testeichung. Es geht in diesem Stadium der Testkonstruktion darum, dem Benutzer Richtwerte, *Normen*, an die Hand zu geben, zu denen er die bei einem Probanden erhobenen Befunde in Relation setzen und dadurch interpretieren kann. Das Vergleichskollektiv, das der Testeichung zugrunde gelegt wird, sollte eine hinsichtlich verschiedener Parameter *repräsentative Stichprobe* sein. Wir stehen damit vor den beiden zentralen Fragen einer jeden Testeichung:

1. Hinsichtlich welcher Parameter muss unsere Eichstichprobe Repräsentativität aufweisen?
2. Wie kann man bei einem relativ kleinen Stichprobenumfang eine gute Repräsentativität hinsichtlich dieser Kriterien erreichen?

Bei einem relativ engen Geltungsbereich eines zu konstruierenden Tests ist die Frage der Repräsentativität in der Regel nicht allzu schwierig zu beantworten. Wenn wir beispielsweise die Belastbarkeit (wie sie mit dem *Aufmerksamkeits-Belastungs-Test* von Brickenkamp erfasst wird) bei zehnjährigen Kindern prüfen wollen, ist selbstverständlich, dass wir in unsere Eichstichprobe ausschließlich Zehnjährige aufnehmen. Wir werden ferner darauf achten, dass sich unsere Eichstichprobe zu gleichen Teilen aus Mädchen und Knaben zusammensetzt und (falls wir Unterschiede in der Belastungsfähigkeit zwischen städtischer und ländlicher Bevölkerung vermuten können) auch Kinder aus städtischem und ländlichem Milieu in unserer Eichstichprobe vertreten sind.

Ungleich schwieriger hingegen ist beispielsweise die Konstruktion eines allgemeinen Intelligenztests, der bei der gesamten Erwachsenenbevölkerung eingesetzt werden kann. Wir müssen in einem solchen Fall nicht nur eine bestimmte Altersgruppe, sondern die verschiedenen Altersstufen berücksichtigen, müssen wiederum darauf achten, dass beide Geschlechter in unserer Stichprobe vertreten sind, müssen Probandinnen und Probanden aus verschiedenen sozialen Schichten und Berufsgruppen aufnehmen und sollten schließlich auch berücksichtigen, dass Probanden aus städtischem und ländlichem Milieu vertreten sind. Dieses fingierte Beispiel zeigt bereits, dass eine Repräsentativität umso schwieriger erreicht werden kann, je weiter der Geltungsbereich eines Tests sein soll. Wir stehen damit vor der zweiten der oben gestellten Fragen, nämlich, wie man bei einem relativ kleinen Stichprobenumfang gute Repräsentativität erreichen kann.

Es muss vorausgeschickt werden, dass nicht nur die große Zahl von erfassten Probanden die Güte einer Eichstichprobe ausmacht. Wie ausgeführt, ist zumindest ebenso wichtig, eine hinsichtlich verschiedener Parameter repräsentative Stichprobe zu erheben. Es sind – vor allem im Rahmen von Untersuchungen zur Erforschung der öffentlichen Meinung – zwei Methoden entwickelt worden: die Erhebung einer Gebietsstichprobe und die Erfassung einer Quotenstichprobe.

Eine *Gebietsstichprobe* wird in der Weise organisiert, dass man ein Land oder einen bestimmten Bezirk in Bereiche aufteilt, von denen jeder einem Mitarbeiter des Eichungsstabs übergeben wird. Jeder Mitarbeiter erhält genaue Anweisungen und einen entsprechenden Schlüssel, nach dem er bestimmte Personen einer bestimmten Ortschaft oder eines bestimmten Landesteiles aufzusuchen und zu testen hat. Eine solche Gebietsstichprobe ist erfahrungsgemäß sehr verlässlich, sie ist jedoch auch mit erheblichem Mehraufwand verbunden, verglichen mit der Erstellung von Quotenstichproben. Aus diesem Grund wird eine reine Gebietsstichprobe bei der Eichung von Tests nur relativ selten verwendet.

Bei der Erhebung einer *Quotenstichprobe* wird zunächst das Populationsverhältnis der für den Test relevanten Parameter (Alter, Geschlecht, sozioökonomischer Status et cetera) ermittelt und der Plan für die Zusammensetzung der Eichstichprobe dementsprechend konzipiert. Jedem Mitarbeiter des Eichstichprobenteams wird eine bestimmte Region zugeteilt, und er wählt, dem aufgestellten Schlüssel entsprechend, willkürlich Probanden aus, die er testet. Häufig wird diese Methode der Quotenstichprobe modifiziert: Man untersucht zunächst alle erreichbaren Probanden, sammelt die Testresultate und gruppiert erst später nach verschiedenen Quotengesichtspunkten. In diesem Fall spricht man von einer *sekundären Quotenstichprobe.*

Die wichtigsten Auswahlkriterien sind für Erwachsene im Allgemeinen das Alter, das Geschlecht, die Schulbildung, der berufliche Status, die Wohngegend (Stadt- oder Landbevölkerung) und die Einkommensklasse. Bei Kindern und Jugendlichen, die zumeist im Rahmen von Schulen erfasst werden können, spielen in erster Linie Alter und Geschlecht, ferner der Schultyp und schließlich die Wohngegend, eventuell auch die Berufe der Eltern eine wichtige Rolle.

Es ist indes in der Regel sehr schwierig, eine wirklich für die Gesamtbevölkerung repräsentative Stichprobe zu erhalten, da gewöhnlich bestimmte Personengruppen schwerer als andere zu erfassen sind. Hinzu kommt, dass es auch außerordentlich schwer fällt, ein wirklich für die Gesamtbevölkerung repräsentatives und für eine Testeichung relevantes Bevölkerungsmodell zu finden. Die in den staatlichen statistischen Jahrbüchern aufgeführten Zahlen der Bewohner in den verschiedenen Gemeinden können wir beispielsweise nicht ohne weiteres für die Prüfung der Frage verwenden, ob eine bestimmte Stichprobe hinsichtlich ihrer Verteilung auf ländliches, klein- und großstädtisches Milieu der Gesamtbevölkerung entspricht. Denken wir an die vielen Randgemeinden in der Nähe der Großstädte, so wird deutlich, dass allein die Einwohnerzahl nicht unbedingt etwas über die soziologische Struktur der Gemeinde aussagt.

Bei der Verwendung von Tests im klinischen Bereich steht nicht immer die Frage im Vordergrund, ob ein Klient von der wie auch immer definier-

ten »Norm« abweicht. Mitunter wissen wir bereits aufgrund von Vorge-
schichte, Exploration und anderen Untersuchungen, dass intellektuelle
oder emotionale Störungen vorliegen. Von Interesse ist dann nicht, nochmals mithilfe von Tests festzustellen, *dass* jemand im Hinblick auf bestimmte Persönlichkeitsdimensionen Auffälligkeiten aufweist. Diagnostisch relevant ist vielmehr festzustellen, *welcher Art* diese Störungen sind. Um diese
Frage beantworten zu können, benötigen wir indes keine an der Durchschnittsbevölkerung gewonnenen Normen, sondern Vergleichswerte von
verschiedenen klinischen Gruppen (beispielsweise Referenzwerte von Depressiven, geistig Behinderten, Schizophrenen, Neurosekranken). Einige –
allerdings eher wenige – Verfahren liefern solche klinischen Normen und
bieten damit Möglichkeiten zu besonders differenzierten Aussagen. Als Beispiele seien unter den Fähigkeitstests die *Testbatterie für geistig behinderte
Kinder* (s. Kap. 8.1.2.7), unter den Persönlichkeitsfragebögen das *Freiburger
Persönlichkeitsinventar* (s. Kap. 9.1.2) genannt.

Im Rahmen meiner Ausführungen kann ich nicht ausführlich auf die
verschiedenen Möglichkeiten der *Normenerstellung* eingehen. Je nach Skalenniveau der betreffenden Daten können Quartilnormen, Transformationen der Rohwerte in eine z-Skala, Überführungen der Rohwerte in T- oder
in Stanine-Normen vorgenommen werden. Das Ziel solcher Transformationen ist, den Mittelwert und die Streuung einer Normalverteilung zu ver-
ändern, ohne dass sich die relative Position eines Probanden in der Verteilung ändert. In Abbildung 2 sind Zusammenhänge zwischen verschiedenen
Normenskalen und der Gauß'schen Normalverteilung grafisch dargestellt.

Die Transformation normalverteilter Skalen kann durch Einführung einer multiplikativen oder additiven Konstante erfolgen. Nichtnormalverteil-
te Rohwertverteilungen müssen, bevor sie in Standardwerte transformiert
werden können, durch Manipulation der Maßzahlklassenbreiten normali-
siert werden. Über die Methoden solcher Transformationen unterrichten
Lienert (1969) und Dieterich (1973).

Bei der Transformierung der Roh- in Normwerte sollte allerdings stets
beachtet werden, dass die Differenziertheit der Normenskala der Differenziertheit des zu erfassenden Persönlichkeitsmerkmals entsprechen sollte. Es
ist nicht sinnvoll, ein relativ grobes Merkmal anhand einer sehr differenzierten Normenskala zu messen. Bei vielen Persönlichkeitstests sind zum Beispiel die T-Normen eine allzu differenzierte Skala. Gut bewährt haben sich
seit etlichen Jahren die Stanine-Normen. »Stanine« ist eine Kombination
aus den Worten »standard« und »nine«, das heißt, es ist eine Standardwert-
Skala mit Werten zwischen 1 und 9 (s. Abb. 2). Der Durchschnittsbereich

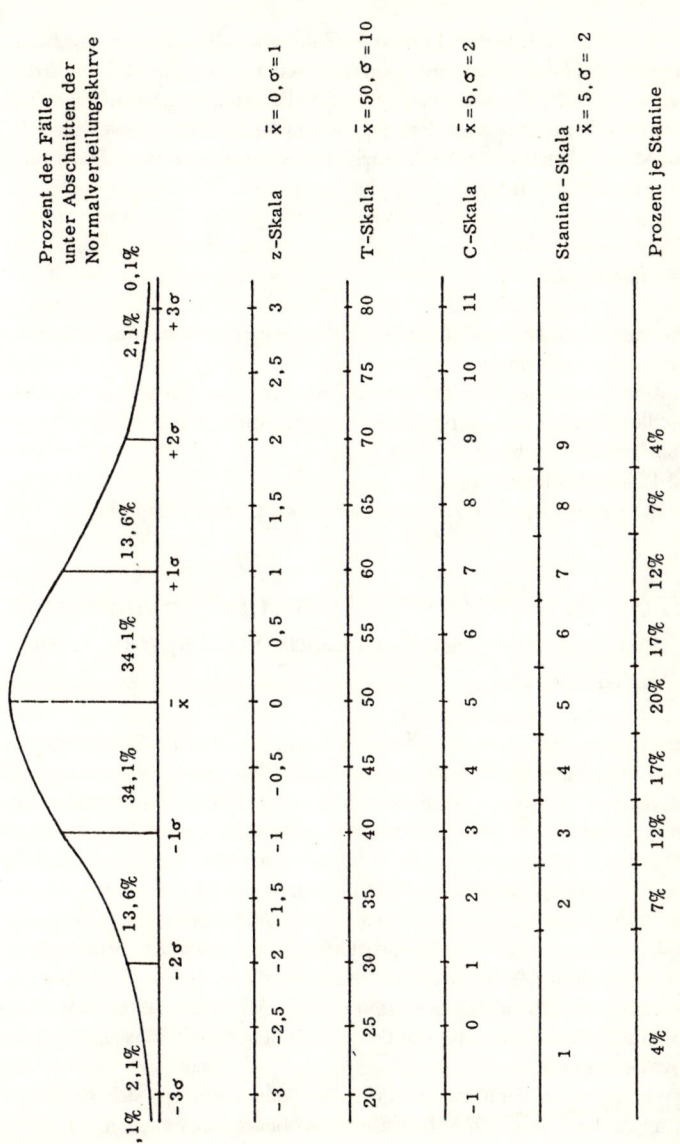

Abbildung 2: Zusammenhang zwischen verschiedenen Normenskalen und der Gauß'schen Normalverteilung

liegt zwischen den Werten 4 und 6. Wie aus der Abbildung hervorgeht, liegen unter der Normalverteilungskurve zwischen diesen Punkten 54 Prozent aller Fälle. Solche Stanine-Normen sind bei Persönlichkeitsfragebögen (beispielsweise beim *Freiburger Persönlichkeitsinventar*), aber auch vereinzelt bei projektiven Verfahren (zum Beispiel beim *Rosenzweig-Picture-Frustration-Test*) entwickelt worden.

pro memoria 6.4

1. Normen: Vergleichswerte, zu denen die bei einem Probanden erhobenen Befunde in Beziehung gesetzt werden.
2. Probleme der Repräsentativität der Eichstichprobe (Kriterien: Alter, Geschlecht, Schulbildung, beruflicher Status, Wohngegend usw.).
3. Stichprobenerhebung:
   3.1 Gebietsstichprobe,
   3.2 Quotenstichprobe (eventuell sekundäre Quotenstichprobe).

7. Zum Konzept der Projektion. Überlegungen zu den theoretischen Grundlagen der »projektiven Verfahren«

Neben der großen Zahl von allgemeinen und speziellen Leistungstests haben – zumindest im Bereich der klinischen Psychologie – vor allem die »projektiven Verfahren« weite Verbreitung gefunden. Zu Tests dieser Art gehören, neben dem *Rorschach'schen Formdeuteverfahren* und den verschiedenen Arten der Thematischen Apperzeptionstests (Murray 1935), auch der *Rosenzweig-Picture-Frustration-Test* und andere *verbale Ergänzungsverfahren* (beispielsweise auch der *Düss-Fabel-Test*). Alle diese Untersuchungsmethoden werden unter dem Stichwort »projektive Tests« zusammengefasst. Es erscheint mir deshalb wichtig, sich auf die theoretischen Grundlagen zu besinnen und sich zu fragen, worin der »projektive« Charakter dieser Tests besteht. Es stellt sich damit die Frage nach dem Projektionsbegriff in der Psychodiagnostik.

Wir stoßen dabei auf das merkwürdige Phänomen, dass sich die projektiven Verfahren zwar von Anfang an größter Beliebtheit erfreuten und in der klinischen Diagnostik weite Verbreitung fanden, das heißt auch eine Fülle von empirischem Material über sie vorliegt, das ihnen zugrunde liegende Konzept der Projektion aber häufig von den Testautoren nicht kritisch diskutiert wurde. Man setzte große Erwartungen in diese Verfahren, da man hoffte, mit ihrer Hilfe mehr als sonst über die intrapsychische Welt eines Individuums zu erfahren und vor allem Einblick in die innerseelische Dynamik des Untersuchten zu gewinnen. Während mit den früher bekannten Tests lediglich relativ eng umschriebene Persönlichkeitsbereiche (vornehmlich die intellektuellen Fähigkeiten) erfasst werden konnten, sah man nun die Möglichkeit, mithilfe der projektiven Verfahren ein *Gesamtbild der Persönlichkeit* zu entwerfen. Der Psychodiagnostiker wollte nicht mehr nur einzelne Elemente des Seelenlebens analysieren, sondern die Persönlichkeit in ihrer Ganzheit, mit ihren bewussten und unbewussten Wünschen, Vorstellungen, Motiven und Ängsten, mit ihrer innerseelischen Dynamik erfassen.

Schon ein grober Überblick über die Literatur zum Projektionsbegriff in der Psychodiagnostik lässt eine geradezu verwirrende Fülle von Definitionen und Auffassungen sichtbar werden. Die theoretischen Positionen weichen dabei in einem solchen Ausmaß voneinander ab, dass eigentlich die weitere Verwendung des Begriffs »projektive Verfahren« erstaunlich ist. Ironisch kommentieren Murstein et al. (1969) denn auch in ihrem Sammelreferat diesen Sachverhalt mit den Worten: Dieser Begriff habe mehr Interpretationen erfahren als das Lächeln der Mona Lisa. Es kann im Folgenden nicht darum gehen, eine verbindliche Theorie der projektiven Tests darzulegen. Vielmehr sollen lediglich einige der Hauptprobleme aufgezeigt werden, die sich aus den verschiedenen Projektionskonzepten ergeben, und es soll versucht werden, aus diesen Überlegungen einige Schlussfolgerungen für die projektiven Verfahren zu ziehen.

Dass der Projektionsbegriff in der Psychodiagnostik eine derartige Vielfalt aufweist, ist umso erstaunlicher, als sich dieses psychologische Konstrukt von einer recht präzis formulierten Aussage Freuds herleitet, dem so genannten »*klassischen Projektionsbegriff*«. Dieser Begriff beinhaltet, dass eine Eigenschaft, die das Ich bedroht, nicht in der eigenen Person gesehen wird, sondern einem Objekt der Außenwelt zugeschrieben wird. Freud erwähnt diesen Mechanismus vor allem im Zusammenhang mit der Paranoia (1911).

Ferner beschreibt er auch die phobische Konstruktion als eine echte »Projektion« der Triebgefahr ins Reale: »Das Ich benimmt sich so, als ob ihm die Gefahr der Angstentwicklung nicht von einer Triebregung, sondern von einer Wahrnehmung her drohte, und darf darum gegen diese äußere Gefahr mit den Fluchtversuchen der phobischen Vermeidung reagieren« (Freud 1915). Nach Nunberg (1971) kommt die Projektion »auf dem Wege von Verschiebungen zustande«, und zwar in Gestalt einer Verschiebung des Ich auf das Objekt. Eine Reihe von Autoren (z. B. Jelgersma 1926; Healy et al. 1930; Kaufman 1934; Noyes 1934; Warren 1934; Hoffmann 1935; Knight 1940; Schaffer 1945; Symonds 1949; Anderson 1951; Schafer 1954) schließt sich der ersten Freud'schen Definition weitgehend an.

Ähnlich sieht übrigens auch Jung, in dessen Werk die Projektion eine zentrale Rolle spielt, den Ursprung von störenden Projektionen im »Schatten«, jener »dunklen Hälfte der Seele, derer man sich je und je durch Projektion entledigt hat« (Jung 1944). Nach Jung (1950) hat aber die Projektion auch wesentlichen Anteil an der Einfühlung. Mit der Anwendung projektiver Mechanismen auf den Vorgang der Empathie erweitert Jung allerdings seine Definition der Projektion wesentlich über die »klassische« Freud'sche Bedeutung hinaus.

Bei Freud selbst finden wir ebenfalls eine zweite, *weitere Fassung des Projektionsbegriffs*. Er lässt ausdrücklich den Abwehraspekt fallen und formuliert: »Wenn wir die Ursachen gewisser Sinnesempfindungen wie die anderer nicht in uns selbst suchen, sondern sie nach außen verlegen, so verdient auch dieser normale Vorgang den Namen einer Projektion« (1911). Auch in seiner Schrift »Totem und Tabu« (1913) verweist Freud darauf, dass die Projektion nicht unbedingt einen Abwehraspekt enthalten muss und auch ohne intrapsychische Konflikte zustande kommt.

Diese zweite, weitere Fassung des Projektionsbegriffs hatte Frank (1948, 1960), der Nestor der projektiven Diagnostik, vor Augen, als er erstmals 1939 in einem Vortrag und später in seinem Buch »Projective Methods« (1948) von den projektiven Verfahren als von Methoden sprach, »welche die Persönlichkeit dadurch untersuchen, dass sie die Versuchsperson einer Situation gegenüberstellen, auf welche die Versuchsperson entsprechend der Bedeutung reagiert, die diese Situation für sie besitzt« (1948). – Nach Revers et al. (1968) war allerdings nicht Frank, sondern Murray der erste, der bereits 1938 den Terminus »Projektive Verfahren« verwendete. – Frank (1948) führt aus, das Wesen eines projektiven Verfahrens liege darin, dass es etwas hervorrufe, das Ausdruck der »private world«, des individuellen Persönlichkeitsprozesses, des Probanden sei. Ähnliche Überlegungen finden wir bei Bell (1948), der von den projektiven Verfahren sagt, der Proband manifestiere hier seine Persönlichkeit, indem er sie aus sich herausstelle, sodass sie der Betrachtung zugänglich werde. Der projektive Test übernehme dabei die Rolle eines Katalysators, der eine persönlichkeitsspezifische Reaktion provoziere.

Bei den erwähnten Autoren (eingeschlossen Freud mit seiner zweiten, weiteren Fassung) wird Projektion also – in Anlehnung an die Bedeutung des lateinischen Ursprungswortes – als ein »Sich-nach-außen-Entwerfen« der Persönlichkeit verstanden, ohne dass etwas über die diesem psychischen Vorgang zugrunde liegenden dynamischen Prozesse ausgesagt wird. Cameron (1951) spricht bei diesen Mechanismen von einer »attributive« oder »assimilative projection«, einem Externalisierungsprozess unspezifischer Art, eine Auffassung, die mehr oder weniger auch Munn (1946), Dymond (1950), Zubin et al. (1965), Blankenburg (1975) und andere vertreten. Auch Horney (1939) schildert eine solche Art der Projektion, die keinen Abwehrcharakter im klassischen Sinne aufweist. Wellek (1954) definiert Projektion als »Konflikt-Objektivierung bzw. Hinausverlegung des Subjektiven überhaupt«. Macfarlane (1941) spricht davon, dass sich im projektiven Verfahren darstelle, wie ein Individuum seine Erfahrung auswähle und organisiere.

Andere Autoren differenzieren zwischen verschiedenen Arten von projektiven Prozessen, die hier nur stichwortartig erwähnt werden sollen: Anzieu (1960) unterschiedet zwischen einer »projection spéculaire«, »cathartique« und »complémentaire«. E. Abraham (1951) spricht, von der schicksalsanalytischen Schule Szondis (1960) herkommend, von doppelten und partiellen Projektionen. Heiss (1953) stellt »scharfen und gezielten, provokatorischen, stigmatisierten Aufforderungscharakteren nicht genau umschriebene, unbestimmt ausgeprägte Anknüpfungspunkte für Projektionen« gegenüber. Van Lennep (1959) nennt Projektionen vom Typ A, B, C und D. In ihrem Übersichtsreferat über das Projektionskonzept differenzieren Murstein und Pryer (1959) zwischen dem oben erwähnten »klassischen« Projektionsbegriff, einer »attributive projection«, einer »autistic projection« und einer »rationalized projection«. Diese unsystematische Zusammenstellung einer Reihe von Definitionen und die Aufzählung einiger Arten von Projektionen mag genügen, um zu demonstrieren, wie schillernd und im Grunde unscharf dieser Begriff ist. Umso mehr mag erstaunen, dass er überhaupt noch zur Charakterisierung eines wichtigen Konstrukts der psychologischen Diagnostik verwendet wird.

Fragen wir uns nun, ob die bisher referierten theoretischen Ansätze der projektiven Diagnostik als Basis dienen können, so erscheinen sie in verschiedener Hinsicht unbefriedigend. Der weite Begriff der Projektion hat, wie Hörmann (1964) ironisch kommentiert, »die nur bedingt als Vorzug anzusehende Eigenheit, so vage zu sein, dass er mit irgendeiner Form von Realität nicht mehr in störenden Kontakt gebracht werden kann«. Der enge, ursprüngliche Freud'sche »klassische« Projektionsbegriff hingegen vermag höchstens einen kleinen Sektor des in den projektiven Verfahren ablaufenden Geschehens (nämlich die unbewusste Dynamik) zu erfassen.

Diese Überlegungen führten eine Reihe von Autoren dazu, den Begriff Projektion in der Psychodiagnostik entweder prinzipiell abzulehnen oder zumindest zwischen verschiedenen Aspekten von projektiven Prozessen zu differenzieren. Auch hier finden wir ein breites Spektrum vor, das von völliger Verwerfung des Phänomens Projektion über eine Ersetzung des Begriffs »projektive Verfahren« durch andere Termini, wie »Deutungsverfahren« (Heckhausen 1960), »Entfaltungstests« (Heiss 1950), »misperception tests« (Cattell 1951, 1952) oder Tests zur Erfassung der »apperceptive distortion« (Bellak 1950), bis hin zu einer differenzierten Darstellung verschiedener Anteile des Globalbegriffs »Projektion« reicht (z. B. Bellak 1950; Cattell 1951, 1952; Boesch 1960; Murstein 1959, 1966). Ferner wurden von verschiedenen Autorinnen und Autoren experimentelle Studien zum Phänomen der Projektion durchgeführt sowie Methoden und Ergebnisse anderer, vorwiegend experimentalpsychologischer Forschungsrichtungen herangezogen, um das Phänomen »Projektion« sorgfältig zu studieren. Es ist im Rahmen der vorliegenden, auf die Testmethodik zentrierte Darstellung nicht möglich, ausführlicher auf diese Arbeiten einzugehen (s. die kritische Würdigung solcher experimenteller Studien bei Murstein et al. 1959 und bei Faupel 1970). Für den Umgang mit den verschiedenen projektiven Verfahren hat sich der Versuch einiger Autoren, das allzu globale Konstrukt »Projektion« weiter aufzugliedern, als sehr fruchtbar erwiesen. Es sei in diesem Zusammenhang auf die Ausführungen von Boesch (1960) verwiesen, der in der Projektion nicht eigentlich eine Wahrnehmungsstörung, sondern eine »normale und positiv zu bewertende Phase im Anpassungsvorgang« im Sinne einer »bestimmten Stufe der Beziehungsbildung zwischen Ich und Umwelt, eine Phase des intellektuellen (und emotiven – soweit dies gesagt werden kann) Strukturierungsprozesses« sieht. Es ist nicht möglich, hier ausführlicher auf die Gedankengänge von Boesch einzugehen. Ich verweise auf meine im Handbuch zum *Rosenzweig-Picture-Frustration-Test* dargelegten Erörterungen (Rauchfleisch 1979). Am Beispiel des *Rosenzweig-Picture-Frustration-Test* sind dort auch die Forschungen von Cattell und seinen Mitarbeitern (1951 und 1952) kritisch gewürdigt worden, und ich habe zu zeigen versucht, wie die von ihm entwickelten Hypothesen für die diagnostische Arbeit fruchtbar gemacht werden können.

Ansätze wie die Cattells, welche die Diskrepanz zwischen der objektiven Reizkonfiguration und der subjektiv verfälschten Wahrnehmung in den Mittelpunkt ihrer Betrachtungen stellen, werfen im Hinblick auf die projektiven Verfahren das Problem der Konstituierung von Normen auf. Rosenzweig

(1949, 1951) unterscheidet zwischen *thematischen* und *apperzeptiven* Normen. Die Ersteren beziehen sich auf durchgängige Wiederholungen in einem ganzen Testprotokoll. Voraussetzung für ihre Anwendung wäre aber, dass einerseits der Stimuluswert der einzelnen Testsituationen immer der gleiche wäre und dass andererseits der jeweilige Aufforderungscharakter genau bekannt sein müsste. Hörmann (1964) weist in diesem Zusammenhang auf das von Heiss (1954) und Mitarbeitern entwickelte Konzept der »Verlaufsanalyse« und das von Karl und Hiltmann (1954) beschriebene »Serienprinzip« hin. Die apperzeptiven Normen hingegen geben Hinweise auf die statistisch häufigsten Reaktionen auf einen bestimmten Testreiz. Als persönlichkeitsspezifisch kann ein Testverhalten dann interpretiert werden, wenn es vom zu erwartenden Verhalten abweicht. Eine Übereinstimmung der individuellen mit der allgemein »üblichen« Reaktion lässt lediglich den Schluss zu, dass der betreffende Proband in seinem Testverhalten mit dem Verhalten der Normpopulation übereinstimmt. Auf dem Gebiet der Konstituierung solcher interindividuellen Normen ist in den vergangenen Jahrzehnten viel Forschungsarbeit geleistet worden (zum Problem der Normen s. a. Kap. 6.4).

Wichtige neue Perspektiven zu einem differenzierteren Zugang und Verständnis der projektiven Prozesse eröffnete schließlich eine Forschungsrichtung, die primär keine unmittelbare Beziehung zur Psychodiagnostik hatte: Es ist die bereits (s. Kap. 2.2) diskutierte Richtung der »social perception«, die auf die sozialen Determinanten im Wahrnehmungsprozess hingewiesen hat. Mit der Wahrnehmungsabwehr beschäftigte sich vor allem die Schule der so genannten »person perception«.

Zwischen diesen empirischen Forschungsrichtungen und der Theorie der Projektion lässt sich eine Reihe von Berührungspunkten nachweisen. Zum Teil überlappen sich beispielsweise die Begriffe der Social Perception und der Projektion, wie auch Seliger (1970) in seiner vergleichenden Übersicht nachweist: Zum Beispiel im Prozess des »Hinausverlagerns innerer Vorgänge« oder im Verständnis der Funktionen »Selektivität« und »Organisation« im Sinne einer »Gestaltung« der Außenwelt, einer »misperception«, sowie bei der Annahme einiger Autoren der social-perception Schule, der Wahrnehmungsverzerrung liege auch ein Konflikt zugrunde (s. z. B. Levine et al. 1942). Zum Teil aber bestehen auch Unterschiede zwischen den beiden Konzepten: Besonders deutlich werden diese beim Vergleich des klassischen Projektionsbegriffs, wie Freud (1911) ihn auf die Paranoia anwendete, mit der konfliktfreien Social-Perception-Auffassung: Während sich bei der Paranoia der Inhalt der inneren, unterdrückten Wahrnehmung als Ereignis der Außenwelt dem Bewusstsein aufdrängt und die Realitätskontrolle erheblich eingeschränkt ist, wird bei der Social-Perception-Auffassung ein äußerer Reiz aufgrund personaler oder sozialer Motive lediglich umgedeutet. Selbst wenn der Social Perception ein Konflikt zugrunde liegt, werden die Kontrollfunktionen des Ich nur vorübergehend und in weit geringerem Ausmaß beeinträchtigt als bei den Projektionen, die den regressiven Abwehrmechanismen im Sinne Mosers (1964) zuzuordnen sind. Ferner ist die Realitätsverkennung bei der social perception kein Dauerzustand, und es kann durch weitere Informationen über die Umwelt die Beziehung zur Realität wiederhergestellt werden.

Abschließend sei noch auf den theoretischen Ansatz von Moser et al. (1968, 1969, 1970a, 1970b, 1972, 1974) hingewiesen. Ihr Versuch einer Computersimulation der psychoanalytischen Abwehrmechanismen, darunter auch der Projektion, hat zwar bisher noch kaum unmittelbar in die diagnostische Praxis umsetzbare Resultate erbracht. Vom Methodischen her ist dieser Ansatz aber so neuartig und interessant, dass er in der vorliegenden Übersicht über das Konzept der Projektion noch kurz erwähnt werden soll. Die Computersimulation stellt nur einen Sonderfall eines breiten Spektrums von Simulationstechniken dar. Ein wesentlicher Schritt beim Einsatz solcher Techniken besteht nach Moser (1974) darin, das betreffende Konzept, zum Beispiel den Vorgang der Projektion, zu formalisieren und durch seine funktionale Bedeutung im Relationennetz eines Systems zu definieren. Ferner muss gewährleistet sein, dass jeder Modellgröße beobachtbare Größen im empirischen Datenbereich zugeordnet werden können. Moser beschränkt sich ausdrücklich auf die Formalisierung der von der Ich-Struktur geleisteten Abwehrorganisation. Mit seinem Modell will er nicht die Herkunft des neurotischen Konflikts erklären. Im Mittelpunkt seiner Forschung steht vielmehr die Frage nach den Abwehrprozessen, die angewendet werden, wenn ein neurotischer Konflikt durch eine Stimulussituation (Schultz-Hencke 1978, würde hier von einer Versuchungs- und Versagungssituation sprechen) reaktiviert wird.

Fassen wir die Resultate der referierten Untersuchungen zum Projektionsbegriff zusammen, so können wir daraus dreierlei ableiten:

1. Der globale Begriff »Projektion« erscheint zu vage, um in dieser allgemeinen Form als theoretische Grundlage der so genannten »projektiven Verfahren« dienen zu können.
2. Daraus ergibt sich die Forderung nach einer genaueren Differenzierung der Prozesse, die am Projektionsvorgang beteiligt sind. Der größte Teil der zu diesem Thema geleisteten Forschungsarbeit bezieht sich auf derartige Versuche, die an der Projektion beteiligten, zum Teil sehr verschiedenarti-

gen Prozesse und Mechanismen sorgfältiger zu studieren und gegeneinander abzugrenzen.

3. Im Hinblick auf die diagnostische Verwendung der Projektionstests müssen wir aus dem Gesagten die Konsequenzen ziehen, dass jeder Testautor genau definieren sollte, was er unter »Projektion« versteht und worin der projektive Charakter des betreffenden Verfahrens liegt.

pro memoria 7

1. Vieldeutigkeit des Projektionsbegriffs.
2. Notwendigkeit,
   2.1 zwischen verschiedenen Arten von projektiven Prozessen zu differenzieren,
   2.2 bei einem bestimmten Test anzugeben, worin der projektive Charakter dieses Verfahrens liegt.

Teil II: Übersicht über die im deutschen Sprachbereich gebräuchlichsten diagnostischen Verfahren

Wie bei der Diskussion der verschiedenen Klassifikationsmöglichkeiten psychologischer Tests ausgeführt, differenzieren wir, in Anlehnung an Heiss (1964), zwischen den beiden großen Gruppen der Fähigkeitstests und der Persönlichkeitsverfahren. Es kann in diesem zweiten, speziellen Teil meiner Ausführungen nicht darum gehen, einen umfassenden Überblick über die Fülle von Tests zu geben, die im deutschen Sprachbereich verwendet werden. Ferner werden sich zwangsläufig durch spezielle Interessen meinerseits und durch mein Arbeitsgebiet (Klinische Psychologie) gewisse Schwerpunkte ergeben, andere Bereiche der Diagnostik hingegen werden nur weniger berücksichtigt werden.

Es sollen im Folgenden die verschiedenen Gruppen von Tests kurz dargestellt und anhand einiger Beispiele – paradigmatisch für andere, ähnliche Verfahren – die diagnostischen Möglichkeiten und Probleme dieser Tests diskutiert werden. Die Leserinnen und Leser, die sich einen systematischen Überblick über die in unserem Sprachgebiet verbreiteten Verfahren verschaffen möchten, müssen auf spezielle Kompendien verwiesen werden (z. B. Heiss 1964; Brickenkamp 1975; Schmidtchen 1975; Hiltmann 1977, 1983, 1986; Groffmann et al. 1982, 1983; Rauchfleisch 2001). Zur exakten Einarbeitung in die einzelnen Tests ist es ferner unumgänglich, die zu diesen Verfahren publizierten Handanweisungen genau zu studieren. In einem separaten Kapitel soll später noch auf die mit der Ausbildung in Psychodiagnostik zusammenhängenden Fragen eingegangen werden.

Zu den *Fähigkeitstests* zählen wir die Intelligenztests für Kinder und für Erwachsene, die Entwicklungstests, Schultests sowie Verfahren zur Prüfung spezieller Fähigkeiten (beispielsweise Prüfung der Sinnesfunktionen, der Reaktionsfähigkeit).

Unter dem Oberbegriff *Persönlichkeitstests* subsumieren wir die Persönlichkeitsfragebögen, die verbalen Ergänzungsverfahren, die Formdeuteverfahren, die thematischen Apperzeptionstests, die spielerischen und zeichnerischen Gestaltungsverfahren, die Farbwahlverfahren sowie eine Reihe anderer Tests. Allen diesen Persönlichkeitstests ist gemeinsam, dass mit ihrer Hilfe Gefühle, Vorlieben, Abneigungen erfasst, aber auch dem Untersuchten selbst unbewusste Konflikte und die für seine Persönlichkeit charakteristische Struktur oder zumindest bestimmte Persönlichkeitszüge erhellt werden sollen.

Es muss an dieser Stelle noch einmal ausdrücklich darauf hingewiesen werden, dass eine solche Unterteilung in Fähigkeiten (und die sie prüfenden Tests) einerseits und Persönlichkeit (mit den entsprechenden Verfahren) andererseits eine künstliche ist. Stets wirken die allgemeine intellektuelle Begabung, spezielle Fähigkeiten und die Affektivität eng zusammen und üben Einfluss aufeinander aus. Wir erfassen im Grunde niemals isoliert intellektuelle Funktionen oder bestimmte Formen der Affektivität, sondern haben stets eine *Gesamtpersönlichkeit* vor uns, die, im Sinne der Gestaltpsychologie, immer mehr ist als die Summe ihrer Teile. Es sei auf die Ausführungen von Heiss (1964) hingewiesen, der diesen Aspekt der Gesamtpersönlichkeitserfassung besonders hervorgehoben hat: »Die Persönlichkeit und das Individuum ist ein *Funktionsgesamt*, das nur bis zu einem gewissen Grade aus der summenhaften Erfassung von Einzel- und Teilfunktionen sich ergibt. Kommen wir auf diesem Wege zwar zu einer Art von Gesamtfunktion und zur Erfassung eines größeren Funktionsbereiches, so erfassen wir im selben Zuge nicht die andersartige Qualität des Funktionsgesamts. Von dieser gilt . . ., dass sie *mehr* ist als die Summe der Einzelfunktionen.«

8. Fähigkeitstests

8.1 Intelligenztests

8.1.1 Intelligenzklassifizierung und Intelligenzdefekte

Der Darstellung der verschiedenen Intelligenzverfahren seien noch einige allgemeine Bemerkungen zur Intelligenzklassifizierung und zum Problem der Intelligenzdefekte vorausgeschickt. Im Intelligenzkonzept von Wechsler (1964) werden die Intelligenzstufen mittels statistischer Häufigkeiten bestimmt. Jede Intelligenzstufe wird als Klassenintervall definiert, das einen IQ-Bereich zwischen bestimmten Abständen vom Mittelwert umfasst. Die Abstände werden als Vielfache des wahrscheinlichen Fehlers (PE) ausgedrückt. Bei der alten *HAWIE*-Version (1964) mit einem Mittelwert von 100 und einer Standardabweichung von 10 resultierte daraus ein Bereich durchschnittlicher Intelligenz mit IQs zwischen 90 und 110. Die *HAWIE*- Revi-

Tabelle 2: Grade der Intelligenzschwäche mit dazugehörigen Verhaltensmerkmalen (n. Wegener 1963)

Grad der Intelligenz-Störung	IQ im Schul-Alter	IA im späteren Alter	Sprach-erwerb	Bildgs.-fähig-keit i.d. Hilfsschule	Motor. Bild-barkeit	Lehr-berufe	ange-lernt	unge-lernt	einf. motor. Fertig-keiten	Wirt-schaftl. Selbst-versorg.	Ehe-fähig-keit	Zusammen-fassende Bezeichnung
1. Grenzfall	<90	14	++	++	++	+?	++	++	++	+	+	Schwachbegabung (mental backwardness)
2. Leichter Intelligenzmangel (Debilität)	<80	10–14	++	+	++	–?	+	++	++	+	+	
3. Mittlerer Intelligenz-Defekt (Imbezillität)	<65	5–10	+	–?	+	– –	?	–	+	–	–	Schwachsinn (mental deficiency)
4. Schwerer Intelligenz-Defekt (Idiotie)	<50	<5	–?	– –	?	– –	– –	–	?	– –	– –	

Zeichenerklärung: ++ = sicher möglich
+ = im allgemeinen möglich
– = im allgemeinen unmöglich
– – = sicher unmöglich
? = fraglich

sionen mit einer Standardabweichung von 15 (bei gleich bleibendem Mittelwert) hingegen führen zu einer anderen Klassifikation des Durchschnittsbereichs, der nun durch IQs zwischen 85 und 115 definiert ist.

Im klinischen Bereich hat man sich vor allem mit den verschiedenen Formen der *Minderbegabung* beschäftigt. Es liegt ein umfangreiches Schrifttum zu diesem Thema vor (s. die einschlägigen Lehrbücher der Psychiatrie, z. B. Bleuler 1972; Reichardt 1955; Spoerri 1969). Hinsichtlich des *Grades der Minderbegabung* kann man zwischen den folgenden vier Stufen unterscheiden (eine Einteilung, die zwecks Vereinheitlichung der Terminologie 1954 auch von einem Fachausschuss der Weltgesundheitsorganisation vorgeschlagen worden ist):

1. Grenzbereich der Unterintelligenz (IQ 80–90),
2. Debilität (IQ 60–80),
3. Imbezillität (IQ 40–60),
4. Idiotie (IQ < 40).

Bei diesen IQ-Werten ist allerdings zu berücksichtigen, dass andere Klassifikationssysteme andere IQ-Grenzen festlegen. So werden beispielsweise in der ICD-10 folgende IQs genannt: für »leichte Intelligenzminderung« (Debilität) 50–69; für »mittelgradige Intelligenzminderung« (Imbezillität) 35–49; für »schwere Intelligenzminderung« 20–34; und für »schwerste Intelligenzminderung« (Idiotie) IQs unter 20.

Die Zusammenstellung in Tabelle 2 (nach Wegener 1963) gibt einen Überblick über die den Minderbegabungsstufen zugeordneten Intelligenzquotienten und Verhaltensmerkmale. Eine solche Zuordnung kann allerdings immer nur ein grobes Raster darstellen. Aussagen über die soziale Anpassungsfähigkeit, über die Bildbarkeit und die Lebensbewältigung eines Minderbegabten sind nur zu einem Teil vom ermittelten Intelligenzquotienten abhängig. Daneben spielt stets auch die affektive Seite der Persönlichkeit eine wesentliche Rolle. Insbesondere Lempp (1970, 1975) hat durch seine Untersuchungen gezeigt, dass sich bei Kindern mit Intelligenzdefekten aufgrund einer ihnen nicht gerecht werdenden Umwelt häufig *sekundäre Neurotisierungen* ergeben.

Der Minderbegabte zeichnet sich durch verschiedene Verhaltenseigentümlichkeiten aus, die in ihrem Ausprägungsgrad vorwiegend von der Schwere des Intelligenzdefektes abhängig sind. Bei den *Denkprozessen* fallen häufig Weitschweifigkeit und Umständlichkeit auf. Vor allem fehlt es dem Minderbegabten an abstrahierendem Denken. Er bleibt am Konkreten, Einmaligen stehen und sieht darüber nicht das Allgemeine und Zukünftige

(Konkretismus). Damit hängt auch die zumeist recht starke *Umweltverhaftung* des Schwachbegabten zusammen. Er ist inneren und äußeren Reizen häufig in weit stärkerem Maße ausgeliefert als der Normalbegabte. Die *Sprache* ist, neben grammatikalischen Fehlern, durch Aussprachestörungen und Ausdrucksschwierigkeiten gekennzeichnet. Bei den schweren Intelligenzdefekten finden sich häufig auch *Temperamentsstörungen* in Form einer verminderten (torpide) oder einer erhöhten Anregbarkeit (erethische Formen). Im Bereich des *Willens* erweist sich der Schwachbegabte, je nach Intelligenzgrad, oft in nur geringem Maße fähig, eigene Entscheidungen zu treffen und sie durchzuführen. Er erträgt keinen Verzug seiner Wünsche und Triebstrebungen, da er sie intellektuell nicht zu steuern vermag. Als stark außengeleitete, an den unmittelbaren Eindrücken der konkret erlebten nächsten Umwelt orientierte Persönlichkeit kann er vor allem nicht vorausschauend die Folgen seines Handelns realitätsgerecht beurteilen. In den *Motivationsprozessen* Debiler überwiegen kurzschlüssige Entscheidungen nach Art von »irreversiblen Kipp-Reaktionen« (Wegener 1956). Das Nicht-Verstehen oder Missdeuten sozialer Situationen sowie der Gefühle und Absichten anderer Personen und das beeinträchtigte Selbstverständnis des Minderbegabten (Busemann 1959) wirken sich oft erschwerend auf das *Sozialverhalten* aus. So gerät der Schwachbegabte nicht selten in die Rolle des Außenseiters, des in Anomie (Durkheim 1893; Merton 1968) Lebenden, dem zur Erreichung der sozial angestrebten Ziele nicht die gleichen Mittel zur Verfügung stehen wie den übrigen Mitgliedern der Sozietät. Die Folge kann die bereits erwähnte sekundäre neurotische Fehlentwicklung, aber auch delinquentes Verhalten sein.

Hinsichtlich der *Ätiologie der Minderbegabungen* unterscheidet man zwischen *Oligophrenien*, das heißt angeborenen und früh erworbenen Schwachsinnszuständen, und der *Demenz*, das heißt einer im späteren Leben erworbenen Beeinträchtigung der intellektuellen Funktionen. Unter die Oligophrenien müssen wir die so genannten »*Minusvarianten*« (Benda 1960), das heißt subnormale Varianten der normalen Intelligenz, und die *ererbte Intelligenzschwäche* subsumieren. Die Resultate aus Untersuchungen über den Einfluss der Heredität auf die Minderbegabung divergieren zum Teil erheblich. So schätzt M. Bleuler (1972) bei leichtem bis mittelschwerem Schwachsinn den Anteil der Vererbung auf 2/3 bis 4/5. Burt (1955) hingegen konnte bei einer Untersuchung an Kindern von 500 ehemaligen Sonderschülern (mit einem IQ unter 70) nur bei 14 Prozent der Nachkommen eine Intelligenzschwäche des gleichen Grades, wie die Eltern ihn aufwiesen, feststellen. 32 Prozent seiner Probanden waren nur leicht geschädigt. Einigkeit herrscht hingegen darüber, dass sich nur die leichten bis mittelschweren

Geistesschwächen vererben. Die schweren Intelligenzdefekte sind in der Regel früh erworbene Störungen.

Besondere Beachtung haben die – allerdings relativ selten auftretenden – vererbbaren *Stoffwechselerkrankungen* gefunden, in deren Folge Intelligenzschwächen auftreten. Zu diesen metabolischen Schwachsinnsformen gehören Störungen im *Aminosäuren*stoffwechsel (beispielsweise Phenylketonurie, Hartnupsche- und Ahornsirupkrankheit), im *Kohlehydrat*stoffwechsel (zum Beispiel Galaktosämie), im *Lipoid*stoffwechsel (diffuse Hirnsklerose), im *Wasser-* und *Elektrolyt*stoffwechsel und im *Jod*stoffwechsel (beispielsweise hereditärer sporadischer Kretinismus). Bei einer Reihe von Erkrankungen ist die zugrunde liegende Stoffwechselstörung noch nicht bekannt.

Wir können die früh erworbenen Minderbegabungen *(Oligophrenien)* nach der Zeit der Schädigung unterscheiden. Die bekannteste *Chromosomopathie* stellt das Down-Syndrom (Mongolismus, Trisomie 21) dar. *Embryopathien* aufgrund von Rhesus-Unverträglichkeit, chronischen und akuten Vergiftungen sowie Viruserkrankungen des mütterlichen Organismus und *Fetopathien* (beispielsweise aufgrund von Infektionskrankheiten) bilden weitere Störungen in der intrauterinen Entwicklungszeit. Der *Geburtsvorgang* kann zu verschiedenen Schädigungen führen. Ferner können *frühkindliche Hirnerkrankungen* (zum Beispiel Encephalitis, Meningitis) sowie unfallbedingte *Gehirnverletzungen* in der frühen Kindheit Ursachen von Intelligenzdefekten verschiedenen Grades sein.

Zum Teil manifestieren sich diese früh erworbenen Störungen nur sehr diskret, und sie können mit gröberen Untersuchungsmethoden häufig nicht sicher nachgewiesen werden. Man spricht bei diesen leichten Defekten von einer so genannten *»minimal brain dysfunction«* (s. die Literaturübersicht von Berger 1977). In neuerer Zeit ist das *Attention Deficit Syndrom* (ADS) ein viel diskutiertes Phänomen dieser Art. Von psychodiagnostischer Seite her ist wiederholt versucht worden, einen Beitrag zur Früherfassung von Kindern mit solchen frühkindlichen Hirnschäden zu leisten (Scholtz 1972; Gwerder 1976; Göllnitz et al. 1977; Remschmidt et al. 1981; Werder 1992).

Neben der testpsychologischen Erfassung der Oligophrenien kommt der Abklärung der *Demenz*, der im späteren Leben (die meisten Autoren geben als Grenze das 6. Lebensjahr an) erworbenen Beeinträchtigung der intellektuellen Funktionen, große Bedeutung zu. Die Ursachen solcher Schädigungen können vielfältiger Art sein: Neben Gewalteinwirkungen von außen (beispielsweise bei Unfällen) können Hirnerkrankungen (entzündliche und degenerative Prozesse, Hirntumoren, schwere Durchblutungsstörungen) sowie verschiedene endokrine Störungen Ursache einer Demenz sein. Ferner kann sich eine Demenz als Folge von alkoholbedingten Schädigungen des Gehirns und nach schweren Intoxikationen einstellen. Schließlich können auch bei der Epilepsie, neben den bekannten Wesensveränderungen, Demenzerscheinungen auftreten, falls es nicht gelingt, die Anfallshäufigkeit durch eine antiepileptische Therapie wirkungsvoll einzudämmen.

Für die Psychodiagnostik ist eine von M. Bleuler (1972) vorgeschlagene Differenzierung zwischen einem hirndiffusen und einem hirnlokalen Psychosyndrom wichtig. Das *hirndiffuse Psychosyndrom* (»psychoorganisches Syndrom im engeren Sinne«) ist vor allem gekennzeichnet durch Störungen des (Frisch-)Gedächtnisses, der Auffassung, der Orientierung, des Denkens und zum Teil auch der Affektivität. Testpsychologisch lassen sich solche Beeinträchtigungen vor allem mithilfe von allgemeinen und speziellen Leistungs- und Intelligenzverfahren nachweisen. Bei dementen Patienten ist es psychodiagnostisch wichtig, das Ausmaß der Schädigung festzustellen. Durch eine Wiederholung der Untersuchung nach einer gewissen Zeit können dann Verlaufsänderungen und der Erfolg von Rehabilitationsmaßnahmen objektiviert werden. Das *hirnlokale Psychosyndrom* hingegen ist gekennzeichnet durch Störungen der Antriebshaftigkeit, der Stimmungen und der Einzeltriebe, bei völligem Erhaltenbleiben der intellektuellen Funktionen. Besondere Kennzeichen dieser Syndrome sind ein plötzliches Einschießen von Partialtrieben und Verstimmungen. Solche Störungen manifestieren sich, da Merkfähigkeit, Auffassung und Denkfunktionen erhalten sind, nicht in Intelligenz- und Leistungsverfahren, sondern lediglich in Tests, mit denen die Affektivität erfasst werden kann (beispielsweise im *Rorschach'schen Formdeuteverfahren* oder im *Farbpyramidentest*).

pro memoria 8.1.1

1. Grade der Minderbegabung:
    1.1. Grenzbereich der Unterintelligenz: IQ 80–90.
    1.2 Debilität: IQ 60–80 (ICD-10: 50–69).
    1.3 Imbezillität: IQ 40–60 (ICD-10: 35–49).
    1.4 Idiotie: IQ 40 (ICD-10: 20).
2. Verhaltenseigentümlichkeiten Minderbegabter hinsichtlich Denken, Umweltverhaftung, Sprache, Temperament, Wille, Sozialverhalten.
3. Hinsichtlich der Ätiologie sind zu unterscheiden:

3.1 Oligophrenie = angeborene und früh erworbene Minderbegabung.

3.2 Demenz = später erworbener Defekt (hirndiffuses und hirnlokales Psychosyndrom).

8.1.2 Intelligenztests für Kinder

Gerade in der Kinder- und Jugendpsychologie wurde der Erfassung des Intelligenzniveaus und der Befähigungsstruktur schon früh großes Interesse entgegengebracht. Vielfältige schulische Fragen (beispielsweise Schulversagen) und klinische Probleme (zum Beispiel Differenzialdiagnose zwischen Oligophrenie und neurotischer Pseudodebilität) erforderten Intelligenzuntersuchungen. Sie trugen wesentlich dazu bei, dass uns heute eine Reihe differenzierter Verfahren zur Verfügung steht.

8.1.2.1 Die Testsysteme von Binet und Simon

Eine Gruppe von Intelligenzverfahren geht auf die Untersuchungen der französischen Forscher Binet und Simon zurück. Nachdem vom französischen Unterrichtsministerium ein Erlass herausgegeben worden war, dass Kinder nur noch nach einer pädagogisch-medizinischen Untersuchung von der Normalschule in Sonderklassen überwiesen werden dürften, stand die Psychologie vor der Aufgabe, Prüfmethoden zu entwickeln, die bei einer solchen Untersuchung eingesetzt werden könnten. Binet und Simon (1911) entwickelten für die Altersstufen von 3 bis 15 Jahren Testreihen mit jeweils vier bis acht Aufgaben pro Altersstufe. Ihrem Testsystem legten sie die Intelligenzdefinition von Binet (1905) zugrunde: »*Gut urteilen, gut verstehen, gut denken, das sind die wesentlichen Bereiche der Intelligenz.*« Die Aufgaben sprechen den für jede Altersstufe charakteristischen Entwicklungsstand der Kinder an. Der Grundgedanke der Binet-Simon-Tests war, ein »Stufenmaß der Intelligenz« (échelle métrique de l'intelligence) zu entwickeln.

Die beiden französischen Forscher definierten als Maßzahl der Testleistung das »Intelligenzalter«. Dieses wurde bei einem untersuchten Kind in Beziehung gesetzt zum Alter normaler Kinder, deren Leistung es erreichte. Die Relation zwischen Intelligenz- und Lebensalter wurde mithilfe der Differenz zwischen diesen beiden Werten erfasst (Intelligenzalter minus Lebensalter). Auf diese Weise konnte ein Intelligenzrückstand oder -vorsprung durch eine einfache Maßzahl ausgedrückt werden. Kritisch ist allerdings zu diesem Vorgehen anzumerken, dass beispielsweise ein Kind mit einem Intelligenzalter von 10 Jahren und einem Lebensalter von 14 Jahren zwar in seinen intellektuellen Funktionen einem Zehnjährigen ähnlich sein mag, in seiner Gesamtpersönlichkeit aber nicht einem zehnjährigen Kind entspricht.

W. Stern (1912) hat dann die Beziehung zwischen Intelligenz- und Lebensalter als einen Quotienten ausgedrückt. Das Intelligenzalter wird durch das Lebensalter dividiert und bildet auf diese Weise einen *Intelligenzquotienten (IQ)*. Entsprechen Intelligenz- und Lebensalter einander, so ergibt sich ein Wert von 1. Um Dezimalstellen zu vermeiden, wurde eine Entsprechung von Intelligenz- und Lebensalter als IQ = 100 definiert. Ist das Intelligenzalter geringer als das Lebensalter, so wird der Quotient niedriger als 100 und umgekehrt.

Das Schwergewicht der Binet-Simon-Skalen liegt auf den sprachlichen Fähigkeiten. Insofern prüfen diese Tests überwiegend die manifeste (präsente) Allgemeinbefähigung. Sie deckt sich im Allgemeinen mit der Leistungsfähigkeit des Kindes in der Schule.

Das ursprüngliche Testsystem von Binet und Simon hat im Lauf der Jahrzehnte vielfältige Modifikationen und Überarbeitungen erfahren. Ich möchte nur die im deutschen Sprachgebiet gebräuchlichsten, auf Binet- Simon zurückgehenden Tests kurz skizzieren.

Recht weite Verbreitung hat der *Kramer-Test* (1972) gefunden. Er enthält Aufgaben für Kinder im Alter von 3–15 Jahren. Als Beispiele dieser sehr kindgemäßen und den jeweiligen Entwicklungsstand des Probanden berücksichtigenden Aufgaben seien die folgenden zitiert:

– Für ein Kind von drei Jahren zum Beispiel:
  • Gib 1, gib zwei Perlen.
  • Gegenstände benennen (Uhr, Bleistift, Taschenmesser, Gabel, Schlüssel).
  • Zur Differenzierung zwischen »groß« und »klein«:
    »Zeige mir auf dem Bild das große Pferd. Und das andere, ist das auch groß?«
– Für ein Kind von neun Jahren beispielsweise:
  • Begriffe unterscheiden: Unterschied zwischen Fenster und Spiegel, Baum und Wald, Sand und Staub . . .
  • Oberbegriffe finden: Was sind das: Pferd, Hund, Katze? Oder: Mantel, Rock, Jacke?
  • Prüfung des Zeitbegriffs: Die Uhr ist vor einer Stunde stehen geblieben. Ist es jetzt später, als die Uhr zeigt, oder früher? Warum?

Etwa 2/3 der insgesamt 90 Testaufgaben sind verbaler Art, die übrigen sind Handlungs- und Zeichenaufgaben. Dieses Verfahren, dessen Durchführung etwa 60 bis 90 Minuten in Anspruch nimmt, hat vor allem Anwendung bei der Untersuchung von Vorschulkindern gefunden, da viele andere Intelligenzverfahren (beispielsweise Hamburg-Wechsler-Intelligenztest für Kinder) in diesem Alter noch nicht anwendbar sind. Hinzu kommt, dass die kindgemäßen Aufgaben im Kramer-Test für die Probanden in der Regel einen hohen Aufforderungscharakter besitzen.

Es ist bemerkenswert, dass zu dieser Testreihe umfangreiche Untersuchungen zur Prüfung der Reliabilität und Validität vorgenommen worden sind. Lediglich die Objektivität ist, vor allem bei der Bewertung der zeichnerischen Aufgaben, nicht immer gewährleistet. Die Reliabilität hingegen (innere Konsistenz und Retest-Untersuchungen) liegt in der Regel über Werten von 0,9 und ist damit als gut zu bezeichnen. Ferner liegen Prüfungen der Validität (Korrelationen mit anderen Intelligenztests, mit Außenkriterien und faktorielle Validität) vor. Aus diesen Arbeiten ist zu schließen, dass der Kramer-Test vor allem die verbale Intelligenz und die im schulischen Bereich realisierte Leistungsfähigkeit erfasst. Normen liegen für die Altersstufen 3–15 Jahre vor und wurden an einer Eichstichprobe von 2 719 Kindern gewonnen. Es werden IQ- und rohpunktbezogene Parameter angegeben.

Eine weitere, häufig verwendete Bearbeitung der Binet-Simon-Tests ist der *Stanford-Binet-Intelligenz-Test* (SIT) in der Bearbeitung von Lückert (1965). Auch dieses Verfahren ist bei Kindern im Alter von 3 bis 14 Jahren, aber auch bei Erwachsenen einsetzbar. Als Gesamttestzeit müssen für ein Vorschulkind normalerweise 30 Minuten, für größere Kinder und Erwachsene 60 bis 90 Minuten veranschlagt werden. Zur Objektivität, Reliabilität und Validität werden vom Autor keine Angaben gemacht. Den Normen liegt eine recht große Eichstichprobe von 6442 Personen zugrunde, in der allerdings die Zahl von Jugendlichen und Erwachsenen (N = 280) relativ klein ist.

Ein ebenfalls auf die Konzeption von Binet und Simon zurückgehendes Verfahren ist das *Binetarium* von Norden (1956). Auch dieser Test ist für die Altersstufen 3 bis 16 Jahre anwendbar. Für die Durchführung sind 30 bis 80 Minuten notwendig. Leider fehlt es bei diesem Verfahren an Angaben zur Objektivität, Reliabilität und Validität. Auch Normen liegen nicht vor.

pro memoria 8.1.2.1

1. Gebräuchlichste Binet-Bearbeitungen:
    1.1 *Kramer-Test,*
    1.2 *Stanford-Binet-Intelligenz-Test,*
    1.3 *Binetarium.*
2. Charakteristika der Binet-Verfahren:
    2.1 Stufenmaß der Intelligenz,
    2.2 für die verschiedenen Altersstufen spezifische Aufgaben,
    2.3 Schwergewicht auf sprachlichen Fähigkeiten.

8.1.2.2 Der Hamburg-Wechsler-Intelligenztest für Kinder, Revision 1983 (HAWIK-R) und der HAWIK-III

Der Hamburg-Wechsler-Intelligenztest für Kinder, Revision 1983, lehnt sich eng an die amerikanische Originalform der *Wechsler Intelligence Scale for Children – Revision* (WISC-R) an. Die deutschsprachige wie die amerikanische Originalform sind Revisionen der ursprünglichen *Wechsler Intelligence Scale for Children* (WISC) beziehungsweise des *Hamburg-Wechsler-Intelligenztests für Kinder* (HAWIK; Hardesty et al. 1966). Für die deutschsprachige Schweiz liegt eine von Bründler und Schallberger (1988) herausgegebene Bearbeitung vor. Beim *HAWIK-III* (Tewes et al. 2000) handelt es sich um die deutschsprachige Version der *WISC-III.*

Die Wechsler-Skalen basieren auf der Intelligenztheorie Wechslers. Er definiert Intelligenz als »*die zusammengesetzte oder globale Fähigkeit des Individuums, zweckvoll zu handeln, vernünftig zu denken und sich mit seiner Umwelt wirkungsvoll auseinanderzusetzen*«. Der wichtigste theoretische Aspekt liegt bei dieser Definition im Globalbegriff der Intelligenz. Wechsler versteht die Intelligenz als Teil eines größeren Ganzen, als Teil der Gesamtpersönlichkeit. Deshalb werden mit diesem Test nicht nur allgemeine und spezifische intellektuelle Fähigkeiten erfasst, sondern daneben auch nicht-intellektuelle Faktoren der Intelligenz (im Handlungsteil). Der *HAWIK-R* respektive der *HAWIK-III* basieren auf der Zwei-Faktoren-Theorie von Spearman (s. Kap. 2.3). Diesem Konzept entsprechend, enthalten die einzelnen Untertests nicht nur den Generalfaktor (das heißt die allgemeine Intelligenz), sondern erfassen jeweils auch spezifische Fähigkeiten.

Da der *HAWIK* in seiner deutschsprachigen Bearbeitung aus dem Jahr 1956 stammte und sowohl inhaltlich als auch im Hinblick auf die Normierung dringend einer Überarbeitung bedurfte, hat Tewes nach umfangreichen Vorarbeiten 1983 eine Revision vorgelegt (s. a. Titze et al. 1984). Diese besteht, wie der ursprüngliche *HAWIK*, aus elf Untertests. Der Labyrinth-Test aus der WISC-R, der dort zusätzlich oder als Ersatz für den Zahlen-Symbol-Test gegeben werden kann, wurde in die deutschsprachige Version des *HAWIK-R* nicht übernommen, weil sich dieser Untertest bei der Neubearbeitung als untauglich erwies. Im Unterschied zum *HAWIK* werden bei der Durchführung des *HAWIK-R* nicht zunächst alle Untertests des Verbalteils und anschießend die des Handlungsteils vorgelegt, sondern Verbal- und Handlungsaufgaben im Wechsel dargeboten.

Der *HAWIK-R* und der *HAWIK-III* bestehen aus einem Verbal- und einem Handlungsteil. Zum *Verbalteil* gehören die folgenden Untertests (die Nummerierung der Untertests entspricht der Reihenfolge, in der sie bei der Untersuchung dargeboten werden):

2. *Allgemeines Wissen (AW):* Anhand von 33 Testfragen wird der Wissensumfang des Kindes ermittelt. Beispiele: »Wie viele Beine hat ein Hund?« (Item 1), »Warum schwimmt Öl auf dem Wasser?« (Item 11), »Was sind Gewerkschaften?« (Item 19), »Warum donnert es beim Gewitter?« (Item 32).

7. *Allgemeines Verständnis (AV):* Die 20 Testfragen dieses Untertests betreffen Problemsituationen, mit denen die praktische Urteilsfähigkeit, der »gesunde Menschenverstand«, ebenso aber auch die Fähigkeit zur ethischen Wertung geprüft werden sollen. Beispiele: »Warum sollen kranke Kinder zu Hause bleiben?« (Item 1), »Warum gibt es bei Sportwettkämpfen Schiedsrichter?« (Item 6), »Warum muß man einen Führerschein machen, wenn man Autofahren will?« (Item 12), »Warum sehen Gegenstände und Personen in der Ferne kleiner aus?« (Item 20).

6. *Rechnerisches Denken (RD):* Die 29 Aufgaben dieses Untertests sollen Auskunft über die Rechenfertigkeit des Kindes geben. Beispiele: Item 1: Man legt eine Tafel mit einer Reihe von zwölf Bäumen vor das Kind und sagt: »Zähle diese Bäume mit dem Finger. Zähle sie bitte laut, damit ich hören kann, ob du richtig zählst«, »Klaus hat 2 Buntstifte und bekommt noch 3 hinzu. Wie viele hat er dann?« (Item 5), »Klaus und Peter wollen zusammen verreisen und benötigen dazu 230 DM. Klaus hat 17 DM, und Peter hat 56 DM. Wie viel Geld fehlt ihnen noch?« (Item 15), »Welche Zahl muß ich mit 7 malnehmen, damit sie 1/5 von 70 ausmacht?« (Item 23), »Du gewinnst im Lotto 147 DM und verschenkst davon 1/3. Von dem Rest bringst du 2/7 auf das Sparbuch. Wie viel hast du noch übrig?« (Item 29).

10. *Gemeinsamkeiten finden (GF):* Dem Kind werden 25 Wortpaare vorgegeben, bei denen jeweils das Gemeinsame genannt werden soll. Der Test

prüft die Abstraktionsfähigkeit. Beispiele: »Säge – Kneifzange« (Item 1), »Baum – Gras« (Item 6), »Uhr – Waage« (Item 15), »Höhe – Tiefe« (Item 25).

4. *Wortschatz-Test (WT):* Anhand von 44 Begriffen wird der Wortschatz des Kindes geprüft. Beispiele: »Brot« (Item 1), »teilnehmen« (Item 8), »immun« (Item 25), »Dimension« (Item 39).

3. *Zahlennachsprechen (ZN):* Dieser Untertest ist, wie im *HAWIK*, fakultativ. Er prüft das Kurzzeitgedächtnis. Vom Probanden wird die Wiedergabe von sieben Zahlenreihen (maximal 9-stellig) vorwärts und sieben Zahlenreihen (maximal 8-stellig) rückwärts verlangt.

Die Untertests des *Handlungsteils* sind die folgenden:

11. *Zahlen-Symbol-Test (ZS):* Das Kind wird aufgefordert, entsprechend einem Schlüssel den Zahlen 1 bis 9 ein bestimmtes Symbol zuzuordnen. Es wird die Anzahl der in einer befristeten Zeit richtig eingesetzten Symbole geprüft. Der Untertest gibt Auskunft über das Arbeitstempo, die visuell-motorische Koordination, die Lernfähigkeit und das Konzentrationsvermögen. Kindern von sechs und sieben Jahren wird eine Version vorgelegt, die auf Zahlen verzichtet und an ihrer Stelle geometrische Figuren wie Kreis, Stern, Dreieck verwendet.

1. *Bilderergänzen (BE):* Den Probanden werden nacheinander 33 Bilder vorgelegt, auf denen ein wichtiger Teil fehlt. Dieser Teil soll jeweils erkannt und genannt werden. Der Untertest prüft die visuelle Auffassung, die Differenzierung zwischen Wesentlichem und Unwesentlichem, die Realitätskontrolle und die geistige Beweglichkeit.

9. *Bilderordnen (BO):* Dieser Untertest besteht aus drei Bildserien für Kinder bis zu acht Jahren sowie neun weiteren Bildserien für Kinder ab acht Jahren. Die Bildkarten einer jeden Serie sollen in die richtige Reihenfolge gebracht werden, sodass sich eine sinnvolle Folge ergibt. Geprüft wird die soziale Intelligenz, das heißt die Fähigkeit, soziale Gesamtsituationen zu erfassen.

5. *Mosaik-Test (MT):* Beim MT werden neun Würfel benutzt, deren Seiten verschieden bemalt sind. Es werden dem Kind insgesamt 17 Vorlagen präsentiert, die mit diesen Klötzchen nachgelegt werden sollen. Der Untertest prüft vor allem die Kombinationsfähigkeit, das räumliche Vorstellungsvermögen und die visuell-motorische Koordination.

8. *Figurenlegen (FL):* Der Proband hat die Aufgabe, nacheinander zehn in verschiedene Teile zerschnittene Figuren richtig zusammenzusetzen. Der Untertest prüft die visuell-motorische Koordination sowie die Fähigkeit,

Beziehungen zu erfassen. Ferner ist beim FL die Beobachtung der Problemlösungstechnik, der Ausdauer und des Verhaltens des Prüflings bei Fehlern zu protokollieren (diese qualitativen Merkmale gehen aber nicht in die Verrechnung ein).

Der *HAWIK-III* ist um die beiden Untertests Symbol-Test und Labyrinth-Test erweitert worden.

Für die Durchführung des *HAWIK-R* und des *HAWIK-III* werden im Allgemeinen 70 bis 90 Minuten benötigt. Der Test kann nur einzeln, nicht in Gruppen vorgenommen werden. Die Bewertung erfolgt nach den in der Handanweisung gegebenen Richtlinien. Es liegen für den *HAWIK-III* Normen für Kinder zwischen 6 und 16 Jahren vor, denen eine Eichstichprobe von 1 600 Probanden zugrunde liegt.

Die Auswertung des *HAWIK-R* und des *HAWIK-III* ist im Testmanual im Detail beschrieben. Die pro Untertest ermittelten Rohpunkte werden entsprechend dem Alter des Probanden anhand von Normentabellen in Wertpunkte transformiert (Mittelwert = 10, Standardabweichung = 3). Ferner lässt sich für die Gesamtleistung des Kindes ein Gesamtintelligenzquotient (Mittelwert = 100, Standardabweichung = 15) bestimmen sowie für die beiden Testteile ein Verbal- und ein Handlungsintelligenzquotient.

Beim *HAWIK-R* und beim *HAWIK-III* wird (wie auch beim *HAWIE-R*, s. Kap. 8.1.3.1) auf den Begriff des Intelligenzalters verzichtet. Vielmehr wird – im Gegensatz zu den meisten Binet-Skalen – ein so genannter »*Abweichungs-Intelligenzquotient*« benutzt. Dieser Quotient wird nicht mehr durch das Verhältnis von Intelligenzalter zu Lebensalter definiert, sondern durch die individuelle Abweichung vom Mittelwert der jeweiligen Altersgruppe. Der IQ bestimmt insofern in erster Linie die relative Position des Probanden zu seiner Altersgruppe. Der grundlegende Vorzug des Abweichungs-IQ liegt in der Konstanz der IQ-Variabilität: Ein bestimmter IQ besitzt unabhängig vom Lebensalter die gleiche Bedeutung.

Die bisherigen Erfahrungen mit dem *HAWIK-R* und dem *HAWIK-III* weisen darauf hin, dass diese revidierten Formen größere Ansprüche an die Probanden stellen beziehungsweise die Leistungen strenger bewertet werden, sodass – vor allem bei Kindern mit schwacher intellektueller Leistungsfähigkeit und spezifischen Funktionsstörungen – zum Teil deutlich niedrigere IQ-Werte erzielt werden als mit der alten HAWIK-Version (s. Gutezeit 1989; Koop et al. 1989; Schallberger 1991; Titze 1989; Tscherner 1990).

Im Hinblick auf die Objektivität des *HAWIK-R* und des *HAWIK-III* ist zu berücksichtigen, dass bei den Wechsler-Skalen bewusst auf das Prinzip des Multiple-Choice verzichtet worden ist. Das Testergebnis ist folglich stärker von der Person des Testdurchführers und -auswerters abhängig. Tewes hat jedoch bei der Revision des *HAWIK* eine Verbesserung der Objektivität in verschiedener Hinsicht angestrebt: die Standardisierung der Testsituation wurde wesentlich erweitert; die Testanweisung wurde überschaubarer gestaltet; die Auswertungsobjektivität wurde dadurch erhöht, dass im Handlungsteil die Registrierung der Testergebnisse vereinfacht wurde und dass die Kriterien zur Bewertung der Antworten im Verbalteil eindeutiger bestimmt wurden. Abgesehen vom Untertest »Gemeinsamkeitenfinden«, wurde im Verbalteil auf die Unterteilung in 1- und 2-Punktantworten verzichtet. Zur Reliabilität finden sich im Handbuch des *HAWIK-R* Angaben zur inneren Konsistenz (die diesbezüglichen Werte schwanken für gemittelte innere Konsistenz zwischen .67 für das Bilderordnen und .89 für den Wortschatz-Test und den Mosaik-Test), zum Standardmessfehler, der mit Werten zwischen .97 (Wortschatz-Test) und 1,58 (allgemeines Verständnis) recht niedrig ist und damit Aussagen mit großer Genauigkeit ermöglicht, sowie Resultate aus Retest-Untersuchungen, die zu Koeffizienten zwischen .74 (für die Untertests Bilderordnen und Figurenlegen) und .91 (für das Allgemeine Wissen) führten. Diese Resultate sind wesentlich besser als die des ursprünglichen HAWIK. Da der *HAWIK-R* vom Intelligenzkonzept und vom Inhalt der Testaufgaben her nicht von den ursprünglichen Wechsler-Skalen abweicht, dürften für die revidierte Form die Validitätsstudien zum ursprünglichen *HAWIK* Gültigkeit besitzen.

Der *HAWIK-R* bietet, abgesehen von der Bestimmung des Gesamtintelligenzniveaus und der Fähigkeiten im Verbal- und Handlungsbereich, auch die Möglichkeit zur Beantwortung differenzialdiagnostischer Probleme, beispielsweise bei der Diagnostik hirnorganischer Störungen mit spezifischen Ausfällen. Zu dieser Frage liegen verschiedene (allerdings mit dem ursprünglichen *HAWIK* durchgeführte) Untersuchungen vor. Er stellt ein nützliches Hilfsmittel zur Erfassung von Leistungsstörungen verschiedenster Ätiologie dar und konnte mit Erfolg auch zur Untersuchung von Kindern mit hirnorganischen Funktionsstörungen eingesetzt werden (Bottenberg 1968; Böhm et al. 1970; Bleckmann 1971; Kleinpeter 1971; Jochmus et al. 1971; Michalowicz et al. 1971; Klatskin et al. 1972; Westerhausen 1972). Als besonders sensible Untertests werden das Zahlennachsprechen, der Zahlensymbol-Test und der Mosaiktest beschrieben (bezüglich der Ermittlung von speziellen Indizes, die auf hirnorganische Störungen hindeuten, siehe die Ausführungen zum *HAWIE-R*, Kap. 8.1.3.1).

Tewes und Mitarbeiter haben im Jahr 2000 eine weitere deutschsprachige

Version der WISC herausgegeben, den *HAWIK-III* (dem die amerikanische WISC-III zugrunde liegt). Das Verfahren ist gegenüber dem *HAWIK-R* um zwei Untertests (Symbolsuche und Labyrinth-Test) erweitert worden. Um repräsentative Normen für den deutschsprachigen Bereich zu erstellen, wurden Eichstichproben in Deutschland, Österreich und in der Schweiz (N = 1.570) erhoben (Kinder von 6;0 bis 16;11 Jahre). Die Altersnormen basieren allerdings nur auf den Ergebnissen von jeweils 19 bis 31 Probandinnen und Probanden (während es beim *HAWIK-R* noch jeweils 50 Kinder und Jugendliche pro Altersklasse waren). Kritisch ist auch anzumerken, dass bei der manuellen Testauswertung die Gestaltung des Testprotokolls uneindeutig ist bezüglich der Zuordnung der drei fakultativen Untertests (Zahlennachsprechen, Symbolsuche und Labyrinth-Test). Es wird sich zeigen müssen, inwieweit der *HAWIK-III* ein besseres Testverfahren als der *HAWIK-R* darstellt. Die Autoren machen Vorschläge für die Bildung von Untertestkombinationen zur Beantwortung spezifischer Fragestellungen (wie sprachliche Konzeptbildung, räumliches Vorstellungsvermögen, sequenzielles Arbeiten, Langzeit- und akustisches Gedächtnis, simultane Informationsverarbeitung). Gleissner et al. (2003) haben eine Kurzform für den *HAWIK-III* entwickelt, der (wie schon die für den *HAWIK-R* entwickelte Kurzform) die fünf Untertests »Wortschatz«, »Mosaiktest«, »Bilderordnen«, »Zahlen-Symbol-Test« und »Allgemeines Wissen« umfasst.

pro memoria 8.1.2.2

Charakteristika des *HAWIK-R* und des *HAWIK-III*:
1. Globalbegriff der Intelligenz,
2. Einbeziehung nichtintellektueller Faktoren (im Handlungsteil),
3. Basierend auf der Zweifaktorentheorie der Intelligenz von Spearman,
4. Bestimmung eines »Abweichungs-Intelligenzquotienten«,
5. Individualverfahren, keine Parallelformen,
6. Durchführungszeit: 70–90 Minuten,
7. Normen für Kinder zwischen 6 und 16 Jahren.

8.1.2.3 Hannover-Wechsler-Intelligenztest für das Vorschulalter (HAWIVA)

Dieses Verfahren stellt die deutschsprachige Version der *Wechsler Pre-School and Primary Scale of Intelligence* (WPPSI) dar. Dem Wechsler'schen Intelligenzkonzept entsprechend (s. Kap. 8.1.2.2), werden mithilfe verschiedener Untertests zwei Intelligenzdimensionen erfasst: eine *verbale* Dimension, die den Sprach- und Wissenserwerb auf dem Hintergrund sozialer Bezüge und das schlussfolgernde Denken auf sprachlicher Ebene umfasst, und eine *handlungsorientierte* Dimension, welche die visuelle und visuomotorische Koordination, das Erfassen von Größe- und Lageverhältnissen sowie die Fähigkeit zur Durchgliederung komplexer Wahrnehmungsstrukturen beinhaltet.

Im Gegensatz zur amerikanischen Originalform hat Eggert (1978) in der deutschsprachigen Version auf die Bestimmung eines Gesamtintelligenzquotienten verzichtet (dies vor allem aus prinzipiellen theoretischen Erwägungen). Außerdem ist die Zahl der Untertests, die bei der Berechnung des Verbal- und des Handlungswertes verwendet werden, gegenüber der *WPPSI* (die aus insgesamt elf Untertests besteht) auf sechs Aufgabengruppen reduziert worden. Zwei weitere Untertests (Rechnerisches Denken und Tierhäuser) sind fakultativ. Schließlich legt Eggert den Testbenutzern nahe, die Resultate aus dem Verbal- und dem Handlungsteil nicht, wie in den anderen Wechsler-Tests üblich, in IQ-Werten auszudrücken (wenngleich dies mithilfe einer speziellen Umrechnungstabelle möglich ist), sondern sich auf die Bestimmung von Standardwerten (C-Normen und Prozentränge im Sinne einer Grobnormierung) für die beiden Testteile zu beschränken. Diese Abweichung gegenüber den anderen Wechsler-Tests liegt zum einen in der Normierung der bisherigen Testform begründet, für die eine IQ-Skala zu differenziert wäre. Zum anderen verweist der Autor darauf, dass vor allem im Arbeitsbereich der Psychologie der Behinderten in der Sonderschule Gesamtintelligenzquotienten allzu leicht und unkritisch zur Selektion von Sonderschulanwärtern verwendet werden könnten. Hingegen sei es wichtig, differenziertere Angaben über Leistungsdispositionen zumindest in den beiden mit dem *HAWIVA* geprüften Bereichen des Verbal- und des Handlungsteils zu liefern.

Der *HAWIVA* besteht aus einem Verbal- und einem Handlungsteil, wobei die Reihenfolge der Untertests so festgelegt worden ist, dass eine gewisse Abwechslung zwischen Verbal- und Handlungsaufgaben und zwischen »leichten« und »schweren« Untertests erfolgt.

Zum *Verbalteil* gehören folgende Untertests (in Klammern Angaben zur Reihenfolge bei der Untersuchung):
1. *Allgemeines Wissen* (1. Aufgabengruppe): Dieser Untertest umfasst 18 Items folgender Art: »Zeig mir deine Nase! Fass sie an!« (Beispiel-Item 0), »Was lebt im Wasser?« (Item 2), »Was braucht man, um 2 Stück Holz zusammenzumachen?« (Item 10), »Wo geht die Sonne unter?« (Item 18).

2. *Wortschatztest* (3. Aufgabengruppe): Nach dem Probe-Item »Hund« wird anhand von 20 Items der Wortschatz des Kindes geprüft. Die vorgelegten Begriffe reichen von »Messer« (Item 1) über »Fahrrad« (Item 5) und »Pelz« (Item 11) bis zu Worten wie »höflich« (Item 16) und »Held« (Item 20).

3. *Allgemeines Verständnis* (7. Aufgabengruppe): Der Untertest besteht aus zwölf Items zu lebenspraktischen Fragen und Problemen. Beispiele: »Was sollst du tun, wenn du dich in den Finger geschnitten hast?« (Item 1), »Was sollst du tun, wenn du einen Ball (Puppe) verloren hast, der (die) deinem Freund (Freundin) gehört?« (Item 6), »Warum ziehen wir Kleider an?« (Item 10).

Der *Handlungsteil* setzt sich zusammen aus:

4. *Labyrinthe* (4. Aufgabengruppe): Der Untertest besteht aus zehn Items, die dem Kind in Form von Labyrinthen vorgelegt werden. Das Kind soll jeweils, unter Vermeidung von »Sackgassen«, innerhalb einer vorgegebenen Zeit den Weg durch das Labyrinth mit einem Rotstift markieren.

5. *Figurenzeichnen* (6. Aufgabengruppe): Dem Kind werden maximal elf Muster mit geometrischen Figuren (Kreis, Dreieck, Quadrat, Rhombus, verschiedene Linien usw.) vorgelegt, die es abzeichnen soll.

6. *Mosaiktest* (8. Aufgabengruppe): Bei diesem neun Items umfassenden Untertest werden dem Kind verschiedenfarbige Holzklötze vorgelegt. Es hat die Aufgabe, die Klötze entsprechend einer Vorlage anzuordnen.

Ferner können als *Zusatztests*, die nicht in die Berechnung von Verbal- und Handlungsteil eingehen, die beiden folgenden Aufgabengruppen gegeben werden:

7. *Rechnerisches Denken* (5. Aufgabengruppe): Die insgesamt 19 Items dieses Untertests umfassen Aufgaben wie »Hier sind ein paar Stöcke. Zeig mir den längsten« (Item 1, dazu eine entsprechende Abbildung), »Hier sind Schüsselchen mit ein paar Kirschen drin. In welchem Schüsselchen sind gleichviel Kirschen drin? Zeig's mal« (Item 3, dazu eine Abbildung), »Ein Junge hatte 12 Zeitungen und verkaufte 5 davon. Wie viele behielt er übrig?« (Item 18).

8. *Tierhäuser* (2. Aufgabengruppe): Auf einem Formbrett ist unter vier Tierdarstellungen (Hund, Huhn, Fisch, Katze) je ein Holzstecker verschiedener Farbe angebracht (schwarz, weiß, blau und gelb). Unter dieser Reihe mit den vier Schlüsselfiguren befinden sich vier weitere Reihen mit je fünf Darstellungen der oben abgebildeten Tiere und je einem Loch unter den

Abbildungen. Das Kind hat die Aufgabe, so schnell wie möglich (max. 120 Sekunden) jeweils den Stecker mit der zum Tier gehörenden Farbe in das Loch zu stecken.

Die Durchführung der acht Untertests erfordert 30 bis 45 Minuten. Bei der Auswertung werden für jeden der Untertests die Rohpunkte ermittelt (genaue Angaben zur Bewertung finden sich in der Handanweisung). Die Summe der Rohpunkte der drei Verbaltests und die der drei Handlungstests werden entsprechend dem Alter des untersuchten Kindes anhand von Normentabellen (die in Halbjahresschritten angeordnet vorliegen) in Standardwerte transformiert (C-Werte und Prozentränge). Diese Standardwerte können bei Bedarf noch in T- und IQ-Werte umgewandelt werden. Für die beiden Zusatztests lassen sich ebenfalls auf das Alter des Kindes bezogene Standardwerte ermitteln.

Der *HAWIVA* kann als hinreichend objektives Verfahren bezeichnet werden. Die Auswertungsobjektivität ist lediglich bei den Untertests, die mehrstufig bewertet werden, etwas reduziert. Ein Verzicht auf diese Abstufung hätte jedoch, so die Testautoren, zu einer Erniedrigung der inneren Konsistenz und der Differenzierungsfähigkeit dieser Untertests geführt. Die Reliabilitätsschätzungen bewegen sich bezüglich der inneren Konsistenz zwischen .77 (Labyrinthe) und .94 (Gesamttest) und bezüglich der Stabilität (Retestmethode bei Zeitabstand von vier Wochen) zwischen .69 (Mosaiktest) und .95 (Gesamttest). Außerdem zeigte sich beim Vergleich zwischen dem *HAWIK* und dem *HAWIVA*, dass der Letztere bei jüngeren und geistig behinderten Kindern präziser misst als der HAWIK. Die von den Testautoren zitierten Validitätsstudien weisen darauf hin, dass der *HAWIVA* sehr gut mit den Resultaten des HAWIK, aber auch mit denen anderer bekannter Intelligenzverfahren, so der *Columbia Mental Maturity Scale* (vgl. Kap. 8.1.2.7), dem *Peabody Picture Vocabulary Test* und dem *Progressiven Matrizentest* (vgl. Kap. 8.1.2.4) übereinstimmt. In faktorenanalytischen Untersuchungen ließen sich zwei Faktoren extrahieren, die am besten durch die sprachlichen Untertests (Verbalfaktor) einerseits und durch die sprachfreien Aufgabengruppen (Organisation der Wahrnehmung) andererseits repräsentiert sind. Die Normstichprobe des *HAWIVA* umfasst 603 Kinder beiderlei Geschlechts im Alter zwischen 48 und 77 Monaten. Es liegen Normentabellen für fünf Altersklassen (jeweils sechs Monate umfassend) vor.

Das Ergebnis des Verbalteils des *HAWIVA* vermittelt ein Bild vom Grad des Sprach- und Wissenserwerbs sowie Hinweise auf die Fähigkeit zu logischschlussfolgerndem Denken auf sprachlicher Ebene. Aus den Resultaten des

Handlungsteils hingegen lässt sich auf die Organisation der Wahrnehmung, speziell auf die visuomotorische Koordination schließen. Der fakultative Untertest »Rechnerisches Denken« erlaubt einen Schluss auf Grundfähigkeiten im Umgang mit Zahlen; der Untertest »Tierhäuser« erfasst die visuomotorische Koordination unter Zeitdruck und bei konzentrativer Anspannung. Das Verfahren ist ein in der Vorschuldiagnostik häufig verwendeter, bewährter Test zur Erfassung der intellektuellen Entwicklung von psychisch gesunden ebenso wie von körperlich kranken und geistig behinderten Kindern (Friedrich 1989; Kramer et al. 1989; Schneider 1990). Aufgrund des Testergebnisses können gezielte Förderungsmaßnahmen eingeleitet werden.

pro memoria 8.1.2.3

1. Basierend auf der Wechslerschen Intelligenztheorie, aber keine Bestimmung eines Gesamtintelligenzquotienten,
2. Verbalaufgaben (Sprach- und Wissenserwerb und schlussfolgerndes Denken) und Handlungsaufgaben (Organisation der Wahrnehmung, visuomotorische Koordination),
3. Individualtest, keine Parallelformen,
4. Durchführungszeit: 30–45 Minuten,
5. Normen für Kinder zwischen 48 und 77 Monaten.

8.1.2.4 Der Progressive Matrizentest von Raven (PMT) und andere sprachfreie Intelligenzverfahren

Das von Raven (1971a, 1971b, 1973) entwickelte, sprachfreie Verfahren liegt für Kinder in drei Ausgaben vor: Für Kinder von fünf bis elf Jahren kann die farbige Form, *Coloured Progressive Matrices*, verwendet werden, für Probanden ab sechs Jahren ferner die *Standard Progressive Matrices* sowie ab elf Jahren auch die *Advanced Progressive Matrices*. Heller et al. (1998a, 1998b) liefern in den von ihnen zusammengestellten Manualen aktuelle, repräsentative Altersnormen und schultypspezifische Klassenstufennormen für 6- bis 18-Jährige. Es liegen ebenfalls Tabellen für hörgeschädigte und lernbehinderte Schülerinnen und Schüler (14–16 Jahre) vor. Die Schwierigkeit der Aufgaben nimmt innerhalb jeder Aufgabengruppe und von einer Aufgabengruppe zur nächsten progressiv zu. Die »matrices« stellen abstrakte Muster, Zeichen und Folgen von Zeichen dar, bei denen jeweils ein Teil ausgespart ist. Die Aufgabe besteht darin, den fehlenden, ausgesparten Teil aus einem

Angebot von sechs bis acht verschiedenen Mustern herauszusuchen. Nach einer Untersuchung von Klinck (1998) scheint eine psychometrische Äquivalenz zwischen der Papier-Bleistift-Version und der computerunterstützten Administration zu bestehen.

Der PMT fordert in erster Linie die Entwicklung von Relationen zwischen abstrakten Formen und gilt als gutes Instrument zur Prüfung der Allgemeinbefähigung. Daneben spielen auch Raumerfassung und induktives Verstehen eine Rolle.

Der Proband soll die Aufgaben, eine nach der anderen, lösen und die Ergebnisse auf dem Antwortblatt eintragen. Bei kleineren Kindern kann der Untersucher die ihm vom Prüfling gezeigten Lösungen notieren. Es besteht keine Zeitbegrenzung. Die Testdauer beträgt für die farbige Form im Allgemeinen etwa 25 bis 30 Minuten, für die Standardform 45 bis 50 Minuten. Es empfiehlt sich, die für die Testbearbeitung benötigte Zeit zu vermerken. Daraus können Schlüsse auf die Sorgfalt der Arbeitsweise oder auf das Arbeitstempo gezogen werden. Der Test kann bei älteren Kindern in Gruppen gegeben werden. Bei Kindern unter acht Jahren hingegen empfiehlt sich eine Einzeluntersuchung.

Die Auswertung des PMT ist sehr einfach: Anhand eines Lösungsschlüssels wird die Anzahl der richtig gelösten Aufgaben festgestellt. Außerdem wird bei jedem Set der Abweichungswert, die »discrepancy«, von der Erwartungsnorm bestimmt. Beim Auftreten großer Diskrepanzen kann auf Leistungsschwankungen und Konzentrationsstörungen geschlossen werden (Rauchfleisch 1975). Für den Summenwert der richtigen Lösungen werden in den entsprechenden, nach Altersstufen aufgeschlüsselten Normentabellen der Prozentrang des individuellen Testresultats und die zugehörige Güteklasse (Grad) der Leistung ermittelt (Heller et al. 1998a, 1998b; Kratzmeier 1978; Schmidtke et al. 1979).

Von Raven werden zwar zur Objektivität keine Angaben gemacht. Bei selbstständiger Durchführung des Verfahrens durch den Probanden scheint jedoch die Durchführungsobjektivität gesichert zu sein. Auswertung und Interpretation sind, sofern sich letztere an der von Raven gegebenen Anleitung orientieren, ebenfalls als objektiv anzusehen. Zur Reliabilität und Validität sind verschiedene Untersuchungen von Raven selbst sowie von anderen Autoren durchgeführt worden. Die Reliabilität kann (je nach der verwendeten Methode) mit Werten zwischen 0,76 (Keir 1949) und 0,93 (Burke 1958) als ausreichend bezeichnet werden. Aus faktorenanalytischen Arbeiten ergab sich vor allem ein Generalfaktor der Intelligenz. Daneben sind induktives Denken und Raumerfassung sowie ein spezieller Gedächtnisfaktor wichtige Komponenten bei der Lösung der progressiven Matrizen.

Der *Matrizentest* spricht insbesondere die averbale Komponente der Intelligenz an. Bei der Untersuchung verhaltensgestörter Kinder und Jugendlicher erweist er sich als brauchbares Instrument zur Abschätzung des Intelligenz*potenzials*, während *HAWIE* und *HAWIK* mehr die bisher realisierte intellektuelle Leistungsfähigkeit erfassen (Rauchfleisch et al. 1972). Beim Vorliegen hirnorganischer Funktionsstörungen kommt es im *Matrizentest* im Allgemeinen zu erheblichen Ausfällen. Es empfiehlt sich insofern, außer dem PMT auch den Hamburg-Wechsler-Intelligenztest durchzuführen. Gerade bei Kindern mit leichteren hirnorganischen Schäden ist der Gesamt-Intelligenzquotient des Wechsler-Tests dann häufig noch relativ hoch, während das Ergebnis des PMT auffallend viel schlechter ausfällt. Erst die Gegenüberstellung der aus beiden Verfahren gewonnenen Befunde vermag gute Beurteilungskriterien zur Abschätzung der Begabung und der derzeitigen Leistungsfähigkeit beziehungsweise der Leistungsausfälle und eines eventuellen Abbaus in die Hand zu geben. Einen Überblick über die mit der farbigen Form durchgeführten Untersuchungen geben Schmidtke et al. (1979).

Es sei noch auf zwei weitere Tests hingewiesen, die ebenso wie der PMT zum Ziel haben, die Intelligenz möglichst sprach- und kulturunabhängig zu erfassen (darauf, dass dieser Anspruch letztlich bei keinem Verfahren wirklich erfüllt werden kann, hat u. a. Groffmann 1964 hingewiesen). Genannt seien der *Figure Reasoning Test* (FRT) von Daniels (1971) und der *Grundintelligenz-Test, Skalen 1, 2 und 3* (CFT 1, CFT 2, CFT 3), von Cattell (1972). Der *Figure Reasoning Test* (FRT) umfasst 45, ihrer Schwierigkeit nach gestaffelte, Aufgaben, ähnlich denen des Progressiven *Matrizentests*. Beim *Grundintelligenz-Test* von Cattell in der Bearbeitung von Weiss (1980, 1997, 1998) erfassen die Intelligenzskalen entsprechend dem Konzept von Cattell vor allem den relativ sprachunabhängigen Faktor der »general fluid ability« (Cattell 1963; zur Intelligenztheorie von Cattell s. a. Kap. 2.3). Der CFT 1 liegt für Kinder von 5;3 bis 9;5 Jahre vor, der CFT 2 für Kinder und Jugendliche zwischen 8;7 und 18 Jahren und der *CFT 3* für Jugendliche (und Erwachsene) ab dem 14. Lebensjahr.

pro memoria 8.1.2.4

1. Formen des *Progressiven Matrizentests* (PMT):
   1.1 *Coloured Progressive Matrices* (5–11 Jahre),
   1.2 *Standard Progressive Matrices* (ab 6 Jahre),
   1.3 *Advanced Progressive Matrices* (ab 11 Jahre).
2. Andere sprachfreie Intelligenzverfahren:
   2.1 *Figure Reasoning Test* (FRT) von Daniels,
   2.2 *Grundintelligenz-Test* von Cattell.
3. Gruppenverfahren zur Abschätzung des Intelligenzpotenzials.
4. Günstig: Kombination von *PMT* und *HAWIK/HAWIE*.

8.1.2.5 Das Begabungstestsystem (BTS) und das Leistungsprüfsystem (LPS) von Horn

Mit diesen beiden von Horn konzipierten Testsystemen soll die Intelligenz von Kindern und Jugendlichen erfasst werden. Das *Begabungstestsystem* (BTS) besteht aus neun Untertests, die zum Teil Weiterentwicklungen bekannter Tests (Rupp-Waben-Test, Mann-Zeichen-Test, Regelfinden nach Thurstone, Durchstreich-Test nach Bourdon et cetera) darstellen. Ferner wird die Rechenfertigkeit geprüft und ein Rechtschreibtest durchgeführt. Das BTS ist anwendbar bei Kindern ab sieben Jahren. Es liegen T-Normen vor, die an einer Eichstichprobe von mehr als 5 000 Probanden erhoben worden sind. Objektivität, Reliabilität und Validität erscheinen weitgehend gesichert.

Das *Leistungsprüfsystem* (LPS) von Horn setzt sich aus 15 Untertests zusammen, wobei die Aufgaben zum Teil aus den »primary mental ability tests« von Thurstone stammen. Diese Testbatterie basiert auf der Theorie der Primärfähigkeiten von Thurstone (s. Kap. 2.3). Dementsprechend konnten in Faktorenanalysen im LPS die Primärfaktoren nachgewiesen werden. Wie beim BTS liegen auch für das LPS die Parallelformen A und B vor. Beim LPS bestehen ferner, neben einer Langform, eine Normal- und zwei Kurzformen. Die Objektivität und Reliabilität des LPS kann als gut bezeichnet werden, die Validität erscheint noch nicht völlig geklärt. Die Normierung beruht auf einer Eichstichprobe von 3 000 Probanden im Alter zwischen 9 und 50 Jahren (über die Repräsentativität dieser Stichprobe liegen jedoch keine Angaben vor).

pro memoria 8.1.2.5

1. *Begabungstestsystem* (BTS) und *Leistungsprüfsystem* (LPS) basieren auf der Theorie der »primary mental abilities« (Thurstone).
2. *BTS* und *LPS*: Gruppenverfahren, Parallelformen.
3. Normen:
   3.1 *BTS:* ab 7 Jahren,
   3.2 *LPS:* 9–50 Jahre.

8.1.2.6 Kaufman Assessment Battery for Children (K-ABC), deutsche Version

Die K-ABC (Kaufman und Kaufman; deutsche Bearbeitung von Melchers und Preuss 2001) ist ein Individualtest zur Messung der Intelligenz und der Fertigkeiten von Kindern. Dieses jetzt in 5. Auflage vorliegende Verfahren geht von der *Definition der Intelligenz als Fähigkeit, Probleme durch geistiges Verarbeiten zu lösen*, aus. Deshalb steht bei der Diagnose der Prozess der Lösungsfindung und nicht, wie in vielen anderen Intelligenzverfahren, der Inhalt der Aufgabe im Vordergrund. Die Messung intellektueller Fähigkeiten wird von der Messung des Standes erworbener Fertigkeiten (Lernen und Wissen) getrennt, um diese unterschiedlichen Bereiche mentaler Leistung einzeln und im Vergleich miteinander erfassen zu können. Der auf der Basis einer Stichprobe von mehr als 3 000 Kindern zwischen 2;6 und 12;5 Jahren konzipierte Test (Normen für elf Altersstufen) ist in vier Skalen gegliedert:»Skala einzelheitlichen Denkens« und »Skala ganzheitlichen Denkens« (als Skalen intellektueller Fähigkeiten), »Fertigkeitenskala« und »Sprachfreie Skala«.Die Reliabilitätskoeffizienten für die vier Skalen (zwischen .83 und .98) weisen den Test als reliables Instrument aus. Validitätsuntersuchungen bestätigen die Gültigkeit des Verfahrens.

Maluck und Melchers (2000) haben mit Erfolg den Versuch unternommen, dieses für Kinder konzipierte Verfahren auch zur Untersuchung von geistig behinderten Erwachsenen einzusetzen. Das Verfahren vermittelte für diese Probanden ein differenziertes Bild ihrer kognitiven Leistungsfähigkeit.

pro memoria 8.1.2.6

1. *Kaufman Assessment Battery for Children* (K-ABC)
   1.1 Definition der Intelligenz als Fähigkeit, Probleme durch geistiges Verarbeiten zu lösen. Bestehend aus vier Skalen.
   1.2 Individualtest.
   1.3 Normen für Probanden zwischen 2;6 und 12;5 Jahren.

8.1.2.7 Die Testbatterie für geistig behinderte Kinder (TBGB) von Bondy und die Snijders-Oomen Nicht-verbale Intelligenztestreihe (SON) von Snijders

Die *Testbatterie für geistig behinderte Kinder* (TBGB) wurde von Bondy und Mitarbeitern (1971) aus verschiedenen englischen und amerikanischen Tests zusammengestellt. Das Besondere dieser Testbatterie liegt darin, dass es ein Instrument ist, das speziell bei minderbegabten Kindern eingesetzt werden kann, um bei ihnen den Grad und die Art der intellektuellen Behinderung festzustellen. Aufgrund sehr umfangreicher Voruntersuchungen wählten die Autoren für die endgültige Form der *TBGB* die folgenden sechs Untertests aus, die in verschiedenen Kombinationen und auch einzeln gegeben werden können: 1) die *Columbia Mental Maturity Scale*, 2) die farbige Form des *Progressiven Matrizentests* von Raven, 3) einen *Wortschatztest*, 4) den Untertest »Befolgen von Anweisungen«, 5) die Aufgabe »*Kreise punktieren*«, 6) zur Prüfung der Motorik die *Lincoln-Oseretzky-Motor-Development-Scale*. Zusätzlich kann zur Erfassung der sozialen Reife eines Kindes auch eine Kurzform der *Vineland Social Maturity Scale* von Doll verwendet werden.

Die Standardisierung erfolgte an 1 209 geistig behinderten Kindern im Alter von sieben bis zwölf Jahren. Zur Objektivität werden keine Angaben gemacht. Die Reliabilität liegt zwischen 0,90 und 0,98 und kann damit als sehr gut bezeichnet werden. Untersuchungen zur Validität (Zusammenhänge zwischen der *TBGB* und dem *HAWIK* beziehungsweise dem Lehrerurteil) führten zu wenig befriedigenden Resultaten. Man könnte allerdings aus diesen Befunden auf die Spezifität der *TBGB* für den angezielten Probandenkreis (geistig behinderte Kinder) schließen.

Ein zweites Verfahren, das in der Diagnostik behinderter Kinder eine besondere Rolle spielt, ist die *Snijders-Oomen Nicht-verbale Intelligenztestreihe (SON)* von Snijders et al. (1970). Diese Testreihe ist vor allem konzipiert worden zur Untersuchung von Schwerhörigen, Gehörlosen und Taubstummen. Für hörfähige Probanden liegen verbale Instruktionen vor.

Die acht Untertests dieses Verfahrens sind in die vier folgenden Gruppen geordnet: »Form«, »anschaulicher Zusammenhang«, »Abstraktion« und »unmittelbares Gedächtnis«. Es liegen die Testformen P und Q sowie eine Kurzform vor. Mit diesen Verfahren können Kinder zwischen 3 und 16 Jahren untersucht werden.

Die Eichung stützt sich auf Resultate von 1 160 tauben und 1 355 hörenden Kindern aus den Niederlanden. Objektivität und Reliabilität sind gegeben. Validitätsuntersuchungen bezüglich der Korrelationen zwischen dem Testergebnis und dem Lehrerurteil liegen allerdings nur relativ niedrig (bei Gehörlosen: 0,49).

pro memoria 8.1.2.7

1. *Testbatterie für geistig behinderte Kinder* (TBGB):
   1.1 zur Differenzierung im Bereich der Minderbegabung,
   1.2 Individualtest,
   1.3 Normen für Kinder zwischen 7 und 12 Jahren.
2. *Snijders-Oomen Nicht-verbale Intelligenztestreihe* (SON):
   2.1 zur Intelligenzuntersuchung bei Hörgeschädigten,
   2.2 Individualtest, Parallelformen,
   2.3 Normen für Kinder zwischen 3 und 16 Jahren.

8.1.2.8 Der Mann-Zeichen-Test (MZT)

Der *Draw-a-Man-Test* (DAM) wurde 1926 von Goodenough veröffentlicht. Der Autor stellte eine Liste von 51 Items zunehmenden Schwierigkeitsgrades auf. Die meisten Items beinhalten das Vorhandensein und die richtige Anzahl bestimmter Körperteile in der Menschenzeichnung, andere die Richtigkeit der Proportionen, des Zusammenhangs der Details und die Koordination der Zeichenbewegung. Deutsche Bearbeitungen des so genannten *Mann-Zeichen-Tests* (MZT) legten Ziler (1975) mit einer Liste von 52 Items und Sehringer (1957) vor.

Obwohl die ursprüngliche Annahme Goodenoughs, er habe mit dem *DAM* einen sprach- und kulturunabhängigen Intelligenztest entwickelt, nicht haltbar ist, und die Validität dieses Tests sehr fraglich bleibt, ist dieses Verfahren doch kurz vorgestellt worden als Beispiel für einen zeichnerischen Intelligenztest (besser sollte man aber wohl von einem Test zur Abschätzung des Entwicklungsstands sprechen). Zu dieser Gruppe können wir

auch den *Abzeichentest* von Busemann (1955), die von Meili (1955) bear-
beiteten *Figuren von Rybakoff* sowie den ebenfalls von Meili herausgegebenen Test *Würfelabwicklungen* zählen. Bei allen diesen Verfahren fehlt es an
exakten Angaben über Objektivität und Reliabilität. Die Validitätsstudien
bleiben unbefriedigend. Der Mann-Zeichen-Test kann lediglich vorsichtige
Voraussagen über den Entwicklungsstand eines Kindes erlauben. Dieser
Test ist aber keinesfalls in der Lage, Verfahren zur differenzierten Intelligenzmessung, wie die unter 8.1.2.1 bis 8.1.2.7 genannten Tests, zu ersetzen.

pro memoria 8.1.2.8

Zeichnerische Intelligenzverfahren zur Abschätzung des Entwicklungsstands eines Kindes:
1. *Mann-Zeichen-Test* (MZT),
2. *Abzeichentest*,
3. *Figuren* von Rybakoff,
4. *Würfelabwicklungen*.

8.1.3 Intelligenztests für Erwachsene

Auch in diesem Kapitel können nur einige der bekanntesten Tests kurz besprochen werden. Die Leserinnen und Leser, die sich einen umfassenderen
Überblick über die verschiedenen Intelligenzverfahren für Erwachsene verschaffen wollen, müssen auf die entsprechenden Kompendien der Testpsychologie verwiesen werden (Brickenkamp 1975, 1983, 1986; Schmidtchen
1975; Hiltmann 1977; Groffmann et al. 1983).

8.1.3.1 Der Hamburg-Wechsler-Intelligenztest für Erwachsene, Revision 1991 (HAWIE-R)

Dieses Verfahren ist die deutsche Bearbeitung und Standardisierung der
Wechsler-Adult-Intelligence-Scale (WAIS) und orientiert sich weitgehend an
der 1981 erfolgten Revision dieser Skala. Der Test beruht auf dem schon beim
HAWIK-R (s. Kap. 8.1.2.2) besprochenen Intelligenzkonzept von Wechsler.
Neben der allgemeinen Intelligenz misst der Test auch spezifische, nichtintellektuelle Faktoren. Vergleiche zwischen den Testleistungen im ursprünglichen *HAWIE* (Bondy 1956) und der von Tewes herausgegebenen Revision
1991 (2. korr. Aufl. 1994), lassen im Allgemeinen keine relevanten Abwei-

chungen erkennen (Gorlicki et al. 1997; Satzger et al. 1996). Es wird allerdings beim *HAWIE-R* sowohl in den einzelnen Testteilen als auch bei der Gesamteinschätzung eine größere Spannweite der IQ-Werte erkennbar, das heißt, im *HAWIE-R* erreichen mehr Probanden deutlich unter- respektive überdurchschnittliche Ergebnisse (Gorlicki et al. 1997). Auf jeden Fall sollte heute unbedingt die revidierte Form verwendet werden, da hier veraltete, ungeeignete Aufgaben eliminiert worden sind und eine neue Normierung an größeren Stichproben erfolgt ist. Die insgesamt 2 000 Probanden der Eichstichprobe verteilen sich auf neun Altersstufen von 16 bis 74 Jahren mit je 200 respektive (für die Altersgruppen 20 bis 24 und 25 bis 34 Jahre) je 300 Probanden. Von Schäuble und Gorlicki (1998) ist eine *reduzierte Testform* entwickelt worden, bestehend aus den vier Subtests »Wortschatz-Test«, »Bilderordnen«, »Rechnerisches Denken« und »Bilderergänzen«.

Ebenso wie der *HAWIK-R* besteht der *HAWIE-R* aus einem Verbal- und einem Handlungteil. Zum *Verbalteil* gehören die sechs Untertests: Allgemeines Wissen (AW), Zahlennachsprechen (ZN), Wortschatz-Test (WT), Rechnerisches Denken (RD), Allgemeines Verständnis (AV) und Gemeinsamkeiten finden (GF). In der revidierten Form ist der Wortschatz-Test nicht mehr, wie in der ursprünglichen *HAWIE*-Version, fakultativ, sondern obligatorisch. Der *Handlungteil* besteht aus den fünf Untertests: Bilderergänzen (BE), Bilderordnen (BO), Mosaik-Test (MT), Figurenlegen (FL) und Zahlen-Symbol-Test (ZS). In der Revision 1991 werden bei der Testdurchführung die Untertests des Verbal- und des Handlungteils im Wechsel dargeboten, das heißt, man beginnt mit dem Untertest »Allgemeines Wissen« (Verbalteil), auf diesen folgt das »Bilderergänzen« (Handlungteil), danach das »Zahlennachsprechen« (Verbalteil), dann das »Bilderordnen« (Handlungteil) und so fort. Eine Beschreibung der einzelnen Untertests und Hinweise auf ihre diagnostische Bedeutung erübrigen sich hier, da sie bereits bei der Darstellung des *HAWIK-R* diskutiert worden sind.

Die Durchführung des *HAWIE-R* erfordert im Allgemeinen 70 bis 90 Minuten. Die Testung kann nur einzeln, nicht in Gruppen vorgenommen werden. Die Bewertung der Aufgaben, die Umwandlung der Roh- in Wertpunkte und die Ermittlung des Verbal-, des Handlungs- und des Gesamt-Intelligenzquotienten sind in der Handanweisung (Tewes 1991, 1994) ausführlich dargestellt.

Es ist zu beachten, dass im *HAWIE-R* der Mittelwert der Intelligenzquotienten nach wie vor bei 100 liegt, die Standardabweichung aber 15 Punkte beträgt. Daraus resultiert, dass als Grenzen des Bereichs der durchschnittlichen Intelligenz nun die IQ-Werte 85 respektive 115 gelten. Ein Vorteil gegenüber dem ursprünglichen *HAWIE* liegt darin, dass in der neuen Version bei der Transformation der Rohwerte in Wertpunkte das Alter des jeweiligen Probanden berücksichtigt wird. Für die Wertpunkte gilt der Mittelwert von zehn, die Standardabweichung beträgt drei Punkte. Somit lässt sich anhand der Wertpunkte direkt beurteilen, ob das Resultat eines Probanden in einem bestimmten Untertest im, über oder unter dem Normbereich liegt.

Die Auswertungsobjektivität erweist sich nach Tewes als zufrieden stellend, liegt aber, da es sich um einen Individualtest mit freier Aufgabenbeantwortung handelt, selbstverständlich niedriger als bei einem Multiple-Choice-Verfahren. Als Maß für die Reliabilität wurde die innere Konsistenz bestimmt. Die Koeffizienten liegen im Mittel zwischen .71 (Bilderergänzen) und .96 (Gesamttest). Der *HAWIE-R* erweist sich damit als ein wesentlich zuverlässigeres Messinstrument als der ursprüngliche *HAWIE*. Zur Validitätsüberprüfung wurden Faktorenanalysen durchgeführt, die entsprechend dem Konzept von Wechsler zu einer Zweifaktorenlösung mit einem Verbal- und einem Handlungsfaktor führen. Außerdem ließen sich eindeutige Unterschiede in den Leistungen von Hauptschülern, Realschülern und Gymnasiasten nachweisen. In Übereinstimmung mit den bereits mit dem ursprünglichen *HAWIE* ermittelten Befunden zeigten sich auch beim *HAWIE-R* mit zunehmendem Alter Leistungsminderungen vor allem bei den Untertests des Handlungsteils.

In der klinischen Praxis hat sich der *HAWIE-R*, wie schon die ursprüngliche *HAWIE*-Form, trotz mancher Kritik an diesem Verfahren bewährt. Er stellt ein gutes Instrument zur Bestimmung des Gesamtintelligenzniveaus dar und ist bei verschiedenen klinischen Fragestellungen mit Erfolg einzusetzen. Es ist in diesem Zusammenhang auf die mit dem *HAWIE* durchgeführten Untersuchungen zu forensischen Fragestellungen (Bernstein et al. 1953; Schorch 1971), zur Diagnostik der Leistungsfähigkeit sozial auffälliger Jugendlicher (Holzer 1968; Rauchfleisch et al. 1972) sowie zu differenzialdiagnostischen Problemen und zur Beschreibung des Leistungsverhaltens verschiedener Probandengruppen (Haug 1964; Valseschini 1969; Kerschbaum 1970; Matarazzo 1982; Jochmus et al. 1971; Röth 1971) hinzuweisen.

In der klinischen Arbeit kommt dem *HAWIE-R* wie schon seinem Vorläufer ferner bei der *Diagnostik hirnorganischer Funktionsstörungen* eine besondere Bedeutung zu. Wechsler (1964) hat einen Katalog spezifischer Testcharakteristika bei Patienten mit organischer Gehirnerkrankung aufgestellt. In verschiedenen Publikationen (z. B. Boehm et al. 1947; Andersen 1950; Yates 1954; Dahl 1972) ist zwar immer wieder die diagnostische Brauchbarkeit dieser »Organiker-Zeichen« angezweifelt worden. Aus einer Durchsicht der einschlägigen Literatur ergeben sich jedoch ernst zu nehmende Hinweise darauf, dass eine Reihe von Testcharakteristika und spezieller Indizes geeignet ist, zwischen Patienten mit hirnorganischen Funktionsstörungen und anderen Probandengruppen zu unterscheiden (Baud u. Rauchfleisch 1982).

Weitgehende Übereinstimmung besteht vor allem hinsichtlich der differenzialdiagnostischen Bedeutung der Untertests ZS, MT und ZN (Fogel 1964; Haug 1964; Kraus et al. 1967; Willkomm 1967; Fischer et al. 1968; Loewen 1969; Davis et al. 1971; Violon et al. 1971; Russel 1972; Watson 1972) sowie bezüglich des Kriteriums einer großen Diskrepanz zwischen Verbal- und Handlungsteil mit besserem Resultat im Verbalteil (Haug 1964; Regel 1972). Diese Kriterien erwiesen sich nicht nur für die amerikanische Originalform, sondern auch für den *HAWIE* als gültig. Die meisten Autoren betonen allerdings, dass zur Diagnostik hirnorganischer Abbauprozesse nicht einzelne Untertests allein, sondern insbesondere Kombinationen aus verschiedenen Untertests aussagekräftig sind.

Auf dieser Überlegung basiert auch der von Wechsler (1964) definierte »deterioration quotient«, der *Abbauquotient* oder auch der *Abbauverlust*, bei dessen Bestimmung »beständige« und »nichtbeständige« Untertests einander gegenübergestellt werden. Als »beständig« bezeichnet Wechsler solche Untertests, die mit zunehmendem Alter eine nur geringfügige Leistungsabnahme erkennen lassen. »Nichtbeständige« hingegen sind die Untertests, deren Resultate mit zunehmendem Alter abfallen.

Zu den »beständigen« zählt er die Untertests AW, AV, BE, FL, WT und zu den »unbeständigen« ZN, RD, ZS, MT, GF (und bedingt BO). Diese beiden Gruppen von Tests werden zueinander in Beziehung gesetzt.

Der *Abbauquotient* errechnet sich nach der Formel (wobei in die Berechnung jeweils vier beständige und vier nichtbeständigee Untertests eingehen):

$$\text{Abbauquotient} = \frac{\text{nichtbeständig} \times 100}{\text{beständig}}$$

beziehungsweise der *Abbauverlust* nach der Formel:

$$\text{Abbauverlust} = \frac{\text{beständig} - \text{nichtbeständig}}{\text{beständig}}$$

Als Abbau im pathologischen Sinne definiert Wechsler einen Verlust, der den normalen Altersabfall übersteigt. Verluste von mehr als 20 % bewertet er als Anzeichen eines deutlichen Abbaus. Diese Methode Wechslers ist wiederholt kritisiert worden. Andererseits wird in einer Reihe von Arbeiten die diagnostische Brauchbarkeit des Abbauquotienten bestätigt.

Eine eigene Untersuchung (1974) betreffend den Zusammenhang zwischen EEG-Befunden und Abbauquotient bei 224 verhaltensgestörten Jugendlichen ergab, dass ein Abbauquotient von 80 und weniger (das heißt ein Verlust von 20 % und mehr) nur bei 9 % der 89 Probanden mit völlig unauffälligem EEG-Befund auftritt. Umgekehrt war allerdings keine ausreichend hohe Treffsicherheit bei der Zuordnung von eindeutig pathologischem EEG und Abbauquotienten von 80 und kleiner nachweisbar. Unsere Befunde konnten aber insofern doch als positives Validitätszeichen gewertet werden, als (bei nur geringer Irrtumswahrscheinlichkeit) gesagt werden kann, dass ein Abbauverlust von 20 % und mehr nur extrem selten bei Patienten mit unauffälligem EEG-Befund (nur bei 9 % der untersuchten Probanden) auftritt. Umgekehrt kann allerdings aus einem Abbau von weniger als 20 % nicht unbedingt geschlossen werden, dass keine pathologischen EEG-Veränderungen vorliegen. Aufgrund meiner eigenen Erfahrungen möchte ich den Hinweis Loewers (1969) unterstreichen: »Das Konzept, die Hirngeschädigten-Diagnostik auf dem Vergleich beständiger und unbeständiger Tests aufzubauen, sollte nicht aufgegeben werden.« Es wird vielmehr darauf ankommen, in exakten, empirischen Untersuchungen weitere Befunde zu sammeln und nötigenfalls Modifikationen vorzunehmen. Erste Ansätze finden wir bei Riegel (1960). Die Autorin regt aufgrund ihrer faktorenanalytischen Verrechnung von *HAWIE*-Ergebnissen verschiedener Altersstufen an, anstelle der einfachen Wertpunkte die mit dem ersten Faktor gewichteten Werte für die Berechnung des Abbauquotienten zu benutzen.

Für die amerikanische Originalform sind bereits einige modifizierte Methoden zur metrischen Erfassung hirnorganischer Abbauprozesse entwickelt worden (Reynell 1944; Hewson 1949; Hunt 1949; Norman 1966). Der diagnostische Wert dieser Indizes konnte zum Teil auch bei Kreuzvalidierungen bestätigt werden. Meines Wissens fehlt es jedoch an entsprechenden Untersuchungen zum *HAWIE*. Außer dem von Wechsler konzipierten Abbauverlust verwende ich bei Patienten mit psychoorganischen Syndromen immer auch den von Baxa und Pakesch (1972) entwickelten *Organikerindex*. Aufgrund ihrer Untersuchungen sind Baxa et al. zu dem Resultat gekommen, dass die Wechsler'sche Methode nicht verlässlich genug sei. Sie stellten einen *Organikerindex* nach der folgenden Formel auf:

$$OI = \frac{2 \times \text{Summe Wertpunkte (MT + ZS)}}{\text{Summe Wertpunkte (AW + AV + MT + ZS)}}$$

Als kritische Grenze legten die Autoren einen *Organikerindex* (OI) von 90 fest. Werte, die kleiner als 90 sind, weisen auf einen hirnorganischen Abbauprozess hin. Nach meinen eigenen Erfahrungen ist dieser *Organikerindex* ein hilfreicher Parameter. Er stimmt allerdings bei den meisten Patienten mit einem psychoorganischen Syndrom weitgehend überein mit dem Wechsler'schen Abbauverlust.

Bei der Verwendung der verschiedenen Indizes zur Bestimmung von Abbauprozessen ist allerdings zu beachten, dass diese von Divergenzen zwischen den Leistungen in einzelnen Untertests ausgehen. Es lässt sich rechnerisch deshalb kein pathologischer Abbau bei allen den Patienten bestimmen, bei denen nicht nur einzelne Funktionen eine Beeinträchtigung aufweisen, sondern die in ihrer gesamten Leistungsfähigkeit reduziert sind. Auf die Tatsache, dass sich hirnlokale Psychosyndrome mit ihrer spezifischen Symptomatologie nicht mit den üblichen Intelligenztests nachweisen lassen, wurde bereits hingewiesen (s. Kap. 8.1.1). Bei ihrer Abklärung bedarf es des Einsatzes von Persönlichkeitsverfahren, beispielsweise des *Farbpyramidentests* oder des *Rorschach-Tests*.

pro memoria 8.1.3.1

Charakteristika des *HAWIE-R*:
1. Globalbegriff der Intelligenz,
2. Einbeziehung nichtintellektueller Faktoren (im Handlungsteil),
3. Basierend auf der Zweifaktorentheorie der Intelligenz von Spearman,
4. Bestimmung eines »Abweichungs-Intelligenzquotienten«,
5. Individualverfahren, keine Parallelformen,
6. Durchführungszeit: 70–90 Minuten,
7. Normen für Kinder und Erwachsene von 6 bis 74 Jahren.

8.1.3.2 Der Intelligenz-Struktur-Test (IST 2000 R)

Amthauer (1953) benannte das von ihm konzipierte Intelligenzverfahren *Intelligenz-Struktur-Test* (IST), da es ihm speziell um die Erfassung der intellektuellen *Struktur* ging. Für ihn ist Intelligenz »*eine strukturierte Ganzheit von seelisch-geistigen Fähigkeiten, die in Leistungen wirksam werden und den Menschen befähigen, als Handelnder in seiner Welt bestehen zu können*«. Eine erste Form des *IST* wurde 1953 veröffentlicht (1955 in 2. Aufl.). Es folgten verschiedene Überarbeitungen in Gestalt des *Intelligenz-Struktur-Test 70* (IST 70), des *IST 2000* und als letzte Version im Jahr 2001 der *IST 2000 R* (Amthauer et al.).

In Anlehnung an das Intelligenzkonzept der primary mental abilities von Thurstone werden im *IST 2000 R* die folgenden elf Fähigkeiten erfasst: verbale Intelligenz, figural-räumliche Intelligenz, rechnerische Intelligenz, figurale Merkfähigkeit, schlussfolgerndes Denken, verbales Wissen, figural-bildhaftes Wissen, numerisches Wissen und Wissen (Gesamt) sowie fluide und kristallisierte Intelligenz. Das als Einzel- und Gruppentest durchführbare Verfahren, das auch in einer computergestützten Fassung vorliegt, umfasst sechs der ursprünglich neun Aufgabengruppen des *IST 70* in überarbeiteter Form (Satzergänzung, Analogien Gemeinsamkeiten, Zahlenreihen, Figurenauswahl und Würfelaufgaben). Hinzu kommen im *IST 2000 R* drei weitere neue Aufgabengruppen (Rechenaufgaben ohne verbalen Anteil, Vorzeichenaufgaben und Matrizenaufgaben) sowie eine Aufgabengruppe zum Allgemeinwissen. Der *IST 2000 R* ist modular aufgebaut, das heißt, bestimmte Komponenten können in Abhängigkeit von inhaltlichen und ökonomischen Anforderungen hinzugenommen oder weggelassen werden. Jede der genannten elf Fähigkeiten wird mithilfe von mehreren Aufgabentypen erfasst, wodurch vermieden wird, dass eine einzelne Aufgabengruppe mit einer bestimmten Fähigkeit gleich gesetzt wird.

Die Reliabilitätsschätzungen liegen für die einzelnen Skalen des *IST 2000 R* zwischen .87 und .96 (Cronbachs Alpha) respektive .88 und .97 (split-half-Reliabilität). Als Validitätsbelege werden Korrelationen mit verschiedenen anderen Intelligenz- und allgemeinen Leistungstests mitgeteilt (beispielsweise *HAWIE-R*, *CFT 20*, *Progressiver Matrizentest* von Raven, *Test d2*). Signifikante Zusammenhänge mit Schulnoten werden von den Testautoren als Hinweise auf konvergente und diskriminante Validität interpretiert.

Es liegen Standardwertnormen auf der Basis von mehr als 3 400 Personen im Alter zwischen 15 und 60 Jahren vor (differenziert nach Gymnasiums- und Nicht-Gymnasiumsabschluss). Für eine nach Schulbildung gewichtete Gesamtstichprobe wurde eine Zufallsauswahl von 2 020 Probanden vorgenommen. Die Durchführungsdauer beträgt je nach verwendeten Modulen zwischen 75 und 130 Minuten.

pro memoria 8.1.3.2

Charakteristika des *IST 2000 R*:
1. Erfassung der intellektuellen Struktur (Intelligenz = Sonderstruktur von hierarchischer Ordnung).
2. Konzipiert in Anlehnung an die Theorie der »primary mental abilities« von Thurstone.

3. Modularer Aufbau, durchführbar als Einzel- und Gruppenverfahren, auch eine computergestützte Fassung.
4. Durchführungszeit: zwischen 75 und 130 Minuten.
5. Normen für Jugendliche und Erwachsene zwischen 15 und 60 Jahren.

8.1.3.3 Der Progressive Matrizentest von Raven und der Grundintelligenztest von Cattell und Weiss

Die unter 8.1.2.4 bereits behandelten Formen des von Raven entwickelten *Progressiven Matrizentests* finden auch bei Erwachsenen Anwendung. Die farbige Form (*Coloured Progressive Matrices*) kann bei Probanden von 60 bis 89 Jahren verwendet werden. Für die *Advanced Progressive Matrices* und die *Standard Progressive Matrices* liegen aktuelle, repräsentative Altersnormen für Erwachsene vor (Heller et al. 1998a, b). Auch für den Erwachsenenbereich gilt, dass die computerunterstützte Administration als der Papier-Bleistift-Version äquivalente Form betrachtet werden kann (Klinck 1998).

Wie der Progressive Matrizentest ist auch der *Grundintelligenztest, Skala 3* (CFT 3) (Cattell u. Weiss 1980) und *Skala 2* mit *Wortschatztest* (WS) und *Zahlenfolgentest* (ZF) (CFT 2; Weiss 1998) ein sprachfreies Verfahren. Die Skalen erfassen die Grundintelligenz im Sinne der Cattell'schen general fluid intelligence und ermöglichen vor allem bei Menschen mit schlechten Sprachkenntnissen und geringer Schulbildung eine gerechtere Intelligenzdiagnostik. Die *CFT 3* liefert Normen für Jugendliche ab 14 Jahren und für Erwachsene, für die *CFT 2* liegen Normen für Kinder und Jugendliche von 8;7 bis 18 Jahre sowie für Erwachsene von 18 bis 70 Jahre vor.

pro memoria 8.1.3.3

s. Kap. 8.1.2.4

8.1.3.4 Der Mannheimer Intelligenztest (MIT)

Die Testautoren, Conrad et al. (1975, 3. überarbeitete und erweiterte Ausgabe 1986), legen ihrem Verfahren ein eklektisches Intelligenzkonzept zugrunde. Mit dem zehn Untertests umfassenden *MIT* wollen sie »sowohl dem globalen Intelligenzkonzept als auch dem Modell einer Kombination von unabhängigen Teilfähigkeiten gerecht« werden (Conrad 1975). Sie stützen sich dabei auf die Intelligenztheorien von Thurstone (1938), Guilford

(1964) und Jäger (1967). Neben verbalen Tests finden sich in diesem Papier-Bleistift-Verfahren auch figürliche Aufgabengruppen (Würfel, Mosaiken und so weiter). Das Verfahren liegt in zwei Parallelformen (S und T) vor.

Der *MIT* ist durchführbar mit Probanden im Alter zwischen 12 und 45 Jahren (eine Form für Kinder, der *MIT-KJ*, umfasst die Altersstufen 9–15 Jahre; Conrad et al. 1976). Er kann manuell mittels Schablonen oder über einen Belegleser ausgewertet werden. Mit diesem Verfahren soll die Höhe der allgemeinen Intelligenz bestimmt werden. Die Anwendungsbereiche sind bisher vor allem die Berufs- und Bildungsberatung sowie der Einsatz im Rahmen von Rehabilitationsprogrammen. Die Durchführung des Gesamttests dauert etwa eine Stunde.

Der Test ist vollkommen objektiv. Die von den Testautoren ermittelten Reliabilitätskoeffizienten liegen zwischen 0,78 (Retest-Methode) und 0,97 (innere Konsistenz). Zur Validität teilen die Autoren verschiedene Koeffizienten für Korrelationen zwischen dem Test und den von ihnen aufgestellten Kriterien mit. Für die alters-, geschlechts- und schulspezifische Normierung standen Conrad et al. (1986) für die beiden Parallelformen S und T des *MIT* insgesamt 5 236 Probanden zur Verfügung. Die Eichstichprobe des *MIT-KJ* umfasst 1 814 Probanden (alters- und schulspezifische Stanine- und Standardwerte).

pro memoria 8.1.3.4

Charakteristika des *Mannheimer Intelligenztests* (MIT):
1. Eklektisches Intelligenzkonzept: basierend auf den Intelligenztheorien von Thurstone, Jäger und Guilford.
2. Gruppenverfahren, Parallelformen.
3. Durchführungszeit: ca. 60 Minuten.
4. Normen für Kinder und Erwachsene zwischen 12 und 45 Jahren (*MIT-KJ* für Kinder von 9 bis 15 Jahre).

8.2 Entwicklungstests

Die Entwicklungstests sind Verfahren, mit denen bei Kindern der Entwicklungsstand des Gesamtverhaltens oder bestimmter Verhaltensbereiche erfasst werden soll. Ein sich im Test darstellendes »Ist-Verhalten« wird mit einem erwarteten »Soll-Verhalten« verglichen. Den Diagnostiker, der Entwicklungstests einsetzt, interessiert vor allem, Verhaltensauffälligkeiten zu erkennen und deren Ursachen aufzudecken, Maßnahmen zu deren Behebung vorzuschlagen oder einzuleiten und bei der Prophylaxe von Fehlentwicklungen mitzuwirken (dieses Ziel der Früherkennung von Schäden und Fehlentwicklungen bereits im ersten Lebensjahr verfolgt beispielsweise die von Hellbrügge et al. 1978 herausgegebene *»Münchener Funktionelle Entwicklungsdiagnostik«*). Mit Reinert (1964) und Filipp et al. (1983) können wir zwischen *allgemeinen Entwicklungstests* (Verfahren zur Ermittlung des Entwicklungsstandes des Gesamtverhaltens) und *speziellen Entwicklungstests* (zur Erfassung der motorischen, der sozialen, der Intelligenz- und der Wahrnehmungsentwicklung) unterscheiden. Als spezielle Entwicklungstests führt Reinert auch die verschiedenen Schultests an, die ich jedoch separat behandeln möchte (s. Kap. 8.3).

Das Hauptproblem bei den Entwicklungstests liegt darin, dass es bekanntlich bei Kindern außerordentlich schwierig ist, mit hinlänglicher Verlässlichkeit ein bestimmtes Persönlichkeitsmerkmal zu erfassen und zu Verhaltensvorhersagen aufgrund von Testuntersuchungen an Kleinkindern zu gelangen. Soll die Untersuchung zu einem einigermaßen verlässlichen Resultat führen, so ist nach meinen eigenen Erfahrungen im kinder- und jugendpsychiatrischen Bereich unbedingte Voraussetzung, dass der Untersucher und das Kind einander nicht nur im Rahmen einer kurzen Testuntersuchung begegnen, sondern sich möglichst gut, auch schon vorher, kennen. Insbesondere muss die bei Kindern oftmals intraindividuell stark schwankende Leistungsfähigkeit bei solchen Untersuchungen in Rechnung gestellt werden. Dinge, die dem Kind an einem Tag keinerlei Mühe bereiten, können ihm – auch wenn es völlig »normal« ist – an einem anderen Tag Schwierigkeiten bereiten. Ferner ist zu beachten, dass die affektive Beziehung zwischen dem Erwachsenen und dem Kind einen sehr großen Einfluss auf die Äußerungsfähigkeit des Kindes hat. Aus den angeführten Überlegungen ergibt sich, dass Prognosen aufgrund von Untersuchungen mit Entwicklungstests nur mit großer Vorsicht gestellt werden sollen (vgl. die Ausführungen von Filipp et al. 1983). Je jünger die Kinder sind, desto schwieriger ist eine verlässliche Aussage. Gute Dienste hingegen vermögen die Entwicklungstests zu leisten, wenn es darum geht, einerseits die Persönlichkeitsbereiche zu eruieren, in denen Schwierigkeiten, unter Umständen Retardierungen oder Defekte, bestehen, und andererseits auf Aspekte der Persönlichkeit hinzuweisen, die altersgemäß entwickelt sind und unter Umständen eine kompensatorische Funktion erfüllen.

8.2.1 Entwicklungsdiagnostische Screening-Tests

Unter den entwicklungsdiagnostischen Verfahren kommt den Screening-Tests eine besondere Bedeutung zu. Mit ihrer Hilfe kann der Untersucher sich in relativ kurzer Zeit einen ersten Eindruck vom Entwicklungsstand eines Kindes verschaffen und aufgrund der ermittelten Resultate bei Auffälligkeiten weitere spezifische Abklärungen vornehmen. Es können hier nur die am häufigsten verwendeten Screening-Verfahren genannt und kurz skizziert werden. Die interessierten Leserinnen und Leser seien auf die Testkompendien von Rennen-Allhoff et al. (1987) und Rauchfleisch (2001) verwiesen.

8.2.1.1 Denver-Entwicklungstest

Ein einfach zu handhabendes, zeitökonomisches (10–25 Minuten dauerndes), von der Geburt bis zum Alter von sechs Jahren verwendbares Verfahren ist der Denver-Entwicklungstest (Frankenburg et al. 1967, 1968; deutsche Bearbeitung von Flehmig 1987; s. a. Schloss et al. 1974). Er umfasst 105 Items, die sich in die vier Bereiche »Sozialer Kontakt«, »Feinmotorik-Adaptation«, »Sprache« und »Grobmotorik« untergliedern. 49 Items sind so genannte »Report Items«, das heißt, sie beinhalten Verhaltensweisen, die in der Testsituation selbst kaum beobachtbar sind und zu denen deshalb die Eltern des Kindes befragt werden. Unter Berücksichtigung des chronologischen Alters wird jedem Kind beziehungsweise dessen Eltern eine Auswahl von in der Regel 20 bis 25 Items vorgelegt.

8.2.1.2 Entwicklungstabellen

Eine andere Gruppe von Screening-Tests wird unter dem Oberbegriff »Entwicklungstabellen« subsumiert. Dazu gehören beispielsweise das »*Sensomotorische Entwicklungsgitter*« von Kiphard (1975) zur Untersuchung der Bereiche »Optische Wahrnehmung«, »Handlungsmotorik«, »Körpermotorik«, »Sprachmotorik« und »Akustische Wahrnehmung« bei Kindern von Geburt an bis zum 7. Lebensjahr, sowie die »*Entwicklungstabellen*« von Strassmeier (1979) mit den Bereichen »Selbstversorgung – Sozialentwicklung«, »Feinmotorik«, »Grobmotorik«, »Sprache« und »Kognitive Entwicklung – Wahrnehmung«. Mithilfe dieser Verfahren ist es möglich, den Entwicklungsstand in den genannten Bereichen zu evaluieren und daraufhin ein Entwicklungsprofil aufzustellen. Aus diesem lassen sich direkt Hinweise für Therapie- und Fördermaßnahmen ableiten.

8.2.1.3 Verfahren zur Erfassung spezifischer Teilleistungsschwächen

Zu den Screening-Tests gehören ferner die Verfahren zur Erfassung spezieller Teilleistungsschwächen. Für Kinder im Vorschulalter hat Esser (1980) eine *Testbatterie zur Erfassung von Teilleistungsschwächen bei 4- und 5-Jährigen* entwickelt. Esser verwendet fünf (bei den 4-Jährigen) oder acht (bei den 5-Jährigen) Tests anderer Autoren (so die *Columbia Mental Maturity Scale* und zum Teil modifizierte Untertests aus dem *Frostig Entwicklungstest* der visuellen Wahrnehmung und dem *Psycholinguistischen Entwicklungstest*; s. Kap. 8.2.2.1 und 8.2.2.2). Der Autor hat diese Verfahren dem Alter der zu untersuchenden Kinder und dem Untersuchungsziel (Screening) angepasst.

8.2.1.4 Screening-Tests zur Diagnostik von Verhaltensauffälligkeiten

Es sind Fragebögen, die von den Eltern zu beantworten sind. Abgesehen von dem summarischen Hinweis auf eine psychische Störung, auf die sich aus den Resultaten schließen lässt, sollten die positiv beantworteten Symptome stets auch in einer gezielten Exploration noch genauer erfragt und die Umstände, unter denen sie auftreten, geklärt werden. Der Wert solcher Screening-Verfahren liegt gerade darin, den Untersucher auf solche Symptome aufmerksam zu machen und zur weiteren Abklärung anzuregen. Bewährt hat sich der *Fragebogen zur Erfassung von Verhaltensstörungen im Vorschulalter* (Esser 1980; Schmidt et al. 1985). In Anlehnung an die *Behaviour Check List* von Richman (1977) hat Esser einen ursprünglich 32 Items umfassenden Elternfragebogen zur Erfassung von Verhaltensauffälligkeiten bei vier- und fünfjährigen Kindern entwickelt. In der letzten Fassung (Schmidt et al. 1985) enthält das Verfahren 26 Fragen, die Ess- und Schlafprobleme, Einnässen, Einkoten, Störungen im Sozialverhalten, Angstsymptome et cetera beinhalten.

Ebenfalls auf die *Behaviour Check List* von Richman gehen die *Screening-Fragen an Eltern zur Einschätzung von Verhaltensauffälligkeiten im Einschulalter* (Schmidt et al. 1984) zurück. Die insgesamt 20 Fragen dieses Screenings prüfen die folgenden fünf Bereiche (mit je vier Fragen): emotionale Auffälligkeiten, hyperkinetisches Verhalten, Verhaltensdefizite, die vermutlich hirnorganisch bedingt sind, dissoziale Auffälligkeiten und spezielle Verhaltensauffälligkeiten.

Schließlich seien noch zwei Screening Verfahren zur Untersuchung der sozialen Entwicklung genannt: die *Vineland Social Maturity Scale*, ursprünglich 117 Items (Doll 1953), in einer Kurzform von Lüer et al. (1966)

43 Items umfassend, ein Fragebogen, der aufgrund der Angaben von Eltern oder anderen gut über die Kinder informierten Personen ausgefüllt wird (s. a. Kap. 8.1.2.7). Das zweite Verfahren ist die *Skala zur Erfassung des Sozialverhaltens von Vorschulkindern* (Tietze et al. 1981), ein Verfahren, bei dem anhand von 23 Items Kinder von Erzieherinnen und Kindergärtnerinnen hinsichtlich der drei Dimensionen »Interesse/Partizipation vs. Apathie/Rückzug«, »Kooperation/Regelbefolgung vs. Widerstand/Feindseligkeit« und »gute Aufgabenorientierung/Selbständigkeit vs. geringe Aufgabenorientierung/Unselbständigkeit« eingeschätzt werden.

pro memoria 8.2.1

1. Denver-Entwicklungstest (0–6 Jahre): Sozialer Kontakt, Feinmotorik – Adaptation, Sprache, Grobmotorik.
2. Entwicklungstabellen:
   2.1 Sensomotorisches Entwicklungsgitter (0–7 Jahre): Optische Wahrnehmung, Handlungsmotorik, Körpermotorik, Sprachmotorik, Akustische Wahrnehmung.
   2.2 Entwicklungstabellen von Strassmeier (0–5 Jahre): Selbstversorgung – Sozialentwicklung, Feinmotorik, Grobmotorik, Sprache, Kognitive Entwicklung – Wahrnehmung.
3. Testbatterie zur Erfassung von Teilleistungsschwächen bei 4- und 5-Jährigen.
4. Screening-Verfahren zur Diagnostik von Verhaltensauffälligkeiten:
   4.1 Fragebogen zur Erfassung von Verhaltensstörungen im Vorschulalter,
   4.2 Screening-Fragen an Eltern zur Einschätzung von Verhaltensauffälligkeiten im Einschulalter,
   4.3 Vineland Social Maturity Scale,
   4.4 Skala zur Erfassung des Sozialverhaltens von Vorschulkindern.

8.2.2 Verfahren zur Untersuchung spezieller Leistungsbereiche

Für differenziertere Untersuchungen von Kindern im Vorschul- und Schulalter steht uns eine größere Zahl von Verfahren zur Verfügung. Weite Verbreitung hat etwa der *Hannover-Wechsler-Intelligenztest für das Vorschulalter* (HAWIVA; Eggert 1978; s. Kap. 8.1.2.3) gefunden. Im vorliegenden Kapitel sollen nur die Tests erwähnt werden, die spezifische Leistungsbereiche betreffen und häufig vor der Einleitung von Therapie- und Fördermaßnahmen eingesetzt werden.

8.2.2.1 Psycholinguistischer Entwicklungstest (PET)

Dieses von Angermaier (1977) entwickelte Verfahren dient der Erfassung spezifischer Fähigkeiten und Störungen in den kommunikativen Prozessen lernbehinderter Kinder, mit dem Ziel, aufgrund der Testresultate geeignete Interventionsmaßnahmen ergreifen zu können. Der Test ist bei Kindern im Alter zwischen 3 und 9;11 Jahren anwendbar. Der *Psycholinguistische Entwicklungstest* (PET) besteht aus den folgenden zwölf Untertests, welche die beiden Bereiche »Repräsentationsstufe« (mit den Dimensionen »rezeptiver Prozeß«, »Organisations- und Vermittlungsprozeß« und »expressiver Prozeß«) und »Integrationsstufe« (mit den Dimensionen »Automatik« und »Sequenzen«) prüfen:

— *Wortverständnis* (Gehörtes verstehen): Dieser Test prüft die Fähigkeit, die Bedeutung verbal vermittelter Informationen zu erfassen (Beispiel: »Können Berge niesen?«, »Können Tempel einstürzen?«).

— *Bilder Deuten* (Gesehenes verstehen): Dieser Test ist dem Test Wortverständnis vergleichbar. Er benutzt lediglich eine andere Sinnesmodalität, indem das Kind anhand von 40 Bildaufgaben die Bedeutung optisch dargebotener Informationen erfassen muss.

— *Sätze Ergänzen* (Aus Gehörtem Beziehungen ableiten): Mit diesem Test wird die Fähigkeit des Kindes geprüft, Gehörtes zueinander in Beziehung zu setzen. Das Kind muss Sätze ergänzen, die mit einer Feststellung beginnen und mit einer unvollständigen, analogen Feststellung enden (Beispiel: »Berge sind hoch, Täler sind . . .«).

— *Bilder Zuordnen* (Aus Gesehenem Beziehungen ableiten): Das Kind soll optisch vorgelegte Objekte miteinander in Beziehung bringen. Ein Reizobjekt soll mit vier Antwortobjekten verglichen werden, von denen eines zum Reizobjekt passt.

— *Gegenstände Beschreiben* (Gedanken in Worten ausdrücken): Mit dem Test soll die Fähigkeit, sich sprachlich auszudrücken, erfasst werden. Dem Kind werden vier bekannte Gegenstände vorgelegt (Ball, Bauklotz usw.), und es wird aufgefordert, »alles hierüber« zu erzählen.

— *Grammatik-Test:* Der Test misst die Fähigkeit, syntaktische und grammatische Regeln automatisch zu benutzen. Ein vorgegebenes Satzmuster muss grammatisch richtig zu Ende geführt werden.

- *Wörter Ergänzen:* Das Kind soll die beim Vorsprechen von Wörtern ausgelassenen Laute ergänzen (Beispiel: »Flie/e«).
- *Gegenstände Handhaben* (Gedanken in Gesten ausdrücken): Hier soll das Wissen um den Gebrauch und die Verwendungsmöglichkeiten einer Reihe von Gegenständen durch Gesten zum Ausdruck gebracht werden. Dazu werden dem Kind Fotos von Objekten gezeigt, und es wird gebeten, zu zeigen, »Was man damit macht«.
- *Laute Verbinden:* Die Laute eines Wortes werden isoliert vorgesprochen, und das Kind muss das ganze Wort erkennen (Beispiel: »G-a-r-t-e-n«).
- *Objekte Finden:* Hier wird vom Kind verlangt, möglichst schnell bekannte Objekte, die auf Bildstreifen unvollständig zu sehen sind, zu erkennen.
- *Zahlenfolgen-Gedächtnis* (eine Reihe von Zahlen wiedergeben, die akustisch geboten werden): Die Länge der Zahlenfolgen, die wiederholt werden müssen, variiert von zwei bis acht Zahlen.
- *Symbolfolgen-Gedächtnis* (Eine Reihe von Symbolen wiedergeben, die visuell geboten werden): Hier sind Sequenzen abstrakter Symbole aus dem Gedächtnis nachzulegen, die zunächst fünf Sekunden lang gezeigt worden sind.

8.2.2.2 Frostig Entwicklungstest der visuellen Wahrnehmung (FEW)

Dieses Verfahren ist konzipiert worden, um »Kindern mit Lernstörungen nach einer differenzierten Wahrnehmungsdiagnose in spezifischer und methodischer Weise zu helfen« (Lockowandt 1979). Da bei Lernstörungen die visuomotorische Koordination, die Fähigkeit zur Unterscheidung einer Figur von ihrem Grund, das Konstanthalten der Form, das Erkennen der Lage im Raum und das Erfassen von räumlichen Beziehungen die häufig gestörten Wahrnehmungsfunktionen sind, wurden diese Bereiche von der Autorin Frostig aus dem Gesamt der Wahrnehmungsfunktionen zur Testkonstruktion ausgewählt. Das Verfahren besteht aus den folgenden fünf Subtests:

1. *Visuomotorische Koordination:* Der Test prüft die Fähigkeit zur Koordination von Auge und Hand, indem der Proband fortlaufend gerade, gebogene oder winklige Linien zwischen unterschiedlich breiten Begrenzungen oder von Punkt zu Punkt ohne Hilfslinien ziehen muss.
2. *Figur-Grund-Unterscheidung:* Der Subtest prüft die Wahrnehmung von Figuren auf zunehmend komplexerem Grund. Es werden sich überschneidende und versteckte geometrische Figuren (Dreieck, Rechteck etc.) verwendet, welche der Proband mit einem Stift umfahren muss.

3. *Formkonstanz-Beachtung:* Der Proband muss geometrische Figuren (Kreise und Quadrate) unterschiedlicher Größe, Binnenstruktur und Lage wiedererkennen und von ähnlichen geometrischen Figuren wie Ellipse, Parallelogrammen und anderen unterscheiden.
4. *Erkennen der Lage im Raum:* Der Proband soll bekannte schematisch gezeichnete Objekte, die spiegelbildlich oder gedreht dargeboten werden, unterscheiden und identifizieren.
5. *Erfassen räumlicher Beziehungen:* Hier muss der Proband vorgegebene Formen analysieren und abzeichnen. Die Formen befinden sich als Strichmuster mit unterschiedlich langen Linien und unterschiedlich großen Winkeln in Punktmatrizen und müssen in andere leere Matrizen eingezeichnet werden.

pro memoria 8.2.2

1. *Psycholinguistischer Entwicklungstest* (PET)
   1.1 Zwölf Untertests zur Erfassung der Bereiche »Repräsentationsstufe« (Dimensionen »rezeptiver Proceß«, »Organisations- und Vermittlungsproceß« und »expressiver Proceß«) und »Integrationsstufe« (Dimensionen »Automatik« und »Sequenzen«).
   1.2 Einzeltest.
   1.3 Durchführungszeit: ca. 2 Stunden.
   1.4 Normen für Kinder zwischen 3 und 9;11 Jahren.
2. *Frostig Entwicklungstest der visuellen Wahrnehmung* (FEW)
   2.1 Fünf Untertests zur Erfassung der visuomotorischen Koordination, der Fähigkeit zur Unterscheidung einer Figur von ihrem Grund, des Konstanthaltens der Form, des Erkennens der Lage im Raum und des Erfassens von räumlichen Beziehungen.
   2.2 Einzeltest.
   2.3 Durchführungszeit: ca. 30–45 Minuten.
   2.4 Normen für Kinder zwischen 4 und 7;11 Jahren.

8.2.3 Die Lincoln-Oseretzky-Skala 18 (LOS KF 18)

Die *Lincoln-Oseretzky-Skala 18* ist aus der Hamburger Version der *Lincoln Oseretzky-Motor-Development-Scale* (LOS) entwickelt worden. Die *LOS* war im Rahmen der *Testbatterie für geistig behinderte Kinder* (TBGB, s.

Kap. 8.1.2.7) überarbeitet und von Eggert (1971) mit 18 Aufgaben zur *LOS KF 18* zusammengestellt worden. Mit diesem Verfahren können Kinder zwischen 5 und 13 Jahren untersucht werden. Dieser Test ist insofern erwähnenswert, als es in der klinischen Psychodiagnostik von Kindern von Bedeutung sein kann, gesondert den *motorischen Entwicklungsstand* zu erfassen. Oseretzky wollte mit seiner »metrischen Stufenleiter zur Untersuchung der motorischen Begabung« eine erste Orientierung über den Entwicklungsstand der Motorik von Kindern und Jugendlichen ermöglichen. Mit dem Begriff »metrische Stufenleiter« der motorischen Entwicklung ist gemeint, dass für ansteigende Altersstufen Aufgaben wachsenden Schwierigkeitsgrades dargeboten werden. In diesem Verfahren werden Fein- und Grobmotorik geprüft.

Die *Lincoln-Oseretzky-Skala 18* nimmt insofern auch eine Sonderstellung unter den Entwicklungstests ein, als bei diesem Verfahren Objektivität, Reliabilität und verschiedene Validitätsaspekte empirisch gesichert sind. Ferner liegen Normen vor, die auf einer Eichstichprobe von 556 normal entwickelten Kindern basieren. Die Standardisierungsdaten für geistig Behinderte und Lernbehinderte wurden aus den Daten der *Testbatterie für geistig behinderte Kinder* (TBGB) übernommen.

pro memoria 8.2.3

Charakteristika der *Lincoln-Oseretzky-Skala 18* (LOS KF 18):
1. Bestimmung des motorischen Entwicklungsstands.
2. Individualtest, keine Parallelformen.
3. Anwendbar vom 5. bis zum 13. Lebensjahr.

8.3 Schultests

Unter Schultests verstehen wir mit Süllwold (1964) Prüfverfahren, durch die bestimmte Effekte von Unterricht und Erziehung festgestellt werden sollen. Im weiteren Sinne gehören zur Gruppe dieser Verfahren auch Tests, mit denen man erfassen will, ob von einem Probanden bestimmte Schulerfolge erwartet werden können. Neben so genannten Essay-Tests, bei denen der Schüler zu Fragen in freier schriftlicher Form Stellung nimmt, und informellen objektiven Tests, die bei einer bestimmten Fragestellung von einem Lehrer für eine bestimmte Klasse konstruiert worden sind, haben insbesondere die standardisierten Verfahren, die Schulleistungstests und die Verfahren zur Erfassung spezifischer Begabungen, weite Verbreitung gefunden. Mit Brickenkamp (1975) können wir neun Arten von Schultests unterscheiden: Einschulungstests, spezielle Schuleignungstests, Mehrfächertests, Lesetests, Rechtschreibtests, Wortschatztests, Rechentests, Fremdsprachentests und sonstige Schulleistungstests. In seinem Handbuch der psychologischen und pädagogischen Tests berichtet Brickenkamp von über 70 Verfahren, die in diese Rubrik der Schultests gehören. Ich kann hier nicht ausführlich auf diese Verfahren eingehen und möchte paradigmatisch für jeden der erwähnten neun Bereiche kurz ein typisches Verfahren vorstellen.

Das Hauptproblem bei den Schultests ist, wie bei der Diagnostik insgesamt, valide und reliable Kriterien zu finden, an denen die Effizienz der Verfahren gemessen werden kann. Triebe (1973, 1975) hat darauf hingewiesen, dass es im Grunde nicht ausreicht, die Eignungsdiagnostik wie bisher in Form einer einmaligen Untersuchung durchzuführen und den Bewerber dann einem bestimmten Ausbildungsgang oder Arbeitsplatz zuzuweisen. Er fordert eine sequenzielle Strategie, bei der Training, Aus- und Fortbildungsmaßnahmen mit in den Prozess der Eignungsfeststellung einbezogen werden sollen. Die Diagnostik wird nach diesem Konzept zu einem berufs- oder ausbildungsbegleitenden und -fördernden Prozess, der den Probandinnen und Probanden eine optimale Entfaltung ihrer Möglichkeiten zu sichern versucht.

Es liegt heute, wie erwähnt, ein breites Spektrum verschiedener Verfahren vor, Prüfungen der Rechtschreib- und Rechenfertigkeit, spezielle Tests für Geometrie, Verfahren zur Prüfung der mathematischen Fähigkeiten bei Maturanden, Tests zur Überprüfung der Erfolge beim Erwerb von Fremdsprachen, die große Gruppe der in der Praxis sehr wichtigen Verfahren zur Diagnostik der Legasthenie, Tests, die bei der Schul- und Bildungsberatung eingesetzt werden können, eine große Zahl von Schulreifetests und sogar spezielle Verfahren zur Erfassung der »Bildungsmotivation«. Diese Tests werden vor allem von den schulpsychologischen Diensten sowie von den Berufs- und Bildungsberatungsstellen eingesetzt. Da aufgrund der Resultate dieser Verfahren oft wichtige Entscheidungen für das Leben der Heranwachsenden getroffen werden, gilt für die Schultests ganz besonders, dass eine wirklich fundierte Diagnostik nur möglich ist, wenn die Schultests eingebettet sind in eine größere Testbatterie, mit der, außer spezifischen Fähigkeiten, die Persönlichkeit in ihrer Gesamtheit – vor allem auch ihre affektive

Seite – erfasst wird. Gerade bei verhaltensgestörten Kindern konnte ich immer wieder feststellen, dass allein die intellektuelle Leistungsfähigkeit oder die Eruierung einer spezifischen Begabung im Grunde keinen Aussagewert hatte. So untersuchte ich Kinder, die eine Sonderschule durchliefen, jedoch einen Intelligenzquotienten von 120 aufwiesen. Die Ursache ihrer geringen Leistungsfähigkeit lag nicht in einer mangelnden Begabung, sondern in massiven Verhaltensstörungen.

Während sich anfangs vonseiten der Lehrerschaft zum Teil ein großer Widerstand gegen den Einsatz von Schultests erhoben hat, scheint heute eine eher gegenläufige Tendenz zu bestehen: Die Lehrer hegen offenbar die Hoffnung, die schwierigen, den Unterrichtenden affektiv belastenden Ausleseprobleme könnten durch Tests gelöst werden. Es spielt dabei vielleicht auch der Wunsch mit, die Verantwortung auf einen Dritten, »Objektiven«, zu schieben. Sicher ist der Wunsch berechtigt, die Subjektivität, die Entscheidung nach Sympathie und Antipathie, möglichst gering zu halten. Ebenso sollte aber bei allen diesen Untersuchungen stets bedacht werden, dass viele Fragen, gerade die Entscheidung über die Zukunft eines Kindes, nicht allein durch Tests gelöst werden können. Besonders problematisch erscheint mir bei der Verwendung von Schultests der Umstand, dass das Testergebnis mit den betroffenen Eltern und dem Kind selbst häufig nicht mehr ausführlich – und nicht persönlich – besprochen wird. Der Hinweis: »Es hat sich im Test gezeigt . . .« wirkt bisweilen geradezu als »deus ex machina«. Hier gilt ganz besonders das, was noch über den Umgang mit testpsychologischen Befunden (12.2) auszuführen sein wird: Der Proband selbst und, im Fall von kleineren Kindern, auch die Eltern sollten unbedingt mündlich ausführlich über die Resultate informiert und dementsprechend beraten werden.

8.3.1 Der Göppinger Schuleignungstest

Dieses von Kleiner (1972) herausgegebene Verfahren kann als charakteristisch für die Gruppe von Schuleignungstests angesehen werden. Es besteht aus zehn Untertests, in denen Formauffassung, Feinmotorik, Erfassung von Größen und Mengen, die Beobachtungsgabe, Konzentrations- und Merkfähigkeit, bildliche Gegenstandserfassung und Situationsbeurteilung, Sprach- und Inhaltserfassung sowie die allgemeine Entwicklungshöhe erfasst werden sollen. Der Test wird einige Wochen vor der Einschulung mit den Kindern durchgeführt. Mit seiner Hilfe soll festgestellt werden, ob ein Kind schulreif ist und, falls die Schulreife fraglich ist, welche pädagogischen Maßnahmen indiziert sind.

Es liegen Angaben zur Objektivität, Reliabilität und Validität vor, die auf befriedigende Gütekriterien hinweisen. Die Normen sind, getrennt für verschiedene Altersgruppen, die beiden Geschlechter und die Größe des Wohnortes, aufgestellt worden.

Außer diesem Verfahren finden auch der *Frankfurter Schulreifetest* von Roth et al. (1968), der *Grundleistungstest zur Ermittlung der Schulreife* von Kern (1971) sowie die *Weilburger Testaufgaben für Schulanfänger* von Hetzer et al. (1971) weite Verbreitung. Mit den erwähnten Verfahren sollen vor allem die Gestaltgliederungsfähigkeit sowie die Aufnahme- und Lernbereitschaft eines Kindes geprüft werden. Anhand der Resultate wird dann die Schulreife beurteilt.

8.3.2 Spezielle Schuleignungstests

Zu dieser Gruppe gehören Verfahren, mit denen die Eignung für bestimmte Anforderungen geprüft werden soll. Es finden sich darunter Tests, mit denen Vorhersagen über den Erfolg beim Lernen einer Fremdsprache getroffen werden sollen (beispielsweise mithilfe des *Fremdsprachen-Eignungstests für die Unterstufe* von Correll et al. 1971), sowie Verfahren, die Prognosen für Schüler in den ersten Schuljahren, speziell die Frühauslese Sonderschulbedürftiger, ermöglichen (zum Beispiel die *Bildertests 1–2* bzw. *2–3* von Mellone 1967 und Emmet 1966; zu dieser Gruppe von Verfahren kann man ferner die bereits in Kapitel 8.1.2.7 behandelte *Testbatterie für geistig behinderte Kinder*, TBGB, von Bondy et al. 1971 zählen). Schließlich gehört zu den speziellen Schuleignungstests auch der *Göppinger Oberschulreifetest* von Kleiner et al. (1973/74). Mit diesem Verfahren sollen das für den Besuch weiterführender Schulen notwendige Wissen und die hinreichende Begabung zehn- bis elfjähriger Schüler geprüft werden. Die insgesamt sieben Aufgabengruppen sind unterteilt in einen sprachlichen und einen mathematisch-naturwissenschaftlichen Teil. In der Regel wird der Test in der zweiten Hälfte des letzten Grundschuljahrs durchgeführt. Die von den Autoren angeführten Daten zur Objektivität, Reliabilität und Validität sind zufrieden stellend. Die Eichstichprobe von 216 Schülern (114 Mädchen, 102 Knaben) ist allerdings recht klein. Über die Repräsentativität können keine Aussagen gemacht werden.

8.3.3 Mehrfächertests

In dieser Kategorie fasst Brickenkamp (1975) Verfahren zusammen, mit deren Hilfe die Lernerfolge in verschiedenen Schulfächern überprüft werden sollen. Im *Allgemeinen Schulleistungstest für 2. Klassen* von Rieder (1971) sowie in den beiden von Fippinger herausgegebenen entsprechenden Verfahren für 3. und 4. Klassen (1971, 1967) werden Wortschatz, Rechtschreibfertigkeit, Leseverständnis, die Fähigkeit, Textaufgaben zu lösen, sowie heimatkundliches Wissen geprüft.

Für die Untersuchung von Lernbehinderten sind zwei Formen der *Schulleistungsbatterie für Lernbehinderte und für schulleistungsschwache Grundschüler* von Kautter et al. (1972) sowie der *Schulleistungstest lernbehinderter Schüler* von Reinartz (1971) entwickelt worden. Diese Verfahren sollen Informationen darüber liefern, wie weit leistungsschwache Schüler in ihren Schreib-, Lese- und Rechenfertigkeiten vorangeschritten sind. Zum Teil werden die entsprechenden lernbehinderten Schüler aufgrund der Resultate dann bestimmten Vor- und Förderklassen zugewiesen.

8.3.4 Lese- und Rechtschreibtests

Mit den Lese- und Rechtschreibtests soll geprüft werden, inwieweit Kinder ihrem Alter entsprechend lesen und den Sinn des Gelesenen aufnehmen können. Mit den Rechtschreibtests wird der Leistungsstand hinsichtlich der Schreibfertigkeit eines Kindes bestimmt. Diese Verfahren werden teils als Kontrolle des bisher erworbenen Wissens eingesetzt, teils aber auch bei der Diagnostik der Lese-Rechtschreib-Schwäche *(Legasthenie)* verwendet. Bei dieser sehr wichtigen Abklärung, die möglichst frühzeitig erfolgen sollte, damit das Kind nicht einer sekundären Neurotisierung ausgesetzt wird, sind die Lese- und die Rechtschreibtests von großer Bedeutung (s. die Zusammenstellung bei Brickenkamp 1975).

Vor allem in den sechziger Jahren erschien eine große Zahl von Arbeiten zum Thema »Legasthenie« (s. die Übersicht von Angermaier 1971). Als ätiologische Faktoren wurden Störungen der verschiedenen kognitiven und perzeptiven Fähigkeiten angenommen: Speicherschwäche (Schubenz et al. 1964), Raumlagelabilität und Wahrnehmungsrichtungsschwäche (Schenk-Danzinger 1968; Müller 1965), visuelle Diskriminationsschwäche (Kirchhoff 1964), phonematische Differenzierungsschwäche (Becker 1970), Reihungs- beziehungsweise seriale Wahrnehmungsschwäche (Lobrot 1966) und Deutungsschwäche (Grissemann 1968a). Es zeigte sich, dass daneben aber auch Motivationsstörungen (Knabe 1969), der Erziehungsstil (Niemeyer 1973), die sozioökonomische Schichtzugehörigkeit (Valtin 1970) und die Aktivation (Gutezeit 1969; Martinius et al. 1972) eine wesentliche Rolle spielen. Bei der Behandlung haben sich vor allem die Methoden als effizient erwiesen, die der multifaktoriellen Bedingtheit der Legasthenie Rechnung tragen. Neben den Arbeitsheften von Tamm (1965), der *Arbeitsmappe für Legastheniker* von Grissemann (1968b) und dem Arbeitsprogramm von Schmiedeberg et al. (1967) ist das *Projektions-tachistoskopische Übungsprogramm für lese- und rechtschreibschwache Schüler* (des 3. Schuljahrs) von Gutezeit (1977) zu nennen. Dieses aus 90 Dias bestehende Programm dient der Förderung der visuellen Perzeption, der visuell-auditiven Integration und der Konzentration. Daneben berücksichtigt es aber auch, dass der Legastheniker in seinem Selbstvertrauen gestärkt werden sollte und einen neuen, reflektierenden Arbeitsstil erlernen sowie Angst und Unlust abbauen muss.

8.3.5 Wortschatztests

Die Autoren dieser Verfahren gehen davon aus, dass die intellektuelle Entwicklung eines Kindes weitgehend abhängig sei von der Ausbildung des Wortschatzes und dass aufgrund des vorhandenen Wortschatzes Rückschlüsse auf die Lernfähigkeit eines Kindes möglich seien. Bekanntlich besteht ein enger Zusammenhang zwischen dem Wortschatz und der Allgemeinbegabung. Allerdings ist gerade der Wortschatz in hohem Maß von den sozioökonomischen Bedingungen abhängig, unter denen ein Kind aufwächst. Leistungsprognosen aufgrund von Resultaten aus Wortschatztests sollte man deshalb kritisch gegenüberstehen.

Es sind Wortschatztests für Schulanfänger (beispielsweise das Verfahren von Kamratowski) und entsprechende Verfahren für Kinder des 5. bis 6. beziehungsweise 7. bis 8. Schuljahrs (Anger et al. 1965) sowie ein spezieller technischer Wortschatztest für Schüler der 7. bis 9. Klassen (Riemenschneider et al. 1971) entwickelt worden.

8.3.6 Rechen-, Fremdsprachen- und sonstige Schulleistungstests

Schließlich ist eine große Zahl von Tests konzipiert worden, mit denen Rechenfertigkeit, die fremdsprachlichen Fähigkeiten sowie die Kenntnis in anderen Schulfächern (Geografie, Geschichte, Physik, Grammatik und so weiter) geprüft werden sollen. Es sind zum Teil sehr spezielle Tests, bei denen man sich bisweilen fragen muss, ob sich der Aufwand, den die Testkonstruktion erfordert, lohnt und ob der betreffende Lehrer nicht ebenso gut in traditioneller Weise die Kenntnisse seiner Schüler prüfen könnte. Paradigmatisch für solche Verfahren sind die beiden von Ingenkamp et al. (1966, 1967) herausgegebenen *Geschichtstests »Neuzeit«* (GTN 8–10), Teil 1 und 11, in denen das erworbene Wissen und das Verständnis für die Geschichte in der Zeit zwischen 1890 und 1965 geprüft werden.

Es liegen ferner Tests zur Prüfung der *mathematischen Fähigkeiten* bei Schülern verschiedener Altersstufen vor. Andere Verfahren sind konzipiert zur Überprüfung des *französischen* und *englischen Wortschatzes*. Wieder andere Tests wollen das in verschiedenen anderen Schulfächern erworbene Wissen prüfen.

pro memoria 8.3.1–8.3.6

1. Hauptprobleme der Schultests: Formulierung reliabler und valider Kriterien zur Bestimmung der Effizienz dieser Verfahren hinsichtlich verlässlicher Voraussagen.
2. Arten von Schultests:
   2.1 allgemeine Schuleignungstests,
   2.2 spezielle Schuleignungstests,
   2.3 Mehrfächertests,
   2.4 Lese- und Rechtschreibtests,
   2.5 Wortschatztests,
   2.6 Rechen-, Fremdsprachen- und sonstige Schulleistungstests.

8.4 Allgemeine Leistungstests

Als allgemeine Leistungstests bezeichnen wir mit Bartenwerfer (1983) Verfahren, die Funktionsbereiche erfassen, welche *»allgemeine Voraussetzungen für die Erzielung von Leistungen«* darstellen. Solche Funktionsbereiche sind beispielsweise die Aufmerksamkeit, die Konzentration, die Willensanspannung, die allgemeine Aktivität in Leistungssituationen. Nach Bartenwerfer liegt das Charakteristikum dieser Verfahren in der »anhaltenden Konzentration bei geistiger Tempoarbeit«.

Die in diesem Kapitel zu besprechenden Tests basieren zum Teil auf Verfahren, die weit in die Geschichte der Psychologie zurückweisen. Während sie früher eher als unsystematische Versuche durchgeführt wurden, sind diese Tests in den letzten Jahrzehnten sorgfältig überarbeitet, standardisiert und hinsichtlich der Gütekriterien geprüft worden. Es liegt heute eine Reihe guter allgemeiner Leistungstests vor. Ich werde im Folgenden wieder nur paradigmatisch auf einige dieser Verfahren etwas genauer eingehen und möchte an diesen Tests das Charakteristische der allgemeinen Leistungsverfahren demonstrieren.

8.4.1 · Der Pauli-Test

Der *Pauli-Test* hat von den in diesem Kapitel zu behandelnden Verfahren die wohl längste Geschichte. Er geht zurück auf die Versuche des Kraepelin-Schülers Oehrn (1889), individuelle Differenzen zu bestimmen. Der Test bestand in fortlaufendem Addieren einstelliger Zahlen. Damit sollten die psychische Leistungsfähigkeit, die Übung, die Ermüdung sowie der Leistungsverlauf geprüft werden.

1936 legte R. Pauli eine standardisierte Form mit genormten Rechenbögen, genauen Anweisungen zur Testdurchführung und Normen vor. Vom Probanden wird gefordert, dass er eine Stunde lang so rasch wie möglich einstellige Zahlen addiert. Alle drei Minuten hat der Proband auf ein Signal hin die zuletzt addierte Zahl zu markieren, sodass sich nachträglich der Leistungsverlauf feststellen lässt. Es werden dann die folgenden Merkmale der Arbeitskurve bestimmt: die Gesamtmenge der Additionen, die Prozentsätze von Fehlern und Verbesserungen, die durchschnittlichen Schwankungen der Arbeitskurve gegenüber der doppelt ausgeglichenen Kurve, bezogen auf die mittlere Teilzeitleistung, die Steighöhe (Amplitude) der Kurve und die Lage des Kurvengipfelpunkts.

Ein eingehendes Studium des *Pauli-Tests* ist anhand der Monografie von Arnold (1975) möglich. Die Durchführungsobjektivität kann nicht als gesichert, die Auswertungsobjektivität hingegen als gesichert angesehen werden. Die Reliabilität ist bisher lediglich für die Merkmale »Gesamtmenge«, »Fehler« und »Verbesserungen« bestimmt worden. Die Validitätsuntersuchungen weisen darauf hin, dass sich der *Pauli-Test* in der Praxis bewährt hat. Voraussetzung ist jedoch, dass die Probanden die Addition hinreichend beherrschen, weil andernfalls der Test weniger die allgemeine Leistungsfähigkeit als vielmehr die Rechenfähigkeit prüfen würde. Man wird allerdings auch dieses Verfahren stets in eine umfangreiche Testbatterie einbauen müssen, um insbesondere bei differenzialdiagnostischen Fragen nicht zu Fehlschlüssen zu kommen (A. Marca 1959).

Außer in der Arbeits- und Schulpsychologie findet der *Pauli-Test* Anwendung im klinischen Bereich (s. die Untersuchungen von Pittrich 1949; Kohlmann 1954; Freytag 1962) und in der Pharmakopsychologie (Gutewa 1957). Es liegen zwar mehrere Normentabellen vor. Sie sind jedoch unter verschiedenen Untersuchungsbedingungen zustande gekommen und deshalb für die Praxis wenig brauchbar. Eine Hauptschwierigkeit bei der Verwendung dieses Verfahrens dürfte ferner der große zeitliche Aufwand sein, da die Standardform nach wie vor eine Stunde in Anspruch nimmt.

8.4.2 Der Aufmerksamkeits-Belastungs-Test (Test d2)

Der *Aufmerksamkeits-Belastungs-Test (Test d2)* basiert auf dem Prinzip des Durchstreichtests von Bourdon (1895), der seinen Probanden eine Textseite aus einem Buch vorlegte und alle a, r, s, i durchstreichen ließ. Dieses ursprüngliche Verfahren ist vielfach variiert worden, z. B. von Toulouse und Pigron (1911) sowie von Meili (1956), und ist 1962 als Test d2 von Brickenkamp (9. Aufl. 2002) herausgegeben worden. Nach Angaben des Autors erfasst der *Aufmerksamkeits-Belastungs-Test* die *Aktivität in Leistungssituationen* sowie *Willenskraft* und *Ausdauer*, die zur Durchsetzung einer zielgerichteten Reizselektion aufgebracht werden.

Die Probandinnen und Probanden haben die Aufgabe, in 14 Zeilen unter verschiedenen Buchstaben jeweils die mit zwei Strichen gekennzeichneten d zu identifizieren und durchzustreichen. Dafür steht ihnen pro Zeile eine Zeit von 20 Sekunden zur Verfügung. Der Test kann als Einzel- und als Gruppentest gegeben werden.

Der *Aufmerksamkeits-Belastungs-Test* hat den Vorteil, ein sehr ökonomisches Verfahren zu sein (die gesamte Durchführung erfordert in der Regel nicht mehr als sieben bis acht Minuten, auch die Auswertung bietet keinerlei Schwierigkeiten) und zugleich differenzierte Angaben über Konzentrations- und Belastungsfähigkeit sowie über die Ermüdbarkeit eines Probanden zu vermitteln. Das Verfahren findet weite Verbreitung, und zwar nicht nur im Bereich der Berufsberatung, der Verkehrs- und der Arbeitspsychologie (Brickenkamp 1962, 2002; Öltjen 1966), sondern auch bei psychopharmakologischen Untersuchungen (Bente et al. 1964; Hartung et al. 1964; Flügel et al. 1966) und in der klinischen Psychodiagnostik (Schmettau 1970; Regel 1972). Nach eigenen Erfahrungen hat sich der Test d2 auch gut bei der Abklärung eines fraglichen psychoorganischen Syndroms bewährt (s. a. Weinmann 1979). Insbesondere ist die Testwiederholung nach Ablauf eines halben oder eines Jahres aufschlussreich für eine Verlaufskontrolle.

Objektivität und Reliabilität können als gesichert gelten. Die zur Validität vorliegenden Untersuchungen weisen den d2 als diagnostisch aussagekräftiges Verfahren zur Bestimmung der Belastbarkeit aus. Die in der 9. Auflage des Tests (2002) mitgeteilten Normen basieren auf einer neuen Eichstichprobe von über 3 000 Probanden. Sie umfassen für die Altersstufen von 9 bis 60 Jahre Standardwerte und Prozentränge.

8.4.3 Der Konzentrations-Verlaufs-Test (KVT) und der Konzentrations-Leistungs-Test (KLT)

Es soll noch auf zwei andere allgemeine Leistungstests hingewiesen werden: Es sind Verfahren älteren Datums, die der Prüfung der Konzentrations- und Belastungsfähigkeit, der Ermüdbarkeit sowie der Aktivität in Leistungssituationen dienen.

Der *Konzentrations-Verlaufs-Test* (KVT; Abels 1961) geht aus Zahlensortierversuchen hervor, die bereits in den zwanziger Jahren im Leipziger Psychologischen Institut angewendet wurden, nachdem zuvor schon Münsterberg (1912) mit Karten-Sortierversuchen experimentiert hatte. Dieses ökonomische (die Testdurchführung erfordert 7–16 Minuten) und von den Probanden im Allgemeinen gern bearbeitete Verfahren ist hinsichtlich seiner Durchführungsobjektivität nicht gesichert, die Auswertungsobjektivität hingegen ist garantiert. Die Reliabilität ist nicht ganz zufrieden stellend. Angaben zu empirischen Untersuchungen zur Validität werden vom Autor selbst nicht gegeben. Andere Autoren (z. B. Seyfried, zit. n. Bartenwerfer 1964) konnten einen engen Zusammenhang zwischen Lehrerurteil über die Konzentrationsfähigkeit und KVT-Fehlerwerten nachweisen. Bei den von Abels (1961) mitgeteilten Normen ist unsicher, ob sie auf eine repräsentative Eichstichprobe zurückgehen.

Der *Konzentrations-Leistungs-Test* (KLT; Düker u. Lienert 1965) ist ein bekannter Konzentrationstest, der insbesondere in pharmakologischen Untersuchungen eingesetzt wurde (Düker 1943). Jedes Item besteht aus zwei Rechenaufgaben, die der Proband lösen soll. Bei der Schwierigkeitsstufe C (für Volksschüler) muss der Proband das jeweils kleinere Ergebnis vom größeren abziehen. Bei der Schwierigkeitsstufe D (für Jugendliche und Erwachsene) geschieht das nur, wenn das Ergebnis der oberen Aufgabe größer ist. Wenn das Ergebnis der unteren Zeile hingegen größer ist, sind beide Resultate zu addieren. Auch bei diesem Verfahren wirkt sich, wie beim *Pauli-Test*, für die Durchführung oft erschwerend aus, dass die Probanden über eine gute Rechenfertigkeit verfügen müssen, weil der Test andernfalls weniger die Konzentrationsfähigkeit als vielmehr die Rechenfertigkeit prüft. Außerdem sind Rechenaufgaben dieser Art bei vielen Probanden affektiv negativ besetzt. Manche Probanden äußern nach meiner Erfahrung direkt, die Untersuchung erinnere sie zu sehr an die Schule. Dadurch kann die Motivation zu Höchstleistungen erheblich beeinträchtigt werden. Objektivität, Reliabilität und Validität sowie die Normierung dieses Verfahrens sind als gut zu bezeichnen.

pro memoria 8.4.1–8.4.3

1. Allgemeine Leistungstests:
   1.1 *Pauli-Test*,
   1.2 *Aufmerksamkeits-Belastungs-Test* (Test d2),
   1.3 *Konzentrations-Verlaufs-Test* (KVT),
   1.4 *Konzentrations-Leistungs-Test* (KLT).
2. Diese Test erfassen »allgemeine Voraussetzungen für die Erzielung von Leistungen« (beispielsweise Aufmerksamkeit, Konzentration, Aktivität).

8.5 Tests zur Prüfung spezieller Funktionen und Fähigkeiten

Innerhalb dieser Gruppe finden wir eine breite Skala von Verfahren. Sie umfasst die folgenden vier Kategorien:
1. Verfahren zur Prüfung sensorischer Funktionen (Tests zur Prüfung des Gesichts- und Gehörsinns),
2. Verfahren zur Prüfung motorischer Funktionen (Prüfung der Muskelkraft, der Handgeschicklichkeit, der Geschwindigkeit fortlaufender Bewegungen und der Reaktionszeit),

3. Tests zur Prüfung diverser anderer Funktionen (Gedächtnis, räumliches Vorstellungsvermögen und visuell-motorische Koordination),
4. Tests zur Prüfung spezieller Fähigkeiten (beispielsweise Tests zur Prüfung der musikalischen Begabung, des technischen Verständnisses oder der Fähigkeit, Verkehrssituationen adäquat zu erfassen).

Diese Übersicht zeigt, dass recht verschiedenartige psychische Funktionen und Fähigkeitsbereiche mit den erwähnten Untersuchungsmethoden erfasst werden. Die Verfahren sind nicht nur inhaltlich sehr heterogen, sondern weichen auch im Testmedium weit voneinander ab: Es sind teils apparative Tests, teils Papier-Bleistift-Verfahren, teils Tests, die den Umgang mit bestimmten Materialien erfordern.

Prüfungen sensorischer und motorischer Funktionen werden in der testpsychologischen Diagnostik im Allgemeinen selten durchgeführt. Abgesehen von Untersuchungen bei speziellen Forschungsvorhaben spielen sie in der Routinediagnostik eine eher untergeordnete Rolle. In der klinischen Arbeit wird man bei entsprechenden Auffälligkeiten stets daran denken müssen, eine fachärztliche (ophthalmologische, otorhinolaryngologische und neurologische) Untersuchung anzuregen. Große Bedeutung hingegen kommt gerade in der klinischen Psychologie der psychodiagnostischen Erfassung von Störungen des Gedächtnisses, der räumlichen Vorstellungsfähigkeit und der visuell-motorischen Koordination zu. Insbesondere bei der Abklärung der Frage, welche dieser Funktionen und in welchem Ausmaß sie, beispielsweise bei Patienten mit hirnorganischen Funktionsstörungen, beeinträchtigt sind, vermögen uns diese Tests wichtige Hinweise zu liefern. Die Verfahren zur Prüfung spezieller Fähigkeiten finden vor allem im Rahmen der Berufs- und Bildungsberatung Verwendung.

8.5.1 Tests zur Prüfung sensorischer Funktionen

Diese Tests nehmen insofern eine Sonderstellung ein, als die verwendeten »Reize« physikalisch definiert werden können (Merz 1964). Bei der *Prüfung des Gesichtssinns* geht es beispielsweise um die Untersuchung des Gesichtsfelds, der Sehschärfe, der Farbwahrnehmung sowie der Feststellung der Flimmergrenze. Die *Prüfung des Gehörsinns* kann die folgenden sieben Aspekte umfassen: 1) Feststellung der minimalen Schallenergie, die zu einer Wahrnehmung führt, 2) Feststellung der höchsten und niedrigsten akustisch wahrnehmbaren Frequenz, 3) Feststellung der minimalen Zeitdifferenz, die zu einem Richtungseindruck führt, 4) Feststellung der Unterschiedsschwellen für Lautstärken, 5) Feststellung der Unterschiedsschwellen für Tonhöhen, 6) Feststellung des zeitlichen Auflösungsvermögens, 7) Prüfungen auf absolutes Gehör.

Verfahren zur Prüfung anderer Sinnesfunktionen, etwa des Tastsinns, der Lage- und Bewegungsempfindungen, des Geruchssinns und des Geschmackssinns, spielen bei psychologischen Untersuchungen im Allgemeinen keine große Rolle.

pro memoria 8.5.1

Tests zur Prüfung sensorischer Funktionen:
1. Prüfung des Gesichtssinns,
2. Prüfung des Gehörsinns,
3. Prüfung des Tastsinns, der Lage- und Bewegungsempfindungen, des Geruchs- und des Geschmackssinns.

8.5.2 Tests zur Prüfung motorischer Funktionen

Die motorischen Tests dienen der Prüfung der Muskelkraft, der Finger- und Handgeschicklichkeit, der Geschwindigkeit fortlaufender Bewegungen und der Reaktionszeit. Soweit es Verfahren sind, welche die Konzentrationsfähigkeit erfassen, sind sie bereits im Kapitel »Allgemeine Leistungstests« (8.4) besprochen worden.

Es sollen lediglich einige Methoden kurz erwähnt werden, die zumeist in Form apparativer Tests vorliegen. Zur *Prüfung der Muskelkraft* sind verschiedene Geräte entwickelt worden, so beispielsweise so genannte *Dynamometer*, bei denen meistens Federn zusammenzudrücken sind. Die erreichte Leistung kann dann an einer Skala abgelesen werden. Die Messung fortlaufender Leistung kann mithilfe eines *Ergographen* nach Mosso registriert werden. Merz (1964) weist auf ein bei den verschiedenen Tests zur Prüfung spezieller Fähigkeiten immer wieder auftauchendes Phänomen hin: Die Reliabilität dieser Verfahren ist in der Regel hoch, die Korrelationen zwischen den verschiedenen Tests sind hingegen zumeist erstaunlich niedrig. Dieses Resultat muss wohl so interpretiert werden, dass jedes der verwendeten Verfahren einen spezifischen Aspekt der motorischen Leistungsfähigkeit erfasst.

Zur Prüfung der *Finger- und Handgeschicklichkeit* liegen verschiedene Versuchsanordnungen vor: Die Präzision einfacher Bewegungen kann beispielsweise mit dem *Tremometer* geprüft werden. Hier hat der Proband einen Metallgriffel durch einen Schlitz in einer Metallplatte zu bewegen. Jede Berührung mit der Platte gilt als Fehler. Platte und Griffel sind mit einer Stromquelle und mit einem elektrischen Zähler verbunden, sodass der Zähler und manchmal auch ein Signal für den Prüfling automatisch betätigt werden. Verfahren dieser Art sind auch als Papier-Bleistift-Tests modifiziert worden, beispielsweise der so genannte *Tapping-Test*. Finger- und Handgeschicklichkeit werden ferner durch das *Hantieren mit verschiedenen Gegenständen* geprüft: Zu diesen Verfahren gehören die verschiedenen Perlenaufreihversuche (wie sie sich beispielsweise schon in den Binet-Testreihen fanden) und das Hantieren mit anderen Gegenständen.

Schließlich gehören zu dieser Gruppe von Tests auch die so genannten *Arbeitsproben*, die in einer recht großen Zahl – teilweise in standardisierter Form – vorliegen und vor allem bei Untersuchungen im Bereich der Berufsberatung verwendet werden. Neben so genannten *Saum- und Krug-Schneideproben* (hier hat der Proband in einem bestimmten vorgeschriebenen Abstand an einer gebogenen Linie entlang zu schneiden) ist unter dieser Gruppe von Tests vor allem die recht weit verbreitete *Drahtbiegeprobe* (DBP) zu erwähnen. Die *Drahtbiegeprobe* liegt in einer von Lienert (1967) standardisierten Form vor. Dem Probanden wird ein Eisendraht von 25 cm Länge und 1 mm Durchmesser vorgelegt, und er hat nach einer Vorlage diesen Draht zu biegen. Dabei darf kein Werkzeug benutzt werden. Die Bewertung erfolgt in der Bearbeitung von Lienert nach 29 Kriterien (betreffend die Streckenlängen, die Ecken und Streckenendigungen, die Winkel sowie die Parallelität der verschiedenen Strecken). Mit diesem Verfahren soll das Handgeschick eines Probanden im Umgang mit Draht geprüft werden. Die Kriterien der Objektivität, Reliabilität und Validität sind erfüllt. Es liegen Normen vor, die an einer recht großen Stichprobe (von 1 700 männlichen Jugendlichen und 125 Erwachsenen) gewonnen worden sind. Bei den Normen wird zwischen verschiedenen Schultypen, Altersklassen und Berufsgruppen differenziert.

Bisweilen soll bei einer Prüfung der motorischen Funktionen auch die *Händigkeit* erfasst werden. Solche Untersuchungen sind vor allem von Interesse bei der Erfassung linkshändiger Probanden, zum Beispiel, wenn Leistungen der rechten und linken Hand miteinander verglichen werden sollen. Es liegt ein von Steingrüber konzipiertes, von Lienert (1971) herausgegebenes Verfahren dieser Art vor: Der *Hand-Dominanz-Test* (HDT). Er kann bei Kindern zwischen sechs und zehn Jahren verwendet werden. Normen sind anhand einer Stichprobe von 1306 Primarschülern aufgestellt worden. Objektivität, Reliabilität und Validität können als gesichert betrachtet werden. Erwähnenswert ist ferner, dass dieser Test eine nur sehr kurze Durchführungszeit (reine Testzeit: drei Minuten) erfordert und somit ein außerordentlich ökonomisches Verfahren ist.

Zur Prüfung der Motorik gehört schließlich die recht große Zahl von Methoden, mit denen die *Reaktionszeit* eines Probanden geprüft werden soll. Das Gemeinsame dieser Verfahren besteht darin, dass ein (optisches und/oder akustisches) Signal gegeben wird und der Proband darauf reagieren muss. Gemessen wird die Zeitspanne, die zwischen dem Einsetzen des Signals und der Reaktion des Probanden vergeht. Es werden im Handel verschiedene Apparate angeboten, mit denen zum Teil einfache, zum Teil aber auch sehr komplexe Reaktionsmuster erfasst werden können. Als Beispiel sei das so genannte *Determinationsgerät* von Mierke genannt, das heute in verschiedenen Formen vorliegt, sowie die *TAP* (s. Kap. 8.5.3.7). Einen Überblick über die große Zahl apparativer Verfahren, die heute im Handel sind, gibt Brickenkamp (1986).

Im Bereich der Verkehrspsychologie und für spezielle Forschungsaufgaben haben sich auch so genannte *Simulationsgeräte* als geeignete Testinstrumente erwiesen. Bei einer als »*Fahrstraße*«, »*Driving-Apparatus*« (Häkkinen 1958) oder »*Trackinggerät*« bekannten Versuchsanordnung rollt beispielsweise ein kurviger Streifen, die »Straße«, vor dem Prüfling ab. Er hat die Aufgabe, durch fortlaufendes Steuern einen Zeiger auf der Straße zu halten. Dem Probanden werden damit verkehrsähnliche Regelaufgaben gestellt, und es besteht die Möglichkeit, unter dem Druck zunehmender Informationsdichte Angaben über seine »Streßresistenz« zu erhalten (Gubser et al. 1969, zit. n. Kielholz et al. 1971). Diese Prüfmethode findet sowohl im Rahmen verkehrspsychologischer Untersuchungen als auch bei pharmakologischen Studien Verwendung (Kielholz et al. 1971, 1972a, 1972b; Hobi 1978).

pro memoria 8.5.2

Tests zur Prüfung motorischer Funktionen:
1. Prüfung der Muskelkraft (Dynamometer, Ergograph),
2. Prüfung der Finger- und Handgeschicklichkeit (Tremometer, Tapping-Test, Arbeitsproben),
3. Prüfung der Händigkeit (*Hand-Dominanz-Test*),

4. Prüfung der Reaktionszeit.

8.5.3 Tests zur Prüfung verschiedener anderer Funktionen

In diesem Kapitel sollen Verfahren behandelt werden, die das Gedächtnis, das räumliche Vorstellungsvermögen und die visuell-motorische Koordination prüfen. Es sind Tests, die vor allem in der klinischen Psychologie (beispielsweise bei der Diagnostik hirnorganischer Störungen), aber auch bei der Berufsberatung Verwendung finden (auf die *Tübinger Luria-Christensen Neuropsychologische Untersuchungsreihe* von Hamster et al. 1980 kann hier nur hingewiesen werden).

8.5.3.1 Methoden zur Prüfung des Gedächtnisses

Im Bereich der klinischen Psychologie stellt sich häufig die Aufgabe, das Gedächtnis eines Patienten prüfen zu müssen. Zur Untersuchung des *Altgedächtnisses* eignen sich beispielsweise der Untertest »Allgemeines Wissen« aus dem *HAWIE-R* (s. Kap. 8.1.3.1) sowie verschiedene nichtstandardisierte Fragen nach länger zurückliegenden Ereignissen aus dem Leben der Patienten.

Das *Frischgedächtnis* lässt sich zum Beispiel mithilfe des Untertests »Zahlennachsprechen« aus dem *HAWIE-R* erfassen sowie mit dem Untertest »Merkaufgaben« aus dem *IST* (s. Kap. 8.1.3.1 und 8.1.3.2). Ferner lässt es sich – vor allem bei groben Ausfällen – auch im Verlauf eines Gesprächs prüfen, indem man den Probanden nach einem kurz zuvor erwähnten Sachverhalt oder einer fünfstelligen Zahl fragt, nachdem man sich durch unmittelbares Wiederholenlassen überzeugt hat, dass der Proband sie verstanden hat. Als Screening-Verfahren zur groben Abschätzung kognitiver Beeinträchtigungen wird häufig auch der *Mini Mental Status* von Folstein et al. (1975) verwendet. Anhand verschiedener Fragen werden die zeitliche und räumliche Orientierung, die Aufmerksamkeit et cetera geprüft. Gravierende Ausfälle weisen auf Demenzerscheinungen hin. Schließlich sind spezielle Tests zur Prüfung des Gedächtnisses bei visueller Darbietung konzipiert worden, zum Beispiel der *Visual-Retention-Test* von Benton oder das *Diagnosticum für Cerebralschädigung* (DCS) von Weidlich. Zu erwähnen ist in diesem Zusammenhang auch der *Lern- und Gedächtnistest* (LGT-3) (Baumler 1974), der verschiedene Gedächtnisfunktionen anhand von verbalen und figuralen Aufgaben prüft. Dieses Verfahren liegt jedoch nur in einer sehr schwierigen Version für Probanden höheren Intelligenzgrads vor und ist deshalb nur bei einer begrenzten Zahl von Klienten anwendbar.

8.5.3.2 Der Visual-Retention-Test von Benton

Der von Benton (1990) herausgegebene *Visual-Retention-Test* wurde von Spreen für deutschsprachige Verhältnisse überarbeitet. Es werden verschiedene Instruktionen verwendet: Bei der *Standardinstruktion A* werden dem Probanden nacheinander jeweils zehn Sekunden lang geometrische Figuren gezeigt, die er unmittelbar nach der Darbietung aus dem Gedächtnis auf ein weißes Blatt zeichnen soll. Bei der *Instruktion B* wird die Darbietung auf fünf Sekunden verkürzt, bei der *Instruktion C* sind die vorgelegten Figuren abzuzeichnen, die *Instruktion D* beinhaltet eine um 15 Sekunden verzögerte Reproduktion. Schließlich liegt noch eine *Wahlform* für Probanden mit behinderter Zeichenfähigkeit vor. Für die gesamte Testdurchführung benötigt man etwa 15 bis 20 Minuten. Bei der quantitativen Auswertung werden die Anzahl der richtigen Reproduktionen und die Anzahl der Fehler bestimmt und in Beziehung zum Lebensalter und zum Intelligenzniveau des Untersuchten gesetzt. Ferner werden die Fehler nach verschiedenen Fehlertypen aufgeschlüsselt.

Dieses Verfahren erfasst die Fähigkeit eines Probanden, geometrische Figuren aufzufassen, sie für kurze Zeit im Gedächtnis zu speichern und sie dann zeichnerisch zu reproduzieren. Geprüft wird, neben der visuellen Merkfähigkeit, auch die visuell-motorische Koordination. Im klinischen Bereich hat der Benton-Test eine weite Verbreitung gefunden. Er dient insbesondere der Differenzialdiagnostik bei hirnorganischen Funktionsstörungen (Benton et al. 1962; Holzer 1968; Böhm et al. 1970; Kerschbaum 1970; Schmettau 1970; Burgess et al. 1972; Weinmann 1979; Friedl-Francesconi und Binder 1996; Hanke 2003) und wurde mit Erfolg auch bei der Diagnostik der Alzheimer-Demenz eingesetzt (Hasse-Sander et al. 1996). Die Durchführungs- und Auswertungsobjektivität sowie die Reliabilität und Validität erscheinen gesichert. Es liegen Normen vor, die allerdings aus amerikanischen Untersuchungen stammen.

8.5.3.3 Bender-Gestalt-Test/Göttinger Formreproduktions-Test (GFT)

Der von Bender entwickelte Test besteht aus neun geometrischen Figuren, die den Studien Wertheimers zur Gestaltauffassung entnommen sind. Der Proband soll nacheinander diese Figuren so genau wie möglich abzeichnen. Es liegen verschiedene Auswertungssysteme vor, in denen zumeist die Anzahl der Ungenauigkeiten gewertet wird. Die größte Verbreitung hat das System von Pascall und Suttell (1951) gefunden. In Deutschland entwickelte Wewetzer (1956) ein erheblich einfacheres Quantifizierungsverfahren. Schlange et al. (1972) haben aufgrund einer großen Untersuchung an Kindern den Test überarbeitet, aus den verschiedenen Scoring-Systemen Items ausgewählt, Item-Analysen und -selektion durchgeführt, den Test kreuzvalidiert und normiert. Die Prüfungen der Objektivität, Reliabilität und Validität dieses *Göttinger Formreproduktions-Tests* (GFT) erbrachten befriedigende Ergebnisse (s. a. das von Wallasch 1979 entwickelte *Hintergrund-Interferenz-Verfahren für den Bender-Gestalt-Test*. In einer neueren Arbeit raten Deimel et al. (2000) aufgrund einer Untersuchung von unseligierten Zweitklässlern indes zur Vorsicht bei der Interpretation der Resultate in der klinischen Praxis, da sich in dieser Studie zeigte, dass die Prozentränge im Mittel deutlich zu hoch ausfielen.

Die Durchführung des *Göttinger Formreproduktions-Tests* erfordert im Allgemeinen wenige Minuten. Mit dem Test werden die Gestalterfassung und die visuell-motorische Koordination geprüft. Er findet Verwendung bei Kindern und Erwachsenen, vorwiegend zur Entwicklungsdiagnostik und zur Differenzialdiagnostik bei hirnorganischen Funktionsstörungen (Koppitz 1960, 1980; Wikler et al. 1970; Böhm et al. 1970; Kerschbaum 1970; Burgess et al. 1970; Kenny et al. 1971; Wender 1971; Regel 1972; Klatskin et al. 1972; Wallasch et al. 1977).

8.5.3.4 Diagnosticum für Cerebralschädigung (DCS)

Die neun geometrischen Figuren des *DCS* entstammen ursprünglich den *Entwicklungstestreihen für das Schulalter* von Hetzer (1962) und wurden dann von Hillers zu einem Lernversuch modifiziert. In der Bearbeitung von Weidlich (1972; Weidlich u. Lamberti 1993) liegt ein standardisiertes diagnostisches Hilfsmittel zur Prüfung des Gedächtnisses und der Merkfähigkeit vor (s. a. Lamberti et al. 1978). Der Proband muss sich Zeichen, die auf neun Karten dargestellt sind, einprägen und sie mithilfe von Holzstäbchen aus dem Gedächtnis reproduzieren sowie die Reihenfolge der entsprechenden Zeichen angeben. Die Durchführung nimmt 50 Minuten in Anspruch. Neben dem Gedächtnis und der Merkfähigkeit spielen auch die Gestalterfassung und die visuell-motorische Koordination beim Zustandekommen der Testleistung eine wichtige Rolle.

Objektivität und Reliabilität sind gesichert. Zur Validität liegen Untersuchungen an hirnorganisch Kranken und Gesunden vor. Daraus ergibt sich, dass erworbene Cerebralschädigungen mithilfe dieses Verfahrens von neurotischen Fehlentwicklungen ohne Hirnpathologie abgegrenzt werden können. Krüger et al. (1998) haben für zwei Parallelformen des *DCS* Normen für die Altersstufen 40 bis 90 Jahre entwickelt.

8.5.3.5 Tests zur Erfassung der räumlichen Vorstellungsfähigkeit

Sowohl im Bereich der Berufs- und Bildungsberatung als auch in der klinischen Psychologie kann es wichtig sein, speziell die räumliche Vorstellungsfähigkeit zu erfassen. Entsprechende Verfahren finden sich in einer Reihe von Intelligenztests (beispielsweise der *Mosaiktest* im *HAWIE* oder die *Würfelaufgaben* im IST). Auch der *Benton-Test*, der *Bender-Gestalt-Test* und das *Diagnosticum für Cerebralschädigung* prüfen – neben Gedächtnisfunktionen – die räumliche Vorstellungsfähigkeit eines Probanden.

Uns liegen aber, außer diesen Verfahren, auch spezielle Tests zur Erfassung der räumlichen Vorstellungsfähigkeit vor. Dazu gehören die *Figuren von Rybakoff* in der Bearbeitung von Meili (1955). Der Test besteht aus 21 Figuren, die ursprünglich (1910) vom Psychiater Rybakoff entwickelt und 1922 von W. Stern standardisiert worden sind. Der Proband hat die Aufgabe, die unregelmäßigen Figuren durch einen geraden Strich so in zwei Teile zu zerlegen, dass sie zu einem Quadrat zusammengesetzt werden können. Angaben zur Objektivität und Reliabilität fehlen. Zur Validität gibt Meili Korrelationen mit allgemeinen Intelligenztests an. Es liegen Prozentrang-Normen vor. Hinweise über die Art der Eichstichprobe fehlen jedoch. Ein zweites, ebenfalls von Meili (1955) herausgegebenes Verfahren zur Erfassung der räumlichen Vorstellungsfähigkeit sind die *Würfelabwicklungen*. Bei diesem Test müssen elf verschiedene Würfelgrundrisse bearbeitet werden. Zur Lösung ist vor allem die räumliche Vorstellungsfähigkeit wichtig. Auch zu diesem Verfahren fehlen Angaben zur Objektivität, Reliabilität und Validität. Normen liegen für 14- bis 19-jährige Schweizer Probanden vor.

Schließlich sei noch ein Verfahren zur Prüfung der räumlichen Vorstellungsfähigkeit erwähnt, das hinsichtlich seiner Objektivität, Reliabilität, Validität und Normierung den Anforderungen eines Tests im strengen Sinne entspricht. Es ist der von Lienert (1964) herausgegebene *Form-Lege-Test* (FLT). Der Proband hat die Aufgabe, verschiedene Umrissfiguren mit vorgegebenen Flächenteilen auszulegen, sodass die Umrissfigur völlig bedeckt ist. Der *FLT* besteht aus 20 Aufgaben, die ihrem Schwierigkeitsgrad nach geordnet sind. Die Testzeit selbst ist auf 20 Minuten beschränkt. Nach den Validitätsuntersuchungen zu schließen, prüft der *FLT*, neben dem räumlichen Auffassen und dem Operieren mit räumlichen Vorstellungen, auch die Fähigkeit des zweckmäßigen Kombinierens und Ergänzens (Lienert 1964). Der Test ist bei Jugendlichen im Alter zwischen 14 und 18 Jahren und bei Erwachsenen zwischen 20 und 50 Jahren anwendbar. Er kann als Individual- und als Gruppentest durchgeführt werden und liegt in zwei Parallelformen vor.

8.5.3.6 Tests zur Prüfung weiterer spezieller Fähigkeiten

Im Folgenden sollen einige Verfahren kurz dargestellt werden, mit deren Hilfe verschiedene spezielle Fähigkeiten erfasst werden können. Zu nennen ist in diesem Zusammenhang der von Lienert (1964) herausgegebene *Mechanisch-technische Verständnistest* (MTVT). Er umfasst 32 Wahlantwort-Aufgaben zu praktisch-technischen Problemen, die nach steigendem Schwierigkeitsgrad angeordnet sind. Der *MTVT* erfasst einen speziellen Aspekt der praktischen Intelligenz, und zwar das Verständnis für technische Vorgänge. Die Testaufgaben bestehen aus Zeichnungen, die zum Beispiel Geschwindigkeitsregulierungen durch Treibriemen, Schwungscheiben oder Zahnräder darstellen. Nach Angaben von Lienert erfordern diese Aufgaben vom Probanden kaum theoretische Vorkenntnisse. Geprüft wird vor allem, inwieweit sich der Proband technische Vorgänge vorstellen, sich in sie einfühlen und sie beurteilen kann. Die Objektivität, Reliabilität und Validität kann als gesichert betrachtet werden. Normen liegen für männliche Jugendliche zwischen 13 und 19 Jahren vor.

Ein ebenfalls zur Prüfung des technischen Verständnisses konzipiertes Verfahren ist der Test zur *Untersuchung des praktisch-technischen Verständnisses* (PTV) von Amthauer (1972). Auch in diesem Verfahren werden dem Probanden technische Probleme zeichnerisch dargestellt. Die Bearbeitung der Aufgaben erfordert teilweise nicht nur Erfahrung im Umgang mit technisch-zeichnerischen Darstellungen, sondern auch elementare physikalische Kenntnisse, wie Einblick in die technisch-mechanische Funktionsweise spezieller Vorrichtungen. Das Verfahren soll dem Untersucher helfen, bessere Entscheidungen über die Ausbildung und Weiterbildung von Probanden aus den verschiedensten technischen und naturwissenschaftlichen Fachrichtungen zu treffen. Die Objektivität und Reliabilität des *PTV* sind gesichert. Zur Validität liegen nur wenige Angaben vor. Normen wurden an einer Eichstichprobe von 4 000 Personen im Alter zwischen 13 und 50 Jahren erhoben.

Einen weiteren speziellen Aspekt, nämlich Einsicht in Probleme des Straßenverkehrs zu gewinnen, prüft der *Verkehrs-Verständnis-Test* (VVT) von Müller (1973). Die beiden Parallelformen enthalten je 14 allgemeine Wissens- und Verständnisfragen über soziale, situative und technische Aspekte der Sicherheit im Straßenverkehr. Die Aufgaben sind in freier Form zu beantworten. Müller (1973) geht von Untersuchungsergebnissen aus, die Zusammenhänge zwischen Verkehrswissen und Fahrkenntnissen einerseits und Bewährungskriterien der Kraftfahreignung andererseits aufzeigen. Im Test soll nicht nur das für den Führerscheinerwerb erforderliche Wissen reproduziert werden, sondern es soll auch geprüft werden, inwieweit der Proband Einsicht in die Ursachen und Zusammenhänge von Verkehrsrisiken nehmen kann. Die Durchführung erfordert 25 bis 30 Minuten. Objektivität und Reliabilität sind gewährleistet. Untersuchungen zur Validität zeigen, dass relativ enge Zusammenhänge zwischen *VVT* und der bildungsabhängigen Intelligenz bestehen. Die bisher vorliegenden Normen basieren auf den Resultaten von 642 Probanden, die im Rahmen von Technischen Überwachungsvereinen (Motorfahrzeugkontrolle) untersucht worden sind. Es sei an dieser Stelle auf die Arbeiten von Spörli (1974, 1977, 1978) hingewiesen, der sich kritisch mit den Problemen auseinander gesetzt hat, die sich bei verkehrspsychologischen Untersuchungen stellen.

Schließlich ist noch ein völlig andersartiges Verfahren zu nennen, das der Erfassung der musikalischen Begabung dienen soll: Es ist der von Butsch und Fischer (1966) herausgegebene *Seashore-Test für Musikalische Begabung*. Der Test ist auf einer Langspielplatte aufgenommen worden und prüft sensorische Fähigkeiten des Gehörs (wie das Unterscheidungsvermögen für verschiedene Tonhöhen, Lautstärken, Tonlängen und Klangfarben) und das Empfindungsvermögen für Rhythmen sowie das Gedächtnis für Tonfolgen. Es liegen Normen für 10- bis 17-jährige Probanden vor. Die Objektivität scheint gewährleistet zu sein. Die in der Handanweisung angegebenen, aus dem amerikanischen Original stammenden Reliabilitätskoeffizienten sind nicht ganz zufrieden stellend. Hinsichtlich der Validität vertreten Seashore sowie Butsch und Fischer die Ansicht, der Test könne logische Validität in Anspruch nehmen. Man kann sich jedoch fragen, ob mit diesem Verfahren tatsächlich das Konstrukt »musikalische Begabung« erfasst wird. Vielleicht sollte man den Zielbereich dieses Tests eher einschränkend bezeichnen als Test zur Erfassung spezifischer sensorischer Fähigkeiten, zur Prüfung des Rhythmus und des Gedächtnisses für Tonfolgen.

Es soll abschließend noch auf einige komplexe Testsysteme hingewiesen werden, die verschiedene spezielle Fähigkeiten erfassen und zu größeren Testbatterien zusammengefasst sind. Diese Verfahren dienen in erster Linie

Eignungsuntersuchungen und prüfen Funktionen, die bei den verschiedensten beruflichen Tätigkeiten von Bedeutung sind. Hinsichtlich der methodischen Probleme bei Eignungsuntersuchungen verweise ich auf die Arbeiten von Schmidtke et al. (1961), Hermann (1966), Trebeck (1970), Frieling (1974) und Triebe (1973, 1975).

Aus der Gruppe der Verfahren zur Eignungsprüfung sind die *Einfachen Eignungsuntersuchungen* (EEU) zu erwähnen, die in einem von der Bundesanstalt für Arbeitsvermittlung der BRD herausgegebenen Band zusammengefasst sind. Diese Testbatterie ist jedoch nicht käuflich zu erwerben. Ich beziehe mich hier auf die Darstellung von Merz (1964). Zu der Testbatterie »Einfache Eignungsuntersuchungen« gehören sehr verschiedene Prüfungen: Das Schreiben eines Lebenslaufs, eine persönliche Aussprache, eine Gedächtnisprüfung, Verfahren zur Untersuchung des begrifflichen und des sprachfreien Denkens sowie des praktischen Verhaltens, Tests zur Prüfung der technischen Begabung, des Formen- und Farbsinns sowie der Handfertigkeit (hierzu gehören beispielsweise die erwähnte *Drahtbiegeprobe*, ferner *Krug-Schneide-Proben*, *Papierstreifen-Falten*) sowie verschiedene andere Untersuchungsmethoden. Die von Roth (1957) mitgeteilten Reliabilitätskoeffizienten weisen in der Mehrzahl eine ausreichende Höhe auf. Untersuchungen über die Validität sind mir nicht bekannt.

Eine weitere, komplexe Testbatterie zur Eignungsuntersuchung ist das *Giese-Test-System* (GTS) von Dorsch (1952). Dieses ebenso wie die »Einfachen Eignungsuntersuchungen« an verschiedenen deutschen Arbeitsämtern entwickelte Verfahren umfasst folgende Untersuchungsgebiete: Allgemeine Intelligenz, Sonderbegabung für die Erfassung und Verarbeitung von Raum und Form, Sonderbegabung für Technik, Begabung für nichttechnische Berufsanforderungen, allgemeine Arbeitsveranlagung einschließlich Handgeschick und Sinnestüchtigkeit. Leider liegen zu diesem recht aufwändigen Test bisher keine Angaben zur Objektivität, Reliabilität und Validität vor. Die in der Handanweisung angegebenen Richtwerte können nicht im strengen Sinne als Normen betrachtet werden.

8.5.3.7 Testbatterie zur Aufmerksamkeitsprüfung (TAP)

Die *Testbatterie zur Aufmerksamkeitsprüfung* (TAP; Zimmermann u. Flimm 2002) stellt eine computergestützte Sammlung von Verfahren dar, mit deren Hilfe eine differenzierte Diagnostik von Aufmerksamkeitsstörungen ermöglicht werden soll. Sie hat in der Gegenwart weite Verbreitung gefunden und soll deshalb an dieser Stelle etwas ausführlicher dargestellt werden. Die

Entwicklung dieser Tests orientierte sich primär an den Bedürfnissen der *neuropsychologischen Diagnostik*, die durch die zum Teil hohe Spezifität der Ausfälle sowie durch die meist gegebene multiple Schädigung der Patienten besondere Anforderungen an die entsprechenden Testverfahren stellt. Dies schlägt sich bei der *TAP* insbesondere in der Wahl von Verfahren mit geringer Komplexität nieder, durch welche einerseits umschriebene Teilfunktionen geprüft und andererseits die Beeinträchtigung der Testleistung durch sensorische und/oder motorische Ausfälle, Gedächtnisstörungen, Sprachstörungen und andere Defizite so weit wie möglich ausgeschlossen werden. Die letzte, mit deutlich erweiterten Normen für Erwachsene (zum Teil bis 90 Jahre) und für Kinder ab sechs Jahre versehene Ausgabe ist die Version 1.7.

Die Testbatterie zur Aufmerksamkeitsprüfung umfasst die folgenden Verfahren:

- *Alertness:* Hier wird die Fähigkeit untersucht, in Erwartung eines Reizes hoher Priorität das Aufmerksamkeitsniveau zu steigern und aufrecht zu erhalten.
- *Arbeitsgedächtnis:* Der Test verlangt von den Probanden eine kontinuierliche Kontrolle des Informationsflusses durch den Kurzzeitspeicher, indem der Vergleich von einem gegebenen Reiz (einer auf dem Bildschirm dargebotenen Zahl) mit einem vorher dargebotenen Reiz gefordert wird.
- *Augenbewegung:* Das Verfahren erfordert die Ausrichtung der Augen auf einen relevanten Ausschnitt des Gesichtsfelds. Auf diese Weise wird die selektive Informationsaufnahme geprüft.
- *Gesichtsfeld-/Neglectprüfung:* Ziel dieser Untersuchung ist es einerseits, in einem groben Scanning Gesichtsfeldausfälle zu prüfen. Andererseits soll es dieses Verfahren ermöglichen, zwischen einer Hemianopsie und einem Neglect ohne Hemianopsie zu differenzieren. Auf dem Bildschirm erscheinen rasch wechselnde Zahlen, die als flackernder Reiz wahrgenommen werden. Die Reize erscheinen in Zufallsposition in zufällig variierenden Intervallen, die von den Probanden mit einem Tastendruck zu beantworten sind.
- *Geteilte Aufmerksamkeit:* Die geteilte Aufmerksamkeit wird mittels »dual-task« Aufgaben geprüft, in denen gleichzeitig zwei Reizdarbietungen beachtet werden müssen. Damit es nicht zu einer strukturellen Interferenz zwischen den Informationskanälen kommt, wird jeweils eine optische und eine akustische Aufgabe dargeboten.
- *Go/Nogo-Test:* Hier wird die Interferenzneigung durch eine Reiz-Reaktionsinkompatibilität getestet. Dazu werden links oder rechts vom Fixa-

tionspunkt nach links respektive rechts gerichtete Pfeile dargeboten, auf die je nach Pfeilrichtung mit der rechten oder linken Hand reagiert werden soll, unabhängig von der Seite der Präsentation. Dieses Verfahren soll die spezifische Fähigkeit zur Unterdrückung einer nichtadäquaten Reaktion prüfen, eine Leistung, die insbesondere nach Schädigungen des präfrontalen Kortex oft defizitär ist.

— *Intermodaler Vergleich:* Es geht hier um einen frühen Prozess gerichteter Aufmerksamkeit, um die Kontrolle des Inputs aus verschiedenen sensorischen Kanälen. Das Verfahren prüft Beeinträchtigungen der supramodalen Kontrolle anhand von kritischen Reizen, bei denen simultan ein optischer und ein akustischer Reizaspekt zu beachten ist.

— *Reaktionswechsel (Flexibilität):* In diesem Test werden simultan rechts und links vom Fixationspunkt konkurrierende Reize dargeboten (in einer verbalen Variante: ein Buchstabe und eine Zahl; in einer non-verbalen Variante: eine runde und eine eckige Form), wobei jeweils die Taste auf der Seite zu drücken ist, auf der sich der Zielreiz befindet. Geprüft wird die Fähigkeit zum Wechsel des Aufmerksamkeitsfokus, die Flexibilität der Aufmerksamkeitskontrolle.

— *Verdeckte Aufmerksamkeitsverschiebung:* Zur Prüfung der verdeckten Aufmerksamkeitsverlagerung wird rechts oder links vom Fixationspunkt ein einfacher Reiz dargeboten, auf dessen Erscheinen der Proband so schnell wie möglich mit Drücken der Taste reagieren soll. Vor Erscheinen des kritischen Reizes wird in der Mitte des Bildschirms ein Hinweisreiz in Gestalt eines Pfeils dargeboten, der mit hoher Wahrscheinlichkeit (80 % der Darbietungen) nach der Seite, auf welcher der imperative Reiz erscheinen wird, zeigt (»valider« Hinweisreiz), in 20 Prozent jedoch nach der falschen Seite weist (»invalider« Hinweisreiz). Die zeitliche Differenz zwischen den Reaktionszeiten von validen zu invaliden Hinweisreizen wird als Zeitbedarf für die verdeckte Aufmerksamkeitsverschiebung angesehen.

— *Vigilanztests:* Zur Prüfung der Vigilanzleistung oder Daueraufmerksamkeit werden mehrere Verfahren angeboten, ein akustischer, zwei optische und ein optisch-akustischer Vigilanztest, da nach bisher vorliegenden Ergebnissen bei Hirnschädigungen die Leistung in den einzelnen Modalitäten sehr unterschiedlich beeinträchtigt sein kann.

— *Visuelles Scanning:* Mit diesem Test soll die Fähigkeit zum visuellen Abtasten des Gesichtsfeldes geprüft werden (»visual scanning«). Die Aufgabe besteht in der Entdeckung eines kritischen Reizes in einer Anordnung von Reizen in einem Matrixmuster.

Die Resultate der *TAP* können grafisch oder statistisch auf dem Bildschirm, dem Drucker oder der Festplatte/Diskette ausgegeben werden. Das Verfahren liegt in verschiedenen Sprachen (Englisch, Französisch, Holländisch, Italienisch, Spanisch und Katalanisch) vor. Die von den Autoren angegebenen Normwerte basieren auf großen Stichproben (pro Altersstufe zum Teil bis zu 800 Probanden). Es fehlt allerdings bisher an umfangreicheren Untersuchungen zur Reliabilität des Verfahrens. Die Validität scheint für die Diagnostik hirnorganischer Störungen gegeben zu sein (Földényi et al. 2000; Bühner et al. 2001).

pro memoria 8.5.3.1–8.5.3.7

Tests zur Prüfung anderer Funktionen:
1. Prüfung des Gedächtnisses,
2. *Visual-Retention-Test* von Benton,
3. *Bender-Gestalt-Test/Göttinger Formreproduktions-Test*,
4. *Diagnosticum für Cerebralschädigung*,
5. Tests zur Erfassung der räumlichen Vorstellungsfähigkeit,
6. Tests zur Prüfung weiterer spezieller Fähigkeiten (technisches Verständnis, Einsicht in Probleme des Straßenverkehrs, Musikalität, Eignungsuntersuchungen),
7. *Testbatterie zur Aufmerksamkeitsprüfung* (TAP).

9. Persönlichkeitstests

Ich habe bereits darauf hingewiesen, dass die Unterteilung in Fähigkeits- und Persönlichkeitstests im Grunde eine willkürliche ist. Immer stehen die intellektuelle Begabung sowie allgemeine und spezielle Fähigkeiten in einem engen Interdependenzverhältnis mit affektiven Komponenten einer Persönlichkeit und mit ihrer Fähigkeit, ihre Erlebnisinhalte zu verarbeiten und sich mit der sozialen Umwelt auseinander zu setzen. Didaktische Gründe legen indes eine Unterteilung in Fähigkeits- und Persönlichkeitstests nahe. In der Praxis sollten aber niemals allein bestimmte Fähigkeitsverfahren eingesetzt werden, sondern diese müssen stets in eine Testbatterie eingebettet sein, die auch verschiedene Persönlichkeitstests enthält.

Im vorliegenden Kapitel sollen die Persönlichkeitsfragebögen und klinischen Skalen, die verbalen Ergänzungsverfahren, die Formdeutetests, die thematischen Apperzeptionsverfahren, die spielerischen und zeichnerischen Gestaltungstests, die Farbwahlverfahren sowie eine Reihe anderer Persönlichkeitstests besprochen werden. Allen diesen Untersuchungsmethoden ist gemeinsam, dass mit ihrer Hilfe Gefühle, Vorlieben, Abneigungen, aber auch dem Probanden unbewusste Konflikte eruiert werden. Mit den Persönlichkeitstests suchen wir Aufschluss über die für die Persönlichkeit eines Menschen charakteristische Struktur oder zumindest über bestimmte Persönlichkeitszüge.

9.1 Persönlichkeitsfragebögen und klinische Skalen

Unter dem Oberbegriff »Persönlichkeitsfragebögen« sollen in diesem Kapitel Fragebogentests dargestellt werden, die einerseits die Persönlichkeitsstruktur, andererseits aber auch Interessen und spezifische Problembereiche eines Probanden erfassen wollen. Solche Fragebogenverfahren haben in den vergangenen Jahrzehnten eine große Verbreitung gefunden (neben den Selbstbeurteilungsfragebögen werden im klinischen Bereich auch Fremdbeurteilungsskalen verwendet, s. Kap. 9.1.6). Die Fragebögen verbinden zwei Vorteile miteinander: Erstens können sie von den Probandinnen und Probanden in der Regel selbstständig bearbeitet werden, und zweitens bietet die Auswertung, zumeist mithilfe von Schablonen, aber auch durch den Computer, keine großen Schwierigkeiten. Im Allgemeinen sind die Fragebögen in der Weise konzipiert, dass den Probanden eine Liste von Feststellungen oder Fragen vorgelegt wird und sie bei jeder zu entscheiden haben, ob sie sie als für sich zutreffend empfinden oder nicht. Ihre Antwort vermerken sie durch Ankreuzen des hinter der Feststellung stehenden »Ja«, »Nein« oder des »Stimmt«, »Stimmt nicht«. Bei einigen Verfahren kann auch der Intensitätsgrad der Symptome angegeben werden. Je nach dem Konzept des Tests werden verschiedene psychische und/oder somatische Symptome sowie Vorlieben, Einstellungen, Interessen et cetera erfragt.

In diesen Verfahren gibt der Proband direkt eine Stellungnahme ab, wobei er in der Regel aus der Feststellung entnehmen kann, worauf die Frage zielt. Man bezeichnet daher die Persönlichkeitsfragebögen auch als *subjektive Persönlichkeitstests* – im Gegensatz zu den projektiven und den so genannten »objektiven« Persönlichkeitstests (s. Kap. 9.10), bei denen der Proband im Allgemeinen die Bedeutung des Tests nicht ohne weiteres durchschaut. Bei den Persönlichkeitsfragebögen besteht daher – mehr noch als bei anderen Verfahren – die Möglichkeit einer absichtlichen Verfälschung und dadurch einer Verzerrung der Resultate durch den Probanden. Dieser Schwierigkeit versuchten die Testautoren zu begegnen, indem sie spezielle Kontroll- und Korrekturskalen entwickelten. Ein Problem bei den Fragebögen dieser Art stellt ferner der Umstand dar, dass nicht alle Probanden einen Begriff, der im Text verwendet wird, in gleicher Weise verstehen. Auf einige diesbezügliche Probleme habe ich bei der Diskussion der Sprache in der Psychodiagnostik (s. Kap. 2.1) und bei den Problemen der Motivation (s. Kap. 4.2) hingewiesen.

Die Selbstbeurteilungsfragebögen erfreuen sich in der Diagnostik großer Beliebtheit. Dies ist nicht zuletzt dadurch bedingt, dass eine geradezu unüberschaubare Zahl verschiedener Tests dieser Art vorliegt, die bei den verschiedensten Fragestellungen Anwendung finden können. Indes können sich bei der Verwendung von Fragebögen auch Probleme ergeben, die erst bei genauerer Betrachtung sichtbar werden. Ein erstes Problem liegt darin, dass alle diese Verfahren *Introspektionsfähigkeit* bei den Probanden voraussetzen, da (zumindest bei den Selbstbeurteilungsskalen) die Probanden sich selber gegenübertreten müssen und ihr eigenes Denken, Fühlen und Handeln zum Gegenstand der Beurteilung machen. Wenn es Klienten jedoch an Introspektionsfähigkeit mangelt, wie es per definitionem bei einer Reihe von psychischen Erkrankungen der Fall ist, werden auch die Resultate solcher Fragebogenverfahren dadurch beeinflusst.

Außerdem ist zu bedenken, dass mitunter auch *ethische Probleme* bei der Verwendung von Tests dieser Art entstehen können: Wir glauben aus der Perspektive der Untersucher heraus, die Probanden nur mit »harmlosen« Fragen zu konfrontieren. Dabei vergessen wir mitunter, dass für einen Probanden allein die Tatsache, mit den unterschiedlichsten Symptomen (depressive Verstimmungen, sexuelle Probleme, psychotische Phänomene et cetera) konfrontiert zu werden, außerordentlich belastend und irritierend sein kann (vgl. Rauchfleisch 1982, 1992c). Nicht unproblematisch ist auch die Tatsache, dass wir bei der Auswertung solcher Skalen die verschiedenen *Symptome addieren* und daraus einen Gesamtwert für ein bestimmtes Syndrom errechnen. Dabei werden zum Teil Symptome gleichwertig behandelt, die im Erleben und im Alltag von Patienten völlig verschiedene Relevanz besitzen (beispielsweise werden Suizidversuche, Versündigungsideen und verschiedene bei Depressionen auftretende körperliche Störungen, ohne dass diese Symptome unterschiedlich gewichtet würden, einfach addiert).

Es ist darauf hinzuweisen, dass die Selbstbeurteilungsskalen uns immer nur die *subjektive Sicht* eines Patienten vermitteln können. Es ist deshalb absolut unzulässig, bei der Interpretation solcher Verfahren in Individualbefunden ebenso wie in wissenschaftlichen Untersuchungen davon zu sprechen, ein Patient oder eine bestimmte Klientengruppe zeichne sich durch das eine oder andere Persönlichkeitsmerkmal aus. Wir müssen vielmehr folgende Formulierungen verwenden, um deutlich zu machen, dass es eine *subjektive* Evaluation aus der Sicht der Klienten selber ist: »Der Patient schildert sich als«, »Der Patient gibt an, . . . zu sein/zu haben« oder »In diesem Verfahren entwirft der Patient von sich das Bild einer . . . Persönlichkeit«.

Schließlich ist zu bedenken, dass die verschiedenen Persönlichkeitsfragebögen und die klinischen Skalen zwar hinsichtlich der Durchführungs- und Auswertungszeit ökonomische Tests sind, insbesondere wenn sie als Selbstbeurteilungsskalen von den Probanden allein bearbeitet werden. Dies ist nicht zuletzt auch ein Hauptgrund für die große Beliebtheit dieser Verfahren. Doch sollte man berücksichtigen, dass diese Art von Tests eine *unpersönliche Untersuchungssituation* darstellt, die nicht alle Probanden schätzen. Es ist deshalb in der klinischen Arbeit darauf zu achten, eine Testbatterie zusammenzustellen, in der neben solchen Fragebögen auch Verfahren enthalten sind, bei denen ein direkter Kontakt zwischen Untersucher und Proband besteht.

9.1.1 Das Minnesota Multiphasic Personality Inventory (MMPI)

Die größte Verbreitung unter den Persönlichkeitsfragebögen dürfte das *Minnesota Multiphasic Personality Inventory* (MMPI) von Hathaway und McKinley (deutsche Fassung von Spreen 1963) gefunden haben. Ursprünglich als Fragebogentest zur Diagnostik psychischer Störungen konstruiert, wurde später die Interpretation der Skalen auch auf den Normalbereich ausgedehnt. Die klinisch-psychiatrische Benennung der Skalen wurde jedoch beibehalten.

Der Test besteht aus 566 Items, deren jedes vom Probanden mit »Ja« (das heißt: trifft für den Probanden zu) oder »Nein« (das heißt: trifft für den Probanden nicht zu) zu beantworten ist. Die Auswertung mithilfe von Schablonen (aber auch durch Computer, s. Blaser et al. 1972) erfolgt hinsichtlich der zehn klinischen Standardskalen: Hypochondrie (Hd), Depression (D), Hysterie (Hy), Psychopathie (Pp), Paranoia (Pa), Psychasthenie (Pt), Schizophrenie (Sc), Hypomanie (Ma), Maskulinität – Femininität (Mf), soziale Introversion – Extraversion (Si).

Ferner gehören zur Standardform vier Skalen, die der Messung von Einstellungen bei der Testbeantwortung und der Korrektur der klinischen Skalen bei Vorliegen auffälliger Beantwortungstendenzen dienen. Diese so genannten »Validitätsskalen« sind: Der »?«-Wert (Anzahl der nicht beantworteten Items), der Lügenwert (L), der F- und der K-Wert (die letzteren beiden zur Erfassung auffälliger Testbeantwortung und defensiver Einstellung zum Test). Außer diesen 14 Skalen sind mehr als 200 weitere Skalen zur Beantwortung spezieller Fragestellungen empirisch konstruiert worden. Wichtig sind vor allem die von Barron (1953) entwickelte Ich-Stärke-Skala (Es), die insbesondere bei prognostischer Fragestellung von Bedeutung ist, sowie Skalen für verschiedene psychische und somatische Symptome.

Die bei einem Probanden ermittelten Skalenwerte werden in ein Profilblatt (getrennt für männliche und weibliche Probanden) eingetragen. In der Auswertung werden nicht nur die einzelnen Skalenwerte interpretiert, sondern auch das Profil insgesamt. Der *MMPI* ermöglicht dadurch eine anschauliche Darstellung der verschiedenen Persönlichkeitszüge und stellt die Grundlage einer differenzierten Strukturanalyse der Persönlichkeit dar. Interpretationshilfen werden von Hathaway und Meehl (1951) auch in Form eines Zifferncodesystems für das *MMPI*-Profil gegeben.

Der *MMPI* hat im klinischen Bereich eine weite Anwendung gefunden zur Diagnostik der verschiedensten psychischen Erkrankungen, zur Beantwortung differenzialdiagnostischer Fragen, bei Problemen der Prognose von Psychotherapien et cetera (Hampton 1951; Barron 1953; Scodel 1953, Gough 1954; Grosz et al. 1959; Doehring et al. 1960; Blumberg 1967; Jenkins 1971; Rauchfleisch 1971; Stephan et al. 1971; Cohler et al. 1972; Pauli et al. 1972; Rauchfleisch 1972a; Bottenberg et al. 1977). Es ist allerdings ein zeitlich recht aufwändiges Verfahren (Durchführungszeit zwischen 1 1/2 und 2 Stunden). Selbst die »Kurzform« umfasst noch 221 Items (Blaser et al. 1972). Die deutsche Übersetzung wirkt teilweise etwas schwerfällig. Manche Feststellungen sind für unterdurchschnittlich begabte Probanden schwer verständlich. Die Durchführungs- und Auswertungsobjektivität ist gegeben. Die Reliabilitätskoeffizienten liegen zum Teil etwas niedrig. Hinsichtlich der Validität bestätigen Untersuchungen an den verschiedensten klinischen Gruppen die Brauchbarkeit dieses Verfahrens. Von der Testkonstruktion her ist problematisch, dass die Items je nicht nur auf einer Skala laden, sondern auf mehreren gleichzeitig. Deshalb können die Skalen nicht als unabhängige Dimensionen interpretiert werden.

9.1.2 Das Freiburger Persönlichkeitsinventar (FPI)

Das *Freiburger Persönlichkeitsinventar* (FPI) von Fahrenberg et al. (1978) ist ein mehrdimensionaler Persönlichkeitsfragebogen, der in der Gesamtform 212, in den beiden Halbformen A und B je 114 und in der Kurzform 76 Feststellungen enthält. Die Autoren führten sehr sorgfältige Item-Analysen und -selektionen durch, unterzogen ihre Daten verschiedenen Faktorenanalysen und legten differenzierte Normen für die drei Formen vor, getrennt für die beiden Geschlechter und die Altersstufen 15 bis 50 Jahre und darüber. Die Auswertung erfolgt mithilfe von Schablonen, kann aber auch maschinell durchgeführt werden.

Die Items werden hinsichtlich folgender zwölf bipolarer Standardskalen ausgewertet: Nervosität (vegetative Beschwerden), Aggressivität, Depressivität, Erregbarkeit, Geselligkeit, Gelassenheit, Dominanzstreben, Gehemmtheit, Offenheit, Extraversion, emotionale Labilität und Maskulinität. Die Handanweisung enthält eine Fülle von Angaben zur Objektivität, zur Reliabilität und insbesondere auch zur Validität dieses Persönlichkeitsfragebogens. Es werden ferner die Resultate aus Untersuchungen an verschiedenen klinischen Stichproben mitgeteilt. Dieser sehr gut konstruierte und normierte sowie in der Durchführungsdauer ökonomische Persönlichkeitsfragebogen (die Halbformen erfordern nur ca. 15 Minuten) kann bei den verschiedensten Fragestellungen, vor allem auch in der klinischen Diagnostik, Verwendung finden (siehe das von den Testautoren aufgestellte umfangreiche Literaturverzeichnis).

1994 haben die Autoren eine revidierte, aus 137 Items bestehende Fassung vorgelegt, den *FPI-R* (6. Aufl. 1994). Es ist nicht nur eine sorgfältige Überarbeitung und neue Normierung des ursprünglichen *FPI*, sondern diese Version zeichnet sich auch durch wesentliche inhaltliche Veränderungen aus. Als neue Skalen wurden die folgenden aufgenommen: »Lebenszufriedenheit«, »Soziale Orientierung«, »Leistungsorientierung«, »Beanspruchung« und »Gesundheitssorgen«. Die im ursprünglichen *FPI*, der nach wie vor verwendet werden kann, durch zwei Skalen repräsentierte Aggression (Skala 2 »Aggressivität« und Skala 7 »Dominanzstreben«) ist im *FPI-R* zu einer einzigen Skala »Aggressivität« zusammengefasst worden. Die unglückliche Skalenbenennung »Nervosität« der ersten *FPI*-Skala ist durch die Bezeichnung »Körperliche Beschwerden« verbessert worden. Gestrichen wurde im *FPI-R* die mit Recht umstrittene Skala »Maskulinität«. Wie schon beim *FPI* haben Fahrenberg und Mitarbeiter umfassende Itemanalysen durchgeführt und die verschiedensten Reliabilitäts- und Validitätsaspekte überprüft. Die Resultate weisen auch den *FPI-R* als sorgfältig konstruiertes, für die verschiedensten diagnostischen Fragestellungen geeignetes Instrument aus.

9.1.3 Der Problemfragebogen für Jugendliche

Dieser für Jugendliche zwischen 14 und 19 Jahren anwendbare Test geht zurück auf das *SRA Youth Inventory* von Remmers und Shimberg. Die deutschsprachige Fassung von Süllwold und Berg (1967) gliedert sich, wie die amerikanische Originalform, in die acht Problembereiche: 1) Meine Schule, 2) Nach der Schulzeit (bzw. Lehre), 3) Über mich selbst, 4) Ich und die anderen, 5) Zuhause, 6) Jungen und Mädchen, 7) Gesundheit, 8) Allgemeines. Mithilfe des Fragebogens möchte der Untersucher Einsicht in die Probleme und Nöte von Jugendlichen gewinnen. Die Testautoren unterscheiden bei der Interpretation drei Möglichkeiten: Zunächst kann ein Gesamtwert für alle acht Bereiche bestimmt werden. In diesem Wert spiegelt sich wider, in welchem Ausmaß ein Jugendlicher überhaupt unter Problemen leidet. In einem zweiten Auswertungsschritt können die Resultate aus jedem der acht Bereiche gesondert interpretiert werden. Die bei einem Probanden ermittelten Resultate werden mit der Normstichprobe verglichen. Auf diese Weise lässt sich ermitteln, ob ein bestimmter Themenkreis für diesen Probanden besonders problembeladen ist. Schließlich kann bei den einzelnen Items (der Test enthält über alle acht Problembereiche hin 306 Feststellungen) durch einen Vergleich mit den Normen geprüft werden, ob eine bestimmte Feststellung für den Probanden besonders problembeladen ist.

Objektivität und Reliabilität können als gesichert betrachtet werden. Hinsichtlich der Validität betonen die Autoren, dass der Problemfragebogen für Jugendliche Inhaltsvalidität beanspruchen könne. Voraussetzung ist bei diesem Fragebogen, wie bei allen »subjektiven« Persönlichkeitstests, dass die Probanden bereit sind, sich über ihre Probleme zu äußern. Ich habe diesen Test hier vorgestellt, da er sich meiner Erfahrung nach auch für die klinische Arbeit gut eignet und beispielsweise bei verhaltensgestörten Kindern und Jugendlichen differenzierte Einblicke in die Konfliktbereiche dieser Probanden ermöglicht (Rauchfleisch 1972b).

9.1.4 Der Gießen-Test (GT)

Während bei den bisher vorgestellten Persönlichkeitsfragebögen der Proband jeweils nur Auskunft über sich selbst gibt, kann mit dem *Gießen-Test* von Beckmann und Mitarbeitern (1979, 1983, 2003) nicht nur das *Selbstbild*, sondern auch das *Fremdbild* (Beurteilung des Probanden durch den Partner oder den behandelnden Arzt) und das *Idealselbst-Bild* (das heißt, der Proband beschreibt sich so, wie er gern sein möchte) erfasst werden.

Der *Gießen-Test* besteht aus 40 Items und wird hinsichtlich der sechs folgenden bipolaren Standardskalen ausgewertet: Soziale Resonanz, Dominanz, Kontrolle, Grundstimmung, Durchlässigkeit und soziale Potenz. Die Autoren haben damit ein Verfahren entwickelt, das – abgesehen von der Anwendung bei einzelnen Probanden – auch in der Paar- und Gruppendiagnostik eingesetzt werden kann (Beckmann u. Brähler 2003; Brähler u. Brähler 1997). Durchführung und Auswertung sind als objektiv zu bezeichnen. Die nach der Retest-Methode ermittelten Reliabilitätskoeffizienten liegen relativ niedrig (die Autoren führen dieses Resultat darauf zurück, dass der GT entsprechend seiner Konstruktion auch zeitvariable Merkmale erfasse). Die Analyse der inneren Konsistenz ergab zufrieden stellende Resultate. Zur Validität zitieren die Autoren Untersuchungen an verschiedenen klinischen Stichproben und Arbeiten aus dem sozialpsychologischen Bereich. Die manuelle Auswertung erfolgt mithilfe von Schablonen (bei der Vorbereitung der Daten für die Computer-Auswertung ist zu beachten, dass die Skalierung der einzelnen Items links immer mit 1 beginnt). Die Resultate werden in ein Profilblatt eingetragen, aus dem dann die T-Normen abgelesen werden können (s. a. Beckmann et al. 1977, 1983; Brähler et al. 1999; Normen für über 60-Jährige haben Gunzelmann et al. 2002 erstellt).

9.1.5 Das Narzißmusinventar und andere Verfahren zur Erfassung des Selbstkonzepts

Das *Narzißmusinventar* (Deneke et al. 1993) stellt insofern ein Novum dar, als es einen Bereich erfasst, für den bisher keine anderen Persönlichkeitsfragebögen vorliegen. Die Autoren gehen von den psychoanalytischen Narzissmustheorien von Kohut (1973) und Kernberg (1979) aus und verfolgen mit diesem Test das Ziel, die verschiedenen Aspekte der Organisation und Regulation des Selbstsystems zu erfassen (zu den neueren Narzissmuskonzepten und zum Begriff des Selbst siehe Battegay 1993 und Mertens 1990).

Es werden zwei Arten von Regulationsprinzipien beschrieben: Das eine ist auf das Erreichen von spannungsfreien Ruhe-Gleichgewichtszuständen ausgerichtet, das andere hingegen strebt von solchen Gleichgewichten weg und sucht sensorisch-affektive Stimulierung und Erfahrungen des Neuartig-Überraschenden, folgt damit also einem Unruhe-Prinzip. Jedes dieser beiden Prinzipien umfasst verschiedene Regulationsvorgänge, die sich um Selbstwerterleben, Identitätsgefühle und Sinnerfahrung im persönlichen Leben sowie um sinnlich-körpernahe Bedürfnisse gruppieren.

Ausgehend von diesem Konzept und aufgrund umfangreicher empirischer Voruntersuchungen an verschiedenen klinischen Stichproben haben Deneke und Mitarbeiter einen Fragebogen mit 163 Items entwickelt. Faktorenanalytische Untersuchungen legten eine Auswertung nach 18 Skalen nahe, die sich wiederum zu vier übergeordneten Dimensionen zusammenfassen lassen:

1. Dimension: Das bedrohte Selbst
    1. Ohnmächtiges Selbst
    2. Affekt-/Impulskontrollverlust
    3. Derealisation/Depersonalisation
    4. Basales Hoffnungspotenzial
    5. Kleinheitsselbst
    6. Negatives Körperselbst
    7. Soziale Isolierung
    8. Archaischer Rückzug
2. Dimension: Das »klassisch« narzisstische Selbst
    9. Größenselbst
    10. Sehnsucht nach idealem Selbstobjekt
    11. Gier nach Lob und Bestätigung
    12. Narzisstische Wut
3. Dimension: Das idealistische Selbst
    13. Autarkie-Ideal
    14. Objektabwertung
    15. Werte-Ideal
    16. Symbiotischer Selbstschutz
4. Dimension: Das hypochondrische Selbst
    17. Hypochondrische Angstbindung
    18. Narzisstischer Krankheitsgewinn

Leider ist die Auswertung dieses Verfahrens, wenn sie nicht über EDV erfolgt, recht umständlich (Zuordnung von Punktwerten zu den abgestuften

Antwortmöglichkeiten, Übertragung dieser Zahlen auf das Auswertungsblatt, Auflegen von relativ unübersichtlichen Auswertungsschablonen et cetera). Das Hauptproblem liegt für den Benutzer jedoch darin, dass bisher keine verlässlichen Normen erstellt worden sind. Die Autoren teilen lediglich Mittelwerte und Standardabweichungen für die 18 Skalen aus Untersuchungen verschiedener klinischer Gruppen und einer – allerdings sehr kleinen – Stichprobe von psychisch Gesunden mit und liefern als grobes Referenzsystem T-Normen einer Stichprobe, die sich aber aus Patienten mit verschiedenen Erkrankungen zusammensetzt. Die ungenügende Normierung, die derzeit eine Verwendung dieses Fragebogens in der Individualdiagnostik (zumindest wenn man die individuellen Testwerte auf ihre Abweichungen vom »normalen« Verhalten prüfen will) fragwürdig erscheinen lässt, ist vor allem deshalb so bedauerlich, weil das Narzißmusinventar von seiner Konzeption her und im Hinblick auf den angezielten Merkmalsbereich ein für die klinische Diagnostik wichtiges Verfahren ist (s. a. die Untersuchung von Hartmann et al. 1997).

Es sei noch auf drei Verfahren hingewiesen, die ebenfalls der Untersuchung des Selbstwerterlebens und verschiedener Aspekte des Selbstkonzepts dienen. Von Deusinger (1986) sind die auf kognitionstheoretischen Konzepten basierenden *Frankfurter Selbstkonzeptskalen* (FSKN) herausgegeben worden, ein aus 78 Items bestehender Fragebogen zur Bestimmung der Bilder, welche das Individuum von sich selbst entwickelt hat. Die Items beziehen sich auf Überlegungen, Bewertungen, Stimmungen, Gefühle, Befindlichkeiten und Verhalten im Alltag. Die zehn eindimensionalen Skalen (die auch als Einzeltests verwendet werden können) umfassen drei Skalen zum Leistungsbereich (allgemeine Leistungsfähigkeit, allgemeine Problembewältigung, allgemeine Verhaltens- und Entscheidungssicherheit), eine Skala zur allgemeinen Selbstwertschätzung, eine Skala zu Stimmung und Sensibilität sowie fünf Skalen zum psychosozialen Bereich (Standfestigkeit gegenüber Gruppen und bedeutsamen anderen, Kontakt- und Umgangsfähigkeit, Wertschätzung durch andere, Irritierbarkeit durch andere, Gefühle und Beziehungen zu anderen). Die Autorin weist auf eine hohe Reliabilität der FSKN und zufrieden stellende Validitätsprüfungen hin und legt für Frauen und Männer getrennte Normen für die verschiedenen Altersstufen vor. Nach eigenen Erfahrungen in der klinischen Arbeit ist dieser Test jedoch wenig aussagekräftig, indem er bei Probandinnen und Probanden, die in ihrem Verhalten und in den Befunden anderer Tests sehr auffällig sind, häufig zu Resultaten im Normbereich führt.

Aspekte des Selbstkonzepts erfasst auch der *IPC-Fragebogen* von Krampen (1981). Dieses Verfahren geht auf die Theorie der Kontrollüberzeugungen (»locus of control of reinforcement«) zurück. Mithilfe von 24 Items (mit 6-stufiger Antwortmöglichkeit) werden die beiden Dimensionen »Internalität« (Vorstellungen, durch eigenes Verhalten Verstärker und wichtige Ereignisse im Leben selber beeinflussen zu können) und »Externalität« (mit den beiden Aspekten der subjektiv erlebten Machtlosigkeit und des Fatalismus) geprüft. Der Autor teilt Normen einer in der BRD erhobenen »Zufallsstichprobe« mit.

Zu den Tests, welche das Selbstkonzept erfassen, gehören schließlich die verschiedenen *Q-Sort-Techniken* (Stephenson 1953). Diese Verfahren suchen mithilfe von selbstbeschreibenden Begriffen, hinsichtlich derer sich die Probanden einschätzen müssen, Selbst- und Idealbilder zu erfassen. Der Vergleich dieser beiden Konzepte dient der Diagnostik emotioneller Störungen (große Diskrepanzen zwischen Selbst- und Idealbild werden als Hinweis auf Unzufriedenheit, Unausgeglichenheit und innere Spannungen interpretiert) und wird auch – vor allem in der Klientenzentrierten Psychotherapie – als Indikator für Therapieerfolge verwendet. Ähnliche Ziele verfolgt der *Gießen-Test*, der bereits in Kapitel 9.1.4 behandelt worden ist.

9.1.6 Weitere Persönlichkeitsfragebögen und klinische Skalen

Es sollen im Folgenden noch einige Fragebögen angeführt werden, ohne dass es aber möglich ist, hier ausführlicher auf eine Diskussion dieser Verfahren einzutreten. Von Eysenck sind verschiedene Tests zur Erfassung des Neurotizismus und der Dimension »Extraversion-Introversion« entwickelt worden. Am bekanntesten sind der *Maudsley-Persönlichkeitsfragebogen* (MMQ; 1964) sowie das *Maudsley Personality Inventory* (MPI; 1959).

Von den mehrdimensionalen Persönlichkeitsinventaren ist ferner der *Cattellsche 16-Persönlichkeits-Faktoren-Fragebogen* (16 PF-Test) zu nennen (Cattell 1970). Eine deutschsprachige Ausgabe mit Normen für Erwachsene ab 18 Jahren haben Schneewind und Mitarbeiter (1989) vorgelegt.

Während die bisher behandelten Fragebogentests zumeist eine ganze Reihe verschiedener Persönlichkeitsdimensionen erfassen, zeichnen sich die *klinischen Skalen* durch ihre Eindimensionalität aus. Sie zielen in der Regel nur ein bestimmtes psychisches Syndrom (zum Beispiel Depressivität, Angst oder paranoide Symptome) oder einen relativ eng umschriebenen Verhaltensbereich an, teils als Selbst-, teils aber auch als Fremdbeurteilungsverfahren. Die Durchführungsdauer ist zumeist kurz. Die Verfahren werden vielfach für Verlaufsuntersuchungen eingesetzt. Bei der großen Zahl solcher Tests ist es nicht möglich, auch nur annähernd einen Überblick zu geben. Ich beschränke mich deshalb hier darauf, lediglich einige Verfahren dieser Art paradigmatisch kurz zu skizzieren. Die an solchen Skalen interessierten Leserinnen und Leser seien auf die Sammlung der *Internationalen Skalen für die Psychiatrie* (CIPS), die Übersichtsarbeiten vom Mombour (1972) und Benedetti et al. (1975), auf die Testkataloge der verschiedenen Testverlage sowie auf die psychologischen und psychiatrischen Fachzeitschriften verwiesen.

Das *State-Trait-Angstinventar* von Spielberger (Laux et al. 1981), ein Selbstbeurteilungsfragebogen, besteht aus zwei voneinander unabhängigen Skalen mit je 20 Items. Mit der einen Skala wird Zustandsangst erfasst (State im Sinne eines emotionalen Zustands, der durch Anspannung, Besorgtheit, Nervosität, innere Unruhe und Furcht vor zukünftigen Ereignissen sowie durch erhöhte Aktivität des autonomen Nervensystems gekennzeichnet ist); die andere Skala dient der Evaluation von Angst als Eigenschaft (Trait im Sinne einer relativ stabilen Neigung, Situationen als bedrohlich zu bewerten und hierauf mit einem Anstieg an Zustandsangst zu reagieren). Es liegen Normen, getrennt für Frauen und Männer, je nach drei Altersstufen gestaffelt, für Probanden von 15 bis über 60 Jahre vor. Objektivitäts-, Reliabilitäts- und Validitätsuntersuchungen weisen auf eine hohe Messgenauigkeit und auf Übereinstimmungen mit anderen Angsttests sowie auf deutliche Unterschiede zwischen verschiedenen klinischen Stichproben hin.

Der Vollständigkeit halber sei noch auf einige andere Fragebögen zur Erfassung von Angst hingewiesen, ohne dass hier ausführlicher auf diese Tests eingegangen werden kann: Die *Cattell Anxiety Tests* (CAAT; Cattell 1963; s. Graw 1970), die *Manifest Anxiety Scales* (MAS; Taylor 1953; deutsche Bearbeitung von Lück et al. 1969; s. a. Lazarus-Mainka 1977), der *Angstfragebogen für Schüler* (AFS; Wieczerkowski et al. 1974) und der *Kinder-Angst-Test* (KAT; Thurner et al. 1972).

Eine weitere im klinischen Bereich vielfach verwendete Skala ist die *Hamilton Depression Scale* (Hamilton 1960) zur quantitativen Erfassung des depressiven Syndroms. Aufgrund eines Interviews wird vom Untersucher bei 21 Items der Schweregrad dieser Symptome eingeschätzt (Fremdbeurteilungsskala). Die Items beinhalten die depressive Stimmung, Schuldgefühle, Suizidtendenzen, Schlafstörungen, Angst, körperliche Symptome et cetera. Objektivität, Reliabilität und Validität können als gesichert gelten. Das Verfahren hat sich in einer großen Zahl von Depressionsstudien, nicht zuletzt auch bei Verlaufsuntersuchungen zur Kontrolle der therapeutischen Maßnahmen, bewährt.

Die *Beschwerden-Liste* von v. Zerssen (1971), eine in zwei Parallelformen vorliegende Selbstbeurteilungsskala, sei als Beispiel für viele ähnliche Verfahren genannt. Die Probanden haben bei 24 Items, die gesundheitliche Störungen verschiedener Art beinhalten (beispielsweise Kurzatmigkeit, Schwächegefühl, Übelkeit, innere Unruhe, Gewichtsabnahme), mithilfe abgestufter Antwortmöglichkeiten zu entscheiden, ob und in welchem Ausmaß sie derzeit darunter leiden. Das Verfahren wird häufig bei Verlaufsuntersuchungen eingesetzt. Objektivitäts-, Reliabilitäts- und Validitätsschätzungen weisen diese Skala als exaktes Instrument aus, das die für diagnostische und therapeutische Entscheidungen wichtigen gesundheitlichen Störungen gut abbildet.

Eine andere klinische Skala, die breite Anwendung findet, ist die *Befindlichkeits-Skala* von v. Zerssen (1976), welche der Erfassung von Beeinträchtigungen des subjektiven Befindens dient. Diese Selbstbeurteilungsskala liegt in zwei (je 28 Items umfassenden) Parallelformen vor, die bei wiederholten Untersuchungen alternierend eingesetzt werden können. Ziel ist die Evaluation des momentanen subjektiven Wohlbefindens bzw. seiner Beeinträchtigung. Die Einschätzung erfolgt anhand von Adjektivpaaren wie »frisch – matt«, »gereizt – friedlich«, »gesellig – zurückgezogen«, »schwunglos – schwungvoll«. Es liegen an einer repräsentativen Eichstichprobe aus der Durchschnittsbevölkerung gewonnene Normen sowie Referenzwerte für verschiedene klinische Gruppen vor. Objektivitäts-, Reliabilitäts- und Validitätsprüfungen erbrachten gute Resultate.

Es sei schließlich noch auf ein Verfahren hingewiesen, das speziell bei Verlaufsuntersuchungen eingesetzt wird: der *Veränderungsfragebogen des Erlebens und Verhaltens* (VEV; Zielke et al. 1978). Das Besondere dieses Fragebogens liegt darin, dass zur Messung von Therapieeffekten keine zweimalige Untersuchung vor und nach therapeutischen Interventionen nötig ist, sondern die Zeitdimension in das Verfahren selbst aufgenommen worden ist. Die Probanden haben anhand von 42 Items zu entscheiden, ob sich ihr Befinden innerhalb eines definierten Zeitabschnitts in positiver oder negativer Richtung verändert hat oder gleich geblieben ist (Item-Beispiele: »Ich fühle mich weniger gehetzt«, »Ich habe weniger Ausdauer und gebe schneller auf«, »Ich bin entspannter«).

pro memoria 9.1.1–9.1.6

Persönlichkeitsfragebögen und klinische Skalen (»subjektive« Persönlichkeitstests):

1. *Minnesota Multiphasic Personality Inventory* (MMPI).
2. *Freiburger Persönlichkeitsinventar.*
3. *Problemfragebogen für Jugendliche.*
4. *Gießen-Test* (zur Erfassung von Selbstbild, Fremdbild und Idealselbst-Bild).
5. *Narzißmusinventar* und andere Verfahren zur Erfassung des Selbstkonzepts (*Frankfurter Selbstkonzeptskalen, IPC-Fragebogen, Q-Sort-Techniken*).
6. Weitere Persönlichkeitsfragebögen (Verfahren von Eysenck und Cattell) und verschiedene klinische Skalen zur Erfassung von Angst, Depression, körperlichen Beschwerden und ihren Veränderungen.

9.2 Interessentests

Aus der Gruppe der Interessentests sollen, stellvertretend für andere Verfahren, der Berufs-Interessen-Test von Irle (1955) sowie der *Differentielle Interessen-Test* von Todt (1967) kurz besprochen werden.

Der *Berufs-Interessen-Test* (BIT) besteht aus zwei Bögen zu je 100 in Kästchen geordneten Testelementen (verschiedene Tätigkeiten). Diese sind so angeordnet, dass der Proband jeweils zwischen vier Tätigkeiten wählen muss. Die bevorzugte ist anzukreuzen. Die Auswertung mithilfe von Schablonen ergibt Scores in neun Berufsinteressenrichtungen: Technisches Handwerk, gestaltendes Handwerk, technische und naturwissenschaftliche Berufe, Ernährungshandwerk, land- und forstwirtschaftliche Berufe, kaufmännische Berufe, verwaltende Berufe, literarische und geisteswissenschaftliche Berufe, Sozialpflege und Erziehung. Aus der Ausprägung der neun Skalen wird auf das Interesse an den verschiedenen Berufsrichtungen geschlossen. Objektivität, Reliabilität und Validität sind als gesichert zu betrachten.

Der *Differentielle Interessen-Test* (DIT) besteht aus vier »Materialbereichen« (Tätigkeiten, Berufe, Bücher und Zeitschriften) und umfasst die folgenden elf Interessenrichtungen: Sozialpflege und Erziehung, Politik und Wirtschaft, Verwaltung und Wirtschaft, Unterhaltung, Technik und exakte Naturwissenschaften, Biologie, Mathematik, Musik, Kunst, Literatur und

Sprache, Sport. Bei diesem Verfahren sind Objektivität und Reliabilität gegeben. Zur Validität liegen bisher keine numerischen Resultate vor. Eine kritische Auseinandersetzung mit diesem Test findet sich bei Gösslbauer et al. (1977). Eine Kurzform (bestehend aus 48 Items) entwickelte Schmidt (1977).

pro memoria 9.2

Interessentests zur Erfassung bevorzugter und abgelehnter Tätigkeitsbereiche:
1. *Berufs-Interessen-Test* (BIT, von Irle),
2. *Differentieller Interessen-Test* (DIT, von Todt).

9.3 Verbale Ergänzungsverfahren

In diesem Kapitel werden Tests besprochen, die dadurch charakterisiert sind, dass der Proband Assoziationen zu bestimmten Reizworten oder zu bildhaft dargestellten Situationen geben soll oder angefangene Sätze und Geschichten zu vervollständigen hat. Die verbalen Ergänzungsverfahren beruhen auf der allgemeinen Grundhypothese der projektiven Tests, die besagt, dass in den Reaktionen des Probanden seine Einstellungen, Neigungen, Befürchtungen und so fort zum Ausdruck kommen (s. a. unter 7).

9.3.1 Das Assoziationsexperiment nach C. G. Jung

Galton (1879) stellte als erster eine »Reizwortliste« zusammen, mit deren Hilfe er systematisch Assoziationen untersuchen wollte. Eine Weiterentwicklung erfuhr diese Methode bei Kraepelin (1884), Aschaffenburg (1896) und Wundt (1903). Jung versuchte dann 1904 (Jung und Riklin 1904), in seinem *Assoziationsexperiment* (Standard-Reizwort-Liste) den Ansatz von Galton und Wundt mit dem Prinzip des in der Psychoanalyse benutzten »freien Assoziierens« zu verbinden. Wertheimer und Klein (1904) publizierten zur gleichen Zeit ihre ebenfalls auf der Assoziationsmethode beruhende »Tatbestandsdiagnostik«.

Bei seinem *Assoziationsexperiment* bediente sich Jung einer Liste von 100 Wörtern, die er nacheinander den Versuchspersonen vorsagte. Diese sollten dann jeweils die erste in ihnen auftauchende verbale Vorstellung äußern.

Jung wählte Wörter aus, die in den Assoziationen die Bereiche der Sexualität, des Selbstwerts sowie die der sozialen und der religiösen Einstellung anklingen lassen. Die zwischen dem Aussprechen des Reizworts und der Antwort des Probanden verstreichende Zeit (Reaktionszeit) wird mit einer Stoppuhr gemessen. Die bei einer Versuchsperson als »normal« geltende Reaktionsdauer wird mithilfe des so genannten »wahrscheinlichen Mittels« bestimmt (man ordnet die Reaktionszeiten ihrer Höhe nach zu einer Reihe und nimmt dann die mittlere Zahl heraus). In einem zweiten Versuchsdurchgang werden dem Probanden noch einmal die 100 Reizwörter vorgesprochen. Man notiert nur die Wörter, die den ersten Reaktionen nicht entsprechen. Verlängerte, das heißt wesentlich vom wahrscheinlichen Mittel abweichende Reaktionszeiten weisen ebenso wie inhaltlich auffällige Assoziationen auf ein besonderes affektives Gewicht der entsprechenden Vorstellung hin. Mithilfe des Assoziationsexperiments gelang es Jung, ganze Gruppen solcher Vorstellungen, »gefühlsbetonte Komplexe«, zu eruieren.

Weiterentwicklungen dieser Methode wurden von Kent und Rosanoff (1910), Rapaport et al. (1946), Crown (1947), Bruce (1959) und anderen Autoren vorgelegt. Einen Überblick über weitere Arbeiten gibt Anastasi (1969).

9.3.2 Satzergänzungstests

Weite Verbreitung haben – insbesondere bei der Untersuchung von Kindern – die verschiedenen *Satzergänzungstests* gefunden. Dem Probanden wird eine Liste unvollständiger Sätze vorgelegt, die er nach seinen spontanen Einfällen zu vervollständigen hat (beispielsweise »Wenn er allein ist . . .« oder »Am meisten Angst hatte er . . .«). Je nach Fragestellung können mit diesen Verfahren die verschiedenen Lebens- und Erlebensbereiche erfasst werden, wie zum Beispiel die Einstellung zum Elternhaus, zu Kameraden, zu Schule/Beruf, die Interessen, die Ängste (s. Rauchfleisch 2001). Wichtig ist bei diesen und ähnlichen Verfahren, dass der Untersucher ausführlich mit dem Probanden und auch mit den Beziehungspersonen spricht. Durch die aus dem Gespräch gewonnenen zusätzlichen Informationen wird es ihm möglich sein, die Testresultate sinnvoll zu interpretieren. Eine quantitative Auswertung der Satzergänzungstests ist nicht üblich. Insofern fehlt es an Angaben über Objektivität, Reliabilität und Validität dieser Verfahren. Es ist aber ein bewährtes Verfahren zum Einstieg in eine vertiefte Exploration.

9.3.3 Der Düss-Fabel-Test

Düss (1976) hat zehn unvollständige Geschichten zur Untersuchung der psychosexuellen Entwicklung und der Objektbeziehungen entworfen. In den Fabeln, die die Probanden (vornehmlich Kinder) vervollständigen sollen, werden Abhängigkeits-/Unabhängigkeitsprobleme, Geschwisterrivalitäten, ödipale Konflikte, Aggressionstendenzen, Schuldgefühle und Ängste angesprochen. Nach einem Vorschlag Friedemanns (in Düss 1976) sollten die Probanden in einer elften Fabel nach drei Wünschen gefragt werden. Zulliger (in Düss 1976) riet, noch eine zwölfte Fabel hinzuzufügen, in der verschiedene Verwandlungen angeboten werden (Verwandlung in ein Tier, einen Baum, eine Blume, einen anderen Menschen). Der Düss-Fabel-Test gibt dem Untersucher Einblick in die typischen Konflikte, Komplexe und Ängste der Kinder. Das Material wird unter psychoanalytischen Gesichtspunkten interpretiert. Kontrolluntersuchungen anderer Autoren haben die diagnostische Brauchbarkeit der Fabelmethode bestätigt (Despert 1946; Fine 1948; Friedemann et al. 1950; Mosse 1954; Rauchfleisch 1989; E. Stern 1954, 1955).

9.3.4 Der Rosenzweig-Picture-Frustration-Test (PFT)

Rosenzweig veröffentlichte 1945 seine Picture-Association Method als ein Forschungsinstrument zur Diagnostik von Frustrationsreaktionen. Diese Methode fand dann auch im Rahmen der angewandten klinischen Psychologie zunehmende Verbreitung. Heute liegen, neben der amerikanischen Originalform (s. a. Rosenzweig 1978), deutsche (Rauchfleisch 1979a, 1979b, 1979c), französische, italienische, spanische, dänische, schwedische, japanische, indische und kongolesische Formen dieses Tests vor.

Der *Rosenzweig-Picture-Frustration-Test* ist ein projektives Verfahren zur Erfassung von Reaktionen auf Frustrationssituationen. Der Test besteht aus 24 skizzenartig gezeichneten Situationen. Eine von zwei oder mehreren Personen gibt jeweils eine (in einer Sprechfahne gedruckte) verbale Äußerung von sich, die bei einer anderen Person (deren Sprechfahne leer gelassen ist) eine Frustration herbeiführen soll. Der Proband schreibt nun in die leere Sprechfahne die erste ihm einfallende Antwort, die seiner Ansicht nach die frustrierte Person geben würde. Wie die anderen projektiven Verfahren basiert der *PFT* auf der Annahme, dass der Proband seine eigenen Einstellungen und Haltungen in die Antwort projiziert (das heißt hier: sich mit der frustrierten Person auf dem Bild identifiziert und entsprechend reagiert). Es liegen eine Form für *Kinder* und eine Form für *Erwachsene* vor (eine *Adoleszentenform* ist nur in der amerikanischen Originalausgabe erhältlich). Die Kinder- und die Erwachsenenform stellen keine Paralleltests im strengen Sinne dar. Während in der Kinderform die Reaktionen eines Probanden in einer kindlichen Welt erfasst werden, stellt die Erwachsenenform eine Konfrontation mit der Welt der Erwachsenen dar. Sie provoziert dementsprechend andere Reaktionen (Rauchfleisch 1979a). Die Auswertung erfolgt nach einem von Rosenzweig standardisierten Auswertungsschema. Die Antworten werden in Bezug auf die Richtung und den Typ der Reaktionen analysiert.

Es liegt bisher eine große Zahl von Untersuchungen mit dem *PFT* vor (etwa 600 Arbeiten). Sie sind ausführlich im Handbuch zum Rosenzweig-Picture-Frustration-Test referiert (Rauchfleisch 1979a). Objektivität, Reliabilität und Validität des *PFT* können als gesichert betrachtet werden. Das Profilblatt (Rauchfleisch 1979c) ermöglicht eine grafische Darstellung der Befunde und erleichtert damit die Interpretation. Bei der Kinderform kann folgende Modifikation hinsichtlich der Auswertung vorgenommen werden: Die Testsituationen, in denen Kinder mit Erwachsenen konfrontiert sind, und die Situationen, bei denen Konflikte zwischen zwei Kindern dargestellt sind, können getrennt voneinander ausgewertet werden. Auf diese Weise lassen sich differenziertere Aussagen über das Verhalten gewinnen, das die Probanden bei Auseinandersetzungen mit Erwachsenen und mit Gleichaltrigen an den Tag legen. Die neue Bearbeitung des *PFT* (Rauchfleisch 1979b) trägt dieser Modifikation Rechnung. Für die Normierung (Stanine-Normen) standen eine Stichprobe von 1 040 Jugendlichen und Erwachsenen (für die Erwachsenenform) und von 950 Kindern und Jugendlichen (für die Kinderform) zur Verfügung (Rauchfleisch 1979b).

pro memoria 9.3.1–9.3.4

Verbale Ergänzungsverfahren:
1. Assoziationsexperiment nach C. G. Jung: Liste von 100 Reizworten, Erfassung »gefühlsbetonter Komplexe«.
2. Satzergänzungstests: die Vervollständigung unvollständiger Sätze soll Einblick in die Lebens- und Erlebensbereiche von Kindern geben.
3. Düss-Fabel-Test: psychoanalytisch orientiertes Verfahren (zehn unvoll-

ständige Geschichten) zur Untersuchung der psychosexuellen Entwicklung und der Objektbeziehungen.
4. *Rosenzweig-Picture-Frustration-Test* (PFT): Verfahren zur Erfassung der Frustrationstoleranz und der emotionalen Belastbarkeit, Formen für Kinder und Erwachsene, Stanine-Normen, grafische Darstellung der Resultate in einem Profilblatt.

9.4 Die Formdeuteverfahren

Die größte Verbreitung unter den projektiven Tests haben zweifellos die Formdeuteverfahren, und hier insbesondere der *Rorschach-Test*. Dieses von Rorschach als »wahrnehmungsdiagnostisches Experiment« herausgegebene Verfahren besteht aus zehn Tafeln mit Zufallsbildern nach Art von vieldeutigen symmetrischen Tintenklecksen auf weißem Grund. Fünf Tafeln sind in verschiedenen Grau- und Schwarztönen, zwei in rot und schwarz und die drei restlichen Tafeln in verschiedenen Farben gehalten.

Der Proband wird aufgefordert, Deutungen zu diesen Klecksen zu geben. Dem Test liegt die Annahme zugrunde, dass sich in der Art und Weise, wie der Proband dieses Reizmaterial wahrnimmt, wie er es auffasst und gestaltet, die Struktur und Dynamik seiner Persönlichkeit entfaltet.

Gemäß einem standardisierten Signierungsschema wird jede Antwort nach verschiedenen Gesichtspunkten (Erfassungsart, Determination, Inhalt, Originalität) ausgewertet. Die Signierungselemente werden in Summenwerten und in verschiedenen Proportionen dargestellt (beispielsweise Anzahl der Ganzdeutungen, Formprozent, Farbtyp, Erlebnistyp, Menschendeutungenprozent, Vulgärantwortenprozent, Realitätsindex, Bestimmung des Formniveaus)

Außer der Originalmethode von Rorschach (1954) liegen von anderen Autoren entwickelte Formen der Signierung und Tabellierung vor (zum Beispiel Klopfer et al. 1974). Auch das Testmaterial selbst und der Modus der Testdurchführung ist vielfach modifiziert worden, zum Beispiel *Behn-Rorschach-Test, Zulliger-Test, Fuchs-Rorschach-Test, Rorschach 30* von Bottenberg (1972), der *Gemeinsame Rorschach-Versuch* von Willi (1973, 1974), *Holtzman-Inkblot-Technique*. Zum Teil bieten diese Methoden gegenüber der ursprünglichen Form den Vorteil einer differenzierteren und objektiveren Auswertung und Interpretation (zur Holtzman-Inkblot-Technique s. Liebel 1973) und die Möglichkeit der Wiederholung mit einem dieser Formdeuteverfahren. Es kann hier nicht ausführlicher auf die verschiedenen Modifikationen und Signierungssysteme sowie auf das Sekundärschrifttum zu den Formdeuteverfahren eingegangen werden. Die Leserinnen und Leser sind auf die einschlägigen Lehrbücher und Kompendien (Loosli-Usteri 1961; Bohm 1967, 1975; Klopfer et al. 1974; Beizmann 1975), auf entsprechende Sammelreferate (z. B. bei Klopfer 1954; Buros 1959; Lang 1966) sowie auf die Rorschachiana, das Zentralorgan der Rorschach-Diagnostik, verwiesen.

Mit den Formdeuteverfahren sollen neben der intellektuellen Begabung vor allem die affektiven Seiten der Persönlichkeit mit ihren Konflikten und ihrer spezifischen Struktur untersucht werden. Das umfangreiche Schrifttum spaltet sich in Werke aus zwei Lagern: Auf der einen Seite stehen die Rorschach-Diagnostiker, vor allem aus dem klinischen Bereich, die den Formdeuteverfahren große Valenz zuschreiben. Auf der anderen Seite steht die – eher noch größere – Gruppe der Kritiker, die diesen Verfahren mangelnde Wissenschaftlichkeit vorwerfen. So sind denn auch die Angaben zur Objektivität, Reliabilität und Validität widersprüchlich. Normen bestehen, wenn überhaupt, in der Regel nur in Form von Richtwerten für die verschiedenen Auswertungsparameter. Hinsichtlich der Problematik der Formdeuteverfahren verweise ich auf die Ausführungen über die theoretischen Grundlagen der projektiven Verfahren (s. Kap. 7).

pro memoria 9.4

Formdeuteverfahren:
1. *Rorschach-Test* und verschiedene Modifikationen (*Behn-Rorschach-* und *Fuchs-Rorschach-Test, Gemeinsamer Rorschach-Versuch, Rorschach 30, Holtzman-Inkblot-Technique*).
2. Projektive Verfahren zur Erfassung der intellektuellen Begabung, der Affektivität, der Persönlichkeitsstruktur mit ihrer spezifischen Dynamik.
3. Normen nur in Form von Richtwerten für einzelne Auswertungsparameter.

9.5 Die Thematischen Apperzeptionsverfahren

Den verschiedenen Modifikationen, von denen die bekanntesten in diesem Kapitel kurz besprochen werden sollen, liegt der *Thematic Apperception Test* (TAT) von Morgan und Murray (1935) zugrunde. Die Autoren gingen von der Annahme aus, dass im Inhalt der zu den Bildern erzählten Geschichten unbewusste Bedürfnisse, Erwartungen, Befürchtungen und Abwehrhaltungen des Erzählers zum Ausdruck kommen. Jedes Bild besitzt eine bestimmte thematische Valenz. Innerhalb dieses Bereichs aber lässt es möglichst viel Spielraum zur freien, individuellen Verarbeitung des angesprochenen Themas. Die Auswertung erfolgt auf verschiedene Weise. Murray (1943) selbst entwickelte ein streng formales Auswertungsschema, das zwar objektiv, aber zeitraubend und recht unhandlich ist. Rapaport (1949), Tomkins (1947), Stein (1948) und andere haben dieses Signierungsschema modifiziert, vereinfacht und handlicher gestaltet. Revers (1973) gibt einen Überblick über die gebräuchlichsten Methoden. Am häufigsten werden die thematischen Apperzeptionsverfahren in der Praxis jedoch »frei« interpretiert: Die Geschichten werden daraufhin untersucht, ob sie mit dem Aufforderungscharakter des jeweiligen Testbilds übereinstimmen oder davon abweichen, wie die Themen behandelt werden, ob Abwehrhaltungen gegenüber bestimmten Themen feststellbar sind und wie sich der Proband mit Konflikten auseinander setzt. Nach eigenen Erfahrungen ist es vor allem bei Abklärungen im Vorfeld psychotherapeutischer Interventionen sinnvoll, die *TAT*-Produktionen nach den folgenden Gesichtspunkten auszuwerten und die Resultate direkt im therapeutischen Prozess zu verwenden: Formulierung eines psychodynamischen Fokus, ich-strukturelle Aspekte (insbesondere Abwehrmechanismen), Subjekt- und Objektstufeninterpretation sowie Hypothesen bezüglich zu erwartender Übertragungsdispositionen (Rauchfleisch 1989).

Für die Untersuchung neurotischer Probanden hat sich nach meiner Erfahrung eine Kombination von *TAT* und *Farbpyramidentest* bewährt: Mit dem *Farbpyramidentest* (s. Kap. 9.8) lassen sich vor allem strukturelle Aspekte der Persönlichkeit erfassen, während der *TAT* Informationen über die Psychodynamik und über spezielle Konfliktbereiche liefert.

9.5.1 Der Thematische Apperzeptionstest (TAT)

Die von Murray und Morgan (1935, 1943) herausgegebene Originalform umfasst 30 Testbilder, auf denen in grau-schwarz Schattierungen zumeist Menschen in Szenen des alltäglichen Lebens oder in ungewöhnlichen szenischen Zusammenhängen dargestellt sind. Ferner gehört zur Standardserie noch eine leere, weiße Tafel.

Auf den Rückseiten der Testbilder ist vermerkt, für welche Probandengruppen die Bilder benutzt werden (B = Boy, G = Girl, M = Male, F = Female). Die elf Bilder ohne Buchstaben sind für beide Geschlechter und alle Altersstufen geeignet.

Wenn man sich nicht aus zeitlichen Gründen darauf beschränken muss, dem Probanden nur einzelne, von ihrem Aufforderungscharakter her für diesen Probanden gerade relevante Tafeln vorzulegen, so gibt man bei einer ersten Sitzung die ersten zehn Bilder und zu einem zweiten, mindestens 24 Stunden später angesetzten Termin die restlichen zehn Tafeln. Der Proband wird aufgefordert, zu jedem Bild eine möglichst dramatische Geschichte zu erzählen. Er soll ausfantasieren, wie es zu der dargestellten Situation kam, was gerade hier passiert und wie die Situation sich weiter entwickeln wird.

Die Auswertung kann nach dem formalen System von Murray und den anderen genannten Autoren erfolgen oder in Form einer »freien« Interpretation der die Persönlichkeit des Probanden charakterisierenden Merkmale. Normen im strengen Sinne bestehen bisher noch nicht. Erste Ansätze dazu sind in Untersuchungen über den Aufforderungscharakter der einzelnen Tafeln zu sehen.

In der klinischen Praxis hat sich dieses Verfahren seit vielen Jahren bewährt. Der *TAT* ist jedoch kein Test im engeren Sinne, das heißt, er genügt nicht den Testgütekriterien, sondern stellt ein qualitatives, heuristisches Verfahren zur Hypothesenbildung dar. Die psychodynamischen Hypothesen können wertvolle Anregungen liefern, mit denen in der nachfolgenden Psychotherapie gearbeitet werden kann. Es liegen verschiedene Modifikationen des Original-*TAT* vor. Die Bekanntesten sind: die *Object Relations Technique* (Phillipson 1955), der *Four Picture Test* (van Lennep 1951), der *Blacky Picture Test* (Blum 1950) und der *Thematische Gestaltungstest*. Zum Teil sind auch neue Auswertungsschemata entwickelt worden (Fürntratt 1969; Haas et al. 1971; Rauchfleisch 1989).

9.5.2 Thematische Apperzeptionsverfahren für Kinder: Der Kinder-Apperzeptions-Test (CAT), der Columbus- und der Schwarzfuß-Test

Der von Bellak und Bellak (1955) in Anlehnung an den *TAT* entwickelte *Children's Apperception Test* (CAT) besteht aus zehn Bildern, auf denen stark anthropomorphisierte Tiere in Situationen dargestellt sind, die orale Probleme, Geschwisterrivalität, Elternkonflikte und ähnliche Themen ansprechen. Der Test eignet sich für Kinder zwischen drei und zehn Jahren. Die

Autoren gingen von der Überlegung aus, dass sich Kinder leichter mit Tier- als mit Menschenfiguren identifizieren und leichter zu solchen Tierbildern assoziieren. Obwohl sich diese Hypothese nicht verifizieren ließ, vermag der *CAT* doch wesentliche Auskünfte über Motivationen des Verhaltens und speziell über Verhaltensstörungen (Erziehungsprobleme, neurotische Störungen und so weiter) bei Kindern zu geben. Zu jedem der zehn Bilder soll das Kind eine Geschichte erzählen, die entweder systematisch, nach einem Standard-Auswertungssystem, oder frei nach psychoanalytischen Gesichtspunkten ausgewertet werden kann. Es liegt eine große Zahl von Untersuchungen vor, in denen der *CAT* bei den verschiedensten Probandengruppen seine diagnostische Brauchbarkeit erwiesen hat (s. die Übersicht bei Bellak 1954).

Von Langeveld (1976) ist ein anderes thematisches Apperzeptionsverfahren, der *Columbus-Test*, entwickelt worden. In diesem, vom Zeichnerischen her sehr ansprechenden Test sind auf 24 Bildtafeln Kinder und Jugendliche in Situationen dargestellt, die im Leben und Erleben dieser Altersstufen eine zentrale Rolle spielen. Die Durchführung und Auswertung erfolgt wie beim *TAT* und *CAT*. Bei kleineren Kindern empfiehlt der Autor, die Assoziationen der Probanden unter Umständen durch gezielte Fragen anzuregen.

Im *Schwarzfuß-Test* (Corman 1977) wird das Kind mit einer Bilderfolge über »die Abenteuer des Schweinchens Schwarzfuß« konfrontiert. Dieses nach psychoanalytischem Konzept aufgebaute thematische Apperzeptionsverfahren hat nach Ansicht des Autors den Vorteil, dass den Probanden eine Identifikation viel eher gelinge, weil auf sämtlichen Bildkarten ein und dieselbe Figur dargestellt sei. Inhaltlich werden in den Darstellungen orale, oral-sadistische, anale, anal-sadistische, urethrale und ödipale Themen sowie eine Auseinandersetzung mit Trennungssituationen und Autonomiebestrebungen nahe gelegt.

9.5.3 Die Senior Apperception Technique (SAT)

Diese von Bellak und Bellak (1985) in Anlehnung an den *TAT* entwickelte Form soll (wie der *Gerontological Apperception Test*, Wolk et al. 1971) der Untersuchung von Probandinnen und Probanden im höheren Lebensalter dienen. Die Autoren gingen ursprünglich von 44 Bildtafeln aus. Aufgrund der Resultate von Voruntersuchungen mussten sie sie dann auf 16 reduzieren. In diesen 16 Bildtafeln der Senior Apperception Technique werden typische Situationen aus dem Leben betagter Menschen dargestellt. Leider sind die Zeichnungen von der grafischen Gestaltung her wenig ansprechend. Die Autoren betonen, dass sich die SAT bei der Untersuchung älterer Menschen besser bewährt habe als der *TAT*. Weiterführende Untersuchungen stehen jedoch noch aus.

pro memoria 9.5.1–9.5.3

Thematische Apperzeptionsverfahren:
1. Projektive Tests, die der Erhellung der Psychodynamik und der spezifischen Konfliktbereiche einer Persönlichkeit dienen. Günstig ist die Kombination von *Farbpyramidentest* (zur Erfassung der Persönlichkeitsstruktur) und Thematischem Apperzeptionsverfahren (zur Erhellung inhaltlicher Aspekte der Persönlichkeit).
2. Formen der Thematischen Apperzeptionsverfahren:
   2.1 *Thematischer Apperzeptionstest* (TAT) für Kinder und Erwachsene,
   2.2 *Children's Apperception Test* (CAT) für Kinder,
   2.3 *Columbus-Test für Kinder und Jugendliche,*
   2.4 *Schwarzfuß-Test für Kinder,*
   2.5 *Senior Apperception Technique* (SAT) für ältere Probanden.

9.6 Spielerische Gestaltungsverfahren

Die spielerischen Gestaltungsverfahren gehen von folgenden Überlegungen aus (Höhn 1964):
1. das Spiel stellt in besonderem Maß ein freies, spontanes Handeln dar (beispielsweise nutzbar gemacht in der Kindertherapie von Anna Freud, Melanie Klein und Hans Zulliger),
2. das Spiel ist eine spezifische Tätigkeit des Kindes zur übenden Vorwegnahme der äußeren Realität (s. a. Piaget 1945).

Die meisten Spieltests entstanden aus dem Bedürfnis, eine spezielle Methode für die psychologische Diagnostik bei Kindern zu entwickeln. Einige dieser Tests finden jetzt allerdings auch in der Erwachsenendiagnostik Verwendung. Stellvertretend für andere Verfahren (wie den *Welt-Test* von Bühler 1955, oder den *Mosaik-Test* von Loewenfeld 1955) soll der *Scenotest*

(v. Staabs 1964) als das im deutschen Sprachbereich bekannteste spielerische Gestaltungsverfahren besprochen werden (vgl. Sehringer 1982).

Das Testmaterial besteht aus biegbaren Puppenfiguren, die durch Größe, Kleidung und Gesichtsausdruck verschieden charakterisiert sind. Ferner gehören zum Testkasten Bausteine, Tiere und die verschiedensten Gebrauchsgegenstände zur Ausgestaltung der Szenen.

Die Autorin beschreibt den *Scenotest* als eine »medizinisch-psychologische Untersuchungs- und Behandlungsmethode ... zur Erfassung der seelischen Einstellung eines Probanden gegenüber den Menschen und Dingen in der Welt, besonders in ihrem Bezug auf sein affektives Leben, unter spezieller Berücksichtigung tiefenpsychologischer Faktoren«. Der Test vermittelt Einblicke in die innere Problematik eines Menschen, in seine Ängste und Abwehrtechniken, sowie in die Art, wie die betreffende Person ihre Umwelt erlebt und sich mit ihr auseinandersetzt. Ursprünglich zur Untersuchung neurotischer und erziehungsschwieriger Kinder entwickelt, findet der *Scenotest* nun auch Anwendung in der Diagnostik und Therapie Erwachsener. In verschiedenen Untersuchungen gelang es, alters- und geschlechtsspezifische Arten des Umgangs von Probanden mit dem *Scenotest*-Material herauszuarbeiten (Höhn 1951; Jaide 1953; Engels 1957).

Der *Scenotest* wird angewendet zur Neurosendiagnostik bei Kindern und Erwachsenen, zur Erfassung von Entwicklungsstörungen, hat aber auch in der Berufsberatung, in der forensischen Psychologie und als diagnostisches und therapeutisches Hilfsmittel bei psychotischen Patienten Verwendung gefunden. Knehr (1974) weist darauf hin, dass sich dieses Verfahren besonders dazu eigne, Konfliktsituationen zu gestalten. Die Autorin beschreibt verschiedene Reaktionsmöglichkeiten auf Konflikte (beispielsweise regressive Tendenzen, Aggressionshemmungen, Kompensationsversuche, ambivalente Einstellungen). Als Modifikation zur Standardform des *Scenotests* schlagen von Staabs (1964) und Knehr (1974) einen so genannten *Gezielten Scenotest* vor. In diesem Falle wird dem Probanden ein Thema gestellt, beispielsweise das Thema »Einer hat es behaglich und gemütlich« oder »Einer hat Angst«. Zimmermann et al. (1978) regen als Modifikation einen *Gemeinsamen Sceno* an, mit dessen Hilfe die zwischen Mutter und Kind ablaufenden Kommunikationsprozesse erhellt werden können.

Der *Scenotest* ist ab dem dritten Lebensjahr anwendbar und kann, da das Testmaterial für Kinder einen hohen Aufforderungscharakter besitzt, in der Regel leicht durchgeführt werden. Das Handbuch von v. Staabs enthält eine umfassende Literaturübersicht über Publikationen zu diesem Verfahren. Angaben über Objektivität, Reliabilität und Validität liegen nicht vor. Normen bestehen ebenfalls nicht. In der praktischen klinischen Arbeit hat sich dieser Test aber trotzdem als wertvolles diagnostisches und vor allem auch als therapeutisches Instrument bewährt.

pro memoria 9.6

1. Spielerische Gestaltungsverfahren:
    1.1 *Scenotest* (Modifikation: Gezielter Scenotest, Gemeinsamer Sceno),
    1.2 *Welt-Test,*
    1.3 *Mosaik-Test.*
2. Einsatz als diagnostische und therapeutische Instrumente.

9.7 Zeichnerische Gestaltungsverfahren

Die zeichnerischen Gestaltungsverfahren sollen mittels des zeichnerischen Ausdrucks Aufschluss über persönlichkeitsspezifische Merkmale geben. In den nun zu behandelnden Tests werden die Persönlichkeitsstruktur, unbewusste Konflikte, Ängste und Abwehrmechanismen durch eine graphologische Analyse und/oder durch inhaltliche Interpretation des Symbolgehalts der Zeichnungen aufgedeckt.

Mit Sehringer (1982, 1983) lassen sich thematische und athematische Zeichentests unterscheiden. Zu den *thematischen Zeichentests* gehören der *Baum-Test* von Koch (1972), der *Figur-Zeichentest* (Draw-a-Person-Test, DAP) von Machover (1948) sowie verschiedene Familienzeichentests wie »*Zeichne deine Familie in Tieren*« (Brem-Gräser 1995), »*Zeichne deine Familie*« (Porot 1965), »*Zeichne eine Familie*« (Corman 1965), und die »*Verzauberte Familie*« (Kos et al. 1973). Das bekannteste *athematische Zeichenverfahren* ist der *Wartegg-Zeichentest* (WZT; Wartegg 1968). Zu diagnostischen und therapeutischen Zwecken können Probanden auch zu *freien Zeichnungen* angeregt werden (Rauchfleisch 2001, 2003).

Ein Problem stellt nach wie vor die relativ große Unsicherheit hinsichtlich der Deutung solcher Zeichnungen dar. Validierungsuntersuchungen und Normen für bestimmte Probandengruppen sind selten oder widersprüchlich. Die Interpretation erfolgt vorwiegend intuitiv (Hammer 1958). Immerhin liefern die zeichnerischen Gestaltungstests als qualitative explorative Verfahren oft klinisch interessante Hinweise, die zumindest eine weitere systematische Untersuchung bestimmter Persönlichkeitsmerkmale anregen können und denen in der Psychotherapie weiter nachgegangen werden kann.

9.7.1 Der Figur-Zeichentest (Draw-a-Person, DAP)

Mit diesem von Karen Machover (1948) entwickelten Test sollen die Persönlichkeitsstruktur und spezifische psychische Konflikte eines Probanden erfasst werden. Nach der ersten Menschenzeichnung wird noch eine zweite, und zwar vom anderen Geschlecht, verlangt. Die anschließende Befragung, die von den Merkmalen der Zeichnung ausgeht, soll dem Untersucher ermöglichen, Beziehungen zwischen den Zeichnungen und ihrem Urheber herzustellen. Die Interpretation erfolgt nach psychoanalytischen Gesichtspunkten. Formal können die Zeichnungen nach verschiedenen Einzelmerkmalen ausgewertet werden, die unter die drei Kategorien »allgemeine Aspekte«, »Details« und »Beiwerk der Zeichnung« subsumiert sind. Untersuchungen zur Validität führten teilweise zu widersprüchlichen Resultaten (Swensen 1957).

9.7.2 »Zeichne deine Familie in Tieren«

Der Test von Brem-Gräser (1995) will Aufschluss über die innerfamiliäre Dynamik geben und insbesondere das Verhältnis zwischen dem Probanden und seinen nächsten Beziehungspersonen erhellen. Das Verfahren geht von der Annahme aus, dass die in der Zeichnung erscheinenden Tiere mit ihren Eigenschaften Beziehungen zur Persönlichkeit des Kindes, das sie zeichnet, besitzen. Anwendbar ist der Test bei Kindern ab fünf Jahren bis zur Pubertät.

Die Instruktion lautet, sich vorzustellen, die eigene Familie sei eine Tierfamilie, und nun diese ganze Familie zu zeichnen. Die Auswertung erfolgt in zweifacher Richtung: einmal nach formal-graphologischen und zum andern nach inhaltlich-tiefenpsychologischen Gesichtspunkten. Ein »Katalog der Tiereigenschaften« soll Anhaltspunkte für die Deutung des Symbolgehalts der Zeichnungen liefern. Exakte Untersuchungen zur Reliabilität und Validität stehen aus. Der Test kann insofern lediglich als Verfahren angesehen werden, das Hinweise auf Konflikte in den familiären Beziehungen zu geben vermag. Diese Hypothesen müssen durch weitere, gezielte Untersuchungen, insbesondere durch ausführliche Gespräche mit dem betreffenden Kind und seinen Eltern, abgesichert werden. Das Verfahren hat sich jedoch für die Erweiterung des Spektrums an Hypothesen über innerfamiliäre Konflikte sehr bewährt.

9.7.3 Der Baum-Test

Eines der am häufigsten verwendeten thematischen Zeichenverfahren ist der *Baum-Test* von Koch (1972). Der Autor geht von der Annahme aus, dass die Zeichnung eines Baumes Aufschluss über die emotionale Reife einer Persönlichkeit sowie Hinweise auf Störungen im emotionalen und sozialen Bereich geben kann.

Der Proband wird aufgefordert, einen Baum zu zeichnen, wobei alle Baumarten – mit Ausnahme der Tanne – erlaubt sind. Bei der Auswertung nach Koch wird zum einen die Baumzeichnung als Ganzes beurteilt und zum anderen eine Detailauswertung vorgenommen. Raumsymbolische und graphologische Merkmale der Zeichnung werden ebenso berücksichtigt wie formale Einzelmerkmale der Baumgestalt (Wurzeln, Stamm, Krone, Zweige, Äste, Blätter und so weiter). Die Interpretation erfolgt anhand von Eigenschaftstabellen, die Koch für die verschiedenen Merkmale der Zeichnung zusammengestellt hat. Es werden ferner die Verteilungen dieser Merkmale auf verschiedene Altersstufen mitgeteilt. Obwohl auch bei diesem Verfahren keine verlässlichen Angaben über die Hauptgütekriterien vorliegen, muss doch berücksichtigt werden, dass sich der *Baum-Test* in der klinischen Arbeit als durchaus brauchbares Verfahren erwiesen hat, das bei Kindern und Erwachsenen eingesetzt werden kann. Ein Überblick über die wichtigsten Publikationen zu diesem Test findet sich bei Koch (1972).

9.7.4 Der Wartegg-Zeichentest (WZT)

Der bekannteste athematische Zeichentest ist der *Wartegg-Zeichentest* (WZT; Wartegg 1955, 1968). Der Testbogen enthält acht Zeichenfelder, auf denen je ein Anfangselement von »archetypischer Prägung der Reizgegebenheiten« (Wartegg) den Probanden zu einer Weiterführung der Zeichnung anregen soll. Mit diesem Verfahren will Wartegg die Persönlichkeitsstruktur erfassen und Aussagen über spezifische Konflikte machen.

Die von Wartegg entwickelte komplizierte Auswertung erfolgt einerseits nach einem so genannten »Schichtprofil« (die »genetischen Stufen und Grade der Auffassung« betreffend) und andererseits nach einem so genannten »Qualitätenprofil« (die »Arten der Auffassung, das heißt Hervortreten oder Vernachlässigung der vorgegebenen Qualitäten«). Ferner werden Bildabfolgen, Bildgefüge sowie Darstellung und Sinngebung des Bildganzen berücksichtigt. Renner (1969) schlägt eine vor allem vom Symbolgehalt der Zeichen ausgehende qualitative (tiefenpsychologische) Interpretation und eine formale, graphologische Auswertung vor.

Es liegt eine große Zahl von Publikationen zum WZT vor. Die Reliabilität ist allerdings bisher nicht systematisch untersucht worden. In der klinischen Arbeit hat sich der Test aber als gutes qualitatives Hilfsmittel bei charakterologischen Untersuchungen und zur Diagnostik und Differenzialdiagnostik der verschiedenen psychischen Störungen bewährt.

pro memoria 9.7.1–9.7.4

1. Zeichentests zur Erhellung der Persönlichkeitsstruktur und spezifischer Konflikte. Auswertung inhaltlich, formal, graphologisch.
2. Thematische Zeichentests:
   2.1 *Figur-Zeichentest* (*Draw-a-Person*, DAP),
   2.2 Familienzeichentests (*Zeichne deine Familie in Tieren, Zeichne deine Familie, Zeichne eine Familie, Verzauberte Familie*),
   2.3 *Baum-Test.*
3. Athematischer Zeichentest: *Wartegg-Zeichentest* (WZT).

9.8 Die Farbtests, der Farbpyramiden-Test (FPT)

Von den Farbtests soll das experimentell und statistisch am besten ausgearbeitete Verfahren, der *Farbpyramidentest* nach Pfister-Heiss, besprochen werden. Bei anderen Farbtests, wie etwa dem *Lüscher-Test* (1971), stehen exakte Reliabilitäts- und Validitätsuntersuchungen aus oder erbrachten keine befriedigenden Resultate (s. de Zeeuw 1957; Houben 1964; Halder-Sinn 1982).

Die Farbtests beruhen auf der – auch experimentell vielfach untersuchten – Annahme, dass Beziehungen zwischen Farbe und Affektivität bestehen und dass einzelne Farben eine spezifische psychische Wirkung haben. Die Wirkung der Farben ist eine Funktion des Farbtons, des Helligkeitsgrads und der Sättigung (Houben 1964). Für bestimmte Probandengruppen ließen sich »typische« Farbreaktionen nachweisen, die als Norm mit individuellen Abweichungen beschrieben werden können. So genannte »Modefarben« üben keinen wesentlichen Einfluss auf die Testergebnisse aus (Schmiedecke-Kaumann et al. 1971).

Der *Farbpyramidentest* geht auf einen Vorschlag Pfisters (1949) zurück. In der heute üblichen Form umfasst der Test 24 oder (in der gebräuchlicheren reduzierten Form) 14 Farbtöne, die vom Probanden auf einer vorgegebenen Pyramide angeordnet werden sollen. Die Instruktion lautet, zunächst drei »schöne« und anschließend drei »häßliche« Pyramiden zu legen. Die Auswertung erfolgt, indem die Häufigkeiten der vom Probanden benutzten Farben und die Formungsarten bestimmt und – unter Berücksichtigung von Alter und Schulbildung – in Standardwerte umgerechnet werden. Zur Interpretation sind Deuterelationen zu den einzelnen Farbtönen und verschiedene Farbsyndrome (Stimulations-, Norm-, Gegenwert-, Unbuntsyndrom) experimentell entwickelt worden (Heiss et al. 1975). Ferner können verschiedene Indizes (beispielsweise Kippindex, Konstanzziffer, Meideziffer) berechnet werden.

Die Untersuchungen zur Reliabilität und Validität des *Farbpyramidentest*s weisen darauf hin, dass dieser Farbtest ausreichend gesicherte Informationen über affektive Stabilität, emotionale Reife, verschiedene Weisen der Erlebnisverarbeitung, über die Anpassungsfähigkeit, die Leistungsbereitschaft und über affektive Störungen zu liefern vermag. Der FPT ist insbesondere geeignet, ein Bild der Affektstruktur eines Probanden zu entwerfen. Nach eigenen Erfahrungen hat es sich als diagnostisch fruchtbar erwiesen, in einer Testbatterie von Leistungstests und verschiedenen Persönlichkeitsverfahren den *Farbpyramidentest* und auch den *Thematischen Apperzeptionstest* (TAT) einzusetzen. Während der FPT vor allem strukturelle Aspekte erfasst, können wir die für einen Probanden spezifische innerseelische Dynamik und seine Hauptkonfliktbereiche dem *TAT* entnehmen. Beide Verfahren ergänzen sich nach meiner Beobachtung in ausgezeichneter Weise.

pro memoria 9.8

Charakteristika des *Farbpyramidentests* (FPT):
1. Satz von 14 (bzw. 24) Farben,
2. Erfassung der affektiven Stabilität, der emotionalen Reife, der Erlebnisverarbeitung, der Anpassungsfähigkeit, der Leistungsbereitschaft,

3. Standardwertnormen; Bestimmung von Farbsyndromen und verschiedenen Indizes,
4. günstig ist eine Kombination von *FPT* (Affektstruktur) und *TAT* (Psychodynamik).

9.9 »Objektive« Persönlichkeitstests

Unter »objektiven« Persönlichkeitstests können mit Fahrenberg (1964) Verfahren verstanden werden, bei denen das Testprinzip den Probanden undurchschaubar und damit unverfälscht ist. Während bei den unter 9.1 und 9.2 behandelten Persönlichkeitsfragebögen, den klinischen Skalen und den Interessentests die Probandinnen und Probanden aus den gestellten Fragen in der Regel ersehen können, worauf diese abzielen, ist eine solche Information bei den objektiven Persönlichkeitstests nicht gegeben. Bei diesen Verfahren werden perzeptive, psychomotorische und kognitive Leistungen sowie vegetativ-nervöse Reaktionsweisen zum Zweck einer Persönlichkeitsdiagnostik verwendet, wobei den Untersuchten der Zusammenhang dieser Testaufgaben mit dem daraus zu interpretierenden Verhalten nicht erkennbar ist. Allerdings ist auch bei den objektiven Persönlichkeitstests die Unverfälschbarkeit der Testergebnisse nicht immer gewährleistet (s. Häcker 1975; Häcker et al. 1979). Es sollen im Folgenden einige Beispiele für diese Verfahren genannt werden, um den Leserinnen und Lesern einen Einblick in diesen Forschungsbereich zu geben.

Eines der ältesten Verfahren dieser Art ist die Messung der *psychogalvanischen Reaktion* (PGR). Bereits gegen Ende des vorigen Jahrhunderts beobachteten die Franzosen Féré und Vigouroux, dass sich der elektrische Widerstand des menschlichen Körpers unter dem Einfluss von Affekten verändert. Seither ist eine große Zahl von Untersuchungen über psychogalvanische Reaktionen bei verschiedenen Gefühlszuständen durchgeführt worden, ohne dass es aber bisher gelungen wäre, eindeutige Zusammenhänge zwischen PGR und bestimmten Persönlichkeitsvariablen aufzudecken (McCleary 1950; Martin 1960; Fahrenberg 1964). Es wurde auch versucht, aufgrund von Prüfungen der Wahrnehmung und der Psychomotorik zu persönlichkeitsdiagnostischen Aussagen zu gelangen (s. Brengelmann 1961 und Witkin 1973). Ferner sind die Arbeiten von Cattell und seinen Schülern von Bedeutung. Am Institute of Personality and Ability Testing (IPAT) werden von Cattell und seinen Mitarbeitern faktorenanalytische Ergebnisse aus den drei Testmedien Lebenslaufdaten, Selbstbeurteilungsdaten und objektive Testdaten gesammelt und koordiniert. Aus dem großen Material sind verschiedene Testbatterien zur Messung von Persönlichkeitsfaktoren entwickelt worden (Schmidt et al. 1975), wobei sich diese Verfahren als recht zuverlässige Hilfsmittel zur Beantwortung differenzialdiagnostischer Fragen erwiesen (s. Schmidt et al. 1972).

Eine andere, ebenfalls von einem faktorenanalytischen Ansatz ausgehende Testbatterie ist von Eysenck (1956, 1960) entwickelt und vielfach experimentell geprüft worden. Die für diese Tests relevanten Persönlichkeitsdimensionen sind die der neurotischen und psychotischen Tendenz sowie die Dimension Introversion/Extraversion.

Schließlich sind auch die verschiedensten psychologischen, bio-elektrischen und biochemischen Parameter zur Persönlichkeitsdiagnostik eingesetzt worden. Hierzu gehören, außer der bereits erwähnten psychogalvanischen Reaktion, Tonusregistrierungen der Skelettmuskulatur, Elektromyographie, Elektroenzephalogramm, arterieller Blutdruck, Atemtätigkeit, vegetativ-endokrine Diagnostik, biochemische Laboruntersuchungen und so weiter. Diesen Methoden kommt bisher allerdings vor allem Bedeutung im Rahmen der Forschung zu. Ehe sie für die Routinediagnostik eingesetzt werden können, ist noch eine weitere systematische Grundlagenforschung notwendig.

pro memoria 9.9

»Objektive« Persönlichkeitstests: Erfassung perzeptiver, psychomotorischer, kognitiver Leistungen, vegetativ-nervöser Reaktionen zur Psychodiagnostik.

9.10 Die graphologische Methode

Zu den diagnostischen Verfahren zur Erfassung der Persönlichkeit gehört auch die graphologische Methode. Im Folgenden sollen einige grundsätzliche Probleme angesprochen werden, die sich bei der Beschäftigung mit der Graphologie ergeben. Nach Klages (1956) ist die Graphologie die Wissenschaft von den Entstehungsbedingungen der persönlichen Handschrift und deren Ausdrucksgehalt. Sie gehört in den Rahmen der Ausdruckspsychologie, deren Gegenstand die Erfassung und Interpretation von Phänomenen wie Mimik, Gestik, Sprechweise, Physiognomie ist.

Historisch kann sich die Graphologie zwar schon auf Autoren aus früheren Jahrhunderten berufen, so zum Beispiel auf J. K. Lavater (1775) und J. H. Michon (1875), dem Begründer des Terminus »Graphologie«. Eine wissenschaftliche Auseinandersetzung mit den diagnostischen Möglichkeiten dieser Methode erfolgte jedoch erst im 20. Jahrhundert. Und selbst heute fristet die Graphologie häufig noch ein akademisches Schattendasein, ist sie doch beispielsweise an den Universitäten im Allgemeinen nicht im Lehrplan vertreten.

Diese Tatsache ist umso auffallender, als sich die diagnostische Analyse der Handschrift schon allein deshalb anböte, weil dieses Ausdrucksverhalten dem Untersucher leicht zugänglich und beliebig oft reproduzierbar ist. Die akademische Psychologie verhält sich aber auch heute noch dieser Methode gegenüber zumeist reserviert, wenn nicht sogar ausgesprochen ablehnend. Dieser Umstand hat zur Folge, dass die an der Graphologie Interessierten entweder auf das Selbststudium angewiesen sind (was bei diesem und anderen diagnostischen Verfahren außerordentlich schwierig, wenn nicht sogar unmöglich ist). Oder sie müssen sich bemühen, einen privaten Kurs zu finden, wobei sie allerdings das Risiko eingehen, unter Umständen an wenig qualifizierte Ausbilder zu gelangen. Diese bedauerliche Situation trägt wesentlich dazu bei, dass der Graphologie auch heute noch vielfach das Odium des Unseriösen anhaftet und die von der akademischen Psychologie entwickelten vielfältigen Kontrollmethoden (zum Beispiel hinsichtlich der Gütekriterien der klassischen Testtheorie) bei diesem diagnostischen Verfahren noch längst nicht ausgeschöpft worden sind. Erste Versuche einer empirischen Überprüfung der Reliabilität und Validität von Schriftexpertisen unternahmen Fahrenberg et al. (1965), Wallner (1960, 1962, 1963, 1965, 1972), Prystav (1969, 1973) und Fisch (1973).

Hinzu kommt, dass bei den derzeitigen Ausbildungsbedingungen die Graphologie häufig nicht von Fachpsychologen ausgeübt wird, die eine fundierte allgemeinpsychologische Ausbildung und umfassende Kenntnisse über Persönlichkeits- und Entwicklungstheorien sowie über andere diagnostische Verfahren besitzen. Daraus resultiert die meiner Ansicht nach fragwürdige – aber häufig ausgeübte – Praxis, dass von diesen Diagnostikern zur Erstellung eines Persönlichkeitsgutachtens das graphologische Verfahren nicht in eine umfangreichere Testbatterie eingebettet, sondern ausschließlich diese Methode angewendet wird. Trotz des unbestreitbaren diagnostischen Aussagewerts der Graphologie erscheint mir ein solches Vorgehen ebenso wenig gerechtfertigt wie die ausschließliche Verwendung eines anderen Testverfahrens, beispielsweise des *Rorschach-Tests*.

Innerhalb der Graphologie haben sich verschiedene Schulen gebildet, die in der Art der Merkmalserfassung und -interpretation teilweise erheblich voneinander abweichen. Die bekanntesten Richtungen sind die folgenden:

1. die auf Beobachtung und Vergleich beruhende, empirisch-induktive Betrachtungsweise Michons (1875), Crépieux-Jamins (1927) und anderer Vertreter der »französischen Schule«,
2. experimentelle Ansätze deutscher Psychiater und Psychologen gegen Ende des 19. Jahrhunderts (z. B. Goldschreiber 1891; Preyer 1928),
3. die auf dem »Ausdrucks- und Darstellungsprinzip« und dem »Formniveau« beruhende »biozentrische« Methode von Klages (1956),
4. die eidetische, verstehende Graphologie im Sinne Wolffs (1948) und Pulvers (1955),
5. die kinetische Graphologie, die als Bewegungspsychologie den expressiven Anteil der Schreibspur als einer automatisierten Willkürbewegung untersucht (z. B. Pophal 1965).

In der historischen Entwicklung der Graphologie ist an die Stelle der ursprünglichen isolierenden Deutung einzelner Zeichen die Einsicht getreten, dass jedes Merkmal (z. B. Größe/Kleinheit, Enge/Weite, Neigungswinkel, Längenunterschiede, Längenteilung, Links-/Rechtsläufigkeit, Verbundenheitsgrad) letztlich doppel- (so bei Klages) und sogar mehrdeutig (so bei Pulver) ist. Der Stellenwert der einzelnen Merkmale und ihre diagnostische Bedeutung werden in der Regel von übergreifenden Befunden respektive vom Gesamtbild der Schrift (vor allem von deren Formniveau) her interpretiert. Eine wichtige Rolle in der graphologischen Deutung spielt auch die vor allem von Pulver (1955) vertretene Raum- und Zeitsymbolik.

Zum Einsatz der graphologischen Technik sind vor allem zwei kritische Anmerkungen zu machen: Zunächst muss noch einmal auf die fragwürdige Praxis hingewiesen werden, sich bei Untersuchungen ausschließlich auf dieses eine Verfahren zu beschränken. Ferner bedeutet es meiner Ansicht nach einen schwerwiegenden Verstoß gegen die ethischen Richtlinien, denen sich jeder Psychologe verpflichtet fühlen sollte (s. Kap. 12.2), wenn Analysen bei Schriften von Personen vorgenommen werden, die nicht vorher über diese Untersuchung informiert worden sind und nicht ihr Einverständnis dazu gegeben haben. Wird trotzdem eine graphologische Analyse vorgenommen, so muss man hier mit allem Nachdruck von einem Missbrauch der Diagnostik sprechen.

pro memoria 9.10

Die graphologische Methode:
1. Doppel- und Mehrdeutigkeit der Zeichen (z. B. Größe/Kleinheit, Enge/Weite, Neigungswinkel), Interpretation von übergreifenden Befunden resp. vom Gesamtbild der Schrift her.
2. Kritische Anmerkungen:
   2.1 Fragwürdigkeit der ausschließlichen Verwendung der graphologischen Methode.
   2.2 Die Person, deren Schrift einer Analyse unterzogen wird, muss unbedingt darüber orientiert sein und ihr Einverständnis dazu gegeben haben.

10. Psychodiagnostische Methoden bei sozialpsychologischen Untersuchungen und zur Erfassung interaktioneller Prozesse

Bei sozialpsychologischen Fragestellungen stehen dem Untersucher methodisch zwei Möglichkeiten zur Verfügung: Entweder werden derartige Studien in einem Laboratorium (in der Regel unter streng kontrollierten Bedingungen) oder aber direkt im sozialen Feld durchgeführt, wobei die Variablen im sozialen Feld im Allgemeinen viel weniger kontrollierbar sind. In *Laboratoriumsexperimenten* wird versucht, bestimmte soziale Situationen aus dem sozialen Gesamtkontext herauszulösen und isoliert einzelne Phänomene zu studieren. Der Vorteil solcher Untersuchungen liegt darin, dass die Versuchsbedingungen strenger kontrolliert werden können als in der natürlichen sozialen Umgebung. Einzelne Parameter können in solchen Mikrosituationen exakter erfasst und systematischer variiert werden. Häufig werden den Laboratoriumsexperimenten soziale Feldstudien vorgeschaltet, in denen, zumeist in eher unsystematischer Form, erste Beobachtungen zu einem bestimmten Sachverhalt gesammelt werden können. Bekannt geworden sind die verschiedenen Experimente zur Gruppenstruktur, zu Problemen der intra- und intergruppalen Beziehungen und zum Phänomen des Außenseiters (Hofstätter 1957a, 1957b, 1963; Meili u. Rohracher 1963). Auf die bei solchen Laboratoriumsexperimenten verwendeten Methoden soll weiter unten ausführlicher eingegangen werden.

Grundsätzlich anderer Art hingegen sind die so genannten *Feldstudien*, bei denen bestehende Bedingungen vorliegen und die den Untersucher interessierenden Variablen in diesem Kontext registriert, nicht aber von ihm willkürlich variiert werden. Den Wert dieser Art von Untersuchung haben vor allem die bekannten Studien der Kulturanthropologen (Benedict 1955; Mead 1958, 1959; Malinowski 1962) und in jüngerer Zeit die ethno-psychoanalytischen Forschungen von Parin sowie Parin et al. (1971, 1977, 1978) gezeigt. Die großen Probleme liegen allerdings, zum Beispiel bei transkulturellen Untersuchungen, einmal im Bereich der Kommunikation, die häufig nur über einen Dolmetscher möglich ist, und zum anderen darin, dass sich solche Studien in der Regel über längere Zeit erstrecken müssen, damit einigermaßen zuverlässige Resultate gewonnen werden können. Doch liefern insbesondere die transkulturellen Untersuchungen eine Fülle von Material. Sie vermögen häufig in eindrucksvoller Weise die komplexen sozialen Phänomene und die für die untersuchte Sozietät spezifischen Interaktionsmuster zu zeigen. Dass allerdings Experimente im strengen Sinne (das heißt bei Aufrechterhaltung der Forderung nach standardisierten Versuchsbedingungen, deren Variablen in systematischer Weise variiert werden) auch im natürlichen sozialen Feld möglich sind, hat in eindrucksvoller Weise beispielsweise Sherif mit seinen berühmten *Ferienlager-Experiment* gezeigt.

Im Folgenden sollen die wichtigsten psychodiagnostischen Methoden kurz vorgestellt werden, wie sie bei sozialpsychologischen Laboratoriumsexperimenten und in Feldstudien Anwendung finden. Zur genaueren Information muss der Leser auf die einschlägige Literatur verwiesen werden.

10.1 Soziometrie

Die *Soziometrie* stellt nach einer Definition von Bjerstedt (1956) »die quantitative Untersuchung zwischenmenschlicher Beziehungen unter dem Aspekt der Bevorzugung, Gleichgültigkeit oder Ablehnung in einer Wahlsituation« dar. Diese Methode ist eng verbunden mit dem Namen des amerikanischen Psychiaters Moreno (1954). Wegweisend war für ihn vor und während des Ersten Weltkriegs seine Beschäftigung mit Kindergruppen und die Arbeit in Flüchtlingslagern. Im Rahmen dieser Tätigkeit entwickelte sich zunehmend sein Interesse am Studium der sozialen Beziehungsgeflechte in kleineren Gruppen. Für ihn als Psychiater stellte die Soziometrie nicht nur ein sozialpsychologisches Untersuchungsverfahren dar, sondern es standen für ihn auch therapeutische Aspekte im Vordergrund. Im Anschluss an die Forschungen Morenos ist die soziometrische Methode vielfältig variiert und modifiziert worden.

Ihr Ziel besteht darin, das emotionale Beziehungsgeflecht in einer Gruppe zu erfassen, das heißt Sympathien und Antipathien der Gruppenmitglieder einander gegenüber. Man stellt zu diesem Zweck fest, wie oft ein Gruppenmitglied von den anderen bevorzugt oder abgelehnt wird. Die Autoren, die sich dieser Methode bedienen, weisen immer wieder darauf hin, dass es wichtig ist, dass das Wahlkriterium eine ganz konkrete Situation des Kontakts betreffen muss (beispielsweise in einer Schulklasse: neben wem man sitzen oder nicht sitzen möchte, oder in einem Ferienlager: mit wem man eine bestimmte Aufgabe erfüllen oder nicht erfüllen möchte). Ferner sollten die Wahlen für die Befragten eine unmittelbare Konsequenz haben, weil dadurch die Motivation zur Wahl wesentlich erhöht wird.

Die Resultate solcher soziometrischen Befragungen werden in der Regel in grafischer Form dargestellt: Man erstellt entweder ein *Netz-Soziogramm* oder veranschaulicht die Untersuchungsergebnisse durch ein so genanntes *Zielscheiben-Soziogramm*. Beim Letzteren stehen die am häufigsten gewählten Gruppenmitglieder im Zentrum, die am seltensten gewählten im äußeren Ring. Aus den Resultaten solcher Studien lassen sich häufig charakteristische Konfigurationen der Gruppendynamik interpretieren: Man kann Paarbildungen von so genannten Dreiecken und Ketten unterscheiden, bestimmte Gruppenmitglieder nehmen eine »Starrolle« ein, andere sind »Außenseiter« oder »Randfiguren«. Diese verschiedenen Positionen in einer Gruppe sind von R. Schindler (1957) auch als Alpha-, Gamma- und Omega-Typen beschrieben worden.

Eine interessante, von Tagiuri (1952) und Borgatta (1954) entwickelte Variante der klassischen soziometrischen Methode ist die *Sociometric Perception*. Hier soll der Proband nicht nur angeben, welchem anderen Gruppenmitglied gegenüber er Sympathie oder Antipathie empfindet, sondern er wird auch darüber befragt, wer aus der Gruppe seiner Meinung nach wohl ihn selbst wählen oder ablehnen werde. Es geht bei dieser Methode also um das Selbstverständnis des Individuums in der Gruppe. Die Resultate dieses Untersuchungsansatzes weisen darauf hin, dass die Abgelehnten ihren Status häufig überschätzen. Es fragt sich, ob sie die schmerzliche Tatsache ihrer Unbeliebtheit verdrängen oder ob sie sich selbst und die anderen schlechter einschätzen können und diese Tatsache unter Umständen eine Ursache für ihre Unbeliebtheit ist. Eine Behebung wäre in diesem letzteren Fall dann zum Beispiel durch eine Schulung ihrer sozialen Wahrnehmungsfähigkeit möglich.

Bei allen interessanten, mit der soziometrischen Technik gewonnenen Untersuchungsresultaten bleibt ein prinzipielles Problem: Es erhebt sich die Frage, inwieweit es gerechtfertigt und ethisch vertretbar ist, in einer Gruppe solche Befragungen über Sympathie und Antipathie durchzuführen. In der Regel wird man ja derartige Studien nicht an Gruppen vornehmen, die sich einem bestimmten Experiment in einem Laboratorium freiwillig unterziehen. Vielmehr möchte man die Struktur und Dynamik einer Gruppe im sozialen Feld erfassen. Eine beispielsweise in einer Schulklasse oder in einem Ferienlager durchgeführte soziometrische Untersuchung hat immer auch unmittelbare Konsequenzen für den Einzelnen und für die Gruppe insgesamt. Selbst wenn nach Abschluss der Studie die Versuchspersonen nicht über die Ergebnisse aufgeklärt werden – was an sich ein fragwürdiges Vorgehen ist (s. die Ausführungen unter 12.2) –, hat allein die Befragung und die Entscheidung des Einzelnen hinsichtlich Sympathie oder Antipathie bereits einen nicht zu unterschätzenden Einfluss auf seine Gefühle den anderen Gruppenmitgliedern gegenüber und auf sein Selbstverständnis in diesem sozialen Beziehungsgefüge. Schon bei der Planung derartiger Untersuchungen wird deshalb ernsthaft die Frage zu diskutieren sein, ob eine solche Studie bei der gewählten Probandengruppe ethisch vertretbar ist, ob nicht zuvor die Einwilligung der Beteiligten eingeholt werden muss, und in welcher Form die gewonnenen Resultate – entsprechend der ursprünglichen therapeutischen Intention Morenos – für die Versuchspersonen nutzbar gemacht werden können.

10.2 Bewertungsskalen

Battegay (1973) weist auf die Bedeutung der *Bewertungsskalen* zur Erfassung der sozialen Interaktionen hin. Als Beispiel sei die von Hartley et al. (1955) erwähnte Bewertungsskala von W. I. Newstetter zitiert: Der Autor führte in einem Forschungslager an drei Knabengruppen im Alter von 10 bis 15 Jahren Untersuchungen durch. Er verwendete dazu eine Neun-Punkte-Skala, die folgende Verhaltensweisen berücksichtigte:
1. Physischer Ausdruck der Zuneigung.
2. Zeichen besonderer Zuwendung in wohlmeinendem Sinne – geben, leihen, einladen, vorziehen, verteidigen.
3. Zeichen kameradschaftlicher Beziehungen.
4. Zufällige Gespräche.

5. Fast neutrale, aber noch leicht positive Zuwendung.
6. Zeichen der Gleichgültigkeit gegenüber Rechten, Forderungen oder Bitten anderer.
7. Zeichen unverhohlenen Konfliktes mit den Rechten, Forderungen oder Wünschen anderer.
8. Zeichen von Ärger oder Verachtung persönlicher Art.
9. Zeichen der Wut oder absichtlicher Beleidigung – trotzen, fluchen, herausfordern, schlagen.

Jeder Knabe wurde nun von einem Beurteiler hinsichtlich dieser Skala dreifach bewertet: 1) nach selbst geäußerter Zuwendung, 2) nach empfangener Zuwendung, 3) nach der Zuwendung in Paarbeziehungen. Auf diese Weise sollten die Beziehungen eines Gruppenmitglieds zu jedem anderen Mitglied der Gruppe festgestellt werden. Nach den Resultaten von Newstetter äußerte jeder der Knaben die ganze Variationsbreite der Zuwendung. Erhebliche Unterschiede aber bestanden hinsichtlich der empfangenen Zuwendung. Einige Knaben wurden vorwiegend positiv beurteilt (Alpha-Typ), andere wurden dagegen vor allem abgelehnt (Omega-Typ). Nach Battegay (1973) ist diese Bewertungsskala insbesondere dann indiziert, wenn die soziometrische Untersuchungsmethode nicht angewendet werden kann, zum Beispiel wenn eine Versuchsperson nicht wissen sollte, dass sie beziehungsweise ihre Stellung in der Gruppe untersucht wird.

10.3 Interaktionsanalyse (»Interaction Process Analysis«) nach Bales

Eine andere, weitaus mehr in die Details des Interaktionsprozesses eingehende sozialpsychologische Erfassungsmethode ist die *Interaction Process Analysis* von Bales (1950; s. a. König 1962). Als Interaktionen werden hier alle verbalen Äußerungen, aber auch Zeichen und Gesten verstanden, mit denen die Mitglieder einer Gruppe aufeinander reagieren. In einem sich aus zwölf Kategorien zusammensetzenden Schema werden die Interaktionssegmente der Äußerungen von »Sender« und »Empfänger« vermerkt.

Bales hat folgendes Kategorien-System aufgestellt (nach König 1962):
1. Zeigt Solidarität, bestärkt den anderen, hilft, belohnt.
2. Entspannte Atmosphäre, scherzt, lacht, zeigt Befriedigung.

3. Stimmt zu, nimmt passiv hin, versteht, stimmt überein, gibt nach.
4. Macht Vorschläge, gibt Anleitung, wobei Autonomie des anderen impliziert ist.
5. Äußert Meinung, bewertet, analysiert, drückt Gefühle oder Wünsche aus.
6. Orientiert, informiert, wiederholt, klärt, bestätigt.
7. Erfragt Orientierung, Information, Wiederholung, Bestätigung.
8. Fragt nach Meinungen, Stellungnahmen, Bewertung, Analyse, Ausdruck von Gefühlen.
9. Erbittet Vorschläge, Anleitung, mögliche Wege des Vorgehens.
10. Stimmt nicht zu, zeigt passive Ablehnung, Förmlichkeit, gibt keine Hilfe.
11. Zeigt Spannung, bittet um Hilfe, zieht sich zurück.
12. Zeigt Antagonismus, setzt andere herab, verteidigt oder behauptet sich.

Die Kategorien 1 bis 3 umfassen den »sozialemotionalen Bereich: positive Reaktionen«, 4 bis 6 gehören zum »Aufgabenbereich: Versuche der Beantwortung«, 7 bis 9 zum »Aufgabenbereich Fragen«, und die Kategorien 10 bis 12 betreffen den »sozialemotionalen Bereich: negative Reaktionen«.

Diese Methode erlaubt eine detaillierte Registrierung der Interaktionen in einer Gruppe. Gewisse Probleme ergeben sich indes dadurch, dass in der Regel der Gruppenleiter selbst nicht die Registrierung der Interaktionen vornehmen kann, da dadurch die Gruppenteilnehmer verunsichert würden. Auch der Einsatz spezieller Beobachter gestaltet sich, vor allem bei therapeutischen Gruppen, als schwierig, wenn nicht sogar als unmöglich, da solche Beobachter von der Gruppe häufig ebenfalls als störend erlebt werden. Die genannten Schwierigkeiten lassen sich zum Teil dadurch umgehen, dass man die Gruppe durch eine Einwegscheibe beobachten und die Interaktionen so von außerhalb registrieren lässt. Allerdings ist es gerade bei einem solchen Vorgehen notwendig, vorher die Einwilligung der Beteiligten einzuholen.

Wie Battegay (1973) ausführt, kann eine solche Erfassung von Interaktionsprozessen in einer therapeutischen Gruppe sehr fruchtbar sein. Er zitiert eine Untersuchung von Borgatta (1962), der die Interaktionsprozess-Scores von Diskussionsgruppen interkorrelierte und einer faktorenanalytischen Verrechnung unterwarf. In verschiedenen Studien ergaben sich zum Teil übereinstimmende Faktoren, insbesondere die »Aktivitätsrate«, die »sozioemotionale Unterstützung« und die »antagonistische Aktivität«. Ferner zeigt eine Untersuchung von Heckel et al. (1971), dass die Interaktionsprozesse in einer Initialphase der Gruppentherapie auch hinsichtlich ihrer faktoriellen Struktur wesentlich von den Interaktionsprozessen einer späteren Phase abweichen. Dieses Resultat steht in Übereinstimmung mit den gruppenpsychotherapeutischen Erfahrungen Battegays (1971), der im therapeutischen Prozess verschiedene Phasen unterscheidet (explorierende Kontaktnahme, Regression, Katharsis, Einsicht, Wandlung und soziales Lernen).

10.4 Das sozialpsychologische Interview

Auch die verschiedenen *Interviewtechniken* können noch zur Psychodiagnostik im weiteren Sinne gezählt werden. Diese Methoden sind in der sozialpsychologischen Forschung weit verbreitet, und es liegt eine Fülle von verschiedenen Verfahren vor. Ich möchte im Folgenden nur auf einige der wichtigsten Probleme eingehen, die sich bei der Konstruktion und Durchführung solcher Interviews ergeben. Im Übrigen muss auf die einschlägige Fachliteratur verwiesen werden (s. Hofstätter 1957; Anger 1969; Seidenstücker et al. 1974; zur qualitativen Analyse von Interviews s. Mayring 2003).

Die sozialpsychologischen Befragungen, die verschiedenen Interviewtechniken, spielen innerhalb der sozialpsychologischen Datengewinnung eine dominierende Rolle. Wohl keine andere Methode wird häufiger bei sozialpsychologischen Studien verwendet, und kaum ein anderes Verfahren hat mehr zu unserem Wissen über soziale Phänomene beigetragen. Dementsprechend sehen wir uns einer fast unüberschaubaren Fülle von Methoden gegenüber. Im Folgenden sollen einige generelle, diese Untersuchungsinstrumente kennzeichnende Merkmale genannt und die wichtigsten grundsätzlichen Probleme diskutiert werden.

Ein erstes Kennzeichen eines Interviews ist der *zweckgerichtete Charakter* solcher Befragungen. Damit hängt eng das zweite Kennzeichen, die *Spezifität ihrer Thematik*, sowie das dritte Kennzeichen, die *Asymmetrie* der Kommunikationsprozesse, zusammen. Immer nämlich verfolgt der Interviewer in sozialpsychologischen Studien einen beistimmten Zweck. Er muss aus diesem Grund, entsprechend seinen Hypothesen, seine Befragung auf eine spezifische Thematik einengen. Die Asymmetrie der Kommunikationsprozesse ist ebenfalls verständlich, wenn man sich vor Augen hält, dass es der Untersucher ist, der die Fragen stellt, die Probleme anreißt und dadurch Äußerungen anregen möchte, selbst aber keine wesentlichen Stellungnahmen abgibt, während der Proband sich zu diesen Fragen äußern soll. Die Befragung kann mündlich, das heißt als persönliches Interview, oder in schriftlicher Form erfolgen. Immer aber wird man ein solches Interview, gemäß einer Definition von Anger (1969), bezeichnen können als ein »planmäßiges Vorgehen mit wissenschaftlicher Zielsetzung, bei dem die Versuchsperson durch eine Reihe gezielter Fragen oder mitgeteilter Stimuli zu verbalen Informationen veranlaßt werden soll«.

Bei der Konzeption solcher Interviews sieht sich der Forscher einer Fülle von Problemen gegenüber. Abgesehen von prinzipiellen Überlegungen über den zu untersuchenden Gegenstandsbereich erhebt sich immer auch die Frage, welche unter allen möglichen Informationen man in diesem speziellen Interview erfassen möchte. Es ist das Problem der Validität, das heißt die Frage, ob wir mit dieser Art von Interview wirklich den Gegenstand erfassen, den wir erforschen möchten (s. die Ausführungen über die Validität in Kap. 5.1.3).

Die verschiedenen Methoden der sozialpsychologischen Befragungen lassen sich nach ihrem Strukturiertheitsgrad unterscheiden: Die *standardisierte Befragung* erfolgt nach einem vorgeschriebenen Wortlaut und nach festgelegter Reihenfolge der Fragen. Diese können entweder in »offener« (das heißt, freie Beantwortung ist möglich) oder in »geschlossener« Form (beispielsweise Multiple-Choice-Methode) vorliegen. Das andere Extrem stellt eine *nicht-standardisierte Befragung* dar. Hier erfolgt eine freie Exploration des Probanden, ein Gespräch, das sich lediglich an einem inhaltlichen Leitfaden des Interviewers orientiert. Zwischen diesen beiden Extremformen liegt die so genannte *teilstandardisierte Befragung*. Hier wird dem Untersucher ein größerer Ermessensspielraum eingeräumt als bei der standardisierten Befragung. Er ist aber enger an ein bestimmtes Befragungsschema gebunden als bei einem unstrukturierten Interview. Der Vorteil solcher teilstandardisierten Befragungen liegt darin, dass einerseits der Einfluss des Interviewers nicht allzu groß ist, andererseits aber die relative Freiheit der Befragung ihm erlaubt, den Gesprächsverlauf besser seinem Gegenüber anzupassen und beispielsweise das Sprachverständnis, die Auffassungsgabe, den Bildungsgrad und die persönlichen Bedürfnisse des Probanden zu berücksichtigen. Damit lässt sich auch die Motivation eines Befragten, Auskunft zu geben, erheblich verbessern. Derartige Interviews sind häufig für den Probanden wesentlich befriedigender als ein starres Abfragen von Daten.

Weitere methodische Probleme bei der Konzeption sozialpsychologischer Interviews ergeben sich daraus, dass häufig so genannte *Funktionsfragen* eingeschaltet werden müssen, zum Beispiel in Form von Kontakt- und Einleitungsfragen, Fragen zur Überleitung zwischen zwei Themenbereichen, häufig auch Kontrollfragen, Fragen, die die Motivation des Probanden betreffen. Ferner ist wichtig, dass die einzelnen Fragenkomplexe kurz, einfach und eindeutig formuliert sind und frei sein sollten von suggestiven Elementen. Gerade bei diesen *semantischen Problemen* ergeben sich beim Interview, mehr noch als bei psychologischen Tests sonst, häufig große Schwierigkeiten und Fehlerquellen, da bei vielen Begriffen nicht ohne weiteres vorausgesetzt werden kann, dass verschiedene Probanden (beispielsweise aus den verschiedenen sozioökonomischen Schichten) einem bestimmten Begriff immer denselben Bedeutungsgehalt zumessen (s. a. die Ausführungen über die Bedeutung der Sprache in der Psychodiagnostik in Kap. 2.1).

Ferner stellt sich bei der Interview-Planung die Frage nach einem möglichen gegenseitigen Einfluss von einer Frage auf die andere. Immer nämlich lenkt eine bestimmte Abfolge des Gesprächs die Assoziationen des betreffenden Probanden in eine bestimmte Richtung. Sie bewirkt unter Umständen, dass sich der Befragte Hypothesen über die Meinung des Interviewers zu diesem Gegenstand bildet, und kann möglicherweise die Antworten zu den folgenden Fragen erheblich determinieren.

Schließlich muss man sich bei der Planung von *schriftlichen Befragungen* entscheiden, ob man diese in Gegenwart eines Versuchsleiters durchführen will oder auf postalischem Wege erheben möchte. Dem Nachteil der letzteren Methode (unter Umständen eine nur geringe Rücklaufquote, mangelnde Kontrollierbarkeit der Befragungssituation, Verständnisschwierigkeiten, Schichtabhängigkeit der Motivation) steht bei der schriftlichen Befragung unter Aufsicht eines Versuchsleiters das Problem gegenüber, dass diese Methode nur durchführbar ist, wenn Probanden untersucht werden, die räumlich nahe beieinander wohnen oder arbeiten (beispielsweise in bestimmten Institutionen gemeinsam erfasst werden können).

Der prinzipielle Vorteil einer *persönlichen Befragung* gegenüber schriftlichen Erhebungen liegt vor allem darin, dass der Versuchsleiter unmittelbar in das Gespräch mit einbezogen ist, die Motivation des Befragten erhöhen kann, ihm helfen kann, Hemmungen zu überwinden und Verständnisschwierigkeiten auszuräumen. Damit senkt sich die Ausfallquote, und es sind in der Regel genauere Aussagen möglich. Allerdings muss man sich der Tatsache bewusst sein, dass ein persönliches Interview zu einer größeren Variabilität der Erhebungsbedingungen führt. Die Ergebnisse verschiedener Interviewer können unter Umständen nicht miteinander verglichen werden, denn die Aussagen des Befragten werden auch von der »persönlichen Gleichung« des Interviewers beeinflusst.

Damit es zu keinen groben Verzerrungen des Untersuchungsergebnisses kommt, ist deshalb eine sorgfältige Schulung der Interviewer notwendig.

Vor allem sollten sie um die wichtigsten Fehlerquellen wissen, denen sie in ihrem Urteil ausgesetzt sein können (s. Kap. 2.2).

10.5 Einstellungsmessungen

Unter »Einstellungen« können wir mit Thurstone (1946) den Grad beziehungsweise die Intensität des positiven oder negativen Gefühls verstehen, das mit einem psychologischen Objekt verbunden ist. In Untersuchungen zur *Einstellungsmessung* (Süllwold 1969) wird die Gesamteinstellung eines Probanden zu einem bestimmten Gegenstand verstanden als Konglomerat aus drei Komponenten: Aus einer *Handlungs-Aktionskomponente* (das Objekt ruft regelmäßig Handlungstendenzen hervor), einer *kognitiven Komponente* (das Individuum besitzt bestimmte Vorstellungen, Ideen und Glaubensüberzeugungen über das betreffende Objekt) und einer *affektiven Komponente* (mit dem Objekt ist eine bestimmte gefühlsmäßige Gestimmtheit verknüpft). Unter diesen drei Aspekten kommt der zuletzt genannten, der affektiven Komponente, große Bedeutung zu.

Im Bereich der Einstellungsmessungen sind die Untersuchungen von Hofstätter (1957b) über das Auto- und Heterostereotyp, das beispielsweise verschiedene Nationen von sich selbst und von anderen Nationen haben, sowie die Gegenüberstellung verschiedener Heterostereotype anzuführen. Ein Resultat der Studien von Hofstätter und anderen Autoren ist ferner der Hinweis, dass derartige Stereotype Gruppenphänomene sind, die – je nach den sozialpsychologischen Bedingungen der jeweiligen Gruppierung – einem stetigen Wandel unterworfen sind. Schließlich konnte Hofstätter (1957a, 1963) in Untersuchungen über die Meinungsbildung interessante Beziehungen zwischen der Häufigkeit, der Intensität und der Aktualität bestimmter Meinungen herausarbeiten.

10.6 Verhaltensbeobachtung

Zu den psychodiagnostischen Methoden im weiteren Sinne gehören schließlich auch die verschiedenen Verfahren der *Verhaltensbeobachtung*. Diese Methoden finden sowohl in der Sozialpsychologie als auch in der Entwicklungspsychologie weite Verbreitung.

Unter Verhaltensbeobachtung soll mit Hasemann (1964) die methodisch kontrollierte, nicht dem Zufall überlassene Wahrnehmung des Verhaltens eines oder mehrerer Menschen verstanden werden, die vom Untersucher mit der Absicht durchgeführt wird, durch diese Beobachtung etwas für die Persönlichkeit der beobachteten Person Charakteristisches zu erfahren. Es lassen sich folgende Beobachtungsmethoden unterscheiden:

1. *Die Gelegenheitsbeobachtung:* Sie wird häufig zur Vororientierung angestellt, zum Beispiel im Rahmen von Feldforschungen (Benedict 1955; Mead 1958, 1959; Malinowski 1962; Parin 1971, 1977). Bei dieser Methode wird alles notiert, was sich in der jeweils zur Verfügung stehenden Zeit und in der jeweiligen Situation fixieren lässt und von besonderem Interesse zu sein scheint. Auf diese Weise gewinnt man Stichproben des Verhaltens der beobachteten Person. Dabei ist aber zu bedenken, dass einerseits Beobachtungen festgehalten werden, die sich später möglicherweise als irrelevant erweisen, und andererseits Phänomene vernachlässigt werden, die wichtig gewesen wären. Diese Methode dient einer ersten Sammlung und Sichtung des zu beobachtenden Verhaltens. Aufgrund der Resultate aus Gelegenheitsbeobachtungen können dann später gegebenenfalls systematischere Verfahren eingesetzt werden.

2. *Systematische Kurzzeitbeobachtung:* Bei dieser von Olson (1929) in die Kinderpsychologie eingeführten Zeitproben-Technik (time sampling) wird die gesamte Beobachtungsdauer in konstante Intervalle, zum Beispiel von fünf Minuten, aufgeteilt und über die verschiedenen Tageszeiten gleichmäßig verstreut. Es hat sich gezeigt, dass solche Serien von stichprobenartigen Kurzzeitbeobachtungen über eine längere Zeit hinweg (zum Beispiel über zwei bis drei Monate hin) bessere Resultate erbringen als ununterbrochene Beobachtungen von gleicher Gesamtdauer. Der Vorteil dieser Methode liegt vor allem darin, dass sich in den kurzen Beobachtungszeiten mehrere, verschiedenartige Aktionen der beobachteten Person besser gleichzeitig zählen lassen als bei länger dauernden Beobachtungen.

3. *Beobachtung in standardisierten Situationen:* Im Grunde kann man alle die oben besprochenen Tests als »Beobachtungen in standardisierten Situationen« charakterisieren. Auch die bereits erwähnte, von Bales (1951) entwickelte Interaktionsanalyse sowie die ebenfalls erwähnte Methode des Soziogramms von Moreno (1954) gehören zu dieser Gruppe von Beobachtungen.

Neben diesen, in der sozialpsychologischen Forschung häufig gebrauchten Verfahren und den Tests im engeren Sinne ist die große Zahl der *Rating-Scales* (Einschätzungs-Skalen) zur Registrierung von Verhalten, Einstellungen, Meinungen und so fort zu erwähnen (s. Kap. 9.1.6). Im klinischen Bereich haben solche Skalen insbesondere in Form von Symptomenkatalogen oder in Form von standardisierten Krankengeschichten (mit vorgeschriebenen Fragen zur Anamnese und zur aktuellen sozialen Situation) Anwendung gefunden (s. Battegay et al. 1975, 1976). Fragenkataloge dieser Art sind beispielsweise das *AMP-* beziehungsweise das *AMDP-System* (Angst et al. 1969; Scharfetter 1971; AMDP-Manual 1979) und die verschiedenen anderen Dokumentationssysteme (s. das Übersichtsreferat von Mombour 1972). Hinzuweisen ist in diesem Zusammenhang schließlich als Beispiel für ein voll standardisiertes strukturiertes Interview auf das *Composite International Diagnostic Interview* (CIDI; Robins et al. 1988; Wittchen et al. 1988), auf die international gebrauchten psychiatrischen Diagnosensysteme, die *ICD-10* und die *DSM-IV*, sowie auf die *Research Diagnostic Criteria*.

Die Güte der verschiedenen Methoden der Verhaltensbeobachtung hängt vor allem von zwei Faktoren ab: davon, ob es möglich ist, die Beobachter so auszubilden, dass sie das zu beobachtende Verhalten optimal registrieren können, und davon, ob gute Hilfsmittel zur Registrierung des Verhaltens eingesetzt werden können (beispielsweise mechanische Verhaltensschreiber, Sprachaufnahmegeräte, Film- oder Videotapeaufnahmen). Der zuerst genannten Schwierigkeit wird man vor allem durch eine gründliche Vorbereitung und Schulung der Lernenden für ihre spätere Beobachtungstätigkeit begegnen müssen (s. a. die Ausführungen über die Ausbildung in testpsychologischer Diagnostik in Teil III). Das zweitgenannte Problem, das der angemessenen Beobachtungs- und Registriermethoden, ist nicht nur dadurch lösbar, dass ein technisch zunehmend verfeinertes Instrumentarium zur Verfügung gestellt wird. Vielmehr kommt es darauf an, die Beobachtungsmethoden und -instrumente sorgfältigen Item-Analysen (s. Kap. 6.3) zu unterziehen und die Objektivität, Reliabilität und Validität der verwendeten Verfahren sorgfältig zu prüfen (s. Kap. 5.1 bis 5.4).

10.7 Der Familiensystem-Test (FAST)

Ein neues, interessantes Verfahren zur Diagnostik intrafamilialer Probleme ist der von Gehring (1990a) entwickelte *Familiensystem-Test* (FAST; s. a. Gehring et al. 1989, 1990b). Der Autor geht von der Überlegung aus, dass Familiensysteme sich vor allem durch die drei Merkmale Kohäsion, Hierarchie und Flexibilität auszeichnen. Die *Kohäsion* ist Ausdruck der emotionalen Bindung zwischen den Familienmitgliedern. Der Aspekt der *Hierarchie* umfasst vor allem Autorität, Entscheidungsmacht und die gegenseitigen Einflussmöglichkeiten von Familienmitgliedern. Die *Flexibilität* beinhaltet die Fähigkeit von Familiensystemen zur Strukturtransformation im Zusammenhang mit situativen und entwicklungsbedingten Anforderungen oder Stressoren.

Das Testmaterial besteht aus männlichen und weiblichen Holzfiguren (Höhe = 8 cm), mit leicht strukturierten Gesichtern (Augen, Mund), zylindrischen Holzblöcken in drei verschiedenen Höhen (1,5, 3 und 4,5 cm) und einem quadratischen Brett (45 × 45 cm), welches in 81 Felder (5 × 5 cm) unterteilt ist.

Der Testleiter zeigt den Probanden, wie Kohäsion sichtbar gemacht wird, indem er Figuren in unterschiedlich entfernte Felder stellt. Er erklärt, dass mit der Distanz zwischen Figuren die emotionale Bindung der Familienmitglieder dargestellt wird. Danach zeigt der Testleiter, wie Hierarchie veranschaulicht wird, indem er die Figuren mit Blöcken unterschiedlich erhöht. Er führt aus, dass mit der Erhöhung der Figuren der Einfluss der entsprechenden Familienmitglieder und der Machtunterschied zwischen diesen dargestellt wird. Anschließend bittet der Testleiter die Familienmitglieder zuerst einzeln und dann als Gruppe a) die typischen Beziehungen in ihrer Familie, b) die Beziehungen in einer für sie idealen Situation sowie c) in einer bedeutenden Konfliktsituation darzustellen. Die Anordnung der Familienmitglieder wird protokolliert. Je nach Untersuchungszielen kann auch noch eine Nachbefragung durchgeführt werden. Fragen für die »typischen Beziehungen« in der Familie sind beispielsweise »Zeigt diese Darstellung eine konkrete Situation? Wenn ja, welche?« oder »Was bedeutet die Blickrichtung der Figuren?«. Zur Nachbefragung bei der »idealen Situation« schlägt der Testautor etwa vor »Zeigt diese Darstellung eine Situation, die sich schon einmal ereignete? Wenn ja, welche (Situation)?« oder »Was müsste geschehen, damit die typischen Beziehungen deinem/Ihrem Idealbild entsprechen?«. In Bezug auf die Konfliktdarstellung kann gefragt werden »Wer ist an diesem Konflikt beteiligt?«, »Worum geht es in diesem Konflikt?« oder »Welche Rolle spielen die Familienmitglieder für die Lösung des Konflikts?«

Die Kohäsion wird mit den Distanzen zwischen den Figuren bestimmt. Aussagen über die Hierarchie liefern die Höhendifferenzen zwischen den Figuren. Die Flexibilität der familialen Beziehungsstruktur schließlich lässt sich durch den Vergleich der Ideal- bzw. Konfliktdarstellung mit der Darstellung der typischen Beziehungen erfassen.

Der FAST stellt eine interessante Bereicherung unseres diagnostischen Repertoires dar und ermöglicht es, auf einfache und anschauliche Weise

Einblick in die intrafamiliale Dynamik zu gewinnen. Zu besonders aufschlussreichen Befunden kommt man, wenn man nicht nur das Kind die drei Familiensituationen darstellen lässt, sondern auch die Familie bittet, in einem zweiten Schritt den FAST als Gruppe auszuführen, indem die Familienmitglieder sich auf eine gemeinsame Darstellung einigen. Hier lassen sich diagnostische Schlüsse sowohl aus den Interaktionen im Hier und Jetzt ableiten als auch aus der Darstellung, auf die sich die Familienmitglieder schließlich einigen.

pro memoria 10.1–10.7

Psychodiagnostische Methoden bei sozialpsychologischen Untersuchungen:
1. Soziometrie (Moreno): Erfassung der gegenseitigen Sympathien und Antipathien von Gruppenteilnehmern. Darstellung der Resultate in grafischer Form (Netz- oder Zielscheiben-Soziogramm).
2. Bewertungsskalen: zur Registrierung der sozialen Interaktionen durch einen Beobachter.
3. Interaktionsanalyse (Bales): Erfassung der Interaktionen in einer Gruppe mithilfe eines Systems von zwölf Kategorien.
4. Kennzeichen des sozialpsychologischen Interviews: Zweckgerichtetheit, Spezifität der Thematik, Asymmetrie der Kommunikationsprozesse. Schriftliche Befragung oder Interview in einem persönlichen Gespräch (in Form standardisierter, nicht- oder teilstandardisierter Befragung).
5. Einstellungsmessungen (Eruierung von Auto- und Heterostereotypen).
6. Verhaltensbeobachtung: Gelegenheitsbeobachtung, systematische Kurzzeitbeobachtung, Beobachtung in standardisierten Situationen.
7. *Familiensystem-Test* (FAST) zur Erfassung von Kohäsion, Hierarchie und Flexibilität von Familiensystemen.

11. Die Anamnese

Zu den psychodiagnostischen Methoden im weiteren Sinne gehört schließlich auch die Erhebung einer *Anamnese*. Unter der biografischen Anamnese verstehen wir mit Schraml (1964) die möglichst umfassende Ermittlung der Lebensgeschichte eines Probanden. Neben objektivierbaren »harten« Daten (beispielsweise Alter, Zivilstand, Schul- und Berufsausbildung) enthält die

Anamnese zu wesentlichen Teilen auch subjektive Daten. So ist sie eine »Erlebnisgeschichte«, aus der die gegenwärtige Persönlichkeit in ihrer Struktur und Dynamik genetisch verstanden werden kann. Außer der *chronologischen* Einteilung (z. B. vertreten von Biermann 1962) werden *thematische* Gliederungen (Brickenkamp 1957; Boesch 1964) oder, von vorwiegend neurosenpsychologisch orientierten Autoren wie Dührssen (1976), eine Ordnung von Verhaltens- und Erlebnisweisen um *genetisch-dynamische Antriebsstrukturen* vorgeschlagen. Ferner liegen verschiedene Konzepte der Anamneseerhebung von psychiatrischer Seite vor, wobei zumeist die chronologische Darstellung bevorzugt wird. Man unterscheidet schließlich eine vom Probanden selbst erhobene von einer so genannten Fremdanamnese. Im letzteren Fall sind die anamnestischen Angaben über den Untersuchten von einer dritten Person (den Eltern, einem Partner oder anderen) gemacht worden. Ferner können – je nach Fragestellung – auch Angaben anderer Personen (zum Beispiel Lehrer, Arbeitgeber) und Akten verschiedener Institutionen (Kliniken, Ämter) herangezogen werden.

Es liegt eine große Zahl verschiedener, zum Teil stark divergierender Konzepte solcher Anamnesen-Schemata vor (s. a. Schmidt et al. 1976; Keßler 1982). Umso mehr fällt auf, dass nur relativ selten Versuche unternommen worden sind, die diagnostischen Möglichkeiten der Anamnese einer sorgfältigen Überprüfung zu unterziehen. Im ausgehenden 19. und zu Beginn des 20. Jahrhunderts war es, entsprechend dem damals herrschenden Wissenschaftsbild der Psychiatrie, das Hauptziel bei der Erhebung der Anamnese, die Krankheitssymptome möglichst exakt phänomenologisch zu erfassen und zu beschreiben (s. beispielsweise v. Krafft-Ebing 1883; Kraepelin 1909). Erst die Ergebnisse der psychoanalytischen Forschungen Freuds und seiner Schüler ließen erkennen, dass nicht nur die Beschreibung psychopathologischer Erscheinungen wichtig ist, sondern auch dem Werdegang des Patienten, der Art und Weise, wie er aufgewachsen ist, zumindest ebenso große Bedeutung zukommt. Auf den Einfluss der Übertragungs- und Gegenübertragungsprozesse auf das Gespräch haben – abgesehen von Freud (1912) und Paula Heimann (1950) – in neuerer Zeit vor allem Sullivan (1954) und Argelander (1967, 1970) hingewiesen (s. a. das von Kernberg 1989 konzipierte strukturelle Interview).

Je nach dem Ziel, das sich die entsprechende Untersuchung setzt, sind verschiedene Anamnesen-Schemata entwickelt worden. Zumeist stellen solche Schemata ein Raster dar, in das nach dem Gespräch die vom Probanden erhaltenen Informationen eingeordnet und entsprechend diesem Leitfaden dargestellt werden sollen. Die Verwendung eines strengen Fragenkatalogs, wie beispielsweise beim *Beobachtungsbogen für die Schule* (Meili 1961) oder beim *Mannheimer Biographischen Inventar* (MBI) von Jäger et al. (1973), stellt eher eine Ausnahme dar.

Bleuler (1972) empfiehlt für die psychiatrische Untersuchung folgendes Schema:

– Intellektuelle Seite der Persönlichkeit:
  • Orientierung in Ort, Zeit und in Bezug auf die eigene Person und die Situation, Wahrnehmung und Auffassung
  • Gedächtnis für Frisch- und Alterlebtes
  • Gedankengang (geordnet, leicht- oder schwerflüssig, klar, verwirrt, vorstellungsarm, stark stimmungsgeschaltet, kritiklos usw.)
  • Intelligenz
– Affektive Seite der Persönlichkeit:
  • Grundstimmung (gleichgültig, der Situation angepasst, deprimiert usw.) affektive Ansprechbarkeit, besonders auch im Kontakt mit anderen
  • vorherrschende Interessen, Strebungen, Triebe, besonders auch diejenigen, die die Beziehung zu Mitmenschen betreffen (Vergeistigung oder Triebhaftigkeit, Aggressivität, Geltungsstreben, Anschluss- und Unterordnungsbedürfnis, Erotik, Sexualität)
– Diagnostisch besonders wichtige komplexe Erscheinungen:
  • Wahnideen, Sinnestäuschungen, Zwangserleben u. a.

Kind (1978) unterscheidet drei Phasen beim psychiatrischen Erstgespräch: In der *Einleitungsphase* soll der Proband durch eine möglichst unbestimmte Aufforderung die Gelegenheit erhalten, den Grund seines Kommens mitzuteilen. Kind schenkt dem ersten Eindruck besondere Aufmerksamkeit, und zwar vor allem dem, was der Proband in den ersten Minuten eines solchen freien Gesprächs mehr oder weniger direkt über seinen Hauptkonflikt und seine Hauptsymptome aussagt. In dieser Einleitungsphase soll der Proband auch die Möglichkeit haben, seine Beschwerden, seine Sorgen und Ängste, aber auch seine Wünsche und Ansprüche an den Therapeuten zu formulieren. Interventionen sollten sich darauf beschränken, den Redefluss des Patienten in Gang zu halten, ihn zu ermuntern, seine Aussagen durch konkrete Beispiele zu veranschaulichen und vor allem auch seine Gefühle in Worte zu fassen. Unter der Voraussetzung, dass für das gesamte erste Gespräch circa 50 bis 60 Minuten vorgesehen werden, sollte der Einleitungsphase nicht mehr als ein Drittel bis höchstens die Hälfte der verfügbaren Zeit eingeräumt werden. In einer *mittleren Phase* sollen die psychopathologischen

Symptome eruiert und die beim Probanden bestehenden intrapsychischen Konflikte weiter erhellt werden. In dieser Gesprächsphase sind die Lebensgeschichte des Patienten, seine frühe und späte Kindheit, Schul- und Berufsausbildung, Sexualität, Partnerbeziehungen, Freizeitgestaltung und so weiter sorgfältig zu erforschen. Es folgt schließlich die dritte, die *Abschlussphase*, für die von Anfang an Zeit eingeplant werden muss, besonders dann, wenn eine zweite Konsultation nicht mehr möglich ist oder vom Patienten nicht mehr gewünscht wird. Kind weist ausdrücklich darauf hin, dass in der Schlussphase das Anliegen des Patienten geklärt und noch einmal ausdrücklich verbalisiert werden sollte und dass Vorschläge zur Behandlung oder zur sonstigen Hilfe mit dem Patienten besprochen werden müssen. Auf keinen Fall sollte der Patient abrupt entlassen werden und nur noch quasi »unter der Tür« erfahren, welche Schlüsse der Untersucher aus dem anamnestischen Gespräch gezogen hat.

Wie erwähnt, dienen die verschiedenen Anamnesen-Schemata dem Zweck, die Fülle erhobener Daten aus der Lebensgeschichte und aus dem Erleben eines Probanden in eine bestimmte Ordnung zu bringen. Dieses Raster wird sich jeweils nach der Persönlichkeitstheorie richten, der sich der Anamneseerheber verpflichtet fühlt. So wird beispielsweise die bei einer Einstellungsuntersuchung erhobene Anamnese völlig anders aussehen als ein tiefenpsychologisches Interview, aufgrund dessen etwa entschieden werden soll, welche Therapieform für einen Patienten indiziert erscheint.

Um den Leserinnen und Lesern einen Eindruck davon zu vermitteln, wie ein solches Anamnesen-Schema konkret aussehen kann, soll im Folgenden ein psychoanalytisches Modell referiert werden (s. a. Arnds 1973a, 1973b, 1992; Dührssen 1986). Dieses Anamnesen-Schema ist aus der neoanalytischen Schule Schultz-Henckes hervorgegangen. Vorauszuschicken ist, dass das Gespräch selbst in möglichst unstrukturierter Form geführt werden sollte. Informationen, die dem Untersucher wichtig sind, vom Patienten aber nicht gegeben werden, können beim letzten Gesprächstermin der Anamnesenerhebung gezielt erfragt werden. In jedem Fall aber ist psychodynamisch wichtig, *was* der Patient anführt, *wie* er es sagt, und vor allem auch, was in seinem Bericht *fehlt*. Bei der folgenden Darstellung des tiefenpsychologischen Anamnesen-Schemas muss man sich vor Augen halten, dass nicht etwa das Gespräch in dieser Reihenfolge geführt wird. Das Schema gibt lediglich das Raster an, in das nachträglich, bei der schriftlichen Fixierung, die vom Patienten erhaltenen Informationen eingeordnet und auf diese Weise übersichtlicher dargestellt werden können. Es werden zunächst die Symptomatik und die so genannte »auslösende Situation« geschildert. Daran schließen sich Beschreibung und Hypothesen über die Persönlichkeitsstruktur und die Neurosendynamik an. Der vierte Teil der Anamnesendarstellung umfasst die Lebensgeschichte des Patienten, und in einer abschließenden »Zusammenfassung« werden Überlegungen zur indizierten Therapie formuliert.

I. Symptomatik

In diesem ersten Teil der Anamnesendarstellung geht es zunächst darum, die vom Patienten vorgebrachte Symptomatik, das, worunter er leidet, aufzuführen. Wichtig sind hier vor allem die spontanen Äußerungen, die man am besten in direkter Rede zitiert. Auch die Reihenfolge der vom Patienten vorgebrachten Klagen ist wichtig. Oftmals kann man bereits daraus Schlüsse auf die Stärke des Leidensdrucks ziehen. Ferner ist in Bezug auf die Symptomatik relevant, welche Symptome der Patient nicht spontan berichtet, die aber für den Untersucher offensichtlich sind (beispielsweise Tics, Sprachstörungen, eine Adipositas, Erröten). Schließlich sollte sich der Untersucher, nötigenfalls durch direktes Nachfragen, über Wahrnehmungsstörungen, die Stimmungslage, das Bestehen von Angst und Zwangsphänomenen, über Tagträume, Störungen der Merkfähigkeit und des Gedächtnisses, über mögliche körperliche Störungen (Appetit, Magen-Darm-Symptome, Schlaf, Gewicht usw.), über die Menarche und eventuelle Periodenstörungen sowie über frühere Erkrankungen informieren. Oftmals ist der Patient so von augenblicklichen Problemen absorbiert, dass er frühere Erkrankungen, die aber zum Verständnis der jetzigen Schwierigkeiten und der gesamten Psychodynamik des Patienten wichtig sind, nicht erwähnt. Bei prognostischen Erwägungen kann auch wichtig sein zu erfassen, inwieweit der Patient früher bestehende und jetzige Symptome miteinander in Zusammenhang zu bringen vermag, eventuell die ihnen gemeinsamen hintergründigen Konflikte spürt (also ein gewisses Verständnis für die Psychogenese seiner Schwierigkeiten besitzt). Viele körperliche Symptome werden im Übrigen vom Patienten häufig nicht in Zusammenhang mit der psychischen Symptomatik gebracht und deshalb in den Schilderungen ausgelassen. Wenn wir bedenken, dass sich allein aus der Kenntnis der Symptomatik wichtige Schlussfolgerungen über die Prognose und die Indikation zu verschiedenen Therapieformen ziehen lassen (Heigl 1972), wird verständlich, dass sich der Untersucher ein möglichst umfassendes Bild von der Symptomatik des Ratsuchenden machen sollte. Es ist nicht nur wichtig zu wissen, ob eine vorwiegend psychische, körperliche oder charakterliche Manifestationsform (Dührssen 1949) oder ob eine lärmende oder eher unauffällig, diskret verlaufende Symptomatik vorliegt (Schultz-Hencke 1951), sondern auch die Dauer der Symptome, insbesondere das Persistieren von Primordialsymptomatik (Schultz-Hencke 1951), sowie die Einstellung des Patienten zu seinen Symptomen und die Frage eines sekundären Krankheitsgewinns (Freud 1905, 1926) sind wichtige Informationen zur Beurteilung der Psychodynamik und der Therapiemöglichkeiten eines Patienten.

II. Auslösende Situation

In diesem zweiten Teil der Anamnese geht es darum, den Beginn der Symptomatik möglichst genau darzustellen. Häufig gelingt es bei einer sorgfältig erhobenen Anamnese, die innere und äußere Situation zu eruieren, in der sich ein Patient befand, als die beklagten Symptome begannen. Abgesehen von gewissen zwangsneurotischen Patienten, die den Beginn ihrer Zwangsphänomene bisweilen exakt mit einem Datum, unter Umständen sogar mit Uhrzeit, angeben können (allerdings den erlebensmäßigen Hintergrund völlig von der betreffenden Situation »isolieren«), vermögen die Patienten zwar in der Regel keine zeitlich genauen Angaben über den Beginn der Symptomatik zu machen. Wichtig hingegen – und bei sorgfältig erhobener Anamnese häufig auch eruierbar – ist die äußere und innere Situation eines Patienten beim Ausbruch der Symptomatik. Der Therapeut sollte daran denken, sich ein Bild der Familie und der Beziehungen zu anderen Personen, der Berufssituation, der Besitzverhältnisse und so fort zu machen. Für die Prognose und die Wahl der Therapiemethode ist die auslösende Situation von großer Bedeutung (Schultz-Hencke 1951; Dührssen 1979; Schwidder 1959). Die Schwere der neurotischen Störung und wichtige Aspekte der Tragfähigkeit der Ich-Struktur eines Patienten lassen sich beispielsweise daraus erschließen, ob die Symptomatik in einer so genannten »Schwellensituation« (also in einer Situation, vor die praktisch jeder Mensch gestellt wird: Schulbeginn, Examina, erster Geschlechtsverkehr, Eintritt in den Beruf usw.) ausbricht, oder von welcher Art die spezifische Versuchungs- und Versagungssituation (Schultz-Hencke 1978) ist. Diese Informationen sind insofern von großer Bedeutung für den Therapeuten, als das Ausbrechen einer Symptomatik Hinweis darauf ist, dass das bisherige innere Gleichgewicht des Patienten, seine ihn trotz aller Konflikte doch bis dahin tragende Struktur massiv in Frage gestellt worden ist und bisher abgewehrte Impulse durchzubrechen drohen.

III. Persönlichkeitsstruktur

Nach einer kurzen Beschreibung des äußeren Erscheinungsbilds und des Auftretens des Patienten soll in diesem dritten Teil ein möglichst umfassendes Bild seiner Persönlichkeit entworfen werden. Dazu gehört, außer Angaben über eine eventuelle hereditäre Belastung, über intellektuelle Fähigkeiten, spezielle Begabungen oder Defizite, eine detaillierte Schilderung seiner Persönlichkeit: des allgemeinen Lebensgefühls, seiner Wünsche, Hoffnungen, Pläne, seiner sozialen Kontakte sowie seines Verhältnisses zu den verschiedenen Antriebsbereichen (gegenüber Aggressivität, Geltung, Liebesfähigkeit, Sexualität, Besitz usw.). Ferner sollte der Untersucher in diesem Teil der Anamnese auch die soziale Situation und die Freizeitgestaltung des Patienten darstellen sowie die Befunde eventuell durchgeführter Tests referieren. Interessante Hinweise können sich auch daraus ergeben, dass man den Probanden nach drei Wünschen fragt. Schließlich sollte bei der Schilderung der Persönlichkeit stets auch ein Traum des Patienten erwähnt werden. Aus dem Gesamt dieser Informationen sollte sich dann ein möglichst anschauliches Bild der neurosenstrukturellen Situation des Patienten ergeben, der für ihn spezifischen Abwehrmechanismen, der Schuldgefühle, der Ich-Ideal-Position, Angaben zum sekundären Krankheitsgewinn, zu Ersatzbefriedigungen, Überkompensationen und anderen Verarbeitungen seiner neurotischen Konflikte. Es hat sich als hilfreich erwiesen, wenn man schließlich die Befunde in Form einer psychodynamischen Formel zusammenfasst.

IV. Genese

Die Genese bezieht sich weniger auf die Symptomatik als auf die Entwicklung der Persönlichkeit des Patienten. Aus diesem Teil der Darstellung sollte sich ergeben, wie sich gerade diese Persönlichkeit mit ihrer individuellen Symptomatik entwickelt hat. Es sollte zunächst der hereditäre Hintergrund des Patienten geschildert werden (Angaben zu den Eltern und deren Eltern), insbesondere wie der Patient die Eltern erlebt hat. Ferner soll die Stellung des Patienten in der Geschwisterreihe und die Beziehung zu den Geschwistern dargestellt werden. In diesen Teil der Anamnese gehören dann auch die Auffälligkeiten in der frühen Kindheit (Primordialsymptomatik wie Daumenlutschen, Nägelkauen, Essstörungen, Sprachstörungen, Enuresis, Enkopresis, Pavor nocturnus, frühkindliche körperliche Erkrankungen usw.) sowie eine detaillierte Schilderung des bisherigen Lebensweges des Patienten. Zur Erfassung der Psychodynamik ist es dabei interessant, vom Patienten die früheste Erinnerung in seinem Leben zu erfahren. In ihr artikuliert sich häufig der zentrale Konflikt bereits deutlich (s. Stiemerling 1974). Ferner sind wichtig: Angaben über die Stillzeit, die Sauberkeitsgewöhnung, die motorische Entwicklung und die Trotzphase, über die Sprachentwicklung, die Situation in der Vorschul- und Schulzeit, die Kontakte zu Kameradinnen und Kameraden, die Pubertät, das Erleben der

Menarche, masturbatorische Aktivitäten, erster Sexualverkehr, Angaben über die Berufsausbildung sowie über die soziale und partnerschaftliche Situation des Patienten, bis hin zur Jetztzeit.

V. Zusammenfassung

Der letzte Teil der Anamnesendarstellung sollte eine tiefenpsychologische Diagnose und eine kurze Charakterisierung des neurosenpsychologischen Hintergrundes enthalten. Ferner sollte Stellung genommen werden zu prognostischen Kriterien (s. Heigl 1972), und es sollte ein Therapieplan aufgestellt werden. Dieser Therapieplan umfasst einerseits den Vorschlag, welche Therapieform indiziert ist, andererseits Überlegungen, welche Konfliktbereiche sich zu Beginn der Behandlung vor allem anbieten (hier wären die Fragen der Assimilierbarkeit und Integrierbarkeit für das Erleben des Patienten zu diskutieren).

Ich habe das Schema einer tiefenpsychologischen Anamnese hier dargestellt, um einen etwas konkreteren Eindruck davon zu vermitteln, wie ein solcher Bericht aufgebaut sein könnte. Für die Anwendung dieser tiefenpsychologisch-diagnostischen Anamnese sind allerdings umfassende Kenntnisse der Neurosenlehre Voraussetzung. Selbstverständlich werden Anamnesen, die vor dem Hintergrund einer anderen theoretischen Position (beispielsweise von Verhaltenstherapeuten) aufgenommen werden, eine von dem beschriebenen Muster weitgehend abweichende Struktur aufweisen. Auch eine im Rahmen der Berufsberatung erhobene Anamnese sieht wiederum völlig anders aus. Es ist deshalb unumgänglich, dass sich der diagnostisch arbeitende Psychologe, je nach seinem Arbeitsgebiet und der für einen bestimmten Probanden spezifischen Fragestellung, an einem dafür brauchbaren Modell orientiert. Auf jeden Fall ist es aber notwendig, dass sich der Diagnostiker ausführlich in die entsprechende Methodik einarbeitet und sein Vorgehen möglichst in einer Supervision bespricht.

pro memoria 11

1. Die Anamnese ist Lebens- und »Erlebnis«-geschichte zum Verständnis der Persönlichkeit in ihrer Struktur und Dynamik.
2. Gliederung nach chronologischen oder thematischen Gesichtspunkten.
3. Art der Anamnese und ihrer Erhebung abhängig vom Persönlichkeitsmodell des Interviewers und vom Zweck der Untersuchung.

12. Der testpsychologische Befund

Abgesehen von testpsychologischen Untersuchungen im Rahmen der psychologischen Ausbildung ist die Diagnostik niemals Selbstzweck. Sie soll vielmehr dem Untersucher Informationen über einen Probanden liefern, der von ihm anschließend beraten werden möchte, oder die Befunde sollen – zum Beispiel bei Begutachtungen – an eine andere Institution weitergegeben werden.

Zunächst möchte ich einige Probleme diskutieren, die mit der Abfassung eines solchen Berichts zusammenhängen. Anschließend geht es um die Frage, wie der Untersucher mit dem von ihm erhobenen Befund umgehen sollte.

12.1 Die Abfassung des testpsychologischen Befunds

Da die schriftliche Fixierung der testpsychologischen Befunde in irgendeiner Form wohl nach jeder Untersuchung erfolgt, sollte man annehmen, dass die damit zusammenhängenden Probleme in der diagnostischen Literatur ausführlich behandelt worden wären. Um so auffallender ist es, dass wir in den meisten Kompendien und Handbüchern keine oder nur rudimentäre Angaben zu diesem Thema finden. Lediglich über die Technik der (forensischen) Gutachtenerstellung liegen verschiedene Beiträge vor (u. a. Behn 1954; Undeutsch 1954; Gruhle 1955; Meili 1961; Blau et al. 1962; Heiss 1964; Meili et al. 1978). Nur von wenigen Autoren werden mit der Darstellung testpsychologischer Befunde zusammenhängende Probleme behandelt (so vor allem bei Hartmann 1973; Meili et al. 1978; Börner 1979; Fisseni 1982; Jäger 1986). Aber insgesamt besteht ein offensichtliches Missverhältnis zwischen der Bedeutung, die dem testpsychologischen Befund zukommt, und der Häufigkeit, mit der dieses Thema im diagnostischen Schrifttum behandelt wird.

Selbst in der psychologischen Ausbildung fehlt es häufig an speziellen Veranstaltungen, in denen das Schwergewicht auf die *Darstellung der Befunde* gelegt wird. Die Folge ist, dass die Studierenden der Psychologie zwar im Verlauf ihrer Ausbildung eine Fülle von Einzelinformationen erhalten und vielleicht durchaus die einzelnen Tests auswerten und interpretieren können, aber während ihres Studiums kaum mit der Aufgabe konfrontiert werden, die aus den verschiedenen Verfahren gewonnenen Detailinformationen in einem abschließenden Bericht zusammenzufassen und zu den ihnen vorgelegten Fragen Stellung zu nehmen. Während eines Praktikums und bei Aufnahme ihrer Berufstätigkeit nach Abschluss des Studiums erwartet man jedoch von ihnen in der Regel, dass sie einen solchen Bericht abfassen können. Aus den genannten Gründen möchte ich im Folgenden auf einige grundsätzliche Probleme eingehen, die mit der Abfassung testpsychologischer Befunde zusammenhängen.

Stellt schon die Auswahl der Tests, die ein Untersucher für die Beantwortung der an ihn gestellten Fragen einsetzen will, vor allem den diagnostisch noch wenig Erfahrenen häufig vor große Schwierigkeiten, so wird es ihm im Allgemeinen noch schwerer fallen, die daraus gewonnenen Befunde angemessen darzustellen. Die Angemessenheit umfasst vor allem drei Aspekte:

1. das Problem der sprachlichen Formulierung,
2. die Auswahl dessen, was der Untersucher in seinen Bericht aufnimmt und was er nicht erwähnt,
3. die Beantwortung der an ihn gestellten Fragen.

Im Folgenden sollen diese Aspekte kurz diskutiert werden. Mit den verschiedenen Problemen der *sprachlichen Formulierung* haben wir uns bereits ausführlicher (s. Kap. 2.1) beschäftigt. Hier sei nur so viel wiederholt, dass der Diagnostiker bei der Abfassung seines Berichts stets berücksichtigen sollte, wer der Adressat ist. Wird ein Bericht an psychologische Laien weitergegeben, so sollten darin Fachtermini vermieden werden. Besonders problematisch sind Begriffe, die aus der akademischen Psychologie stammen und Eingang in die Umgangssprache gefunden haben. Auf einige solcher Begriffe, wie »Hysterie« und »Narzissmus«, und ihre unterschiedliche Bedeutung im wissenschaftlichen und im allgemeinen Sprachgebrauch wurde bereits hingewiesen. Sollten einzelne Termini unvermeidbar sein, so müssen sie im Bericht zumindest genau definiert werden. Es sei noch ein spezielles Problem erwähnt: In Berichten über Intelligenzuntersuchungen differenzieren wir zweckmäßigerweise zwischen »intellektueller Begabung« und »intellektueller Leistungsfähigkeit«. Unter der *intellektuellen Leistungsfähigkeit* verstehen wir das, *was der Proband unter den jetzigen Bedingungen effektiv zu leisten vermag*. Diese Leistung entspricht unter Umständen nicht seiner *intellektuellen Begabung*, das heißt seinen *potenziellen Möglichkeiten*. Neurotische Konflikte, eine ausgeprägte Testangst und mangelnde Bildungsmöglichkeiten sind nur einige Ursachen, die für eine Diskrepanz zwischen diesen beiden Aspekten der Intelligenz verantwortlich sein können. Während die intellektuelle Leistungsfähigkeit die jetzt (unter den bestehenden intrapsychischen und die Testsituation selbst betreffenden Bedingungen) realisierte und in den Testreaktionen objektivierte Intelligenz betrifft, ist mit dem Terminus »intellektuelle Begabung« das Potenzial, die intellektuelle Kapazität, gemeint, die wir aus speziellen (Unter-)Tests (beispielsweise aus dem Mosaiktest des *HAWIE* oder aus dem Progressiven Matrizentest) abzuschätzen versuchen. Eine solche Unterscheidung hat sich als diagnostisch fruchtbar erwiesen, da eine Diskrepanz zwischen diesen beiden Aspekten eine wichtige Information für den Untersucher darstellt.

Der zweite Aspekt betrifft die *Auswahl der Inhalte*, die der Untersucher in seinen Bericht aufnimmt oder dort nicht erwähnt. Auch diese Entscheidung muss ganz im Hinblick auf den Adressaten und das Ziel der Untersuchung getroffen werden. Es ist allenfalls möglich, einen allgemeinen Rahmen für einen solchen Bericht vorzugeben, wie es beispielsweise Fisseni (1982) mit seinem Grundschema psychologischer Gutachten und Jäger (1986) in Form einer Checkliste für die wichtigsten Gliederungspunkte getan haben. Ein für das Gericht bestimmtes Gutachten wird in der Regel eine recht detaillierte Charakterisierung des Probanden enthalten, wie er sich im anamnestischen Gespräch und in einer Batterie verschiedener Leistungs- und Persönlichkeitsverfahren dargestellt hat. Wenn auch im Gutachtenauftrag mitunter lediglich die Frage nach der Intelligenz eines Probanden gestellt wird, so sollte man in jedem Fall nicht nur Intelligenz- und unter Umständen verschiedene Leistungstests einsetzen, sondern sich mithilfe von Persönlichkeitsfragebögen und projektiven Verfahren auch ein Bild von der Affektivität, der Verarbeitungsfähigkeit und den sozialen Anpassungsfunktionen des Probanden machen. Aussagen allein über intellektuelle Fähigkeiten sind im Grunde wertlos, da es zum Verständnis der betreffenden Persönlichkeit immer auch der Information über ihre affektive Stabilität oder Labilität, ihre Ich-Struktur, über eventuell vorliegende neurotische Konflikte und so weiter bedarf.

Die Entscheidung darüber, welche Informationen für einen Adressaten wichtig sind und an ihn weitergegeben werden sollten und welche nicht, ist in der Praxis oft sehr schwierig. Selbst die *in jedem Fall vom Probanden einzuholende (schriftliche) Entbindung des Untersuchers von der Schweigepflicht* enthebt ihn, falls er einen Bericht an Dritte weitergeben soll, nicht von der Verantwortung, sich sehr genau zu überlegen, welche Auswirkungen die weitergegebenen Informationen für den Probanden haben können (Rauchfleisch 1982, 1992c). Dies gilt insbesondere für Gutachten, die für Versicherungsgesellschaften oder im Rahmen der Personalauslese angefertigt werden. Ist der Diagnostiker selbst bei dieser Institution angestellt, so kann er in ausgesprochene Konfliktsituationen kommen, indem ihm einerseits das »Wohl« des Probanden am Herzen liegt, er andererseits aber seinem Arbeitgeber gegenüber loyal sein möchte. Ähnliche Konflikte können sich auch für den im Strafvollzug tätigen Psychologen ergeben, wenn es beispielsweise um die Frage geht, inwieweit er verpflichtet ist, der Anstaltsleitung Informationen über seine Probanden weiterzugeben. Auch bei noch so eindeutig festgelegten Kompetenzen und gut ausgearbeiteten Konzepten der Zusammenarbeit ist der Ermessensspielraum, der dem Diagnostiker bleibt, oft sehr groß.

Als grobe »Faustregel« kann zunächst einmal gelten, dass man sich in Berichten strikt an die vom Auftraggeber gestellten Fragen halten sollte. Es gilt – in der Regel –, diese Fragen zu beantworten und nicht die ganze Fülle von Informationen weiterzuleiten, die dem Diagnostiker aus den durchgeführten Tests sichtbar geworden sind. Aber auch diese Regel kann nur als eine erste Orientierung dienen. Es lassen sich leicht Situationen finden, in denen es absurd wäre, einen bestimmten Sachverhalt nicht zu erwähnen, nur weil nicht danach gefragt worden ist. Stellt ein Strafgericht beispielsweise bei einem Probanden die Frage nach der Zurechnungsfähigkeit und ergeben sich aufgrund der testpsychologischen Untersuchung neben einer leichten neurotischen Störung (die aber nicht zur Exkulpierung des Probanden ausreicht) gewichtige Hinweise auf einen akuten hirnorganischen Prozess, so wäre es fahrlässig, einen solchen Befund zu verschweigen und nicht entsprechende neurologische Untersuchungen in die Wege zu leiten – gleichgültig, ob im Gutachtenauftrag nach hirnorganischen Abbauprozessen gefragt worden ist oder nicht.

Relativ einfach dürfte die Entscheidung auch bei der Frage sein, ob der Untersucher zum Beispiel in einem Bericht über einen Patienten mit einem posttraumatischen psychoorganischen Syndrom an eine Versicherungsgesellschaft ausführlich auf sich im Test darstellende sexuelle Probleme eingehen sollte oder nicht. In dieser Frage werden die meisten Diagnostiker wahrscheinlich übereinstimmend der Ansicht sein, dass solche Informationen bei der gegebenen Fragestellung und bei dem Adressaten »Versicherungsgesellschaft« nicht relevant sind und, da sie die Intimsphäre des Probanden berühren, im Bericht nicht erwähnt werden sollten.

Schwieriger hingegen ist schon die Frage, ob in einem solchen Bericht an eine Versicherungsgesellschaft die chronischen Partnerkonflikte eines Patienten, der wegen eines psychoorganischen Syndroms begutachtet worden ist, angeführt werden sollten oder nicht. Nehmen wir an, dass diese Konflikte bereits vor Beginn der Erkrankung bestanden haben, so könnte man einerseits argumentieren, dass die Probleme mit dem Partner in keinem ursächlichen Zusammenhang mit der jetzt zu begutachtenden Erkrankung stehen und deshalb im Bericht an die Versicherungsgesellschaft nicht erwähnt werden sollten. Andererseits könnte man einwenden, dass sich ein solcher chronischer Partnerkonflikt unter Umständen erheblich auf die Rehabilitation des Patienten auswirken könne und es deshalb wichtig sei, neben den Ergebnissen aus der Prüfung der intellektuellen Funktionen und der Affektivität auch die partnerschaftliche Situation eines solchen Patienten zu schildern. Welcher Argumentation man sich auch immer anschließen mag, sollte man sich als Diagnostiker stets vor Augen halten, was die entsprechende Mitteilung an Dritte für den Patienten bedeutet. Vor allem sollte man bedenken, ob dem Probanden nicht unter Umständen später aus den Informationen, die man weitergegeben hat, Nachteile erwachsen könnten.

Formal bestehen bei der Darstellung testpsychologischer Befunde zwei Möglichkeiten: Man kann entweder zunächst die anamnestischen Daten und die Resultate aus den einzelnen durchgeführten Tests referieren und in einem zweiten Schritt diese Einzelbefunde zusammenfassen. Oder man entwirft sofort ein Gesamtbild der betreffenden Persönlichkeit, ohne zuvor auf die Einzelbefunde einzugehen. In jedem Fall aber müssen die verwendeten Tests alle *namentlich* aufgeführt werden. Leider findet man bei Intelligenzuntersuchungen noch relativ häufig in Berichten lediglich rudimentäre Angaben wie »durchschnittliche Intelligenz«. Oder es werden IQ-Werte mitgeteilt, ohne dass angegeben wird, mit welchen Verfahren diese ermittelt worden sind. Bedenken wir, welche großen Unterschiede zwischen den verschiedenen Intelligenzverfahren bestehen (vgl. Kap. 2.3), so kommt einer IQ-Zahl ohne Angabe des Verfahrens ein nur geringer Aussagewert zu.

Diagnostiker, welche die zweite Art der Darstellung, die Gesamtschilderung, bevorzugen, gliedern ihren Bericht sinnvollerweise in die folgenden drei Teile: Nach Ausführungen über die *intellektuelle Begabung*, über Leistungsausfälle und Kompensationsmöglichkeiten, folgt an zweiter Stelle die Schilderung der *Affektivität* eines Probanden. In diesem Teil wird auf Probleme der Affektstabilität oder -labilität, auf die Verarbeitungsfähigkeit (Ich-Struktur), auf eventuell vorliegende neurotische Konflikte und auf das Ausmaß eingegangen, in dem der Proband durch diese Konflikte in seinen Lebensvollzügen beeinträchtigt wird. Die Darstellung der *sozialen Anpassungsfähigkeit* des Probanden, die Art und Intensität seiner sozialen Beziehungen, schließt sich logisch als dritter Teil eines solchen

Befundes an. Meili und Steingrüber (1978) raten zwar dazu, auf solche Unterteilungen (beispielsweise Intelligenz, übrige Fähigkeiten, Wille, Gefühl) möglichst zu verzichten, da durch ein solches Vorgehen gewisse »Mängel« der Persönlichkeit unter Umständen über Gebühr hervorträten und bei deren Relativierung in der Zusammenfassung Widersprüche entstehen könnten. Ich möchte dieser Auffassung aber nur bedingt zustimmen. Die von Meili et al. (1978) angeführten Schwierigkeiten lassen sich meiner Erfahrung nach recht gut umgehen, indem man lediglich die grobe Unterteilung in »Intelligenz«, »Affektivität und deren Verarbeitung« und »sozialer Kontakt« vornimmt und immer wieder Querverbindungen zwischen diesen – nur aus darstellungstechnischen Gründen getrennten – Aspekten der Persönlichkeit herstellt.

Die zuerst erwähnte Art der Darstellung, die zunächst die Befunde aus den einzelnen Tests referiert, hat gegenüber dem zweiten Vorgehen den Vorteil, dass der Leser wesentlich präzisere Informationen erhält. Die zweite Methode erfordert zwar vom Berichterstatter vielleicht ein höheres Maß an Konzeptualisierung, gestattet in der Regel aber dem Leser nicht, die Interpretationsschritte im Einzelnen mit zu vollziehen. In solchen, die Einzelbefunde sofort zusammenfassenden Schilderungen verwischen sich häufig die Grenzen zwischen *Deskription* und *Interpretation*, diesen zwei Schritten der Diagnostik, die unbedingt – auch für den Leser deutlich sichtbar – voneinander getrennt werden sollten.

Ich möchte deshalb eine Kombination der beiden erwähnten Methoden vorschlagen. Nach meiner Erfahrung ist es am sinnvollsten, in einem ersten Schritt *die aus den einzelnen Tests gewonnenen Befunde* kurz zu referieren. Falls der Bericht an einen Fachkollegen geht, sollten darin auch Maßzahlen, spezielle Syndrome und so weiter enthalten sein. Es sollte nicht lediglich von einer »durchschnittlichen Intelligenz« die Rede sein, sondern der genaue, beispielsweise mit dem *HAWIE* ermittelte, IQ-Wert mitgeteilt werden (möglichst auch die in den einzelnen Untertests erreichten Wertpunkte sowie der Verbal- und der Handlungs-IQ). Dasselbe gilt für die verschiedenen allgemeinen und speziellen Leistungstests sowie für die Persönlichkeitsverfahren. Auch bei diesen Tests sollten dem Leser zunächst genaue Resultate (dem Fachmann: exakte Zahlenwerte) referiert werden.

In einem zweiten Schritt erscheint es mir dann sinnvoll, die Befunde, beispielsweise nach der erwähnten Dreiteilung (Intelligenz, Affektivität und deren Verarbeitung, sozialer Kontakt), zusammenzufassen oder auch eine freie *Gesamtdarstellung* zu geben. Bei einem solchen Vorgehen kann der Leser, mit dem Berichterstatter zusammen, auf der Grundlage exakter Einzelinformationen die diagnostischen Schlussfolgerungen im zweiten Teil der Darstellung ziehen – oder auch zu eigenen, vielleicht vom Berichterstatter abweichenden Schlüssen kommen.

Der Diagnostiker sollte auf jeden Fall die großen Möglichkeiten, die sich ihm gerade bei einer exakten Beschreibung des Testverhaltens bieten, nutzen. Geht er sofort zu einer Gesamtinterpretation oder gar zu einer Diagnosenstellung über, so verzichtet er auf wesentliche Informationen. Er begibt sich damit der Möglichkeit, die psychischen Prozesse, die ein Proband beispielsweise beim Umgang mit den projektiven Verfahren in statu nascendi sichtbar werden lässt, genau nachzuvollziehen und den Leser in ihrer Dynamik miterleben zu lassen. Wichtig ist beim zweiten Schritt, der Interpretation der Einzelbefunde, Überlegungen zu möglichen kausalen Zusammenhängen sehr sorgfältig zu prüfen. Es ist geradezu die Regel, dass aus Testbefunden solche kausalen Beziehungen nicht erschließbar sind. Falls aber derartige Hypothesen nahe liegen, sollte man sie auch unbedingt im Bericht als solche deklarieren, zum Beispiel durch eine Formulierung wie die folgende: »Aufgrund der referierten Einzelbefunde können wir vermuten, dass . . .« Auf diese Weise wird dem Leser deutlich, dass es nicht unmittelbare Testergebnisse, sondern aufgrund der Testresultate entwickelte Hypothesen des Untersuchers sind.

So wichtig einerseits die Darstellung der Einzelbefunde ist, so notwendig ist es andererseits aber auch, dem Leser nicht nur eine Fülle von Daten vorzulegen, sondern auch die gewonnenen Resultate zueinander in Beziehung zu setzen, zu gewichten und die an den Diagnostiker gestellten *Fragen zu beantworten*. Durch diesen dritten Aspekt des psychologischen Befunds erhält der Bericht eine weitere Strukturierung. Häufig (vor allem in strafrechtlichen Gutachten) werden dem Diagnostiker recht präzise Fragen gestellt, etwa die nach der Zurechnungsfähigkeit oder nach der Indikation für bestimmte Maßnahmen. Sinnvollerweise wird man zu diesen Fragen am Schluss des Berichts Stellung nehmen, nachdem die Einzelresultate referiert und die Gesamtinterpretation der Testbefunde, inklusive psychodynamische Hypothesen, formuliert worden sind. Auf diese Weise ist dem Leser auch nachvollziehbar, warum der Diagnostiker die Fragen in einem bestimmten Sinne beantwortet.

Wichtig ist bei der Abfassung eines solchen Berichts, dass der Gutachter wertende Aussagen vermeidet und bei aller notwendigen Einfühlung in seinen Probanden doch zugleich eine kritische Distanz ihm, seiner eigenen Einstellung und seinen Befunden gegenüber wahrt. Er ist gehalten, auf die an ihn gestellten Fragen präzise zu antworten, nicht aber beispielsweise auf mildernde Umstände einzugehen. Bei der Mitteilung der anamnestischen Daten kann er durchaus die Lebensgeschichte seines Probanden so darstellen, dass daraus etwa die schwierigen Bedingungen sichtbar werden, unter denen der Proband aufwuchs. Oder er kann ein möglichst genaues Bild der äußeren und inneren Situation des Probanden zur Tatzeit zu entwerfen versuchen. Die Anerkennung mildernder Umstände fällt aber nicht mehr in seinen Kompetenzbereich, sondern ist ausschließlich Sache des Richters. Dem Gutachter obliegt es, ein Bild der Persönlichkeit mit ihrer Struktur, ihren Fähigkeiten und Behinderungen sowie ihrer spezifischen Dynamik zu skizzieren sowie aufgrund der anamnestischen Daten und der Testbefunde die an ihn gestellten Fragen zu beantworten.

pro memoria 12.1

Abfassung des testpsychologischen Befunds:
1. Sprachliche Formulierung abhängig vom Adressaten und von der Fragestellung.
2. Notwendigkeit der schriftlichen Entbindung von der Schweigepflicht durch den Probanden vor Bekanntgabe von Befunden.
3. Sorgfältiges Abwägen, welche Konsequenzen die Mitteilung bestimmter Sachverhalte über den Probanden an Dritte haben kann.
4. Abfassen des schriftlichen Berichts (unter Umständen gegliedert nach intellektueller Begabung, Affektivität und ihrer Verarbeitung, sozialer Kontakt):
   4.1 Darstellung der Befunde aus den einzelnen Tests und dann Zusammenfassung,
   4.2 Entwurf eines Gesamtbilds der Persönlichkeit ohne Eingehen auf einzelne Tests.
5. Beantwortung der an den Untersucher gestellten Fragen.

12.2 Der Umgang mit testpsychologischen Befunden

Es soll noch die Frage behandelt werden, wie der Diagnostiker mit den von ihm erhobenen testpsychologischen Befunden umgeht. Ich verweise in diesem Zusammenhang auf die ethischen Richtlinien, wie sie in der Schweiz von der SGP (1975) und der FSP (1991) und vom Bund Deutscher Psychologen (1967) aufgestellt worden sind. Diese Kataloge beschäftigen sich ausführlich mit Fragen der Kompetenz, der Verantwortung, der Beziehung zum Klienten und mit verschiedenen anderen, mit der Berufsausübung des Psychologen zusammenhängenden ethischen Fragen. Der Diagnostiker sollte sich unbedingt genau über die dort behandelten Probleme informieren.

Es wurde bereits darauf hingewiesen, dass Diagnostik – abgesehen von Untersuchungen im Rahmen der psychologischen Ausbildung – niemals Selbstzweck ist. Stets werden wir eine Testbatterie durchführen mit dem Ziel, entweder selbst Informationen über einen Probanden zu erhalten, um ihn beraten oder uns für eine bestimmte Therapieform entscheiden zu können. Oder wir erheben testpsychologische Befunde, um sie an andere Instanzen (beispielsweise an andere Kliniken, Gerichte, unter Umständen an Lehrer oder Eltern) weiterzugeben. Es muss an dieser Stelle nachdrücklich davor gewarnt werden, je einen psychologischen Befund an Drittpersonen weiterzugeben, ohne dass uns der Proband *schriftlich von der Schweigepflicht entbunden* hat. Es mag verwundern, wenn wir sogar fordern, dass solche Berichte auch nicht an Fachkollegen, Ärzte oder Kliniken gegeben werden dürfen, ohne dass uns der Proband dazu ermächtigt hat. Die Einhaltung dieses Grundsatzes ist insofern sehr wichtig, als andernfalls die persönliche Sphäre und der Schutz des Individuums, das sich einer testpsychologischen Untersuchung unterzieht, nicht mehr gewährleistet wären.

Bei jeder Weitergabe eines Berichts an Drittpersonen sollte sich der Diagnostiker vor Augen halten, was die entsprechende Mitteilung für den Untersuchten bedeutet, und ob dem Probanden nicht unter Umständen später aus diesen Informationen Nachteile erwachsen können. Der Inhalt und die Form (beispielsweise die im Bericht verwendete Terminologie) müssen sich unbedingt nach dem Adressaten, an den der Bericht geht, richten. Wir werden einerseits bemüht sein, fachspezifische und insbesondere testspezifische Termini in einem Bericht, zum Beispiel an ein Gericht oder an eine Versicherung, möglichst zu vermeiden beziehungsweise, falls sich Fachbegriffe nicht vermeiden lassen, diese genau zu definieren. Andererseits sollte in einem solchen Bericht nur zu den Fragen Stellung genommen werden, die für den Adressaten relevant sind.

Zu einem sachgemäßen Umgang mit testpsychologischen Befunden gehört auch das *Gespräch des Untersuchers mit dem Probanden über die Testresultate*. Der Proband sollte *prinzipiell* über die Ergebnisse seiner Untersuchung informiert werden. Dies gilt auch – vielleicht sogar: insbesondere

– für Kinder, bei denen man fälschlicherweise häufig meint, man könne Resultate aus Untersuchungen nicht mit ihnen direkt besprechen, sondern müsse quasi »über ihren Kopf hinweg« mit den Eltern verhandeln. Ich glaube – im Gegensatz zur Kritik Langs (1975) –, dass auch bei der psychodiagnostischen Untersuchung von Kindern deren Autonomie nicht zwangsläufig angetastet zu werden braucht, indem von Eltern und Untersucher über das Kind entschieden wird. Es ist in diesem Zusammenhang auch zu bedenken, dass jedes Kind, das zu einer Untersuchung gebracht wird, im Grunde selbst unter seinen Symptomen leidet und spürt, dass es zur Lösung seiner Konflikte der Hilfe durch Dritte bedarf (s. a. A. Freud 1966). Meiner Ansicht nach hat jeder Proband, gleich welchen Alters, das Recht darauf, selbst über das Ergebnis der Untersuchung informiert zu werden. Selbstverständlich müssen sich Form und Inhalt der Mitteilungen nach der Fähigkeit des Betreffenden richten, solche Informationen aufzunehmen und zu verwerten.

Gerade in einem solchen Gespräch können wir bemerken, wie schwer es uns im Grunde fällt, uns von der vertrauten Fachterminologie zu trennen und die durch die Testuntersuchung eruierten Phänomene in einer allgemein verständlichen Sprache zu formulieren. Erschwerend wirkt sich auch der Umstand aus, dass wir, je nach dem verwendeten Testverfahren, Informationen erhalten, die aus verschiedenen Schichten der Persönlichkeit stammen. Fällt es zum Beispiel noch recht leicht, einem Probanden Informationen über seine intellektuellen Fähigkeiten, über Begabungsschwerpunkte, über Konzentrations-, Merk- und Belastungsfähigkeit, über seine Interessen, ja selbst noch über seine Frustrationstoleranz und über die Art zu geben, in der er mit Konfliktsituationen umgeht, so ist es doch recht schwierig, viele aus den projektiven Verfahren erhaltenen Informationen so an den Probanden weiterzugeben, dass er diese – zumeist ja aus einer unbewussten Schicht seines Erleben stammenden – Informationen angemessen aufnehmen kann. Dabei müssen wir zugeben, dass wir häufig nicht in der Lage sind, solche Resultate in angemessener Form an den betreffenden Probanden weiterzugeben, ohne dass wir in rationalisierender Weise intellektuell mit ihm über etwas sprechen, was seinem bewussten Erleben fern liegt und von ihm kaum integriert werden kann.

In Gesprächen über Intelligenzuntersuchungen kann sich mitunter ein Problem daraus ergeben, dass manche Probanden gern den aus ihren Testresultaten errechneten Intelligenzquotienten erfahren möchten. Man kann einerseits der Ansicht sein, dass der Betreffende ein Recht darauf habe, nicht nur allgemein über seine Testbefunde beraten zu werden, sondern auch die genaue Zahl seines Intelligenzquotienten zu erfahren. Andererseits sollte man aber bedenken, dass die Mitteilung eines Intelligenzquotienten im Grunde dem Probanden wenig sagt und insbesondere zu einer verhängnisvollen »Zahlenakrobatik« führen kann, beispielsweise zu einem gegenseitigen Vergleichen von Zahlenwerten, die im Grunde, ohne andere Informationen, wenig Aussagewert haben. Es ist deshalb zu empfehlen, genaue Zahlenangaben zu vermeiden (vor allem wenn wir berücksichtigen, dass zum Beispiel beim *HAWIE-R* IQ-Differenzen bis zu 15 Punkten noch im Zufallsbereich liegen). Hingegen sollte der Proband nach einer Intelligenzuntersuchung sorgfältig darüber beraten werden, wo seine Begabungsschwerpunkte liegen und in welchen Bereichen er weniger gute Resultate erbringt. Ferner sollte er auch über Zusammenhänge zwischen seiner intellektuellen Leistungsfähigkeit einerseits und Fragen der Motivation und der Affektivität andererseits aufgeklärt werden. Solche Informationen sind in jedem Fall wesentlich aussagekräftiger und für den Probanden selbst auch wichtiger als bloße Zahlenangaben eines Intelligenzquotienten. Aus dem oben Gesagten ergibt sich, dass sich an eine Testuntersuchung stets ein *ausführliches Beratungsgespräch* anschließen sollte.

Schriftliche Berichte über eine Untersuchung sollten dem Probanden selbst nicht gegeben werden. Es besteht sonst die Gefahr, dass sie für Zwecke missbraucht werden, mit denen sich der Diagnostiker aus ethischen Erwägungen unter Umständen nicht mehr einverstanden erklären kann. Ein solcher Bericht kann, da ein Adressat ja nicht von vornherein bekannt ist, einerseits niemals die Informationen enthalten, die für einen späteren Empfänger wichtig sein könnten. Andererseits enthält er vielleicht Details, die für den späteren Leser nicht geeignet sind. Die Weigerung, dem Probanden selbst einen schriftlichen Bericht über die Testuntersuchung auszuhändigen, darf nicht in dem Sinne missverstanden werden, als wolle man dem Betreffenden Informationen vorenthalten. Der Proband wird ja auf jeden Fall in einem sich an die Untersuchung anschießenden Gespräch über das Ergebnis beraten. Dabei hat es sich für mich bewährt, den Probanden den über sie verfassten Bericht wörtlich vorzulesen. Außerdem steht es den Probanden selbstverständlich frei, den Diagnostiker zu bitten, einen entsprechenden Bericht an einen bestimmten Adressaten zu geben. Untersucher und Proband können dann gemeinsam besprechen, ob und in welcher Art ein solcher Bericht sinnvoll sein könnte.

pro memoria 12.2

Umgang mit testpsychologischen Befunden:
1. Orientierung an den von den Berufsverbänden für Psychologen aufgestellten ethischen Richtlinien.
2. Schriftliche Entbindung von der Schweigepflicht bei Weiterleitung der Befunde an Drittpersonen.
3. Bedeutung eines sich an die Untersuchung anschließenden Beratungsgesprächs (auch bei Kindern).
4. Inhalt der Mitteilungen und deren sprachliche Formulierungen müssen sich nach der Fähigkeit des Probanden richten, die ihm gegebenen Informationen aufnehmen zu können.

Teil III: Die Ausbildung in testpsychologischer Diagnostik

Nach dem Überblick über die methodischen Grundlagen und die verschiedenen, in der Psychodiagnostik gebräuchlichen Verfahren drängt sich die Frage nach der *Ausbildung in testpsychologischer Diagnostik* auf. Angesichts der Fülle von Tests und bei den vielfältigen methodischen Schwierigkeiten, die mit der Konstruktion und Durchführung solcher Verfahren verbunden sind, mögen sich die Leserinnen und Leser wiederholt etwas bang gefragt haben, wie es gelingen kann, sich in dieses Gebiet einzuarbeiten. Obwohl eine Diskussion dieser Fragen eigentlich über den Rahmen des vorliegenden Überblicks über testpsychologische Methoden und Probleme hinausgeht, möchte ich doch im letzten Teil dieses Buchs noch einige Gedanken darüber entwickeln, auf welche Weise eine solche Ausbildung am ehesten bewältigt werden kann.

Da der Testpsychologie – nicht nur in der Allgemeinbevölkerung, sondern häufig auch bei den Studierenden der Psychologie und verwandter Fachrichtungen – das Odium anhaftet, diese Verfahren eröffneten dem »Wissenden« ungeahnte Einblicke in die geheimsten Bereiche des Seelenlebens, kann man zu Beginn der diagnostischen Ausbildung sicherlich mit einer großen, wenn auch vielleicht ambivalenten, Motivation rechnen. Selbst als Pflichtveranstaltung im Rahmen einer psychologischen Ausbildung kann sich die Diagnostik in der Regel einer großen Beliebtheit erfreuen. Insofern sind die Voraussetzungen für eine Ausbildung in testpsychologischer Diagnostik günstig. Je größer die Erwartungen an dieses Fach sind, desto eher besteht allerdings die Gefahr, dass die anfänglich gute Motivation der Studierenden einer großen Belastung ausgesetzt, zum Teil sogar völlig zerstört wird. Denn schon bald sehen sich die Lernenden mit den, insbesondere für den Anfänger sehr »trocken« wirkenden statistischen und testtheoretischen Fragen konfrontiert. Sie, die erwartet hatten, diagnostische Methoden zu erlernen, die ihnen Einblicke in Bereiche des anderen ermöglichen, die diesem selbst teilweise nicht zugänglich sind, stehen nun Problemen der Testkonstruktion, der Item-Analysen, der Prüfung von Gütekriterien und dergleichen gegenüber, Problemen, von denen sie zumindest in der Anfangsphase des Lernprozesses kaum einsehen können, dass sie für die testpsychologische Diagnostik Relevanz besitzen könnten.

Eine völlig anders geartete Schwierigkeit wird sich für die Studierenden auftun, die beispielsweise von der experimentellen Psychologie herkommen. Nachdem sie anfangs, beim Zusammentreffen mit testtheoretischen und statistischen Fragen, noch den Eindruck hatten, sich auf ihnen wohlbekanntem Terrain zu bewegen, werden sie sich möglicherweise sehr verwirrt fühlen, wenn sie etwa beim Erlernen der projektiven Methoden auf die vielfältigen Probleme der tiefenpsychologischen Konstrukte treffen, die diesen Verfahren zugrunde liegen. Auch bei diesen sich in die Diagnostik einarbeitenden Studierenden kann die anfänglich gute Motivation erheblich beeinträchtigt werden. Sie werden sich nicht durch die vielen testtheoretischen und statistischen Aspekte der Testpsychologie irritiert fühlen, sondern vielmehr darüber enttäuscht sein, dass sie nach all der exakten Vorarbeit (Item-Analyse, Prüfung der Gütekriterien und so weiter) letztlich in den psychologischen Tests Verfahren vor sich haben, die ihnen mehr oder weniger »weiche« Daten liefern.

Wir haben gesehen, dass die Studierenden, die sich in die Psychodiagnostik einarbeiten, sich hier – vielleicht mehr noch als in anderen Gebieten der Psychologie – mit Enttäuschungen konfrontiert sehen, die nicht selten ihr Verhältnis zur Psychodiagnostik nachhaltig negativ beeinflussen. Sicher sind manche Enttäuschungen dieser Art, insbesondere wenn ungerechtfertigte Erwartungen an die Testpsychologie bestehen, unvermeidbar und notwendig. Es ist lediglich die Frage, ob aus solchen Enttäuschungen dann eine kritische – auch selbstkritische – Haltung den Testverfahren gegenüber resultiert, oder ob die Reaktion darin besteht, die Psychodiagnostik als »unwissenschaftliche Spekulation« oder als »grobe Verletzung der Individualität« durch »psychotechnische« Methoden zu verwerfen (Argumente, die wir etwa bei Lang 1975 und Pulver et al. 1978 finden). Ob die teils notwendigen Enttäuschungen für die Lernenden fruchtbar gemacht werden können und sie zu einer sachlichen Einstellung der Psychodiagnostik gegenüber kommen können, ist nicht zuletzt eine Frage der Ausbildung in dieser Disziplin. Wenn im Folgenden einige Gedanken entwickelt werden sollen, wie eine solche Ausbildung aussehen könnte, so sollten diese Überlegungen als Denkanstöße betrachtet werden, als Anregungen, die vielleicht helfen können, die Studierenden für die Psychodiagnostik zu interessieren, sie aber zugleich auch den entsprechenden Verfahren und der Art ihrer Verwendung gegenüber kritisch werden zu lassen. Die Ausbildung in testpsychologischer Disziplin sollte von zwei Seiten her erfolgen: Einerseits ist eine *theoretische Ausbildung* notwendig, und andererseits sollten Möglichkeiten zur *praktischen Durchführung* sowie zur *Supervision* beim Erlernen von Testverfahren angeboten werden. Diese beiden Aspekte, die Theorie sowie die Praxis und Besprechung mit einem Erfahrenen, sind zwar eng ineinander verschränkt, müssen aber meiner Erfahrung nach in der Ausbildung aus didaktischen Gründen getrennt behandelt werden. Bevor man auf spezielle Probleme der Diagnostik eingeht, ist es wichtig, den Studierenden zunächst einen allgemeinen Überblick über die Testpsychologie zu vermitteln, zum Beispiel in Form einer *einführenden Vorlesung*. In einer solchen Einführung müssten bereits die wichtigsten Probleme, sowohl die der Testkonstruktion und -analyse als auch ein Überblick über die verschiedenen Testverfahren, angesprochen und an charakteristischen Beispielen exemplifiziert werden. Auf diese Weise kann versucht werden, die Studierenden auf wichtige Fragen der Diagnostik aufmerksam zu machen und ihr Interesse vielleicht sogar an Bereichen der Testpsychologie zu wecken, denen sie zunächst von ihrer bisherigen Ausbildung her relativ fern standen. Schließlich gehört in einen solchen ersten Überblick auch eine Reflexion über die ethischen Richtlinien, denen sich ein verantwortungsbewusster Diagnostiker verpflichtet fühlen sollte (s. dazu die von der Schweizerischen Psychologenvereinigung und vom Bund Deutscher Psychologen 1967, 1975 und 1991 aufgestellten Kataloge; hinsichtlich ethischer Probleme bei der psychologischen Forschung informiert auch Schuler 1980). Eine solche einführende Vorlesung müsste, im optimalen Fall, von einem Seminar begleitet sein, in dem die in der Vorlesung angetönten Probleme im Einzelnen diskutiert und eventuell schärfer gefasst werden können. Auf diese Weise wäre es möglich, schon früh die – aus den verschiedensten Quellen gespeisten – Enttäuschungen zu formulieren und für die Ausbildung selbst fruchtbar zu machen.

In den folgenden Semestern könnten dann die verschiedenen einzelnen Aspekte der Testpsychologie in speziellen Seminaren bearbeitet werden. Zu dieser Zeit sollten die Studierenden bereits grundlegende Kenntnisse der Statistik erworben haben, damit sie Zugang zu den Problemen der Testkonstruktion, der Testeichung und der Testanalyse finden können. Eines dieser speziellen Seminare sollte sich mit den testtheoretischen Grundlagen der Psychodiagnostik beschäftigen. In einer solchen Veranstaltung wären nicht nur die (in den Kap. 5 und 6 behandelten) Methoden der Testkonstruktion und der Prüfung der Gütekriterien, sondern auch die allgemeinen Probleme der Psychodiagnostik (s. Kap. 2, 3 und 4) sowie die theoretischen Grundlagen (beispielsweise der Intelligenztests und der projektiven Verfahren) zu besprechen. Nachdem die Studierenden in der einführenden Vorlesung einen mehr oder weniger allgemeinen Überblick über die Möglichkeiten und Probleme der Psychodiagnostik gewonnen haben, können in einem

Seminar über die theoretischen Grundlagen die Zielsetzungen und Begrenzungen der Testuntersuchungen ausführlicher diskutiert werden.

Das Ziel weiterer *spezieller Seminare* muss es dann sein, die Studierenden mit den verschiedenen Testverfahren, so mit den allgemeinen und speziellen Leistungstests sowie mit den Persönlichkeitsverfahren, bekannt zu machen. Aus der Einführungsvorlesung kennen sie bereits, jedenfalls dem Namen nach, eine Reihe dieser Tests. Außerdem haben sie sich in dem vorausgegangenen Seminar über die Grundlagen der Diagnostik weiter in testtheoretische und allgemeine Probleme einarbeiten können. Wenn sie nun in speziellen Seminaren die einzelnen Tests genauer kennen lernen, werden sie ihnen daher kritisch zu begegnen und den Aussagewert der Resultate aus den verschiedenen Verfahren abzuschätzen vermögen. Dabei wird ihnen das mittlerweile erworbene Wissen aus dem Bereich der allgemeinen Psychologie (Denken, Wahrnehmen, Lernen, Gedächtnis, Persönlichkeitstheorien, entwicklungspsychologische Aspekte und so weiter) helfen, viele der in den Tests aufgeworfenen Probleme besser zu verstehen und sich angemessen mit ihnen auseinander zu setzen.

Relativ einfach ist es, die allgemeinen und speziellen Leistungstests in solchen Seminaren vorzustellen. Da die Durchführung und Auswertung dieser Verfahren in der Regel keine großen Anforderungen stellt, kann es den Studierenden bereits in dieser Phase des Lernprozesses gelingen, die Handhabung solcher Tests zu erlernen. Wesentlich schwieriger hingegen ist es, die projektiven Verfahren in angemessener Weise zu vermitteln, da dazu auch ein Erfahrungserwerb notwendig ist. Das Erlernen der *Rorschach-Technik* erfordert beispielsweise ein mindestens zwei bis drei Semester dauerndes Studium in Form eines wöchentlich stattfindenden Seminars sowie die Signierung und Interpretation von Testprotokollen in der Zeit zwischen den Sitzungen. Auch die Einarbeitung in den *Rosenzweig-Picture-Frustration-Test* oder den *Thematischen Apperzeptionstest*, um nur zwei andere bekannte projektive Verfahren zu nennen, erfordert einen recht hohen Arbeitseinsatz und ein intensives Studium im Rahmen eines Seminars sowie Testinterpretationen, die die Studierenden allein vorzunehmen haben. Man wird sich in der psychodiagnostischen Ausbildung bei dem breit gestreuten Ausbildungsprogramm des Psychologiestudiums vorerst darauf beschränken müssen, je nach der Zahl zur Verfügung stehender Dozentinnen und Dozenten die Studierenden lediglich mit einem oder zwei projektiven Verfahren genauer bekannt zu machen. Weitere Tests dieser Art müssen dem Selbststudium und der späteren praktischen Tätigkeit oder dem Lernen in Spezialkursen vorbehalten bleiben.

Mit den erwähnten Vorlesungen und Seminaren ist die theoretische und auch schon ein Teil der praktischen Ausbildung erfolgt. Es erscheint mir allerdings für die Schulung in testpsychologischer Diagnostik wichtig, dass sich die Studierenden nicht nur in den erwähnten speziellen Seminaren in das breite Spektrum dieser Methoden einarbeiten. Sie sollten vielmehr bereits im Rahmen des Studiums Gelegenheit erhalten, selbst Probanden testpsychologisch zu untersuchen und die Resultate in einem Bericht zusammenzufassen. Sie wären dadurch mit der Wirklichkeit konfrontiert, der sie sich später, bei ihrer diagnostischen Tätigkeit, täglich gegenübersehen. Eine solche praxisorientierte Ausbildung könnte beispielsweise in Form eines »Gutachten-Seminars« durchgeführt werden. In einem solchen Seminar, das in einem der letzten Semester der Ausbildung stattzufinden hätte, könnten sich die Studierenden mit konkreten Fragen der Psychodiagnostik auseinander setzen, beispielsweise welche Testbatterie zur Beantwortung der bei einem bestimmten Probanden gestellten Fragen eingesetzt und in welcher Reihenfolge die gewählten Tests am besten durchgeführt werden. In einem solchen Gutachten-Seminar sollten die Testbefunde von den Studierenden ausgewertet, interpretiert und in einem abschließenden Bericht zusammengefasst werden. Auch wäre anzustreben, dass der Proband (im Rahmen solcher Seminare wird man in der Regel frei sich zur Verfügung stellende Probanden nehmen) von den Untersuchenden selbst hinsichtlich der Resultate seiner Tests beraten wird. Die Studierenden erlebten sich in diesem Falle nicht nur als »Psychotechniker«, die eine Fülle von Daten erheben und in mehr oder weniger anonymer Form zusammenfassen, sondern sie übernähmen auch die Rolle des Beratenden, der Schlussfolgerungen aus den Testergebnissen zöge und mit dem betreffenden Probanden bespr. Das Selbstverständnis des diagnostisch tätigen Psychologen und seine Gefühle, die in ihm während der Untersuchung und während der Beratung auftauchen, können Ansatzpunkte für fruchtbare Diskussionen innerhalb eines solchen Seminars sein.

Da, wie erwähnt, nur ein kleiner Teil der psychodiagnostischen Verfahren im Verlauf des Studiums gelehrt werden kann, ist der diagnostisch tätige Psychologe darauf angewiesen, sich die für seinen speziellen Arbeitsbereich nötigen, früher nicht erlernten Verfahren zwangsläufig später in der Praxis selbstständig anzueignen. Es wäre wichtig, dass ihm auch in dieser Phase des Lernprozesses Hilfen zur Verfügung gestellt würden. Diese *Post-graduate-Ausbildung* sollte unter der *Supervision* eines erfahrenen Diagnostikers erfolgen, mit dem der Auszubildende die Testprotokolle und die Auswertung der Befunde regelmäßig besprechen könnte. Nach meiner Erfahrung kann den sich in die Diagnostik Einarbeitenden auf diese Weise geholfen werden, auch zu Verfahren, die sie früher bereits erlernt haben, einen vertieften Zugang zu finden und zu einer differenzierteren Interpretation zu gelangen. Fruchtbar sind auch kleine *Seminare* von vier bis sechs Teilnehmerinnen und Teilnehmern, die sich regelmäßig treffen und die in der Praxis sich stellenden diagnostischen Probleme mit einer erfahrenen Fachperson besprechen. Dabei können nach Art der *Balint-Gruppen* nicht nur sachliche Fragen, sondern auch persönliche Probleme der Teilnehmenden bearbeitet werden. Auf diese Weise lässt sich, abgesehen von der Wissensvertiefung, zugleich auch die Sensibilität der Beteiligten für Übertragungs- und Gegenübertragungsprozesse erhöhen, wie sie sich bei einer jeden Testuntersuchung in spezifischer Weise konstellieren. Die diagnostisch Tätigen können in einer solchen Gruppe auch lernen, dass sie nicht – wie Kritiker zum Teil abschätzig anführen – eine völlig mechanische Tätigkeit ausüben, nicht eine menschliche »Testmaschine« sind, sondern dass sie im diagnostischen Prozess mit einem sehr komplexen Vorgang konfrontiert sind, bei dem das Testmaterial, die persönlichkeitsspezifische Reaktion der Probandinnen und Probanden, ihre sozialen Erwartungen und unbewussten Übertragungsbereitschaften sowie die Persönlichkeit der Untersuchenden in einer engen Wechselwirkung miteinander stehen. Sie können so lernen, die Möglichkeiten, die uns eine testpsychologische Untersuchung bietet, auch wirklich auszuschöpfen.

pro memoria Teil III

Stadien der Ausbildung in Psychodiagnostik:
1. Ausbildung im Rahmen des Studiums:
    1.1 Einführungsvorlesung,
    1.2 spezielle Seminare für Fähigkeits- und Persönlichkeitstests,
    1.3 Erarbeitung der Testtheorie und Statistik,
    1.4 »Gutachten-Seminar« (eigenständige Durchführung, Auswertung und Interpretation von Tests, inklusive Beratung der Probanden).
2. Post-graduate-Ausbildung:
    2.1 Seminare zur Besprechung psychodiagnostischer Probleme nach Art von Balint-Gruppen oder Einzel-Supervision,
    2.2 nach Möglichkeit Selbsterfahrung durch persönliche Analyse oder Teilnahme an Selbsterfahrungsgruppen.

Literatur

Abels, D. (1961): Konzentrations-Verlaufs-Test (KVT). 2. Aufl. Göttingen.

Abraham, E. (1951): Zum Vorgang der Projektion. Schweiz. Z. Psychol. 10: 225.

A Marca, L. (1959): Ist der Kraepelin'sche Arbeitsversuch ein brauchbares Mittel zur Diagnose einer Hirnleistungsschwäche? Diss. Univ. Basel. Zürich.

Amthauer, R. (1955): Der Intelligenz-Struktur-Test (IST). Göttingen.

Amthauer, R. (1972): Test zur Untersuchung des praktisch-technischen Verständnisses (PTV). Göttingen.

Amthauer, R. (1973): Der Intelligenz-Struktur-Test (IST 70). Göttingen.

Amthauer, R.; Brocke B.; Liepmann, D.; Beauducei, A. (1999): Der Intelligenz-Struktur-Test 2000 R (IST 2000 R). Göttingen.

Anastasi, A. (1961): Psychological Testing. 3. Aufl. 1969. New York.

Andersen, A. L. (1950): The effect of laterality localization of brain damage on Wechsler-Bellevue indices of deterioration. J. Clin. Psychol. 6: 191.

Anderson, H. H. (1951): Human Behavior and Personality Growth. In: Anderson, H. H.; Anderson, G. L. (Hg.), An Introduction to Projective Techniques. New York.

Anger, H.; Bargmann, R.; Hylla, E. (1965a): Wortschatztest (WST 5–6). Begabungstest für 5. und 6. Klassen. Weinheim.

Anger, H.; Bargmann, R.; Hylla, E. (1965b): Wortschatztest (WST 7–8). Begabungstest für 7. und 8. Klassen. Weinheim.

Anger, H. (1969): Befragung und Erhebung. In: Graumann, C. F. (Hg.), Handbuch der Psychologie, Bd. 7: Sozialpsychologie, 1. Halbbd.: Theorien und Methoden. Göttingen.

Angermaier, M. (1971): Legasthenie, Verursachungsmomente einer Lernstörung. Weinheim.

Angermaier, M. (1977): Psycholinguistischer Entwicklungstest. Manual. Weinheim.

Angst, J.; Battegay, R.; Bente, D.; Berner, P.; Broeren, W.; Cornu, F.; Dick, P.; Engelmeier, M.-P.; Heimann, H.; Heinrich, K.; Helmchen, H.; Hippius, H.; Pöldinger, W.; Schmidlin, P.; Schmitt, W.; Weiss, P. (1969): Das Dokumentationssystem der Arbeitsgemeinschaft für Methodik und Dokumentation in der Psychiatrie (AMP). Arzneimittel-Forschung 19: 399.

Anzieu, D. (1960): Les méthodes projectives. Paris.

Arbeitsgemeinschaft für Methodik und Dokumentation in der Psychiatrie (AMDP) (1979): Das AMDP-System. Manual zur Dokumentation psychiatrischer Befunde. 3. Aufl. Berlin/Heidelberg/New York.

Argelander, H. (1967): Das Erstinterview in der Psychotherapie. Psyche 21: 341, 426, 473.

Argelander, H. (1970): Das Erstinterview in der Psychotherapie. Darmstadt.

Arnds, H. G. (1973a): Zum Begriff der psychoanalytisch-diagnostischen Anamnese. Z. Psychother. med. Psychol. 23: 192.

Arnds, H. G. (1973): Die Praxis psychoanalytisch-diagnostischer Anamnesentechnik. Z. Psychother. med. Psychol. 23: 238.

Arnds, H. G. (1992): Anamneseerhebung. In: Battegay, R.; Glatzel, J.; Pöldinger, W.; Rauchfleisch, U. (Hg.), Handwörterbuch der Psychiatrie. 2. Aufl. Stuttgart.

Arnold, W. (1970): Der Pauli-Test. 4. Aufl. Bern/Stuttgart/Wien.

Aschaffenburg, G. (1896): Experimentelle Studien über Associationen. Psychol. Arb. 1: 209.

Bäumler, G. (1974): Lern- und Gedächtnistest LGT-3. Göttingen.

Bales, R. F. (1950): Interaction Process Analysis. Cambridge, Mass.

Barron, F. (1953): An ego-strength scale which predicts response to psychotherapy. J. Consult. Psychol. 17: 327.

Bartenwerfer, H. (1983): Allgemeine Leistungsdiagnostik. In: Groffmann, K.-J.; Michel, L. (Hg.), Enzyklopädie der Psychologie, Themenbereich B Methodologie und Methoden, Serie II Psychologische Diagnostik, Bd. 2 Intelligenz- und Leistungsdiagnostik. Göttingen, S. 482–512.

Battegay, R. (1973a): Der Mensch in der Gruppe. Bd. 1 Sozialpsychologische und dynamische Aspekte. 4. Aufl. Bern/Stuttgart/Wien.

Battegay, R. (1973b): Der Mensch in der Gruppe. Bd. II. 3. Aufl. 1971, 4. Aufl. Bern/Stuttgart/Wien.

Battegay, R. (1991): Narzissmus und Objektbeziehungen. 3. Aufl. Bern.

Battegay, R. (1993): Psychoanalytische Neurosenlehre. 2. Aufl. Frankfurt a. M.

Battegay, R.; Rauchfleisch, U.; Blättler, R. (1975): Sozialpsychiatrische Datenerhebung am Beispiel einer Untersuchung mittels eines standardisierten sozialpsychiatrischen Erhebungsbogens. In: Battegay, R.; Pfister-Ammende, M.; Burner, M.; Labhardt, F.; Luban-Plozza, B. (Hg.), Aspekte der Sozialpsychiatrie und Psychohygiene. Bern/Stuttgart/Wien.

Battegay, R.; Rauchfleisch, U. (1976): Sozioökonomische Daten zur frühen Kindheit und aktuellen Lebenssituation von psychiatrischen Poliklinikpatienten. Schweiz. Arch. Neurol. Neurochir. Psychiat. 118: 57.

Baud, U.; Rauchfleisch, U. (1982): Zur Diagnostik hirnorganischer Störungen mit Hilfe des Hamburg-Wechsler-Intelligenztests für Erwachsene. Eine Untersuchung zur differentialdiagnostischen Validität des HAWIE. Diagnostica 28: 248.

Baxa, W.; Pakesch, E. (1972): Mitteilungen über die Verwendung eines Index am HAWIE zur Bestimmung einer sekundären Intelligenzreduzierung. Wien. Z. Nervenheilkd. 30: 119.

Becker, R. (1969): Untersuchungen zur Differenzierungsfähigkeit der Schüler mit Lese-Rechtschreibschwäche (LRS). In: Asperger, H. (Hg.), 4. Int. Kongr. Heilpädag. Wien.

Beckmann, D.; Brähler, E. (2003): Der Gießen-Test (GT). Ein Test für Individual- und Gruppendiagnostik. Handbuch. Bern.

Beckmann, D.; Brähler, E.; Richter, H.-E. (1977): Neustandardisierung des Gießen-Test (GT). Diagnostica 23: 287.

Beckmann, D.; Richter, H.-E. (1983): Der Gießen-Test (GT). 3. Aufl. Bern/Stuttgart/Wien.

Beckmann, D.; Richter, H.-E. (Hg.) (1979), Erfahrungen mit dem Gießen-Test (GT). Praxis, Forschung und Tabellen. Bern/Stuttgart/Wien.

Beeli, A. (1962): Prognose und Indikation einer Psychotherapie. Szondiana III: 107.

Behn, S. (1954): Über die Kunst des praktisch brauchbaren Gutachtens. Psychol. Beitr. 1: 361.

Beizmann, C. (1975): Leitfaden der Rorschach-Deutungen. München/Basel.

Bell, J. E. (1948): Projective Techniques, a Dynamic Approach to the Study of the Personality. New York/London/Toronto.

Bellak, L. (1950): On the Problem of the Concept of Projection. In: Abt.; L. E.; Bellak, L. (Hg.), Projective Psychology. Clinical Approaches to the Total Personality. New York.

Bellak, L. (1954): The Thematic Apperception Test and the Children's Apperception Test in Clinical Use. New York.

Bellak, L.; Bellak, S. S. (1955): Kinder-Apperzeptions-Test (CAT). Göttingen.

Bellak, L.; Bellak, S. S. (1985): Senior Apperception Technique (SAT). Larchmont, New York.

Benda, C. E. (1960): Die Oligophrenien. In: Gruhle, H. W. (Hg.), Psychiatrie der Gegenwart. Bd. II. Berlin/Göttingen/Heidelberg.

Bender, L. (1938): A visual motor gestalt test and its clinical use. Amer. Orthopschiat. Assoc. Res. Monogr. 1.

Benedetti, G.; Rauchfleisch, U. (1975): Die Schizophrenie in unserer Gesellschaft. Forschungen zur Schizophrenielehre 1966–1972. Stuttgart.

Benedict, R. (1955): Urformen der Kultur. Reinbek.

Bennett, G. K.; Seashore, H. G.; Wesman, A. G. (1952): Differential Aptitude Tests. 2. Aufl. New York.

Bente, D.; Hoffmann, F. A.; Hartung, H.; Hartung, M. L. (1964): L'influence des neuroleptiques sur la vigilance: expériences cliniques concernant leurs effects sur l'EEG, le système gamma et le niveau de performance. Encéphale 53 (Suppl. No. 1): 143.

Benton, A. L. (1990): Der Benton-Test. Deutsche Bearbeitung von O. Spreen. 6. Aufl. Bern/Stuttgart/Wien.

Benton, A. L.; Spreen, O. (1962): Zur Simulation intellektueller Leistungsdefekte im Benton-Test. Psychol. Beitr. 7: 147.

Berger, E. (Hg.) (1977): Minimale cerebrale Dysfunktion. Kritischer Literaturüberblick. Bern/Stuttgart/Wien.

Bernstein, R.; Corsini, R. J. (1953): Wechsler-Bellevue patterns of female delinquents. J. Clin. Psychol. 9: 176.

Biäsch, H.; Fischer, H. (1969): Testreihen zur Prüfung von Schweizer Kindern. 2. Aufl. Bern/Stuttgart/Wien.

Biermann, G. (1962): Biographische Anamnese und Beratungssituation in ihrer Bedeutung für Diagnose, Prognose und Therapie neurotischer und psychosomatischer Störungen im Kindes- und Jugendalter. Z. Kinderheilkd. 86: 257.

Binet, A.; Simon, Th. (1905): Méthodes nouvelles pour le diagnostic du niveau intellectuel des anormaux. Ann. Psychol. 11: 191.

Binet, A.; Simon, Th. (1911): La mésure du développement de l'intelligence chez les jeunes enfants. Bull. Soc. libre p. l'étude ps. de l'enfant 10/11: 187.

Binswanger, W. (1944): Psychiatrie und Rorschachscher Formdeuteversuch. Zürich.

Bjerstedt, A. (1956): The methodology of preferential sociometry. Sociomet. Monogr. 27.

Blankenburg, W. (1975): Voraussetzungen der Projektionstheorie I. Confin. psychiat. 18: 207.

Blaser, P.; Gehring, A. (1972): MMPI. Ein programmierter Kurs zur deutschsprachigen Ausgabe des Minnesota Multiphasic Personality Inventory von S. R. Hathaway und J. C. McKinley. Bern/Stuttgart/Wien.

Blau, G.; Müller-Luckmann, E. (1962): Gerichtliche Psychologie. Neuwied/Berlin.

Bleckmann, K.-H. (1971): Das Schicksal sogenannter »Risikokinder« im Spiegel der Erziehungsberatung. Prax. Kinderpsychol. Kinderpsychiat. 20: 125.

Bleuler, E. (1972): Lehrbuch der Psychiatrie. 12. Aufl. Berlin/Heidelberg/New York.

Blum, G. S. (1950): The Blacky Pictures. New York.

Blumberg, S. (1967): MMPI F-scale as an indicator of severity of psychopathology. J. Clin. Psychol. 23: 96.

Boehm, A. E.; Sarason, S. B. (1947): Does Wechsler's formula distinguish intellectual deterioration from mental deficiency? J. Abnorm. Soc. Psychol. 42: 356.

Böhm, H.; Haffter, C. (1970): Psychodiagnostik in der Kinderpsychiatrie und Erziehungsberatung. In: Schraml, W. J. (Hg.), Klinische Psychologie. Bern/Stuttgart/Wien.

Boerner, K. (1979): Das psychologische Gutachten. Ein praktischer Leitfaden. Weinheim.

Boesch, E. E. (1960): Projektion und Symbol. Psychol. Rdsch. 11: 73.

Boesch, E. E. (1964): Die diagnostische Systematisierung. In: Heiss, R. (Hg.), Handbuch der Psychologie, Bd. 6: Psychologische Diagnostik. Göttingen.

Bohm, E. (1967): Lehrbuch der Rorschach-Psychodiagnostik. 3. Aufl. Bern/Stuttgart.

Bohm, E. (1975): Psychodiagnostisches Vademecum. Hilfstabellen für den Rorschach-Praktiker. 3. Aufl. Bern/Stuttgart/Wien.

Bondy, C. (1956): Der Hamburg-Wechsler-Intelligenztest für Erwachsene (HAWIE). Bern/Stuttgart.

Bondy, C.; Cohen, R.; Eggert, D.; Lühr, G. (1971): Testbatterie für geistig behinderte Kinder (TBGB) (Hrsg. von K. Ingenkamp). 2. Aufl. Weinheim.

Borgatta, E. F. (1954): Analysis of social interaction and sociometric perception Sociomet. 17: 7.

Borgatta, E. F. (1962): A systematic study of interaction process scores, peer, and self-assessments, personality and other variables. Genet. Psychol. Monogr. 65: 219.

Bortz, J. (1984): Lehrbuch der empirischen Forschung. Berlin.

Bottenberg, E. H. (1968): Zur Diagnose von »psychisch gestörtem Verhalten« und

»hirnorganischer Schädigung« mit Hilfe des Rorschachtests (Ro 30). Prax. Kinderpsychol. Kinderpsychiat. 17: 82.

Bottenberg, E. H. (1972): Rorschach-Test und Modifikationen. In: Psychologisches Praktikum. Bd. 2. Stuttgart.

Bottenberg, E. H.; Krzmarsch, P.; Stetter, R. (1977): Basis-MMPI. Diagnostica 23: 64.

Bourdon, B. (1895): Observations comparatives sur la reconnaissance, la discrimination et l'association. Rev. philos. 40: 153.

Brähler, E.; Brähler, Ch. (Hg.) (1997): Paardiagnostik mit dem Gießen-Test. Handbuch. Bern.

Brandstätter, H. (1970): Leistungsprognose und Erfolgskontrolle. Bern/Stuttgart/Wien.

Breidt, R. (1970): Möglichkeiten des Benton-Tests in der Untersuchung psychoorganischer Störungen nach Hirnverletzungen. Arch. Psychol. 122: 314.

Brem-Gräser, L. (1980): Familie in Tieren. 5. Aufl. München/Basel.

Brengelmann, J. C. (1961): Probleme der Messung in der objektiven Untersuchung der Persönlichkeit. In: Brengelmann, J. C.; David, H. P. (Hg.), Perspektiven der Persönlichkeitsforschung. Bern/Stuttgart.

Brickenkamp, R. (1957): Zur inhaltlichen Gliederung der Anamnese. Diagnostica 3: 11.

Brickenkamp, R. (1962): Bewährungsstudie über die Aussagekraft von Leistungstests zum Problem der Kraftfahreignung. Z. exp. angew. Psychol. 9.

Brickenkamp, R. (Hg.) (1975): Handbuch psychologischer und pädagogischer Tests. Göttingen.

Brickenkamp, R. (1983): Erster Ergänzungsband zum Handbuch psychologischer und pädagogischer Tests. Göttingen.

Brickenkamp, R. (1986): Handbuch apparativer Verfahren in der Psychologie. Göttingen.

Brickenkamp, R. (2002): Test d2. Aufmerksamkeits-Belastungs-Test. 9. Aufl. Göttingen.

Bruce, M. M. (1959): Association Adjustment Inventory. New Rochelle, N. Y.

Bründler, M.; Schallberger, U. (1988): HAWIK-R für die deutschsprachige Schweiz. Bern.

Bruner, J. S.; Postman, L. (1948): An Approach to Social Perception. In: Dennis, W. (Hg.), Current Trends in Social Psychology. Pittsburgh.

Bühler, Ch. (1955): Der Welttest. In: Stern, E. (Hg.), Die Tests in der klinischen Psychologie. 2. Halbbd. Zürich.

Bühner, M. (2004): Einführung in die Test- und Fragebogenkonstruktion. München.

Bühner, M.; Schmidt-Atzert, L.; Richter, S. (2001): Faktorielle Validität der Testbatterie zur Aufmerksamkeitsprüfung (TAP). 6. Tagung Ges. Neuropsychol. Marburg, 5. 10. 2001.

Bund Deutscher Psychologen (1967): Berufsethische Verpflichtungen für Psychologen. Hrsg. vom Bund Deutscher Psychologen in Verbindung mit der Deutschen Gesellschaft für Psychologie. Frankfurt a. M.

Burgess, M. M.; Kodanaz, A.; Ziegler, D. K. (1970): Prediction of brain damage in a neurological population with cerebrovascular accidents. Percept. Motor Skills 31: 595.

Burke, H. R. (1958): Raven's Progressive Matrices: A review and critical evaluation. J. Genet. Psychol. 93: 199.

Buros, O. K. (Hg.) (1953): Fourth Mental Measurements Yearbook. Brunswick, New Jersey.

Buros, O. K. (Hg.) (1959): The Fifth Mental Measurements Yearbook. Highland Park, N. Y.

Burt, C. (1955): The Subnormal Mind. 3. Aufl. London.

Busemann, A. (1955): Der Abzeichentest. Göttingen.

Busemann, A. (1959): Psychologie der Intelligenzdefekte. München/Basel.

Butsch, Ch.; Fischer, H. (1966): Seashore-Test für Musikalische Begabung. Bern/Stuttgart.

Cameron, N. (1951): Perceptual Organization and Behavior Pathology. In: Blake, R. R.; Ramsey, G. V. (Hg.), Perception: An Approach to Personality. New York.

Campbell, D. T.; Fiske, D. W. (1959): Convergent and discriminant validation by multitrait-multimethod matrix. Psychol. Bull. 56: 81.

Campbell, D. T. (1960): Recommendations für APA test standards regarding construct, trait, and discriminant validity. Amer. Psychologist 15: 546.

Cattell, J. McK. (1890): Mental tests and measurements. Mind 15: 373.

Cattell, R. B. (1950): Personality, a Systematic Theoretical and Factual Study. New York.

Cattell, R. B. (1951): Principles of Design in »Projective« or Misperception Tests of Personality. In: Anderson, H. H.; Anderson, G. L. (Hg.), An Introduction to Projective Techniques. New York.

Cattell, R. B. (1957): Personality and Motivation Structure and Measurement. New York.

Cattell, R. B. (1963): Theory of fluid and crystallized intelligence: A critical experiment. Educ. Psychol. 54: 1.

Cattell, R. B. (1963): Second Handbook Edition of IPAT Anxiety Scale. Champaign, Ill.

Cattell, R. B. (1971): Abilities: Their Structure, Growth, and Action. Boston.

Cattell, R. B.; Eber, H. W.; Tatsuoka, M. M. (1970): Handbook for the Sixteen Personality Factor Questionnaire (16 PF). Instit. Person. Abil. Test. Champaign, Ill.

Cattell, R. B.; Wenig, P. W. (1952): Dynamic and cognitive factors controlling misperception. J. Abnorm. Soc. Psychol. 47: 797.

Cattell, R. B.; Weiss, R. H. (1980): Grundintelligenztest Skala 3 (CFT 3). 3. Aufl. Braunschweig.

Cattell, R. B.; Weiss, R. H.; Osterland, J. (1997): Grundintelligenztest Skala 1 (CFT 1). 3. Aufl. Braunschweig.

Cohen, R. (1960): Die testpsychologische Begutachtung im Dienste der Indikationsstellung zur Analyse. Psyche 14: 77.

Cohler, B. J.; Weiss, J. L.; Grunebaum, H. U.; Lidz, Ch.; Wynne, L. C. (1972): MMPI profiles in hospitalized psychiatric patients and their families. Arch. Gen. Psychiat. 26: 71.

Conrad, W.; Büscher, P.; Hornke, L.; Jäger, R.; Schweizer, H.; Stünzer, W. v.; Wiencke, W. (1986): Mannheimer Intelligenztests MIT. 3. Aufl. Weinheim.

Conrad, W.; Eberle, G.; Hornke, L.; Kierdorf, B.; Nagel, B. (1976): Mannheimer Intelligenztest für Kinder und Jugendliche MIT-KJ. Weinheim.

Corman, L. (1965): Le test du dessin de famille. Signification des personnages surajoutés. Rev. neuropsychiat. infant. 13.

Corman, L. (1977): Der Schwarzfuß-Test. München.

Correll, W.; Ingenkamp, K. (1971): Fremdsprachen-Eignungstest für die Unterstufe. Hrsg. von K. Ingenkamp. 2. Aufl. Weinheim.

Crépieux-Jamin, J. (1927): Die Grundlagen der Graphologie und der Schriftexpertise. Dtsch. Übers. v. W. Stechele. Heidelberg.

Cronbach, L. J. (1947): Test »reliability«: its meaning and determination. Psychometrika 12: 1.

Cronbach, L. J. (1960): Essentials of Psychological Testing. 2. Aufl. New York.

Cronbach, L. J.; Gleser, G. C. (1965): Psychological Tests and Personnel Decisions. 2. Aufl. Urbana.

Cronbach, L. J.; Meehl, P. E. (1955): Construct validity in psychological tests. Psychol. Bull. 52: 281.

Cronbach, L. J.; Rajaratnam, N.; Gleser, G. C. (1963): Theory of generalizability, a liberalization of reliability theory. Brit. J. Stat. Psychol. 16.

Crown, S. (1947): A controled association test as a measure of neuroticism. J. Person. 16: 198.

Daniels, J. C. (1971): Figure Reasoning Test (FRT). 6. Aufl. London.

Davidson, P. O.; Costello, C. G. (Hg.) (1969): N = 1: Experimental Studies of Single Cases. New York.

Davis, W. E.; Becker, B. C.; De Wolfe, A. S. (1971): Categorization of patients with personality disorders and acute brain trauma through WAIS subtest variations. J. Clin. Psychol. 27: 385.

Deimel, W.; Schulte-Körne, G.; Remschmidt, H. (2000): Der Göttinger Formreproduktions-Test (GFT) – Ergebnisse einer unselegierten Stichprobe. Kinder-/Jugendpsychiat. Psychother. 28.

Deneke, F. W.; Hilgenstock, G. (1993): Das Narzißmusinventar. Bern.

Despert, J. L. (1946): Psychosomatic study of fifty stuttering children. Amer. J. Orthopsychiat. 16: 100.

Deusinger, I. M. (1986): Die Frankfurter Selbstkonzeptskalen (FSKN). Göttingen.

Dieterich, R. (1987): Psychodiagnostik. Grundlagen und Probleme. Stuttgart.

Dittrich, A. (1974): Probleme der pharmakopsychologischen Forschung. In: Schraml, W. J.; Baumann, U. (Hg.), Klinische Psychologie II. Methoden, Ergebnisse und Probleme der Forschung. Bern/Stuttgart/Wien.

Doehring, J. D.; Reitan, R. M. (1960): MMPI performance of aphasic and non-aphasic brain-damaged patients. J. Clin. Psychol. 16: 307.

Doll, E. A. (1953): Measurement of social competence: A manual for the Vineland Social Maturity Scale. Circle Pines, Minn. (2. Aufl. 1965).

Dorsch, F. (1952): Das Giese-Test-System. Stuttgart.

Dührssen, A. (1949): Psychopathie und Neurose. Psyche 3: 380.

Dührssen, A. (1979): Psychogene Erkrankungen bei Kindern und Jugendlichen. 12. Aufl. Göttingen.

Dührssen, A. (1976): Psychotherapie bei Kindern und Jugendlichen. 5. Aufl. Göttingen.

Dührssen, A. (1986): Die biographische Anamnese unter tiefenpsychologischem Aspekt. 2. Aufl. Göttingen.

Düker, H. (1943): Psychopharmakologische Untersuchungen über die Wirkung von Keimdrüsenhormonen auf die geistige Leistungsfähigkeit. Arch. exp. Pathol. Pharmakol. 202.

Düker, H. (1965): Der Konzentrations-Leistungs-Test (KLT). Hrsg. von G. A. Lienert. 2. Aufl. Göttingen.

Düss, L. (1964): Fabelmethode. Heft 4 der Studien zur diagnostischen Psychologie. Instit. Psycho-Hygiene Biel, 2. Aufl.; 3. Aufl. 1976.

Durkheim, E. (1893): Les règles de la méthode sociologique. Paris, 9. Aufl. 1938.

Dymond, R. F. (1950): Personality and empathy. J. Consult. Psychol. 14: 343.

Effler, M.; Werner, R. R. (1977): Erfahrungen mit dem IST-70 von Amthauer an Oberstufenschülern. Diagnostica 23: 37.

Eggert, D. (1971): Lincoln-Oserretzky-Skala 18 (LOS KF 18). Weinheim.

Eggert, D. (1978): HAWIVA. Hannover-Wechsler-Intelligenztest für das Vorschulalter. Bern.

Ehrenstein, W. (1942): Beiträge zur ganzheitspsychologischen Wahrnehmungslehre. Leipzig.

Ekman, G. (1955): Konstruktion und Standardisierung von Tests. Göttingen.

Emmet, W. G. (1966): Bildertest 2–3. Weinheim.

Engels, H. (1957): Eine spezifische Untersuchungsmethode mit den Scenotest zur Erforschung der normalen kindlichen Persönlichkeit. Arch. Psychol. Arb. Bildg. 2. Bd. Münster.

Esser, G. (1980): Über den Zusammenhang von Verhaltens- und Leistungsstörungen im Vorschulalter (und Grundschulalter). Phil. Diss. Mannheim.

Eysenck, H. J. (1956): The questionnaire measurement of neuroticism and extraversion. Riv. Psicol. 50: 113.

Eysenck, H. J. (1958): The Scientific Study of Personality. London.

Eysenck, H. J. (1959): Maudsley Personality Inventory (MPI). Göttingen.

Eysenck, H. J. (1960): Handbook of Abnormal Psychology. London.

Eysenck, H. J. (1964): Maudsley-Persönlichkeitsfragebogen. Maudsley Medical Questionnaire (MMQ). 2. Aufl. Göttingen.

Fahrenberg, J. (1964): Objektive Tests zur Messung der Persönlichkeit. In: Heiss, R. (Hg.), Handbuch der Psychologie, Bd. 6: Psychologische Diagnostik. Göttingen.

Fahrenberg, J.; Conrad, W. (1965): Eine explorative Faktorenanalyse graphometrischer und psychometrischer Daten. Z. angew. Psychol. 12: 223.

Fahrenberg, J.; Hampel, R.; Selg, H. (1994): Das Freiburger Persönlichkeitsinventar, FPI, revidierte Fassung FPI-R. 6. Aufl. Göttingen.

Faupel, J. (1970): Experimentelle Untersuchungen zu den psychoanalytischen Abwehrmechanismen. Dipl. Arbeit, Psychol. Instit. Univ. Freiburg.

Filipp, S.-H.; Doenges, D. (1983): Entwicklungstests. In: Groffmann, K.-J.; Michel, L. (Hg.), Enzyklopädie der Psychologie, Themenbereich B Methodologie und Methoden, Serie II psychologische Diagnostik, Bd. 2 Intelligenz- und Leistungsdiagnostik. Göttingen, S. 202–306.

Fine, R. (1948): Use of the Despert Fables (Revised Form) in diagnostic work with children. Rorsch. Res. Exch. Proj. Techn. 12: 106.

Fippinger, F. (1967): Allgemeiner Schulleistungstest für 4. Klassen. Hrsg. von K. Ingenkamp. Weinheim.

Fippinger, F. (1971): Allgemeiner Schulleistungstest für 3. Klassen. Hrsg. von K. Ingenkamp. Weinheim.

Fisch, K. (1973): Versuch einer quantitativen Analyse der Handschriftstruktur. Psychol. Rdsch. 24: 44.

Fischer, G. H. (1968): Psychologische Testtheorie. Bern/Stuttgart/Wien.

Fischer, G. H. (1978): Probabilistic test models and their applications: A review. German J. Psychol. 2: 298.

Fischer, P. A.; Schmidt, G.; Wanke, K.; Petersen, U. (1968): Neuropsychiatrische und testpsychologische Untersuchungen nach Meningeomoperationen. Fortschr. Neurol. Psychiat. 36: 1.

Fisseni, H. J. (1982): Persönlichkeitsbeurteilung. Zur Theorie und Praxis des psychologischen Gutachtens. Göttingen.

Flehmig, I. (1987): Normale Entwicklung des Säuglings und ihre Abweichungen. Früherkennung und Frühbehandlung. 3. Aufl. Stuttgart.

Flügel, K. A.; Stoerger, R. (1966): Modifikation pharmakogen hervorgerufener exogen psychotischer Zustandsbilder durch methansulfonsaures Dihydroergotamin. Arzneimittelforschung 16: 235.

Földényi, M.; Imhof, K.; Steinhausen, H.-Ch. (2000): Klinische Validität der computergestützten TAP bei Kindern mit Aufmerksamkeits-/Hyperaktivitätsstörungen. Z. Neuropsychol. 11: 154.

Fogel, M. L. (1964): The intelligence quotient as an index of brain damage. Amer. J. Orthopsychiat. 34: 555.

Folstein, M. F.; Folstein, S. E.; McHugh, P. R. (1975): Mini mental state. A practical method for grading the cognitive state of patients for the clinician. J. Psychiat. Res. 12: 189.

Frank, L. K. (1948): Projective Methods. Springfield, Ill.

Frank, L. K. (1960): Toward a projective psychology. J. Proj. Techn. 24: 246.

Frankenburg, W. K.; Dodds, J. B. (1967): The Denver Developmental Screening Test. J. Paediat. 71: 181.

Frankenburg, W. K.; Dodds, J. B. (1968): The Denver Developmental Screening Test. Manual. Denver.

Freud, A. (1964): Das Ich und die Abwehrmechanismen. München.

Freud, A. (1966): Einführung in die Technik der Kinderanalyse. München/Basel.

Freud, S. (1905): Bruchstück einer Hysterie-Analyse. G. W. Bd. V. Frankfurt a. M.

Freud, S. (1911): Psychoanalytische Bemerkungen über einen autobiographisch beschriebenen Fall von Paranoia. G. W. Bd. VIII. Frankfurt a. M.

Freud, S. (1912): Zur Dynamik der Übertragung. G. W. Bd. VIII. Frankfurt a. M.

Freud, S. (1913): Totem und Tabu. G. W. Bd. IX. Frankfurt a. M.

Freud, S. (1914): Zur Einführung des Narzißmus. G. W. Bd. X. Frankfurt a. M.

Freud, S. (1915): Das Unbewußte. G. W. Bd. X. Frankfurt a. M.

Freud, S. (1923): Das Ich und das Es. G. W. Bd. XIII. Frankfurt a. M.

Freud, S. (1926): Hemmung, Symptom und Angst. G. W. Bd. XIV. Frankfurt a. M.

Freytag, G. (1962): Experimentalpsychologie und mathematische Typenanalyse bei Depressionszuständen. Z. Psychol. 166: 241.

Friedl-Francesconi, H.; Binder, H. (1996): Kognitives Funktionstraining in der neurologischen Rehabilitation von Schädel-Hirntraumen. Z. Exper. Psychol. 43: 1.

Friedemann, A.; Düss, L. (1950): Die Fabelmethode in der Kinderanalyse. Psyche 4: 202.

Friedrich, G. (1989): Empirische Befunde zur Ontogenese begrifflichen Wissens bei Vorschulkindern – eine Längsschnittstudie. Fakultät für Kultur-, Sprach- und Erziehungswissenschaften Universität Leipzig.

Frieling, E. (1974): Psychologische Probleme der Arbeitsanalyse. – Dargestellt an Untersuchungen zum Position Analysis Questionnaire (PAQ). Diss. Techn. Univ. München.

Frostig, M.; Lefevre, D. W.; Whittlesey, J. R. B. (1966): Marianne Frostig Developmental Test of Visual Perception (DTVP). 3. Aufl. Palo Alto.

Fürntratt, E. (1969): Faktorenanalyse inhaltlicher Motive in van Lennep-Bild-Geschichten Jugendlicher. Psychol. Rdsch. 20: 79.

Galton, F. (1879): Psychometrie experiments. Brain 2: 149.

Garrett, H. E. (1938): Differentiable mental traits. Psychol. Rec. 2: 259.

Garrett, H. E. (1946): A development theory of intelligence. Amer. Psychologist 1: 372.

Gehring, A.; Blaser, A. (1982): MMPI. Deutsche Kurzform für Handauswertung. Bern.

Gehring, T. M.; Funk, U.; Schneider, M. (1989): Der Familiensystem-Test (FAST): Eine dreidimensionale Methode zur Analyse sozialer Beziehungsstrukturen. Prax. Kinderpsychol. Kinderpsychiat. 38: 152.

Gehring, T. M. (1990a): The Family System Test (FAST). In: Perlmutter, B. F.; Strauss, M. A.; Touliatos, J. (Hg.), Handbook of Family Measurement Techniques. Newbury Park, S. 113–114.

Gehring, T. M.; Marti, D. (1990b): Der Familiensystemtest: Typen familiärer Beziehungsstrukturen. Bull. Schweiz. Psychol. 11: 13.

Gleissner, U.; von Ondarza, G.; Freitag, H.; Karlmeier, A. (2003): Auswahl einer HAWIK-III-Kurzform für Kinder und Jugendliche mit Epilepsie. Z. Neuropsychol. 14: 3.

Göllnitz, G.; Rösler, H.-D. (Hg.) (1977): Psychologische Untersuchungen zur Entwicklung hirngeschädigter Kinder. 2. Aufl. Berlin.

Gösslbauer, J. P.; Keller, J. A. (1977): Testkritische Überprüfung des Differentiellen Interessentests (DIT). Diagnostica 23: 199.

Goldscheider, A. (1891): Zur Psychologie und Pathologie der Handschrift. Arch. Psychiat. 24.

Goodenough, F. L. (1926): Measurement of Intelligence by Drawings. New York.

Gorlicki, C.; Schäuble, C. H. (1997): Der HAWIE-R in der klinischen Praxis. Z. Different. Diagn. Psychol. 18: 43.

Gough, H. G. (1954): Some common misconceptions about neuroticism. J. Consult. Psychol. 18: 287.

Graumann, C. F. (1956): »Social perception«. Die Motivation der Wahrnehmung in neueren amerikanischen Untersuchungen (Sammelreferat). Z. exp. angew. Psychol. 3: 605.

Graw, P. (1970): Bearbeitung der Cattellschen Anxiety-Tests (CAAT) unter besonderer Berücksichtigung der faktoriellen und empirischen Validität. Diss. Univ. Freiburg.

Grissemann, H. (1968a): Legasthenie als Deutungsschwäche. Bern/Stuttgart/Wien.

Grissemann, H. (1968b): Arbeitsmappe für Legastheniker. Bern/Stuttgart/Wien.

Groffmann, K.-J. (1964): Die Entwicklung der Intelligenzmessung. In: Heiss, R. (Hg.), Handbuch der Psychologie, Bd. 6: Psychologische Diagnostik. Göttingen.

Groffmann, K.-J.; Michel, L. (Hg.) (1982, 1983): Psychologische Diagnostik. Enzyklopädie der Psychologie. Themenbereich B Methodologie und Methoden, Serie II Psychologische Diagnostik. Bd. 1 Grundlagen psychologischer Diagnostik, Bd. 2 Intelligenz- und Leistungsdiagnostik, Bd. 3 Persönlichkeitsdiagnostik, Bd. 4 Verhaltensdiagnostik. Göttingen.

Grosz, H. J.; Levitt, E. E. (1959): The effects of hypnotically induced anxiety on the manifest anxiety scale and the Barron ego-strength scale. J. Abnorm. Soc. Psychol. 59: 281.

Gruhle, H. W. (1955): Gutachtentechnik. Berlin/Göttingen/Heidelberg.

Gubser, F.; Spörli, S. (1969): Entwurf eines Manuals der Schweizerischen Verkehrspsychologischen Normaluntersuchung. Manuskript, Zürich.

Guilford, J. P. (1954): Psychometric Methods. 2. Aufl. New York.

Guilford, J. P. (1964): Persönlichkeit. Weinheim.

Guilford, J. P. (1967): The Nature of Human Intelligence. New York.

Gulliksen, H. (1950): Theory of Mental Tests. New York.

Gunzelmann, T.; Schumacher, J.; Brähler, E. (2002): Gießen-Test-Normen für über 60jährige Probanden. Z. Gerontol. Geriat. 35: 13.

Gutewa, J. (1957): Der Wert psychologischer Tests für die Untersuchung der Wirkung von Medikamenten auf psychische Funktionen. Psychiat. Neurol. 134: 224.

Gutezeit, G. (1969): Vergleichende Untersuchungen zur Bestimmung der Aktivationshöhe bei lese-rechtschreibschwachen Schülern. In: Duhm, E. (Hg.), Praxis der klinischen Psychologie I.

Gutezeit, G. (1977): Projektions-tachistoskopisches Übungsprogramm für lese- und rechtschreibschwache Schüler (P-T-Ue 3). Göttingen.

Gutezeit, G. (1989): Ergebnisse mit der Revision des Hamburg-Wechsler-Intelligenztests für Kinder von 1983 (HAWIK-R) bei Schülern mit schweren Lesestörungen. Z. Kinder- u. Jugendpsychiat. 17: 70.

Guttman, L. (1955): Reliability formulas for noncompleted or speed-tests. Psychometrika 20: 113.

Gwerder, F. (1976): Das Syndrom der leichten frühkindlichen Hirnschädigung. Bern/Stuttgart/Wien.

Haas, R.; Loewer, H. D. (1971): Das motivationspsychologische Signierungssystem nach Graf Hoyos in seiner Anwendung beim Vierbildtest nach van Lennep: Objektivität, klinische und faktorielle Validität. Diagnostica 17: 132.

Häcker, H. (1975): Zur Situation der psychometrischen Persönlichkeitsforschung: Eine kritische Bestandsaufnahme und empirische Untersuchung zu Persönlichkeitskonstrukten der subjektiven und objektiven Testmessung. Habilitationsschrift, Tübingen.

Häcker, H.; Schwenkmezger, P.; Utz, H. (1979): Über die Verfälschbarkeit von Persönlichkeitsfragebogen und Objektiven Persönlichkeitstests unter SD-Instruktion und in einer Auslesesituation. Diagnostica 25: 7.

Häkkinen, S. (1958): Traffic Accidents and Driver Characteristics. Helsinki.

Halder-Sinn, P. (1982): Psychodiagnostische Wahlverfahren. In: Groffmann, K.-J.; Michel, L. (Hg.), Enzyklopädie der Psychologie, Themenbereich B Methodologie und Methoden, Serie II Psychologische Diagnostik, Bd. 3 Persönlichkeitsdiagnostik. Göttingen, S. 529–563.

Hamilton, M. (1960): A rating scale for depression. J. Neurol. Neurosurg. Psychiat. 23: 56.

Hammer, E. F. (Hg.) (1958): The Clinical Application of Projective Drawings. Springfield, Ill.

Hampton, P. J. (1951): A psychometric study of drinkers. J. Consult. Psychol. 15: 501.

Hamster, W.; Langner, W.; Mayer, K. (1980): TÜLUC – Neurologische Testbatterie (Tübinger Luria-Christensen Neuropsychologische Untersuchungsreihe). Weinheim.

Hanke, T. (2003): Prä- und postoperative neuropsychiatrische Befunde bei Patienten mit primärem Hyperparathyreoidismus. Med. Diss. Marburg.

Hardesty, F. P.; Priester, H. J. (1966): Hamburg-Wechsler-Intelligenztest für Kinder (HAWIK). 3. Aufl. Bern/Stuttgart/Wien.

Hartley, E. L.; Hartley, R. E. (1955): Die Grundlagen der Sozialpsychologie. Berlin.

Hartmann, H. (1973): Psychologische Diagnostik. Stuttgart.

Hartmann, U.; Becker, H.; Rueffer-Hesse, C. (1997): Self and gender: narcissistic pathology and personality factors in gender dysphoric patients. Preliminary results of a prospective study. Int. J. Transgenderism 1: 1.

Hartung, M. L.; Bente, D.; Schneewind, K. A. (1964): Vergleichende Untersuchungen über die Wirkung antidepressiver und neuroleptischer Pharmaka auf die Konzentrationsleistung. 3. Symp. Deutsch. Arb. gemeinsch. Neuropsychopharmakologie, Nürnberg 1963. Kongreßbericht.

Hasemann, K. (1964): Verhaltensbeobachtung. In: Heiss, R. (Hg.), Handbuch der Psychologie, Bd. 6: Psychologische Diagnostik. Göttingen.

Hassesander, I.; Horn, R.; Müller, H.; Schröder, M. R.; Möller, H. J. (1996): Zur Validität des Benton-Tests in der Diagnostik der Alzheimer-Demenz. Z. Gerontopsychol.-psychiat. 1: 65.

Hathaway, S. R.; McKinley, J. C. (1940): A multiphasic personality schedule (Minnesota). I. Construction of the schedule. J. Psychol. 10: 249.

Hathaway, S. R.; McKinley, J. C. (1951): An Atlas for the Clinical Use of the MMPI. Minneapolis.

Hathaway, S. R.; Meehl, P. E. (1951): An Atlas for the Clinical Use of the MMPI. Minneapolis.

Haug, F. K. (1964): Verwendbarkeit des Hamburg-Wechsler-Intelligenztests für Erwachsene (HAWIE) zur Erfassung von Verhaltensstörungen bedingt durch krankhafte biologische Vorgänge. Ber. 24. Kongr. Dtsch. Ges. Psychol. 372.

Healy, W.; Bronner, A.; Bowers, A. M. (1930): The Structure and Meaning of Psychoanalysis. New York.

Heckel, R. V.; Holmes, G. R.; Rosecrans, C. J. (1971): A factor analytic study of process variables in group therapy. J. Clin. Psychol. 27: 146.

Heckhausen, H. (1960): Die Problematik des Projektionsbegriffs und die Grundlagen und Grundannahmen des Thematischen Auffassungstests. Psychol. Beitr. 5: 53.

Heigl, F. (1972): Indikation und Prognose in Psychoanalyse und Psychotherapie. Göttingen.

Heimann, P. (1950): On counter-transference. Int. J. Psycho-Anal. 31: 81.

Heinelt, G. (1964): Bildwahlverfahren. In: Heiss, R. (Hg.), Handbuch der Psychologie, Bd. 6: Psychologische Diagnostik. Göttingen.

Heiss, R. (1950): Die diagnostischen Verfahren in der Psychologie. I. Teil. Psychol. Rdsch. 1: 266.

Heiss, R. (1953): Möglichkeiten und Grenzen einer Diagnostik der Persönlichkeit durch projektive Methoden. Vorträge der 4. Lindauer Psychotherapiewoche. Stuttgart.

Heiss, R. (1954): Möglichkeiten und Grenzen der diagnostischen Verfahren und deren Beitrag zur Theorie der Persönlichkeit. In: Wellek, A. (Hg.), Bericht 19. Kongr. Dtsch. Ges. Psychologie. Göttingen.

Heiss, R. (Hg.) (1964): Handbuch der Psychologie, Bd. 6: Psychologische Diagnostik. Göttingen.

Heiss, R. (1964): Technik, Methodik und Problematik des Gutachtens. In: Heiss, R. (Hg.), Handbuch der Psychologie, Bd. 6: Psychologische Diagnostik. Göttingen.

Heiss, R.; Halder, P. (1975): Der Farbpyramidentest. 2. Aufl. Bern/Stuttgart/Wien.

Hellbrügge, Th.; Lajosi, F.; Menara, D.; Schamberger, R.; Rautenstrauch, Th. (1978): Münchener Funktionelle Entwicklungsdiagnostik. Fortschritte der Sozialpädiatrie Bd. 4. München/Wien/Baltimore.

Heller, K. A.; Kratzmeier, H.; Lengfelder, A. (1998a): Matrizen-Test-Manual, Bd. 1.

Ein Handbuch mit deutschen Normen zu den Standard Progressive Matrices von J. C. Raven. Weinheim.

Heller, K. A.; Kratzmeier, H.; Lengfelder, A. (1998b): Matrizen-Test-Manual, Bd. 2. Ein Handbuch mit deutschen Normen zu den Advanced Progressive Matrices von C. J. Raven. Weinheim.

Hermann, Th. (1966): Sammelreferat zur Geschichte der Berufseignungsdiagnostik. Arch. ges. Psychol. 118: 253.

Hetzer, H.; Tent, L. (1971): Weilburger Testaufgaben für Schulanfänger. Hrsg. von K. Ingenkamp. Weinheim.

Hewson, L. R. (1949): The Wechsler-Bellevue Scale and the Substitution Test as aids in neuro-psychiatric diagnosis. J. Nerv. Ment. Dis. 109: 158, 246.

Hiltmann, H. (1977): Kompendium der psychodiagnostischen Tests. 3. Aufl. Bern/Stuttgart/Wien.

Hobi, V. (1978): Alkohol und Fahrverhalten. Schweiz. Apoth.-Ztg. 116: 615.

Höhn, E. (1951): Enwicklungsspezifische Verhaltensweisen im Scenotest. Z. Psychother. med. Psychol. 1: 77.

Höhn, E. (1964): Spielerische Gestaltungsverfahren. In: Heiss, R. (Hg.), Handbuch der Psychologie, Bd. 6: Psychologische Diagnostik. Göttingen.

Hörmann, H. (1961): Zur Validierung von Persönlichkeitstests, insbesondere von projektiven Verfahren. Psychol. Rdsch. 12: 44.

Hörmann, H. (1964): Theoretische Grundlagen der projektiven Tests. In: Heiss, R. (Hg.), Handbuch der Psychologie, Bd. 6: Psychologische Diagnostik. Göttingen.

Hörmann, H.; Moog, W. (1957): Der Rosenzweig P-F Test. Form für Erwachsene. Göttingen.

Hoffmann, E. P. (1935): Projektion und Ich-Entwicklung. Int. Z. Psychoanal. 21: 342.

Hofstätter, P. R. (1953a): Psychologie und Mathematik. Stud. gen. 6: 652.

Hofstätter, P. R. (1953b): Einführung in die quantitativen Methoden der Psychologie. München.

Hofstätter, P. R. (1957a): Fischer Lexikon Psychologie. Frankfurt a. M.

Hofstätter, P. R. (1957b): Gruppendynamik. Reinbek.

Hofstätter, P. R. (1963): Einführung in die Sozialpsychologie. Stuttgart.

Holzer, D. (1968): Zur psychologischen Diagnostik der Arbeitsmoral und des Arbeitsversagens bei sozial auffällig gewordenen Jugendlichen. Prax. Kinderpsychol. Kinderpsychiat. 17: 222.

Horn, W. (1962): Leistungsprüfsystem (LPS). Göttingen.

Horn, W. (1972): Begabungstestsystem (BTS). 2. Aufl. Göttingen.

Horney, K. (1939): New Ways in Psychoanalysis. New York.

Horst, P. (1971): Messung und Vorhersage. Weinheim.

Houben, A. M. J. (1964): Farbwahl- und Farbgestaltungsverfahren. In: Heiss, R. (Hg.), Handbuch der Psychologie, Bd. 6: Psychologische Diagnostik. Göttingen.

Huber, H. P. (1973): Psychometrische Einzelfalldiagnostik. Weinheim.

Hunt, W. L. (1949): The relative rates of decline of Wechsler Bellevue »hold« and »don't hold« tests. J. Consult. Psychol. 13: 440.

Ingenkamp, K.; Mielke, H. (1966): Geschichtstest »Neuzeit« (GTN 8–10). Teil I: 1890–1932. Weinheim.

Ingenkamp, K.; Mielke, H. (1967): Geschichtstest »Neuzeit« (GTN 8–10). Teil II: 1933–1965. Weinheim.

Irle, M. (1955): Berufs-Interessen-Test (BIT). Göttingen.

Irle, M. (1956): Die Klassifikation von Tests. Diagnostica 4: 61.

Jacobson, E. (1964): The Self and the Object World. New York.

Jäger, A. O. (1967): Dimensionen der Intelligenz. Göttingen.

Jäger, R.; Berbig, E.; Geisel, B.; Goßlar, H.; Hagen, W.; Liebich, W.; Schafheutle, R. (1973): Mannheimer Biographisches Inventar. Göttingen.

Jäger, R. S. (1982): Diagnostische Urteilsbildung. In: Groffmann, K.-J.; Michel, L. (Hg.), Enzyklopädie der Psychologie, Themenbereich B Methodologie und Methoden, Serie II Psychologische Diagnostik, Bd. 1 Grundlagen psychologischer Diagnostik. Göttingen, S. 295–375.

Jäger, R. S. (1986): Der diagnostische Prozeß. Eine Diskussion psychologischer und methodischer Randbedingungen. 2. Aufl. Göttingen.

Jaide, W. (1953): Alters- und geschlechtsspezifisches Verhalten im Scenotest. Prax. Kinderpsychol. Kinderpsychiat. 11/12.

James, W. S. (1953): Symposium on the effects of coaching and practice in intelligence tests: II. Coaching for all recommended. Brit. J. Educ. Psychol. 23: 155.

Jappe, G.; John, G.; Vogel, H. (1965): Die Testuntersuchung als spezifisches Übertragungsfeld. Psyche 19: 40.

Jelgersma, G. (1926): Projection. Int. J. Psycho-Anal. 7: 353.

Jenkins, R. L. (1971): The runaway reaction. Amer. J. Psychiat. 128: 168.

Jochmus, I.; Mai, A. (1971): Die psychische Entwicklung diabetischer Kinder und Jugendlicher. Beih. Arch. Kinderheilkd. 66: 19.

Jung, C. G. (1944): Psychologie und Alchemie. Zürich.

Jung, C. G. (1950): Psychologische Typen. 8. Aufl. Zürich.

Jung, C. G.; Riklin, F. (1904): Experimentelle Untersuchung über Assoziationen Gesunder. In: Jung, C. G. (Hg.), Diagnostische Assoziationsstudien. Journal f. Psychiatrie u. Neurologie 3: 193.

Kamratowski, I.; Kamratowski, J.: Wortschatztest für Schulanfänger. Hrsg. von K. Ingenkamp. Weinheim.

Karl, H.; Hiltmann, H. (1954): Diskussionsbemerkung zum Aufsatz Rainio, K. und Matikainen, R.: »Eine Faktorenanalyse zum Farbpyramidentest«. Z. diagnost. Psychol. 2: 306.

Katz, H. (1941): Untersuchungen an insulinbehandelten Schizophrenen mit dem Rorschachschen Formdeuteversuch. Monatsschr. Psychiat. Neurol. 104: 15.

Kautter, H.; Storz, L. (1972a): Schulleistungstestbatterie für Lernbehinderte und für schulleistungsschwache Grundschüler (SBL I). Hrsg. von K. Ingenkamp. Weinheim.

Kautter, H.; Storz, L. (1972b): Schulleistungstestbatterie für Lernbehinderte und für schulleistungsschwache Grundschüler (SBL II). Hrsg. von K. Ingenkamp. Weinheim.

Keir, G. (1949): The Progressive Matrices as applied to school children. Brit. J. Psychol. Statist. Sect. 2: 140.

Kelly, E. L.; Fiske, D. W. (1951): The Prediction of Performance in Clinical Psychology. Ann Arbor, Mich.

Kenny, T. J.; Clemmens, R. L. (1971): Medical and psychological correlates in children with learning disabilities. J. Pediatr. 78: 273.

Kent, G. H.; Rosanoff, A. J. (1910): A study of association in insanity. Amer. J. Insanity 67: 37.

Kern, A. (1971): Grundleistungstest zur Ermittlung der Schulreife. 7. Aufl. München.

Kernberg, O. F. (1979): Borderline-Störungen und pathologischer Narzißmus. Frankfurt a. M.

Kernberg, O. F. (1989): Schwere Persönlichkeitsstörungen. Stuttgart.

Kerschbaum, P. (1970): Psychologische Tests bei Psychosen und Hirnschädigung. In: Schraml, J. W. (Hg.), Klinische Psychologie. Bern/Stuttgart/Wien.

Kessler, B. H. (1982): Biographische Diagnostik. In: Groffmann, K.-J.; Michel, L. (Hg.), Enzyklopädie der Psychologie, Themenbereich B Methodologie und Methoden, Serie II Psychologische Diagnostik, Bd. 3 Persönlichkeitsdiagnostik. Göttingen, S. 1–56.

Kiehlholz, P.; Goldberg, L.; Hobi, V.; Reggiani, G. (1971): Teilsimulation zur Prüfung der Beeinträchtigung der Fahrtüchtigkeit unter Alkohol. Schweiz. med. Wschr. 101: 1725.

Kielholz, P.; Goldberg, L.; Hobi, V.; Ladewig, D.; Reggiani, G.; Richter, R, (1972a): Haschisch und Fahrverhalten. Eine experimentelle Untersuchung. Dtsch. med. Wschr. 97: 789.

Kielholz, P.; Goldberg, L.; Hobi, V.; Ladewig, D.; Miest, P.; Reggiani, G.; Richter, R. (1972b): Neuere Geräte zur Psychodiagnostik der Fahrtüchtigkeit. Z. Verkehrssicherheit 18: 154.

Kind, H. (1978): Das psychiatrische Erstinterview. Nervenarzt 49: 255.

Kinzel, W. (1972): Das irreversible psychische Defektsyndrom nach Hirntrauma. Eine Übersicht über die literarische Produktion zu einem vielschichtigen Problem. Fortschr. Neurol. Psychiat. 40: 169.

Kiphard, E. J. (1975): Probleme der sensomotorischen Entwicklungsdiagnostik im Kleinkind- und Vorschulalter. In: Müller, H.-J.; Decker, R.; Schilling, F. (Hg.), Motorik im Vorschulalter. Schriftenreihe des Bundesinstituts für Sportwissenschaft. Bd. 1. Schorndorf, S. 103–116.

Kirchhoff, H. (1964): Verbale Lese- und Rechtschreibschwäche im Kindesalter. Psychol. Prax. 14.

Klages, L. (1956): Handschrift und Charakter. 24. Aufl. Bonn.

Klatskin, E. H.; McNamara, N. E.; Shaffer, D.; Pincus, J. H. (1972): Minimal organicity in children of normal intelligence: correspondence between psychological test results and neurology findings. J. Learn. Disabilit. 5: 213.

Klauer, K. J. (1984): Kontentvalidität. Diagnostica 30: 1.

Kleiner, A. (1972): Göppinger Schuleignungstest. Arbeitsgemeinschaft für Schultests. Göppingen.

Kleiner, A.; Paff, G.; Kleiner, I. (1973/74): Göppinger Oberschulreifetest. Arbeitsgemeinschaft für Schultests. Göppingen.

Kleinpeter, U. (1971): Störungen der psycho-somatischen Entwicklung nach Schädelhirntraumen im Kindesalter. Jena.

Klinck, D. (1998): Papier-Bleistift- versus computerunterstützte Administration kognitiver Fähigkeitstests: Eine Studie zur Äquivalenzfrage. Diagnostica 44.

Klix, F. (1976) (Hg.), Psychologische Beiträge zur Analyse kognitiver Prozesse. München.

Klopfer, B. (1954): Developments in the Rorschach Technique. Bd. I. New York.

Klopfer, B. (1956): Developments in the Rorschach Technique. Bd. II. New York.

Klopfer, B.; Davidson, H. H. (1974): Das Rorschach-Verfahren. 3. Aufl. Bern/Stuttgart/Wien.

Knabe, G. (1969): Multidimensionale experimentelle Analysen des Legasthenie-Syndroms. Z. exp. angew. Psychol. 4: 570.

Knehr, E. (1974): Konflikt-Gestaltung im Scenotest. 2. Aufl. München/Basel.

Knight, R. P. (1940): Introjection, projection, and identification. Psychoanal. Quart. 9: 334.

Koch, K. (1972): Der Baum-Test. 6. Aufl. Bern/Stuttgart/Wien.

Köhler, W. (1947): Gestalt Psychology. 2. Aufl. New York.

König, R. (1962): Handbuch der empirischen Sozialforschung. Stuttgart.

Koffka, K. (1962): Principles of Gestalt-Psychology. 5. Aufl. New York/London.

Kohlmann, Th. (1954): Psychologische Untersuchungen mit Rorschach- und Kraepelin-Versuch an vegetativen Neurosen. Z. diagn. Psychol. Persönl. forschg. 2: 101.

Kohut, H. (1973): Narzißmus. Frankfurt a. M.

Koop, J.; Röttger, K. (1989): Der HAWIK-R im Vergleich zu anderen Intelligenztests. Diagnostica 35: 201.

Koppitz, E. M. (1960): The Bender Gestalt Test for children: A normative study. J. Clin. Psychol. 16: 432.

Koppitz, E. M. (1980): Der Bender-Gestalt-Test für Schulkinder. Stuttgart.

Kornadt, H.-J. (1964): Thematische Apperzeptionsverfahren. In: Heiss, R. (Hg.), Handbuch der Psychologie, Bd. 6: Psychologische Diagnostik. Göttingen.

Kos, M.; Biermann, G. (1973): Die Verzauberte Familie. München/Basel.

Kraepelin, E. (1884): Experimentelle Studien über Associationen. Amtl. Ber. 56. Vers. Dtsch. Naturfor. u. Ärzte. Freiburg.

Kraepelin, E. (1909): Psychiatrie. Ein Lehrbuch für Studierende und Ärzte. 8. Aufl. Leipzig.

Krafft-Ebing, R. v. (1883): Lehrbuch der Psychiatrie auf klinischer Grundlage. 2. Aufl. Stuttgart.

Kramer, H. H.; Awiszus, D.; Sterzel, U.; von Halteren, A.; Classen, R. (1989): Development of personality and intelligence in children with congenital heart disease. J. Child Psychol. Psychiat. All Discipl. 30: 299.

Kramer, J. (1972): Der Kramer-Test. 4. Aufl. Solothurn.

Krampen, G. (1981): IPC-Fragebogen zu Kontrollüberzeugungen. Deutsche Bearbeitung der IPC-Scales von Hanna Levenson. Göttingen.

Kratzmeier, H. (1978): Raven-Matrizen-Test. Standard Progressive Matrices (SPM). Weinheim.

Kraus, J.; Selecki, B. R. (1967): Assessment of laterality in diffuse cerebral atrophy using the WAIS. J. Clin. Psychol. 23: 91.

Kretschmer, E. (1961): Körperbau und Charakter. 23./24. Aufl. Berlin/Göttingen/Heidelberg.

Krüger, H.-J.; Derichs, G.; Irle, E. (1996): Entwicklung von Aufmerksamkeitsfunktionen im Kindesalter: Ergebnisse einer vorläufigen Normierung der computergestützten Testbatterie zur Aufmerksamkeitsprüfung (TAP) an 9- bis 12jährigen Kindern. Z. Neuropsychol. 7: 92.

Kuder, G. F.; Richardson, M. W. (1937): The theory of the estimation of test reliability. Psychometrika 1: 151.

Kuhn, R. (1940): Der Rorschachsche Formdeuteversuch in der Psychiatrie. Basel.

Lamberti, G.; Remschmidt, H.; Weidlich, S. (1978): Zur Normierung des Diagnosticums für Cerebralschädigung (DCS) für das Kindes- und Jugendalter. Z. Kinder-Jugendpsychiat. 6: 348.

Landolf, P. (1976): Diskussionsbeitrag zur »Krise der Diagnostik«. Schweiz. Z. Psychol. 35: 52.

Lang, A. (Hg.) (1966): Rorschach Bibliographie 1921–1964. Bern/Stuttgart/Wien.

Lang, A. (1975a): Diagnostik und Autonomie der Person. Schweiz. Z. Psychol. 34: 221.

Lang, A. (1975b): Diskussionsbemerkung zur »Krise der Diagnostik«. Schweiz. Z. Psychol. 34: 247.

Langeveld, M. J. (1976): The Columbus. Picture Analysis of Growth Towards Maturity. 2. Aufl. Basel/München/Paris u. a.

Laux, L.; Glanzmann, P.; Schaffner, P.; Spielberger, C. D. (1981): Das State-Trait-Angstinventar. Weinheim.

Lazarsfeld, P. F. (1950): Logical and mathematical foundations of latent structure analysis. In: Stouffer, S. A. (Hg.), Studies in Social Psychology in World War II. Bd. IV. Princeton.

Lazarsfeld, P. F. (1959): Latent Structure Analysis. In: Koch, S. (Hg.), Psychology. A Study of a Science. Bd. III. New York.

Lazarus-Mainka, G. (1977): Einige Daten zur Validierung der Skalen zur Messung der Manifesten Angst (MAS) und zur Messung der sozialen Wünschbarkeit (SDS-CM) für deutsche Verhältnisse bearbeitet nach Lück und Timaeus. Diagnostica 23: 151.

Leichner, R. (1978): Die Verarbeitung sozialer Information. In: Leichner, R.; Jüttner, C. (Hg.), Gedächtnis und die Verarbeitung sozialer Information. Meisenheim, S. 62–127.

Lempp, R. (1970): Frühkindliche Hirnschädigung und Neurose. 2. Aufl. Bern/Stuttgart/Wien.

Lempp, R. (1975): Eine Pathologie der psychischen Entwicklung. Bern/Stuttgart/Wien.

Lennep, D. J. van (1951): The Four-Picture Test. In: Anderson, H.; Anderson, G. L. (Hg.), An Introduction to Projective Techniques. New York.

Lennep, D. J. van (1959): Projektion und Persönlichkeit. In: Bracken, H. v.; David, H. P. (Hg.), Perspektiven der Persönlichkeitstheorie. Bern/Stuttgart.

Levine, B.; Iscoe, J. (1955): The Progressive Matrices (1938), the Chicago Non-Verbal and the Wechsler Bellevue on an adolescent deaf population. J. Clin. Psychol. 11: 307.

Liebel, H. (1973): Untersuchungen zur differentiellen Validität der Holtzman Inkblot Technique (HIT). Bern/Stuttgart/Wien.

Lienert, G. A. (1960): Die Faktorenstruktur der Intelligenz als Funktion des Intelligenzniveaus. Ber. 22. Kongr. Dtsch. Ges. Psychol. Göttingen, S. 138–140.

Lienert G. A. (1961): Überprüfung und genetische Interpretation der Divergenzhypothese von Wewetzer. Vita Humana 4: 112.

Lienert, G. A. (1964a): Form-Lege-Test (FLT). 2. Aufl. Göttingen.

Lienert, G. A. (1964b): Mechanisch-technischer Verständnistest (MTVT). 2. Aufl. Göttingen.

Lienert, G. A. (1967): Drahtbiegeprobe (DBP). 2. Aufl. Göttingen.

Lienert, G. A. (1969): Testaufbau und Testanalyse. 3. Aufl. Weinheim.

Lobrot, M. (1966): Forschungen zur Legasthenie in Frankreich. In: Ingenkamp, K. (Hg.), Lese- und Rechtschreibschwäche bei Schulkindern. Weinheim.

Lockowandt, O. (1979): Frostigs Entwicklungstest der visuellen Wahrnehmung. Manual. 3. Aufl. Weinheim.

Loevinger, J. (1957): Objective tests as instruments of psychological theory. Psychol. Rep. 3: 635.

Loewer, H. D. (1969): Möglichkeiten und Grenzen von Skalen zur Erfassung von Hirnschädigungsfolgen. In: Duhm, E. (Hg.), Praxis der klinischen Psychologie, Bd. 1. Göttingen.

Loewer, H. D.; Ulrich, K. (1971): Eine Alternativ-Wahlform des Benton-Tests zur besseren Erfassung von Aggravation und Simulation. Prax. klin. Psychol. Bd. 2. Göttingen.

Loosli-Usteri, M. (1961): Praktisches Handbuch des Rorschach-Tests. Bern/Stuttgart.

Lord, F. M. (1955): Estimating test reliability. Educ. Psychol. Measmt. 15: 325.

Lowenfeld, M. (1955): Der Mosaik-Test von Lowenfeld (Lowenfeld-Test). In: Stern, E. (Hg.), Die Tests in der klinischen Psychologie. 2. Halbbd. Zürich.

Luce, R. D.; Tukey, J. W. (1964): Simultaneous conjoint measurement. A new type of fundamental measurement. J. Math. Psychol. 1.

Lück, H. E.; Timaeus, E. (1969): Skalen zur Messung Manifester Angst (MAS) und sozialer Wünschbarkeit (SDS-E und SDS-CM). Diagnostica 15: 134.

Lückert, H.-R. (1965): Stanford-Binet Intelligenz-Test (SIT). Göttingen.

Lüer, G.; Cohen, R.; Nauck, W. (1966): Eine Kurzform der Vineland Social Maturity Scale für minderbegabte Kinder. Prax. Kinderpsychol. Kinderpsychiat. 15: 101.

Lüscher, M. (1971): Der Lüscher-Test. Reinbek.

Macfarlane, J. W. (1941): Critique of projective techniques. Psychol. Bull. 38: 746.

Machover, K. (1948): Personality Projection in the Drawing of the Human Figure. Springfield, Ill.

Malinowski, B. (1962): Geschlecht und Verdrängung in primitiven Gesellschaften. Reinbek.

Maluck, A.; Melchers, P. (2000): Validität, (Teil-)Leistungsdiagnostik und Förderansätze bei der Untersuchung geistig behinderter Erwachsener mit der Kaufman-Assessment Battery for Children (K-ABC). Heilpäd. Forschg. 33.

Martin, I. (1960): Somatic Reactivity. In: Eysenck, H. J. (Hg.), Handbook of Abnormal Psychology. London.

Martinius, J. W.; Hoovey, Z. B. (1972): Bilateral syncrony of occipital alphawaves, oculomotor activity and »attention« in children. Neuroencephal. Clin. Neurophysiol. 32: 349.

Matarazzo, J. D. (1982): Die Messung und Bewertung der Intelligenz Erwachsener nach Wechsler. Bern.

Mattenklott, A. (1992): Diagnostische Urteilsbildung, In: Jäger, R. S.; Petermann, F. (Hg.), Psychologische Diagnostik. 2. Aufl. Weinheim, S. 455–468.

Mayring, P. (2003): Qualitative Inhaltsanalyse. Grundlagen und Techniken. Weinheim.

McCleary, R. A. (1950): The nature of the galvanic skin response. Psychol. Bull. 47: 97.

Mead, M. (1958): Mann und Weib. Reinbek.

Mead, M. (1959): Geschlecht und Temperament in primitiven Gesellschaften. Reinbek.

Meili, R. (1955a): Figuren von Rybakoff. Bern/Stuttgart.

Meili, R. (1955b): Würfelabwicklungen. Bern/Stuttgart.

Meili, R. (1956): Durchstreichtest ohne Modell. Bern/Stuttgart.

Meili, R. (1961): Lehrbuch der psychologischen Diagnostik. 4. Aufl. Bern/Stuttgart/Wien.

Meili, R.; Rohracher, H. (Hg.) (1963): Lehrbuch der experimentellen Psychologie. Bern/Stuttgart/Wien.

Meili, R.; Steingrüber, H.-J. (1978): Lehrbuch der psychologischen Diagnostik. 6. Aufl. Bern/Stuttgart/Wien.

Melchers, P.; Preuss, U. (2001): Kaufman Assessment Battery for Children, Deutsche Version (K-ABC). 5. Aufl. Frankfurt a. M.

Mellone, M. A.; Thomson, G. H. (1967): Bildertest 1–2. Weinheim.

Mertens, W. (1990): Psychoanalyse. 3. Aufl. Stuttgart.

Merton, R. K. (1968): Sozialstruktur und Anomie. In: Sack, F.; König, R. (Hg.), Kriminalsoziologie. Frankfurt a. M.

Merz, F. (1964): Tests zur Prüfung spezieller Fähigkeiten. In: Heiss, R. (Hg.), Handbuch der Psychologie, Bd. 6: Psychologische Diagnostik. Göttingen.

Michalowicz, R.; Slenzak, J. (1971): The Wechsler Intelligence Scale in the diagnosis of central nervous diseases in children. Act. Paediat. Acad. Scient. Hungaric. 12: 279.

Michel, L. (1964): Allgemeine Grundlagen psychometrischer Tests. In: Heiss, R. (Hg.), Handbuch der Psychologie, Bd. 6: Psychologische, Diagnostik. Göttingen.

Michel, L.; Conrad, W. (1982): Theoretische Grundlagen psychometrischer Tests. In: Groffmann, K.-J.; Michel, L. (Hg.), Enzyklopädie der Psychologie, Themenbereich

B Methodologie und Methoden, Serie II Psychologische Diagnostik, Bd. 1 Grundlagen psychologischer Diagnostik. Göttingen, S. 1–129.

Michon, J. H. (1875): Système de Graphologie. Paris.

Mombour, W. (1972): Verfahren zur Standardisierung des psychopathologischen Befundes. I und II. Psychiat. clin. 5: 73, 137.

Moreno, J. L. (1954): Die Grundlagen der Soziometrie. Köln/Opladen.

Morgan, C. D.; Murray, H. A. (1935): A method for investigating fantasies: The Thematic Apperception Test. Arch. Neurol. Psychiat. 34: 289.

Moser, U. (1964): Zur Abwehrlehre. Das Verhältnis von Verdrängung und Projektion. Jahrbuch der Psychoanalyse, Bd. 3. Bern/Stuttgart/Wien.

Moser, U. (1974): Modellkonstruktion im Bereich der klinischen Psychologie. In: Schraml, W. J.; Baumann, U. (Hg.), Klinische Psychologie. II. Methoden, Ergebnisse und Probleme der Forschung. Bern/Stuttgart/Wien.

Moser, U.; Zeppelin, I. v.; Schneider, W. (1968): Computersimulation eines Modells von neurotischen Abwehrmechanismen. Bull. Psychol. Instit. Univ. Zürich 2: 1.

Moser, U.; Zeppelin, I. v.; Schneider, W. (1969): Computer simulating of a model of neurotic defence processes. Int. J. Psycho-Anal. 50: 53.

Moser, U.; Zeppelin, I. v.; Schneider, W. (1970a): Computer simulation of a model of neurotic defence processes. Behav. Sci. 15: 194.

Moser, U.; Zeppelin, I. v.; Schneider, W. (1970b): Discussion of »Computer simulation of a model of neurotic processes«. Int. J. Psycho-Anal. 51: 167.

Moser, U.; Zeppelin, I. v.; Schneider, W. (1972): Reply to W. R. Blackmore: Some comments on computer simulation of a model of neurotic defence processes. Behav. Sci. 17: 232.

Mosse, H. L. (1954): The Düss Test. Amer. J. Psychother. 8: 251.

Müller, A. (1973): Verkehrs-Verständnis-Test (VVT). Homburg/Saar.

Müller, R. (1965): Rechtschreibung und Fehleranalyse. Schule u. Psychol. 6.

Munn, N. L. (1946): Psychology. New York.

Murray, H. A. (1938): Explorations in Personality. New York.

Murray, H. A. (1943): The Thematic Apperception Test. Cambridge/Mass.

Murstein, B. I. (1966): Assumptions, Adaptation Level, and Projective Techniques. In: Megargee, E. I. (Hg.), Research in Clinical Assessment. New York/London.

Murstein, B. I.; Pryer, R. S. (1959): The concept of projection: A review. Psychol. Bull. 56: 353.

Neisser, U. (1974): Kognitive Psychologie. Stuttgart.

Niemeyer, W. (1973): Legasthenie und Milieu – ein Beitrag zur Ätiologie und Therapie der Lese-Rechtschreibschwäche (LRS). Diss. Univ. Hamburg.

Norden, I. (1956): Das Binetarium. Intelligenzprüfung nach Binet-Bobertag. 2. Aufl. Göttingen.

Norman, R. D. (1966): A revised deterioration formula for the Wechsler adult intelligence scale. J. Clin. Psychol. 22: 287.

Noyes, A. P. (1934): Modern Clinical Psychiatry. Philadelphia.

Nunberg, H. (1971): Allgemeine Neurosenlehre auf psychoanalytischer Grundlage. 3. Aufl. Bern/Stuttgart/Wien.

Oehrn, A. (1896): Experimentelle Studien zur Individualpsychologie. Psychol. Arbeit. 1: 92.

Öltjen, P. D. (1966): Bewährungskontrolle einiger psychologischer Leistungstests zur Selektion und Klassifikation von Fernsehprüferinnen. Psychol. u. Prax. 10: 75.

Olson, W. C. (1929): The Measurement of Nervous Habits in Normal Children. Minneapolis.

Paczensky, S. v. (1976): Der Testknacker. Zürich.

Parin, P. (1977): Die Weißen denken zu viel. München.

Parin, P. (1978): Der Widerspruch im Subjekt. Frankfurt a. M.

Parin, P.; Morgenthaler, F.; Parin-Matthè, G. (1971): Fürchte deinen Nächsten wie dich selbst. Psychoanalyse und Gesellschaft am Modell der Agni in Westafrika. Frankfurt a. M.

Pascall, G. R.; Suttell, B. J. (1951): The Bender-Gestalt Test: Quantification and Validity for Adults. New York.

Pauli, H. K.; Schmid, V. (1972): Psychosomatische Aspekte bei der klinischen Manifestation von Mamma-Karzinomen. Eine psychosomatische Untersuchung. Z. Psychother. med. Psychol. 22: 76.

Pfister, M. (1949/50): Der Farbpyramidentest. Psychol. Rdsch. 1: 192.

Phillipson, H. (1955): The Object Relations Technique. London.

Piaget, J. (1945): Nachahmung, Spiel und Traum. Ges. Werke Bd. 5. Stuttgart.

Pittrich, H. (1949): Persönlichkeit und Leistung des Hirnverletzten im Arbeitsversuch. Zbl. Ges. Neurol. Psychiat. 107: 21.

Pophal, R. (1965): Die Schrift und das Schreiben. Der Schreiber. Stuttgart.

Porot, M. (1965): Le dessin de la famille. Rev. Psychol. Appliqu. 15: 179.

Preyer, W. (1928): Zur Psychologie des Schreibens. 3. Aufl. Leipzig.

Priester, H. J. (1964): Intelligenztests für Erwachsene. In: Heiss, R. (Hg.), Handbuch der Psychologie, Bd. 6: Psychologische Diagnostik. Göttingen.

Priester, H. J.; Kukulka, R. (1958): Vergleichsuntersuchungen zum HAWIK und Binet-Bobertag und zum HAWIK und dem HAWIE in bezug auf die Intelligenzquotienten und die Benutzung dieser Tests als Paralleltests. Diagnostica 4: 6.

Prystav, G. (1969): Graphometrische Untersuchung. Phil. Diss. Freiburg.

Prystav, G. (1973): Faktorenanalytische Validierung graphometrischer Variablen. Psychol. Rdsch. 24: 248.

Pulver, M. (1955): Symbolik der Handschrift. 6. Aufl. Zürich.

Pulver, U. (1975): Die Krise der psychologischen Diagnostik – eine Koartationskrise. Schweiz. Z. Psychol. 34: 212.

Pulver, U.; Lang, A.; Schmid, F. W. (Hg.) (1978): Ist Psychodiagnostik verantwortbar? Bern/Stuttgart/Wien.

Raatz, U. (1968): Neuere Ansätze zur Theorie der Reliabilität. In: Fischer, G. H. (Hg.), Psychologische Testtheorie. Bern/Stuttgart/Wien.

Rajaratnam, N.; Cronbach, L. J.; Gleser, G. C. (1965): Generalizability of stratified parallel tests. Psychometrika 30.

Rapaport, D. (1949): Diagnostic Psychological Testing. Bd. II. Chicago.

Rasch, G. (1960): Probabilistic Models for some Intelligence and Attainment Tests. Danmarks paedagogiske institut, Kopenhagen.

Rasch, G. (1966): An item analysis which takes individual differences into account. Brit. J. Math. Stat. Psychol. 19.

Rasch, G. (1967): An informal report on a theory of objectivity in comparison. In: Proceedings of the NUFFIC international summer session in »Het Oude Hof«, Den Haag, Juli 14–28, 1966. Leyden.

Rauchfleisch, U. (1969): Vergleichend-experimentelle Untersuchung der Musikalität bei Volks- und lernbehinderten Sonderschülern. Heilpäd. Forschg. 2: 1.

Rauchfleisch, U. (1971): Aussagemöglichkeiten des Minnesota Multiphasic Personality Inventory (MMP) in der klinisch-psychodiagnostischen Praxis: Ergebnisse einer vergleichend-experimentellen Untersuchung an psychisch Gesunden, Süchtigen (Alkohol- und Drogenabhängigen) und Neurotikern. Schweiz. Arch. Neurol. Neurochir. Psychiat. 108: 395.

Rauchfleisch, U. (1972a): Vergleichend-experimentelle Untersuchung zur Persönlichkeitsstruktur von Suchtkranken (Alkohol- und Drogenabhängigen). Psychiat. clin. 5: 27.

Rauchfleisch, U. (1972b): Soziale und affektive Probleme in der Selbstbeurteilung Verwahrloster – Eine Untersuchung mit dem Problemfragebogen für Jugendliche. Prax. Kinderpsychol. Kinderpsychiat. 21: 246.

Rauchfleisch, U. (1975): Zur Frage der diagnostischen Bedeutung der »Diskrepanzen« im Progressiven Matrizentest von Raven. Diagnostica 21: 107.

Rauchfleisch, U. (1979a): Handbuch zum Rosenzweig Picture-Frustration Test (PFT). Bd. 1: Grundlagen, bisherige Resultate und Anwendungsmöglichkeiten des PFT. Bern/Stuttgart/Wien.

Rauchfleisch, U. (1979b): Handbuch zum Rosenzweig Picture-Frustration Test (PFT). Bd. 2: Manual zur Durchführung, Verrechnung und Interpretation des PFT und Neueichung der Testformen für Kinder und Erwachsene. (2. Aufl. 1994) Bern/Stuttgart/Wien.

Rauchfleisch, U. (1979c): Profilblatt zum Rosenzweig Picture-Frustration Test (PFT). Bern/Stuttgart/Wien.

Rauchfleisch, U.; Rauchfleisch-Malisius, R. (1972): Beziehungen zwischen dem Progressiven Matrizentest von Raven und dem Hamburg-Wechsler-Intelligenztest für Erwachsene. Bedeutung dieser Verfahren in der Psychodiagnostik verhaltensgestörter Kinder und Jugendlicher. Prax. Kinderpsychol. Kinderpsychiat. 21: 54.

Rauchfleisch, U. (1982): Nach bestem Wissen und Gewissen. Die ethische Verantwortung in Psychologie und Psychotherapie. Göttingen.

Rauchfleisch, U. (1989): Der Thematische Apperzeptionstest (TAT) in Diagnostik und Therapie. Eine psychoanalytische Interpretationsmethode. Stuttgart.

Rauchfleisch, U. (1992a): Allgegenwart von Gewalt. Göttingen.

Rauchfleisch, U. (1992b): Diagnostik, Ethik, Macht und Verantwortung. In: Imoberdorf, U.; Käser, R.; Zihlmann, R. (Hg.), Psychodiagnostik heute. Beiträge aus Theorie und Praxis. Stuttgart, S. 19–26.

Rauchfleisch, U. (2001): Kinderpsychologische Tests. Ein Kompendium für Kinderärzte. 3. Aufl. Stuttgart.

Rauchfleisch, U. (2003): Psychotherapie mit aggressiven, dissozialen Kindern, Jugendlichen und Erwachsenen. In: Heinemann, E.; Rauchfleisch, U.; Grüttner, T., Gewalttätige Kinder. Psychoanalyse und Pädagogik in Schule, Heim und Therapie. Düsseldorf, S. 141–211.

Raven, J. C. (1971a): The Advanced Progressive Matrices. 2. Aufl. London.

Raven, J. C. (1971b): Standard Progressive Matrices. 13. Aufl. London.

Raven, J. C. (1973): The Coloured Progressive Matrices. 11. Aufl. London.

Regel, H. (1972): Einschätzung einiger psychometrischer Verfahren zur Beurteilung der Leistungsbeeinträchtigung. Psychiat. Neurol. med. Psychol. 24: 194.

Reichardt, M. (1955): Allgemeine und spezielle Psychiatrie. Hrsg. von E. Grünthal und G. E. Störring. 4. Aufl. Basel/New York.

Reinartz, A. (1971): Schulleistungstest lernbehinderter Schüler. Berlin.

Reinert, G. (1964): Entwicklungstests. In: Heiss, R. (Hg.), Handbuch der Psychologie, Bd. 6: Psychologische Diagnostik. Göttingen.

Remschmidt, H.; Schmidt, M. (Hg.) (1981): Neuropsychologie des Kindesalters. Stuttgart.

Rennen-Allhoff, B.; Allhoff, P. (1987): Entwicklungstests für das Säuglings-, Kleinkind- und Vorschulalter. Berlin.

Renner, M. (1969): Der Wartegg-Zeichentest im Dienste der Erziehungsberatung. 4. Aufl. München/Basel.

Revers, J. (1973): Der thematische Apperzeptionstest (TAT). 3. Aufl. Bern/Stuttgart/Wien.

Reynell, W. R. (1944): A psychometric method of determining intellectual loss following head injury. J. Ment. Sci. 90: 710.

Richardson, M. W.; Kuder, G. F. (1939): The calculation of test reliability coefficients based upon the method of rational equivalence. J. Educ. Psychol. 30: 681.

Richman, N. (1977): Is a Behavior Checklist for Preschool Children Useful? In: Graham, P. J. (Hg.), Epidemiological Approaches in Child Psychiatry. London.

Rieben, L.; Roth, S.; Schmid-Kitsikis, E. (1975): La crise du diagnostic. Schweiz. Z. Psychol. 34: 206.

Rieder, O. (1971): Allgemeiner Schulleistungstest für 2. Klassen. Hrsg. von K. Ingenkamp. Weinheim.

Riemenschneider, L. (1971): Technischer Wortschatz (TWT 7–9). Begabungstest für 7. bis 9. Klassen an Hauptschulen, Realschulen und Gymnasien. Weinheim.

Ritzel, G.; Ritter, G. (1972): Zur Diagnostik hirnorganischer Veränderungen mit Hilfe des Benton-Tests und des Echoencephalogramms. Nervenarzt 43: 465.

Robins, L. N.; Wing, J.; Wittchen, H.-U.; Helzer, J. E.; Babor, T. F.; Burke, J.; Farmer, A.; Jablensky, A.; Pickens, R.; Regier, D. A.; Sartorius, N., Towle, L. H. (1988): The Composite International Diagnostic Interview. Archiv. Gen. Psychiat. 45: 1069.

Röth, F. (1971): Experimentelle Untersuchungen über Intelligenzstörungen im Durchgangssyndrom. Arch. Psychiat. Nervenkr. 214: 127.

Rohracher, H. (1960): Einführung in die Psychologie. 7. Aufl. Wien/Innsbruck.

Rorschach, H. (1954): Psychodiagnostik. 7. Aufl. Bern.

Rosenzweig, S. (1945): The Picture-Association Method and its application in a study of reactions to frustration. J. Pers. 14: 3.

Rosenzweig, S. (1949): Apperceptive norms for the Thematic Apperception Test. I. The problem of norms in projective methods. J. Pers. 17: 475.

Rosenzweig, S. (1951): Idiodynamics in personality theory with special reference to projective methods. Psychol. Rev. 58: 213.

Rosenzweig, S. (1978): Aggressive Behaviour and the Rosenzweig Picture-Frustration Study. New York/London/Sydney u. a.

Rost, J. (2004): Lehrbuch Testtheorie – Testkonstruktion. 2. Aufl. Bern.

Roth, E. (1957): Untersuchungen zur Ermittlung der diagnostischen Sicherheit von einfachen Eignungsuntersuchungen. Diss. Univ. Würzburg.

Roth, H. (1968): Frankfurter Schulreifetest. 5. Aufl. Weinheim.

Russel, E. W. (1972): WAIS factor analysis with brain-damaged subjects using criterion measures. J. Consult. Clin. Psychol. 39: 133.

Ryans, D. G. (1957): Notes on the criterion problem in research with special reference to the Study of teacher characteristics. J. Genet. Psychol. 91: 33.

Sarris, V.; Lienert, G. A. (1974): Konstruktion und Bewährung von klinisch-psychologischen Testverfahren. In: Schraml, W. J.; Baumann, U. (Hg.), Klinische Psychologie II. Bern/Stuttgart/Wien.

Satzger, W.; Dragon, E.; Engel, R. R. (1996): Zur Normenäquivalenz von HAWIE-R und HAWIE. Diagnostica 42.

Saupe, J. L. (1961): Some useful estimates of the Kuder-Richardson formula number 20 reliability coefficient. Educ. Psychol. Measmt. 21: 63.

Schafer, R. (1954): Psychoanalytic Interpretation in Rorschach Testing. New York.

Schäuble, R.; Gorlicki, C. (1998): Ist mit einer reduzierten Form des HAWIE-R eine valide Intelligenzeinstufung möglich? Diagnostica 44.

Schafer, R. (1956): Transference in the patient's reaction to the tester. J. Proj. Techn. 20: 26.

Schaffer, L. F. (1945): The Psychology of Adjustment. New York.

Schallberger, U.; Frischknecht, E.; Stoll, F. (1977): Aufgabenanalyse des IST-70 bei Schweizer Jugendlichen. Schweiz. Z. Psychol. 36: 179.

Schallberger, U. (1991): Benachteiligt der HAWIK-R leistungsschwache Kinder? Diagnostica 37: 120.

Scharfetter, Ch. (Hg.) (1971): Das AMP-System. Manual zur Dokumentation psychiatrischer Befunde. Berlin/Heidelberg/New York.

Schenk-Danzinger, L. (1968): Handbuch der Legasthenie. Weinheim.

Schindler, R. (1957/58): Grundprinzipien der Psychodynamik in der Gruppe. Psyche 11: 308.

Schlange, H.; Stein, B.; Boetticher, I. v.; Taneli, S. (1972): Göttinger Formreproduktions-Test (GFT). Göttingen.

Schloon, M.; Schehlhorn, B.; Flehmig, I. (1974): Die Zuverlässigkeit des Denver Entwicklungstests. Z. Entwicklungspsychol. Päd. Psychol. 6: 39.

Schmettau, A. (1970): Zwei elektroencephalographische Merkmalsverbände und ihre psychologischen Korrelate. EEG, EMG 1: 169.

Schmid, F. W. (1975): Langs »Krise der psychologischen Diagnostik«: Eine Entgegnung aus der Praxis. Schweiz. Z. Psychol. 34: 232.

Schmidt, J. U. (1977): Theoretische Analyse und Vorschlag einer Kurzform des Differentiellen-Interessen-Test von Todt. Diagnostica 23: 346.

Schmidt, L. R.; Cattell, R. B. (1972): Differentialdiagnosen mit Hilfe objektiver Persönlichkeitstests: Diskriminanzanalytische Untersuchungen zur Depression, Manie, Schizophrenie und Neurose. Diagnostica 18: 61.

Schmidt, L. R.; Häcker, H.; Cattell, R. B. (Hg.) (1975): Objektive Testbatterie OA-TB 75. Testheft. Weinheim.

Schmidt, L. R.; Kessler, B. H. (1976): Anamnese. Methodische Probleme, Erhebungsstrategien und Schemata. Weinheim.

Schmidt, M. H.; Esser, G. (1985): Psychologie für Kinderärzte. Stuttgart.

Schmidt, M. H.; Göhring, J.; Armbruster, F. (1984): Einschätzung von Verhaltensauffälligkeiten im Einschulungsalter durch Screening-Fragen an die Eltern. Oeff. Gesundh.-Wes. 46: 237.

Schmidtchen, S. (1975): Psychologische Tests für Kinder und Jugendliche. Göttingen.

Schmidtke, A.; Schaller, S.; Becker, P. (1979): RAVEN-Matrizen-Test. Coloured Progressive Matrices (CPM). Weinheim.

Schmidtke, H.; Schmale, H. (1961): Arbeitsanforderung und Berufseignung. Bern/Stuttgart/Wien.

Schmiedeberg, J. (1967): Die Arbeit mit Legasthenikern in Köln. Beginn und Entwicklung. Prax. Kinderpsychol. Kinderpsychiat. 16: 175.

Schmiedecke-Kaumann, H.; Dahl, G. (1971): Der Einfluß von Modefarben auf die Farbwahlen im Farbpyramidentest. Diagnostica 17: 60.

Schneewind, K. A. (1969): Methodisches Denken in der Psychologie. Bern/Stuttgart/Wien.

Schneewind, K. A.; Schröder, G.; Cattell, R. B. (1989): Der 16-Persönlichkeits-Faktoren-Test (16 PF). 2. Aufl. Bern.

Schneider, W. (1990): Intelligenzentwicklung zwischen dem 4. und 8. Lebensjahr. In: Schneider, W.; Knopf, M.; Stern, E.; Helmke, A.; Asendorpf, J., Die Entwicklung kognitiver, motivationaler und sozialer Kompetenzen zwischen dem 4. und 8. Lebensjahr. Max Planck Institut für Psychologische Forschung, München.

Scholtz, W. (1972): Testpsychologische Untersuchungen bei hirngeschädigten Kindern. Berlin.

Schorsch, E. (1971): Sexualstraftäter. Stuttgart.

Schraml, W. J. (1964): Das Psychodiagnostische Gespräch (Exploration und Anamnese). In: Heiss, R. (Hg.), Handbuch der Psychologie, Bd. 6: Psychologische Diagnostik. Göttingen.

Schubenz, S.; Buchwald, R. (1964): Untersuchungen zur Legasthenie I. Z. exp. angew. Psychol. 11: 155.

Schuchmann, M. (2000): Erweiterte Methoden der Item Response Theorie. Tönning.

Schuler, H. (1980): Ethische Probleme psychologischer Forschung. Göttingen.

Schultz-Hencke, H. (1951): Lehrbuch der analytischen Psychotherapie. Stuttgart.

Schultz-Hencke, H. (1978): Der gehemmte Mensch. 4. Aufl. Stuttgart.

Schweizerische Gesellschaft für Psychologie (1975): Code déontologique – Ethische Richtlinien. Schweiz. Z. Psychol. 34: 359.

Schweizerisches Strafgesetzbuch (1962): 4. Aufl. Zürich.

Schwidder, W. (1959): Grundsätzliches zur Entstehung psychosomatischer Krankheitssymptome. Z. psychosom. Med. 5: 238.

Scodel, A. (1953): Passivity in a class of peptic ulcer patients. Psychol. Monogr. Vol. 67, No. 10, whole No. 360: 1.

Secord, P. F.; Backman, C. W. (1964): Social Psychology. New York.

Sehringer, W. (1957): Der Goodenough-Test. Psychol. Forsch. 25: 155.

Sehringer, W. (1964): Zeichnerische Gestaltungsverfahren. In: Heiss, R. (Hg.), Handbuch der Psychologie, Bd. 6: Psychologische Diagnostik. Göttingen.

Sehringer, W. (1982): Zeichnerische und Spielerische Gestaltungsverfahren. In: Groffmann, K. J.; Michel, L. (Hg.), Enzyklopädie der Psychologie, Themenbereich B Methodologie und Methoden, Serie II Psychologische Diagnostik, Bd. 3 Persönlichkeitsdiagnostik. Göttingen, S. 430–528.

Sehringer, W. (1983): Zeichnen und Spielen als Instrumente der psychologischen Diagnostik. Heidelberg.

Seidenstücker, E.; Seidenstücker, G. (1974): Interviewforschung. Allgemeiner Teil. In: Schraml, W. J.; Baumann, U. (Hg.), Klinische Psychologie Il. Methoden, Ergebnisse und Probleme der Forschung. Bern/Stuttgart/Wien.

Seliger, H.-J. (1970): Projektion und Social Perception. Darstellung und Vergleich der beiden Begriffe. Instit. Psychol. Univ. Freiburg/Br.

Shapiro, M. B. (1966): The single case in clinical-psychological research. J. Gen. Psychol. 74: 3.

Sherif, M.; zit. nach Battegay, R. (1973): Der Mensch in der Gruppe. Bd. I Sozialpsychologische und dynamische Aspekte. 4. Aufl. Bern/Stuttgart/Wien.

Snijders, J. Th.; Snijders-Oomen, N. (1970): Snijders-Oomen Nicht-verbale Intelligenztestreihe. 4. Aufl. Groningen.

Spearman, C. (1904): »General intelligence« objectively determined and measured. Amer. J. Psychol. 15: 210.

Spitznagel, A. (1982): Die diagnostische Situation. In: Groffmann, K.-J.; Michel, L. (Hg.), Enzyklopädie der Psychologie, Themenbereich B Methodologie und Methoden, Serie II Psychologische Diagnostik, Bd. 1 Grundlagen psychologischer Diagnostik. Göttingen, S. 248–294.

Spörli, S. (1974): Entdifferenzierung als Feldeffekt des Systems Straßenverkehr: Gedanken zu einer personalen Systemtheorie. Schweiz. Z. Psychol. 33: 384.

Spörli, S. (1976): Diagnostik im Dienst des Realitätsprinzips. Schweiz. Z. Psychol. 35: 49.

Spörli, S. (1977): Die diagnostische Philosophie innerhalb der schweizerischen Verkehrspsychologie. Schweiz. Z. Psychol. 36: 295.

Spörli, S. (1978): Kritische Theorie diagnostischer Prozesse – dargestellt am Beispiel Verkehrspsychologie. Bern/Stuttgart/Wien.

Spoerri, Th. (1969): Kompendium der Psychiatrie. Basel/New York.

Spreen, O. (1963): MMPI Saarbrücken. Handbuch. Bern/Stuttgart/Wien (Nachdruck 1977).

Staabs, G. v. (1992): Der Scenotest. 8. Aufl. Bern/Stuttgart/Wien.

Stein, M. I. (1948): The Thematic Apperception Test. Cambridge/Mass.

Steingrüber, H. (1971): Hand-Dominanz-Test (HDT). Hrsg. von G. A. Lienert. Göttingen.

Stephan, A.; Hess, H.; Böck, K. (1971): Adaptation und Reduzierung des MMPI Saarbrücken. Psychiat. Neurol. med. Psychol. 23: 695.

Stephenson, W. (1953): The Study of Behaviour: Q-Technique and its Methodology. Univ. Chicago.

Stern, E. (1954): Die Tests in der klinischen Psychologie. Zürich, 1. Halbbd.; 2. Halbbd. 1955.

Stern, W. (1912): Die psychologischen Methoden der Intelligenzprüfung und deren Anwendung an Schulkindern. 5. Kongr. Exp. Psychol. Berlin/Leipzig.

Stiemerling, D. (1974): Die früheste Kindheitserinnerung des neurotischen Menschen. Z. Psychosom. Med. Psychoanal. 20: 337.

Strassmeier, W. (1979): Frühförderprogramme für behinderte und entwicklungsverzögerte Kinder – Evaluation eines kombinierten Diagnose/Förder- Ansatzes. Phil. Diss. München.

Strunz, K. (1960): Das Problem der Persönlichkeitstypen. In: Lersch, Ph.; Thomae, H. (Hg.), Handbuch der Psychologie, Bd. 4: Persönlichkeitsforschung und Persönlichkeitstheorie. Göttingen.

Süllwold, F. (1964): Schultests. In: Heiss, R. (Hg.), Handbuch der Psychologie, Bd. 6: Psychologische Diagnostik. Göttingen.

Süllwold, F. (1969): Theorie und Methodik der Einstellungsmessung. In: Graumann, C. F. (Hg.), Handbuch der Psychologie, Bd. 7: Sozialpsychologie, 1. Halbbd. Theorien und Methoden. Göttingen.

Süllwold, F.; Berg, M. (1967): Problemfragebogen für Jugendliche. Göttingen.

Sullivan, H. St. (1954): The Psychiatric Interview. New York.

Swensen, C. H. (1957): Empirical evaluation of human figure drawings. Psychol. Bull. 54: 431.

Symonds, P. (1949): Dynamic Psychology. New York.

Tagiuri, R. (1952): Relational analysis: An extension of sociometric method with emphasis upon social perception. Sociomet. 15: 91.

Tamm, H. (1965): »Lies mit uns, schreib mit uns«. 3 Arbeitshefte für lese- und rechtschreibschwache Kinder. 4. Schuljahr. Weinheim.

Taylor, I. A. (1953): A personality scale of manifest anxiety. J. Abnorm. Soc. Psychol. 48: 285.

Tewes, U. (1983): Hamburg-Wechsler-Intelligenztest für Kinder. Revision 1983 (HA-WIK-R). Bern.

Tewes, U. (1994): Hamburg-Wechsler-Intelligenztest für Erwachsene, Revision 1991. 2. Aufl. Bern.

Tewes, U.; Rossmann, P.; Schallberger, U. (1999): Hamburg-Wechsler-Intelligenztest für Kinder III (HAWIK-III). Bern.

Thorndike, E. L. (1920): A constant error in psychological ratings. J. Appl. Psychol. 4: 25.

Thorndike, R. L. (1951): Reliability. In: Lindquist, E. F. (Hg.), Educational Measurement. Washington.

Thurner, F.; Tewes, U. (1972): Kinder-Angst-Test (KAT). 2. Aufl. Göttingen.

Thurstone, L. L. (1938): Primary mental abilities. Psychometr. Monogr. 1.

Thurstone, L. L. (1946): Comment. Amer. J. Sociol. 52: 39.

Thurstone, L. L.; Thurstone, T. G. (1941): Factorial studies of intelligence. Psychometr. Monogr. 2.

Tietze, W.; Feldkamp, J.; Gratz, D.; Rossbach, H.-G.; Schmied, D. (1981): Eine Skala zur Erfassung des Sozialverhaltens von Vorschulkindern. Z. Empir. Pädagog. 5: 37.

Titze, I. Tewes, U. (1984): Messung der Intelligenz bei Kindern mit dem HAWIK-R. Bern.

Titze, I. (1989): Über den Zusammenhang von Persönlichkeitsmerkmalen und Intelligenz bei Kindern. Z. Diff. Diagn. Psychol. 10: 91.

Todt, E. (1967): Differentieller Interessen-Test (DIT). Bern/Stuttgart/Wien.

Tomkins, S. S. (1947): The Thematic Apperception Test. The Theory and Technique of Interpretation. New York.

Toulouse, E.; Piéron, H. (1911): Technique de psychologie expérimentale. I. Paris.

Trebeck, R. (1970): Die Arbeitsanalyse als Grundlage der Arbeitsgestaltung, der Auswahl und Ausbildung von Mitarbeitern und deren Arbeitsbewertung. In: Mayer, A.; Herwig, B. (Hg.), Handbuch der Psychologie, Bd. 9: Betriebspsychologie. 2. Aufl. Göttingen.

Triebe, J. K. (1975): Eignung und Ausbildung: Vorüberlegungen zu einem eignungsdiagnostischen Konzept. Schweiz. Z. Psychol. 34: 50.

Triebe, J. K.; Fischer, H.; Ulrich, E. (1973): Problemstudie zur Informations- und Entscheidungsfindung bei der Auswahl von Bewerbern für den öffentlichen Dienst. In: Studienkommission für die Reform des öffentlichen Dienstrechts. Bd. 10. Baden-Baden.

Tscherner, K. W. H. (1990): Zur Frage der Übereinstimmung der Testergebnisse von Raven und HAWIK-R. Z. Heilpäd. 41: 108.

Tverski, A. (1965): A general theory of conjoint measurement. Mich. Math. Psychol. Progr.

Undeutsch, U. (1954): Die Entwicklung der gerichtspsychologischen Gutachtertätigkeit. Göttingen.

Valseschini, S. (1969): La psicomotricità nell'associazione di simboli a numeri e di numeri a simboli in rapporto alla capacità di memorizzare simboli e numeri in soggetti normali ed in mentali. Ricerca su 251 soggetti. Riv. Speriment. Freniat. XCII: 91.

Valtin, R. (1970): Legasthenie-Theorien und Untersuchungen. Weinheim.

Vernon, Ph. (1950): The Structure of Human Abilities. London.

Violon, A.; Rustin, R. M. (1971): Etude des critères d'évaluation de la détérioration mentale d'étiologie organique à partir de l'échelle d'intelligence de Wechsler-Bellevue pour adultes. Acta psychiat. belg. 71: 449.

Vogel, H. (1970): Die klinische Testuntersuchung als soziale Interaktion und die Interferenz zwischen Diagnostik und Therapie. In: Schraml, W. J. (Hg.), Klinische Psychologie. Bern/Stuttgart/Wien.

Vogel, H. (1992): Psychoanalytische Diagnostik. In: Battegay, R.; Glatzel, J.; Pöldinger, W.; Rauchfleisch, U. (Hg.), Handwörterbuch der Psychiatrie. 2. Aufl. Stuttgart, S. 467–471.

Wallasch, R. (1979): Hintergrund-Interferenz-Verfahren für den Bender Gestalt Test (HIV). Deutsche Bearbeitung der »Background Interference Procedure« (BIP) von A. Canter. Weinheim.

Wallasch, R.; Möbus, C. (1977): Validierung und Kreuzvalidierung des Göttinger Formreproduktionstests von Schlange et al. (1972) und der Background Interference Procedure von Canter (1970) zur Erfassung von Hirnschädigungen bei Kindern zusammen mit zwei anderen Auswertungssystemen für den Bender Gestalt Test sowie weiteren Verfahren. Diagnostica 23: 156.

Wallner, T. (1960): Theoretische Voraussetzungen für Zuverlässigkeitsuntersuchungen der graphischen Tatbestandsaufnahme. Z. f. Menschenkd. 24: 309.

Wallner, T. (1962): Neue Ergebnisse experimenteller Untersuchungen über die Reliabilität von Handschriftenvariablen. Z. f. Menschenkd. 26: 257.

Wallner, T. (1963): Über die Validität graphologischer Aussagen. Diagnostica 9: 26.

Wallner, T. (1965): Graphologie als Objekt statistischer Untersuchungen. Psychol. Rdsch. 16: 282.

Wallner, T. (1972): Die grundlegenden Arbeitshypothesen der Schriftpsychologie und ihre Verifikation. Z. f. Menschenkd. 36: 373.

Warren, H. C. (1934): Dictionary of Psychology. New York/Boston.

Wartegg, E. (1955): Der Wartegg-Zeichentest (WZT). Einführung in die graphoskopische Schichtdiagnostik. In: Stern, E. (Hg.), Die Tests in der klinischen Psychologie. 2. Halbbd. Zürich.

Wartegg, E. (1968): Der Wartegg-Zeichen-Test (WZT). 2. Aufl. Göttingen.

Watson, C. G. (1972): Cross-validation of a WAIS sign developed to separate brain-damaged from schizophrenic patients. J. Clin. Psychol. 28: 66.

Wechsler, D. (1964): Die Messung der Intelligenz Erwachsener. Textband zum Hamburg-Wechsler-Intelligenztest für Erwachsene (HAWIE). Hrsg. von C. Bondy. 3. Aufl. Bern/Stuttgart/Wien.

Wegener, H. (1956): Über die Bedeutung des Bildungsniveaus für die Verhaltensmotivation. Ber. 20. Kongr. Dtsch. Ges. Psychol. Göttingen.

Wegener, H. (1963): Die Rehabilitation der Schwachbegabten. München/Basel.

Weidlich, S. (1993): Diagnosticum für Cerebralschädigung (DCS). Bern/Stuttgart/Wien.

Weinmann, S. (1979): Psychische Leistungsstörungen und echoenzephalographische Befunde bei Patienten nach Contusio cerebri. Fortschr. Neurol. Psychiat. 47: 347.

Weiss, R. H. (1971): Der Grundintelligenztest-Skala 3, Braunschweig.

Weiss, R. H. (1972): Der Grundintelligenztest-Skala 2. Braunschweig.

Weiss, R. H. (1998): Grundintelligenztest Skala 2 (CFT 20) mit Wortschatztest (WS) und Zahlenfolgentest (ZF) (CFT 20). 4. Aufl. Braunschweig.

Wellek, A. (1954): Der Stand der psychologischen Diagnostik im Überblick. Stud. Gen. 7: 468.

Wender, P. H. (1971): Minimal Brain Dysfunction in Children. New York/Sidney/Toronto.

Wenzl, A. (1934): Theorie der Begabung. Leipzig.

Werder, H. (1992): Hirngeschädigten-Diagnostik. In: Battegay, R.; Glatzel, J.; Pöldinger, W.; Rauchfleisch, U. (Hg.), Handwörterbuch der Psychiatrie. 2. Aufl. Stuttgart, S. 237–241.

Wertheimer, M. (1960): Gestaltpsychologie. Zit. nach H. Rohracher: Einführung in die Psychologie. 7. Aufl. Wien/Innsbruck.

Wertheimer, M.; Klein, J. (1904): Psychologische Tatbestandsdiagnostik. Arch. Kriminalanthr. Kriminalistik 15: 72.

Westerhausen, M. (1972): Korrelation zwischen Geburtsgewicht und Hirnschädigung. Med. Tribune (Schweiz) 5, No 6: 24.

Westmeyer, H. (1972): Logik der Diagnostik. Stuttgart.

Wewetzer, K.-H. (1956): Der Bender-Gestalt-Test bei Kindern. Z. diagn. Psychol. Pers. forschg. 4: 174.

Wewetzer, K.-H. (1958): Zur Differenzierung der Leistungsstrukturen bei verschiedenen Intelligenzgraden. In: Wellek, A. (Hg.), Bericht über den 21. Kongreß der Deutschen Gesellschaft für Psychologie. Göttingen, S. 245–246.

Wherry, R. J. (1957): The past and future of criterion evaluation. Personnel Psychol. 10: 1.

Wieczerkowski, W.; Nickel, H.; Janowski, A.; Fittkau, B.; Rauer, W. (1974): Angstfragebogen für Schüler. Braunschweig.

Wikler, A.; Dixon, J. F.; Parker, J. B. (1970): Brain function in problem children and controls: psychometric, neurological, and electroencephalographic comparisons. Amer. J. Psychiat. 125: 634.

Wilde, K. (1951): Über die Zuverlässigkeit psychologischer Untersuchungsmethoden. Psychol. Rdsch. 2: 187.

Wilks, S. S. (1946): Sample criteria for testing equality of means, equality of variances, and equality of covariances in a normal-multivariate-distribution. Ann. Math. Stat. 17.

Willi, J. (1973): Der Gemeinsame Rorschach-Versuch. Diagnostik von Paar- und Gruppenbeziehungen. Bern/Stuttgart/Wien.

Willi, J. (1974): Anwendung des Gemeinsamen Rorschach-Versuchs in Ehetherapie und Forschung. Bern/Stuttgart/Wien.

Willkomm, H.-M. (1967): Der Einfluß von Tumorgröße und Hirndruck auf testpsychologische Untersuchungsergebnisse bei unbehandelten und behandelten Hirntumoren. Diss. Med. Fakult. Univ. Hamburg.

Wiseman, S.; Wrigley, J. (1953): The comparative effects of coaching and practice on the results of verbal intelligence tests. Brit. J. Psychol. 44: 83.

Witkin, H. A. (1973): Psychologische Differenzierung und Formen der Pathologie. Psyche 27: 555.

Wittchen, H.-U.; Schulte, D. (1988): Diagnostische Kriterien und operationalisierte Diagnosen. Grundlagen der Klassifikation psychischer Störungen. Diagnostica 34: 1.

Wolff, W. (1948): Diagrams of the Unconscious. New York.

Wolk, R.; Wolk, B. (1971): The Gerontological Apperception Test. New York.

Wundt, W. (1903): Grundzüge der physiologischen Psychologie. Leipzig.

Yates, A. (1953): Symposium on the effects of coaching and practice in intelligence tests: I. An analysis of some recent investigations. Brit. J. Educ. Psychol. 23: 147.

Yates, A. (1954): The validity of some psychological tests of brain damage. Psychol. Bull. 51: 359.

Zeeuw. J. de (1957): De Kleurenvoorkeur in de Psychodiagnostiek. Den Haag.

Zerssen, D. v. (1971): Die Beschwerden-Liste als Test. Therapiewoche 21: 1908.

Zerssen, D. v. (1976): Klinische Selbstbeurteilungs-Skalen (KSb-S) aus dem Münchener Psychiatrischen Informations-System (PSYCHIS München). Die Befindlichkeitsskala – Parallelformen Bf-S und Bf-S'- Manual. Weinheim.

Zielke, M.; Kopf-Mehnert, C. (1978): Veränderungsfragebogen des Erlebens und Verhaltens. Weinheim.

Ziler, H. (1975): Der Mann-Zeichen-Test in detailstatistischer Auswertung. 4. Aufl. Münster.

Zimmermann, F.; Degen, W. (1978): Erfahrungen mit dem Gemeinsamen Sceno. Prax. Kinderpsychol. Kinderpsychiat. 27: 245.

Zimmermann, P.; Flimm, B. (2002): Testbatterie zur Aufmerksamkeitsprüfung (TAP), Version 1.7. Göttingen.

Zubin, J.; Eron, L. D.; Schumer, F. (1965): An Experimental Approach to Projective Techniques. New York.

Sachregister

Wenn Sie weiterlesen möchten ...

Ernst Fay (Hg.)
Tests unter der Lupe 4
Aktuelle psychologische Testverfahren – kritisch betrachtet

Was ist die Zielgruppe? Lohnt sich der Kauf? Welche Ergebnisse liefert mir der Test? Wie repräsentativ und neu ist die Normierungsgruppe? Wie zuverlässig und aussagekräftig sind die Ergebnisse? Fragen, zu denen Verlagsprospekte und klassische Testkompendien kaum zuverlässige Auskunft geben.
Acht neue psychologische Testverfahren, die an sehr unterschiedlichen Gruppen mit ausgesprochen unterschiedlichen Zielen eingesetzt werden können, findet der Leser hier von Fachleuten untersucht. Die Darstellungen gehen weit über den Rahmen hinaus, innerhalb dessen sich eine Rezension üblicherweise bewegt; das Buch ist damit sowohl dem möglichen Käufer und Anwender der Tests als auch demjenigen, der mit einem der vorgestellten Verfahren im Rahmen von Personalauswahl oder Beratung konfrontiert wird, eine wesentliche Entscheidungshilfe und Informationsquelle.

Christine Kirbach / Christian Montel / Stefan Oenning / Heinrich Wottawa
Recruiting und Assessment im Internet
Werkzeuge für eine optimierte Personalauswahl und Potenzialerkennung

Computer und Internet bieten effiziente Verfahren für eine optimale Personalauswahl und für die Ermittlung von Mitarbeiterkompetenzen.

„Auch wenn die Personalauswahl über IT-gestützte Verfahren noch jung ist, gelingt es den Autoren, die Nutzungsmöglichkeiten an konkreten Projekten zu zeigen ... Auf der beiliegenden CD-ROM befinden sich Screenshots der eingesetzten Testverfahren und Mustergutachten." *Computerwoche*

Edgar Erdfelder / Joachim Funke (Hg.)
Allgemeine Psychologie und deduktivistische Methodologie

Methodologie – die Lehre von den wissenschaftlichen Methoden – wird in aller Regel losgelöst von inhaltlichen Theorien und empirischen Resultaten dargestellt und begründet. Dieses Buch bricht mit dieser Tradition, indem es eine auf den Prinzipien des Kritischen Rationalismus aufbauende deduktivistische Methodologie der empirischen Psychologie in Verbindung mit Theorien und Befunden zu verschiedenen Teilgebieten der Allgemeinen Psychologie präsentiert und kritisch diskutiert. Auf diese Weise soll deutlich werden, dass eine Methodologie nicht zwangsläufig vom konkreten Forschungsprozess abgehoben sein muss, sondern für Forschende in sehr direkter und unmittelbarer Weise auch handlungsrelevant sein kann, indem sie weiterführende Untersuchungsmethoden und theoretische Zugänge nahe legt, die ohne diesen methodologischen Hintergrund unwahrscheinlich gewesen wären.

Gerd Jüttemann (Hg.)
Psychologie als Humanwissenschaft
Ein Handbuch

Aufgrund der Gegensätzlichkeit, die sich zunehmend zwischen einer kultur- und einer naturwissenschaftlichen Orientierung in der Psychologie herausbildete, ist die Gefahr einer Spaltung der Disziplin offenkundig geworden. Vor diesem Hintergrund und angesichts der Verantwortung des Menschen für den Erhalt oder die Wiederherstellung einer von Zivilisationsschäden unbelasteten Umwelt entstand das Projekt, das integrative Modell einer »Psychologie als Humanwissenschaft« zu entwickeln. Gerd Jüttemann ist es gelungen, eine Reihe von führenden Vertreterinnen und Vertretern der akademisch repräsentierten Psychologie für die Frage zu interessieren, inwieweit sie eine humanwissenschaftliche Konzeption des Fachs für notwendig halten und welche einschlägigen Implikationen sie für ihren Bereich daraus ableiten.

Dieter Hackfort

Studientext Entwicklungspsychologie 1

Theoretisches Bezugssystem, Funktionsbereiche, Interventions-
möglichkeiten
Unter Mitarbeit von Hans-Albert Birkner und Erik Schleiffenbaum.

Dieser das Studium der Psychologie, Pädagogik und auch Sportwissenschaft vertiefende und prüfungsbezogene Überblick stellt zunächst die moderne entwicklungspsychologische Perspektive in den
Rahmen entwicklungstheoretischer Erörterungen. Auf der Grundlage eines handlungstheoretischen Verständnisses führt Dieter Hackfort, Sportpsychologe und Sportpädagoge, in die Wahrnehmungsentwicklung des Menschen, in die motorische, die emotionale, die
kognitive Entwicklung, die Entwicklung von Motivation, Neugier
und Interesse sowie von Moral ein. Einen besonderen Entwick-
lungsraum stellt das Spiel dar. Kritische Lebensereignisse werden
als Entwicklungsaufgaben begriffen. Auf zeitliche Abschnitte im
Lebenszyklus – Kindheit, Jugend, Erwachsenenalter, Alter – wird
jeweils themenbezogen eingegangen.
Allen Kapiteln ist eine Zusammenfassung und Zielformulierung
vorangestellt. Randvermerke mit Stichworten und Icons erleichtern
die Orientierung und Arbeit mit dem Studientext, der durch Fragen
und Antworten im Anschluss an jedes Kapitel ergänzt ist.
Teil 2 befasst sich mit den *personalen und sozialen Dimensionen*
der menschlichen Entwicklung.

Jürgen Guthke

Intelligenz im Test

Wege der psychologischen Intelligenzdiagnostik

„Das Taschenbuch will allen Interessierten die wissenschaftlichen
Grundlagen des Testens in allgemein verständlicher Sprache zugänglich machen. Gerade Schülern der Oberstufe bietet das Buch
reiche Information und dazu vernünftige Orientierung, da der Autor
zwischen Testbefürwortern und -gegnern einen vermittelnden
Standpunkt im Hinblick auf die Möglichkeiten der Intelligenz- und
Leistungstestung einnimmt." *lesenswert*

Udo Rauchfleisch bei V&R

Menschen in psychosozialer Not
Beratung, Betreuung, Psychotherapie

2. Auflage 2004. 204 Seiten, kartoniert
ISBN 3-525-01431-7

Arbeit im psychosozialen Feld
Beratung, Begleitung, Psychotherapie, Seelsorge

UTB 2272 S
2001. 224 Seiten, kartoniert
ISBN 3-8252-2272-1

Schwule, Lesben, Bisexuelle
Lebensweisen, Vorurteile, Einsichten

3. Auflage 2000. 268 Seiten, kartoniert
ISBN 3-525-01425-2

Außenseiter der Gesellschaft
Psychodynamik und Möglichkeiten zur Psychotherapie Straffälliger

1999. 198 Seiten, kartoniert
ISBN 3-525-45843-6

Alternative Familienformen
Eineltern, gleichgeschlechtliche Paare, Hausmänner

1997. 134 Seiten, kartoniert
ISBN 3-525-01434-1

Allgegenwart von Gewalt

2. Auflage 1996. 258 Seiten, kartoniert
ISBN 3-525-01419-8

Musik schöpfen, Musik hören
Ein psychologischer Zugang

Transparent, Band 33.
1996. 125 Seiten, kartoniert
ISBN 3-525-01723-5

Robert Schumann
Eine psychoanalytische Annäherung

2004. 189 Seiten, kartoniert
ISBN 3-525-01627-1

V&R
Vandenhoeck & Ruprecht